UTB FÜR WISSEN SCHAFT

UTB **646**

W0319805

Eine Arbeitsgemeinschaft der Verlage

Wilhelm Fink Verlag München
A. Francke Verlag Tübingen und Basel
Paul Haupt Verlag Bern · Stuttgart · Wien
Hüthig Fachverlage Heidelberg
Verlag Leske + Budrich GmbH Opladen
Lucius & Lucius Verlagsgesellschaft Stuttgart
Mohr Siebeck Tübingen
Quelle & Meyer Verlag Wiesbaden
Ernst Reinhardt Verlag München und Basel
Schäffer-Poeschel Verlag Stuttgart
Ferdinand Schöningh Verlag Paderborn · München · Wien · Zürich
Eugen Ulmer Verlag Stuttgart
Vandenhoeck & Ruprecht Göttingen und Zürich
WUV Wien

Kurt Wuchterl

Methoden der Gegenwartsphilosophie

Rationalitätskonzepte im Widerstreit

3., neubearbeitete und erweiterte Auflage

Verlag Paul Haupt
Bern · Stuttgart · Wien

Kurt Wuchterl (1931) lehrt als außerplanmäßiger Professor für Philosophie an der Universität Stuttgart. Studium der Mathematik, Philosophie und Physik in Heidelberg und Göttingen. Promotion bei H.-G. Gadamer und D. Henrich. Habilitation über Logik und Sprachphilosophie. Der Autor veröffentlichte Werke zur *analytischen Philosophie* (»Philosophie und Religion«, UTB 1199; »Analyse und Kritik der religiösen Vernunft«, UTB 1534; »Struktur und Sprachspiel bei Wittgenstein«, »Wittgenstein in Selbstzeugnissen und Bilddokumenten«), ferner zur *Philosophie des 20. Jahrhunderts* (»Bausteine zu einer Geschichte der Philosophie des 20. Jahrhunderts«, UTB 8095, Große Reihe; »Streitgespräche und Kontroversen in der Philosophie des 20. Jahrhunderts«, UTB 1982) und verfaßte erfolgreiche *Lehrbücher* zu Mathematik und Philosophie (»Lehrbuch der Philosophie«, UTB 1320, 5. Aufl.; »Grundkurs: Geschichte der Philosophie«, UTB 1390, 3. Aufl.).

1. Auflage: 1977
2. Auflage: 1987

Die Deutsche Bibliothek – CIP-Einheitsaufnahme

Wuchterl, Kurt :
Methoden der Gegenwartsphilosophie : Rationalitätskonzepte im Widerstreit / Kurt Wuchterl. –
3., neubearb. und erw. Aufl. –
Bern ; Stuttgart ; Wien : Haupt, 1999
(UTB für Wissenschaft : Uni-Taschenbücher : 646)
ISBN 3-258-05958-6 (Haupt)
ISBN 3-8252-0646-7 (UTB)

ISBN 3-8252-0646-7 (UTB-Bestellnummer)

Inhaltsverzeichnis

Vorwort zur 3. Auflage 11

Einleitung 13

Teil A:
Analytische Methoden im weiteren Sinn 17

1. Die Methode der formalen Wissenschaftstheorie 19
1.1 Ein Beispiel: Der Erklärungsbegriff 19
1.2 Die erste methodologische Komponente: Formale Sprachen 23
1.3 Die zweite methodologische Komponente:
Der spezifische Erfahrungsbezug 27
1.4 Eine Differenzierung im Erfahrungsbezug:
Induktivismus und Deduktivismus 33
a) Zur Struktur wissenschaftlicher Theorien 33
b) Induktive und deduktive Bestätigung 34
c) Die Kontroverse zwischen Carnap und Popper 35
d) Das Wahrheitsproblem bei Tarski und die Idee des Formalismus 38
1.5 Formale Wissenschaftstheorie und Geschichte 42
1.6 Die zugrundeliegende Logik 45
1.7 Die Naturalisierung der formalen Wissenschaftstheorie 50

2. Kritik an der formalen Wissenschaftstheorie 55
2.1 Die immanente Kritik 55
2.2 Die Kritik der Sprachanalytiker 58
2.3 Die Kritik der Hermeneutiker an der formalen Wissenschaftstheorie 60
2.4 Pragmatische Einwände gegen die formale Wissenschaftstheorie 64

3. Die Methode der Sprachanalyse 67
3.1 Ein Beispiel: Das Verstehensproblem 67
3.2 Die erste methodologische Komponente:
Der klärende Rekurs auf die Regeln der Umgangssprache .. 69

3.3 Die zweite methodologische Komponente: Die Vermittlung von Theorie und Praxis durch Sprachlichkeit ... 70
3.4 Der therapeutische Rekurs auf die Normalsprache ... 74
3.5 Der demonstrierende Rekurs auf die Normalsprache ... 78
3.6 Das Analyseparadoxon und das Verhältnis der Normalsprachphilosophie zur Linguistik ... 83

4. Die Kritik an der Sprachanalyse ... 89
4.1 Immanente Kritik: Das Gettierproblem ... 89
4.2 Die mangelhafte Präzision sprachanalytischer Grundbegriffe – Wissenschaftstheoretischer Einwand ... 91
4.3 Die »heile Welt« der Sprachanalyse – Hermeneutischer Einwand ... 93
4.4 Rekonstruktion kontra Deskription – Konstruktivistischer Einwand ... 96

Teil B:
Hermeneutische Methoden im weiteren Sinn ... 99

5. Die dialektische Methode ... 101
5.1 Ein Beispiel aus der Philosophie des deutschen Idealismus 101
5.2 Das erste methodologische Moment: Das integrative Denken von Totalitäten ... 105
5.3 Das zweite methodologische Moment: Die positive Funktion des Widerspruchs ... 109
a) Das Gesprächsmodell der Dialektik ... 109
b) Das Modell der Realdialektik ... 112
c) Beispiele aus der Hegelschen Philosophie ... 116
d) Zur Deutung der Widersprüche ... 117
5.4 Varianten des realdialektischen Modells ... 121
a) Dialektik als Intensionslogik ... 122
b) Dialektik als Erscheinung des absoluten Weltgeistes ... 124
c) Dialektik als Geschichtstheorie – Die Rückkehr von Marx zu Hegel ... 129
5.5 Dialektische Logik ... 131

6. Kritische Stimmen zur Dialektik ... 138
6.1 Die ablehnende Kritik der formalen Wissenschaftstheorie ... 138
a) »Der Mythos der totalen Vernunft« ... 139
b) Die Flucht in den Widerspruch ... 141

c) Der Dogmatismus der dialektischen Prinzipien 143
6.2 Sprachanalytische Einwände gegen
eine dialektische Methode 144
a) Die Sprache und das Ganze 144
b) Sprachanalytische Bemerkungen
zur Rolle des Widerspruchs 146
6.3 Versuche einer Umdeutung des Dialektik-Begriffs 149
a) Dialektik als Logik der Forschung (Popper) 149
b) Dialektik als kybernetisches Modell 150
c) Dialektik als universelles Sprachspiel 152

7. Die hermeneutische Methode im engeren Sinn 155
7.1 Ein thematischer Text aus Diltheys
»Entstehung der Hermeneutik« 155
7.2 Das erste methodologische Moment:
Erkenntnis als zirkuläres Sinnverstehen 157
7.3 Das zweite methodologische Moment:
Die historische Bedingtheit 162
7.4 Das methodologische Moment der »neuen Hermeneutik«:
Sprachlichkeit als Grundkategorie 164
7.5 Einige Grundformen der Hermeneutik 166
a) Die Einfühlungstheorie der Hermeneutik 166
b) Hermeneutik als Theorie der Subjektivität 167
c) Existenziale Hermeneutik 169
d) Die postexistenziale Hermeneutik der sprachlich
vermittelten Wirkungsgeschichte 171
7.6 Das Problem einer hermeneutischen Logik 173

8. Kritik an der Hermeneutik 181
8.1 Kritik des Methodenanspruchs 181
a) Hermeneutik als vorwissenschaftliche Heuristik 182
b) Hermeneutik als Logik der Forschung 184
c) Hermeneutik als falsch verstandene Theorie
des rationalen Erklärens 186
d) Hermeneutik als Lehre
von den wissenschaftlichen Rekonstruktionen 188
8.2 Kritik des hermeneutischen Universalismus 189
a) Hermeneutik als antiquierte Geist-Theorie 189
b) Hermeneutik als Vorstadium einer allgemeinen
Gesellschafts- und Handlungstheorie 191
c) Hermeneutik als philosophische Theologie 193

9. Die phänomenologische Methode ... 195
9.1 Ein Beispiel: »Zu den Sachen selbst« ... 195
9.2 Die erste Komponente der phänomenologischen Methode: Der Rekurs auf reduzierte Intuition ... 197
9.3 Die zweite Komponente der phänomenologischen Methode: Die Sinnkonstitution aus den intentionalen Bewußtseinselementen ... 200
9.4 Verschiedene Formen der Phänomenologie ... 203
a) Die deskriptive Phänomenologie ... 203
b) Die transzendentale Phänomenologie ... 205
c) Die existenziale Phänomenologie ... 207
d) Die operative Phänomenologie ... 211

10. Kritische Einwände gegen die Phänomenologie ... 213
10.1 Die Kritik der Letztbegründung durch den Kritischen Rationalismus ... 213
10.2 Das Wesen als falsch verstandene Wortbedeutung ... 215
10.3 Phänomenologie als privativer Modus einer universalen Hermeneutik ... 221

Teil C:
Pragmatische Methoden:
Die Einbettung des Regelhaften in die Lebenswelt ... 224

11. Die Pragmatisierung der Wissenschaften ... 226
11.1 Thomas S. Kuhns Theorie der wissenschaftlichen Revolutionen ... 226
a) Die Einbeziehung der Geschichte in die Wissenschaftstheorie ... 226
b) Die Auseinandersetzung mit Kuhn ... 230
11.2 Der Holismus als pragmatische Alternative zur Begriffsanalyse ... 235
a) Der Holismus Quines ... 235
b) Pragmatische Elemente in der nach-positivistischen analytischen Philosophie ... 237
11.3 Neopragmatismus und Systemtheorie ... 239
a) Die Systemtheorie Niklas Luhmanns als neue Form der Wissenschaftstheorie ... 240
b) Die Modelltheorie Herbert Stachowiaks ... 246

c) Zur kritischen Diskussion von System- und Modelltheorien ... 251

12. Die Pragmatisierung der Hermeneutik ... 254
12.1 Transzendentale Pragmatik ... 254
a) K.-O. Apels transzendental-pragmatische Transformation der Philosophie ... 254
b) Die pragmatische Diskurstheorie von Jürgen Habermas ... 257
12.2 Semiotische Methoden ... 261
a) Semiotik als philosophische Fundamentaldisziplin ... 261
b) Pragmatische Interpretationstheorien ... 266
c) Zur Kritik von Konsens- und Interpretationstheorien ... 269

13. Konstruktivistische Methoden ... 272
13.1 Ein Beispiel: Die »Logische Propädeutik« von W. Kamlah und P. Lorenzen ... 272
13.2 Pragmatik als handlungsgeleitete Rekonstruktion ... 275
a) Die kostruktivistische Methode als Begründungsprogramm ... 275
b) Operationalismus als methodischer und kulturalistischer Konstruktivismus ... 281
c) Dialogische Logik ... 284
13.3 Kritik an Konstruktivismus und Operationalismus ... 289
a) Sprachanalytische Einwände ... 289
b) Einwände der Phänomenologen ... 290

Ausblicke:

14. Methoden als spezielle Rationalitäts- und Denkformen 293
14.1 Die Umdeutung des Methodenbegriffs zum Rationalitätstypus ... 294
14.2 Die »transversale Vernunft« als postmoderne Lösung des Pluralismusproblems ... 295
14.3 Angriffe gegen das methodische Denken ... 299

Literaturverzeichnis ... 305

Personenregister ... 319

Sachregister ... 323

Vorwort zur dritten Auflage

Erfreulicherweise wurde auch die zweite Auflage, die bereits einige neuere Entwicklungen berücksichtigt hatte, von den Lesern gut aufgenommen, so daß Erwägungen über die Gestaltung einer dritten Auflage notwendig wurden. Nachdem nun seit dem ersten Entwurf des vorliegenden Projekts über zwanzig Jahre vergangen sind, mußten zur Charakterisierung der *Gegenwartsphilosophie* einige Akzente neu gesetzt werden. Was früher im Positivismusstreit und in anderen Kontroversen als Methode bezeichnet wurde, erscheint heute nach der »pragmatischen Wende« als Rationalitätskonzept. Zugleich führten die Argumentationen gegen die Festlegung auf Methoden innerhalb der Philosophie zu dem Versuch, auch diese Überlegungen unter den Begriff einer weiter gefaßten Rationalität zu stellen und damit zu legitimieren. Damit erscheinen vor allem die »integrierenden« Methoden in einem neuen Licht und unter der Bezeichnung von »pragmatischen« Methoden. Aber auch zu den Standardformen von Rationalität, den »analytischen« und »hermeneutischen« Methoden, gibt es zahlreiche neue Gesichtspunkte und Bewertungen, die mitberücksichtigt werden mußten. Dies alles bedingte eine Reihe von Änderungen.[1] Trotzdem wurde möglichst große Kontinuität gewahrt und weiterhin Gewicht auf eine didaktisch überzeugende Darstellung gelegt.

Für die Hilfe bei der Erstellung des Typoskripts und für die Mühen bei den Korrekturen sei an dieser Stelle meiner Ehefrau Gisela der herzlichste Dank ausgesprochen.

1 Neu sind Ausarbeitungen zur Naturalisierung der formalen Wissenschaftstheorie (1.7), zur analytischen Erkenntnistheorie (3.5), zum Analyseparadoxon (3.6 und 4.1), zu Rationalitätstypologien (6.3c), zum hermeneutischen Zirkel (8.1a), zur Pragmatisierung der Wissenschaften (11.), zu pragmatischen Interpretationstheorien (12.2b), zum methodischen und kulturalistischen Konstruktivismus (13.2b).

Einleitung

Als in den sechziger Jahren die Methodendiskussionen überhand nahmen, mußte man um den Bestand der Philosophie bangen. Die Jahrtausende alten Probleme einer »philosophia perennis« verflüchtigten sich zusehends. »Eine ganze Wolke Philosophie kondensiert zu einem Tröpfchen Methodenlehre!« könnte man in Anlehnung an ein sprachanalytisches Motto jener Jahre sagen[1]. Seit dem sogenannten Positivismusstreit erschien eine Unzahl von Veröffentlichungen, die sich mit Dialektik und Hermeneutik auf der einen und mit positivistischen und wissenschaftstheoretischen Methoden auf der anderen Seite befaßten. Doch allmählich weichen die Einseitigkeiten jener Jahre, in welchen die eine Seite die Existenzberechtigung der anderen bezweifelte, einer größeren Toleranz und Offenheit. In der Gegenwart mehren sich die Versuche, jene Standpunkte als Ausprägungen verschiedener *Rationalitätskonzepte* zu betrachten, die erst in ihrer Gesamtheit das weite Feld der Philosophie konstituieren. Die Frage, ob die unterschiedlichen Standpunkte im Sinne eines Pluralismus als gleichberechtigt angesehen werden müssen oder aber zur gegenseitigen Kritik herausfordern sollten, ist selbst ein genuin philosophisches Problem und keineswegs entschieden.

Wer sich in der philosophischen Landschaft orientieren will, muß die Frage nach den Wegen stellen, die Philosophierende gegangen sind und auch heute noch gehen. Eben diese Wege nennen wir *Methoden,* deren Struktur *Rationalität.* Die folgenden Ausführungen setzen sich das Ziel, die wichtigsten philosophischen Methoden und Rationalitätskonzepte der Gegenwartsphilosophie zu beschreiben und den anderen Positionen kritisch gegenüberzustellen.

1 Vgl. L. Wittgenstein in (60a) II, S. 534: »Eine ganze Wolke Philosophie kondensiert zu einem Tröpfchen Sprachlehre«.

Expliziert werden drei umfassende Methodenkomplexe mit vorwiegend analytischen, hermeneutischen und pragmatischen Charakteren. Jeder einzelne Komplex enthält spezielle Methoden, die bestimmte Leitbegriffe in den Vordergrund stellen und in der Auseinandersetzung der Positionen die spezifischen Kritikpunkte vorbringen. So ergibt sich folgender Aufriß:

A. *Analytische Methoden im weiteren Sinn*
   Die Methode der formalen Wissenschaftstheorie
   Die Methode der Sprachanalyse
B. *Hermeneutische Methoden im weiteren Sinn*
   Die dialektische Methode
   Die hermeneutische Methode im engeren Sinn
   Die phänomenologische Methode
C. *Pragmatische Methoden*
   Holistische und systemorientierte Methoden
   Transzendentalpragmatische und semiotische Methoden
   Konstruktivistische und operationale Methoden

Durch die Auswahl der Repräsentanten und ebenso durch die Auswahl der kritischen Stimmen soll weder eine allgemeinverbindliche Wertung vorgenommen, noch Vollständigkeit suggeriert werden. Es ist selbstverständlich, daß eine solche Skizze der philosophischen Landschaft, selbst wenn sie sich auf markante Strukturen beschränkt, aus einer bestimmten Perspektive erfolgt, die gewisse Landstriche im Vordergrund deutlicher erkennen läßt als andere Gebiete, die trotz ihrer tatsächlichen großen Ausdehnung nur als gedrängter Hintergrund im Blickfeld erscheinen. Es handelt sich hier um eine Groborientierung, der ein eingehendes Geländestudium einzelner Gegenden anhand der aufgewiesenen Probleme folgen sollte.

Den Anstoß zur Ausarbeitung dieses Buches gaben didaktische Erwägungen. Im Umgang mit Philosophiestudenten und philosophisch interessierten Abiturienten wird man immer wieder mit der Frage nach einer orientierenden Einführung in die wichtigsten Denkmethoden der Gegenwart konfrontiert. Nachdem Philosophie an den Universitäten und Hochschulen und neuerdings sogar an den Gymnasien als Lehrfach etabliert ist, vermutet man auch hier, wie in allen anderen Fächern, einen harten Kern von Wissensinhalten, der gelehrt werden kann, wie Geschichte oder Mathematik. In der Tat, in philosophischen Vorlesungen wird Wissen vermittelt, es finden Prüfungen über philosophische Themen statt und man versucht, in curricularen Entwürfen den Wissensstoff zu erfassen. All das wäre undenkbar, wenn Philosophie nur »Liebe zur Weisheit«, nur eine – sei es versponnene, sei es kritische – allgemeine Haltung wäre. Natürlich gibt es zahlreiche Gefahren eines »Überblicks«, deren man sich bewußt sein sollte. Doch rechtfertigen diese keineswegs den Verzicht auf jegliche didaktische Unternehmung. Vielleicht sollten wir den Mut aufbringen, uns hier von der Scholastik belehren zu lassen, die neben wissenschaftlichen Darstellungen auch »schulmäßige« Abhandlungen anbot. Daß man die Anfangsgründe der Philosophie nur an Originaltexten erlernen könne, ist ein Vorurteil aus der Zeit, in welcher man Philosophie mit Textkritik verwechselte. Die hervorragenden Darstellungen von Wolfgang Stegmüller[2] geben Zeugnis von anderen Möglichkeiten.

2 Vgl. v. a. »Hauptströmungen der Gegenwartsphilosophie« (73) und (75).

Teil A: Analytische Methoden im weiteren Sinn

Analytische Methoden orientieren sich an dem allgemeinen Grundsatz Bertrand Russells, »daß alle vernünftige Philosophie mit einer Analyse von Aussagen beginnen solle«.[1] Durch den Bezug auf die Sprache werden so die älteren Ansätze analytischen Denkens präzisiert, in denen der Analysebegriff noch recht allgemein gefaßt ist.[2] Die Sprache wird zugleich von der Logik kontrolliert. Dadurch treten spekulative Systembildungen zugunsten von Einzelanalysen in den Hintergrund. Die drei Charakteristika *Sprachbezug, Logik* und *Systemkritik* bestimmen die analytische Methode im allgemeinsten Sinn. Ihre verschiedenen Ausformungen erscheinen unter den Bezeichnungen Szientismus, Neopositivismus, logischer Empirismus, wissenschaftliche Philosophie, kritischer Rationalismus, Idealsprachphilosophie, Normalsprachphilosophie und sprachanalytische Philosophie.

Innerhalb der analytischen Methode im weiteren Sinne ergibt sich eine Unterteilung in die *Methode der formalen Wissenschaftstheorie,* die das sprachliche Fundament auf eine Idealsprache bezieht, und in die *Methode der Sprachanalyse,* in welcher die Umgangssprache zur letzten methodologischen Instanz erklärt wird.

Allen Ausprägungen der analytischen Methode gemeinsam ist der hohe Stellenwert der *Folgerungs- und Mittelrationalität,* das heißt der Verfahren, die mit logischen Ableitungen operieren, ihre Argumente auf intersubjektiv nachvollziehbare und oft sogar exakt beweisbare Gedankenfolgen aufbauen und all dies in den Dienst einer gemeinsamen Suche nach Einsicht und Wahrheit stellen. Während bei Anwendung der wissenschaftstheoretischen Methode dabei eine starke Orientierung an den Naturwissenschaften erfolgt und deren empirische Prinzipien übernommen werden, beruft man sich in der sprachanalytischen Methode auf die Erfahrungsfülle, die von zahl-

1 Russell (00), zitiert nach 2. Auflage 1937, S. 8

2 Ursprünglich bedeutet analytisches Denken ein auf erste Prinzipien gerichtetes Denken. Bei Descartes (37) bezieht sich Analyse auf eine Reihe recht allgemeiner, fast selbstverständlicher Regeln des Vernunftgebrauchs.

losen Generationen im Sprachschatz aufbewahrt wurde und durch geschickte Analyse in das allgemeine Bewußtsein gehoben werden kann.

1. Die Methode der formalen Wissenschaftstheorie

Die Verwissenschaftlichung unserer Zeit hat in der Philosophie ihre Spuren hinterlassen. Zu Beginn des 20. Jahrhunderts bildete sich eine eigenständige philosophische Disziplin heraus, die diesen Fragestellungen nachging: die sogenannte Wissenschaftstheorie. Durch die entscheidenden logischen und semantischen Entdeckungen Freges, Russells und Wittgensteins stand dieser ein begriffliches Instrumentarium zur Verfügung, das auf allgemeine philosophische Probleme angewandt werden konnte. Mit der Übertragung wissenschaftstheoretischer Methoden auf die Philosophie verschärfte sich die Kontroverse um die Geisteswissenschaften, zumal die Wissenschaftstheorie durch ihren Bezug zur formalen Logik einen esoterischen Charakter suggerierte.
Zur Klärung der dabei diskutierten methodologischen Standpunkte bietet sich der Erklärungsbegriff an, der in der formalen Wissenschaftstheorie eine zentrale Stelle einnimmt.

1.1 Ein Beispiel: Der Erklärungsbegriff

Seit Dilthey[1] dient das Begriffspaar *»Erklären – Verstehen«* als methodologisches Unterscheidungsmerkmal zur Einteilung von Wissenschaften. So wurde wiederholt behauptet, die charakteristische Methode der Naturwissenschaften sei das *Erklären,* die Methode der Geisteswissenschaften dagegen das *Verstehen.* Diese zentrale Stellung des Erklärungsbegriffs in früheren Methodologien macht es verständlich, daß auch in der gegenwärtigen Diskussion die Explikation von Erklärungen und die Reichweite ihrer Anwendungsmöglichkeiten intensiv diskutiert werden.

1 Vgl. z.B. in Dilthey (57): »Die Natur erklären wir, das Seelenleben verstehen wir«; S. 144, Bd. 5.

Während man bei den Vorläufern und Begründern der modernen Naturwissenschaften noch Formulierungen findet, wonach der Wissenschaftler die Gedanken Gottes nachdenkt oder der Mathematiker als »zweiter Gott« (»alter deus«) Welten schafft, die der göttlichen Ideenwelt analog sind, wird in der modernen wissenschaftlichen Methodologie nur noch die Regelhaftigkeit von Fakten und deren Systematisierung aufgezeigt. Das bedeutet letztlich eine Einordnung des Untersuchten in allgemeine Gesetzeszusammenhänge und damit eine radikale Entzauberung des Erkenntnisvorgangs. Der Naturwissenschaftler zerlegt die Natur in Einzelerscheinungen und ordnet diese konstruktiv neu an. Dazu benötigt er Gesetze, durch welche die analysierten Gebilde ihre wissenschaftliche Struktur erhalten. Diese Einordnung heißt Erklären und wird in der Wissenschaftstheorie präzisiert.

Eine ausführliche Analyse des Begriffs der Erklärung findet man bei Stegmüller[2]: E sei eine Beschreibung des zu erklärenden Ereignisses, das »Explanandum«. Eine Erklärung von E liegt dann vor, wenn E aus gewissen Sätzen (dem »Explanans«) logisch korrekt hergeleitet wird und einen empirischen Gehalt aufweist. Diese Sätze zerfallen in zwei Klassen:

- in Sätze $A_1, A_2, \dots A_n$, die singuläre Sachverhalte beschreiben; sie heißen auch Antecedensbedingungen;

- in Sätze $G_1, G_2, \dots G_m$, durch welche allgemeine Gesetzmäßigkeiten der jeweiligen Wissenschaft ausgedrückt werden (Gesetzesbedingungen[3]).

Daraus ergibt sich das sogenannte Hempel-Oppenheim Schema für Erklärungen:

Prämissen:	Singuläre Sachverhalte	$A_1, \dots\dots A_n$
	Allgemeine Gesetzmäßigkeiten	$G_1, \dots\dots G_m$
Konklusion:	Das zu erklärende Ereignis	E

2 Der Begriff der Erklärung und seine Spielarten; in Stegmüller (69), Bd. 1, Teil 1, S. 86.

3 Bei Gesetzen kann man der Einfachheit halber an deterministische Gesetze denken, wie sie in der klassischen Physik vorausgesetzt werden; das Erklärungsschema ist aber auch auf statistische Gesetze anwendbar.

Es folgt dann eine ausführliche Untersuchung der einzelnen genannten Bedingungen (Adäquatheitsbedingungen). Dabei konzentriert sich die Analyse in besonderem Maße auf den Gesetzesbegriff. Der *erste und einfachste Versuch,* eine Klärung der Struktur von sogenannten gesetzesartigen Aussagen zu erreichen, besteht in der Identifizierung derselben mit Allsätzen:

	»Alle f-Dinge sind g-Dinge«
Beispiel:	»Alle Affen sind Säugetiere«
analysiert:	»Für alle x: wenn fx, dann gx«
formal:	»Λ x(fx $\rightarrow$ gx)«

Ohne weitere Zusatzbedingungen für gesetzesartige Aussagen stößt man aber sofort auf *Schwierigkeiten,* weil dann Aussagen über zufällige Tatsachen, wie beispielsweise »Alle Äpfel in diesem Korb sind rot« als Gesetzesaussagen akzeptiert werden müßten. Die Aufgabe besteht also in der Angabe von Kriterien, die es uns ermöglichen, gesetzesartige Aussagen von solchen zufälligen oder »akzidentellen« Aussagen zu unterscheiden. Nachdem »das Problem der Gesetzesartigkeit eines der grundlegendsten und schwierigsten Probleme der Theorie der Erfahrungserkenntnis« (Stegmüller[4]) darstellt, kann das nicht bedeuten, daß wir in diesem einleitenden Abschnitt sogleich alle Irrtümer und Fehldeutungen beschreiben sowie alle mehr oder weniger akzeptierten Lösungsvorschläge analysieren wollten. Wir beschränken uns auf einige Andeutungen, durch welche die Denkweise vorgeführt wird, die den formalen Wissenschaftstheoretiker charakterisiert.

Zunächst zeigt sich, daß die Unterscheidung von gesetzesartigen und akzidentellen Aussagen auch für die zentralen Probleme der Induktion und der Theorie der irrealen Konditionalsätze eine Rolle spielt. Beim *Induktionsproblem* geht es, kurz gesagt, um die Frage, mit welchem Recht man einen wesentlichen Allsatz, das heißt einen solchen, der sich auf *unendlich* viele Dinge bezieht, aussprechen kann, wenn man die betreffende Behauptung nur für *endlich* viele Objekte bestätigt hat. Ist der Allsatz eine gesetzesartige Aussage, dann ist der Übergang gerechtfertigt; ist er dagegen kontingent, bedeutet der Allsatz eine falsche Verallgemeinerung. Das Induktionsproblem wäre also gelöst, wenn man Kriterien hätte, welche

4 Stegmüller (69), Bd. 1, S. 274.

gesetzesartige Aussagen zu erkennen erlauben. – Bei den *irrealen Konditionalsätzen* handelt es sich um Sätze vom Typ: »Wenn A gelten würde, dann würde auch B gelten«. Beispiel: »Wenn du noch schneller gefahren wärest, wäre das Auto aus der Kurve getragen worden«. Stellt man sich auf den Standpunkt, die logische Struktur dieser Sätze sei dieselbe wie die der Wenn-dann-Verknüpfungen von indikativischen Sätzen, so ergeben sich absurde Konsequenzen. Denn laut Definition der formalen Logik ist »A→B« stets wahr, wenn A falsch ist. Nun ist A im irrealen Konditionalsatz aber immer falsch; in unserem Beispiel ist der Angesprochene ja *nicht* schnell gefahren. Das gilt ganz allgemein; sonst wäre der Satz nicht irreal. Mit anderen Worten: bei dieser Deutung wäre jeder irreale Konditionalsatz wahr, also auch jede noch so absurde Verknüpfung, wie »Wenn du genug Kartoffeln essen würdest, wärest du klug«. Aber gerade an diesem Beispiel sieht man, daß irreale Konditionalsätze nur dann wahr genannt werden sollten, wenn ein *Gesetz,* insbesondere ein Naturgesetz, vorausgesetzt wird, das unabhängig vom Faktum, ob man hier und jetzt ißt, allgemein gilt. Irreale Konditionalsätze können demnach keine Wenn-dann-Sätze der üblichen Art sein. Die Struktur der irrealen Konditionalsätze kann also nur dann adäquat wiedergegeben werden, wenn man das Wesen der gesetzesartigen Aussagen durchschaut.
Nachdem weder das Induktionsproblem noch das der irrealen Konditionalsätze gelöst ist, muß bei der Klärung unserer Eingangsfrage auf Anleihen innerhalb dieser Gebiete verzichtet werden. Wir beschränken uns daher vorsichtiger auf die Aufstellung von *notwendigen Bedingungen* für gesetzesartige Aussagen. Kutschera gibt zwei solche Bedingungen an[5]:

(I) Gesetzesartige Aussagen dürfen weder rein logische oder mathematische Aussagen, noch Explikationen von sprachlichen Bedeutungen sein; sie müssen über den Bereich der Konstruktion von logischen und von grammatischen Zusammenhängen hinaus auf die erfahrbare Wirklichkeit Bezug nehmen. Diese Forderung nennt man auch Nicht-Analytizität.

(II) Gesetzesartige Aussagen müssen »wesentlich universell« sein, d.h. die Allaussagen müssen sich auf einen *unendlichen* Gegenstandsbereich beziehen.

5 Kutschera (72), II, S. 329.

Wir haben bereits an unserem Apfel-Beispiel erkannt, daß diese notwendigen Bedingungen nicht hinreichend sind.
Hinreichende Bedingungen der Art: »Gesetzesartige Aussagen müssen durch Induktion bestätigt werden können bzw. müssen wahre irreale Konditionalsätze sein«, führen nicht weiter, weil die verwendeten Begriffe nicht geklärt sind. Auch alle anderen Vorschläge scheiterten bisher, so daß sich die Überzeugung durchgesetzt hat, daß der Begriff der gesetzesartigen Aussage prinzipiell mit rein logischen Mitteln *nicht* definiert werden kann.

Diese Überlegungen könnten den Eindruck erwecken, es beständen in den modernen Wissenschaften nur verschwommene und widersprüchliche Vorstellungen darüber, was ein Gesetz oder eine gesetzesartige Aussage sei. Man hat aber durchaus klare Vorstellungen, nur gehen diese über das Denkmodell der *formalen* Wissenschaftstheorie, wie wir es hier umreißen wollen, weit hinaus.[6]

Wenden wir uns nach diesem Exkurs der grundsätzlichen Frage zu, welche methodologische Eigenart beispielsweise in Stegmüllers Gedankengängen zu entdecken ist.

1.2 Die erste methodologische Komponente: Formale Sprachen

Vergleicht man das Beispiel von Stegmüller mit klassischen philosophischen Texten, so springt die wiederholte Verwendung formallogischer Beziehungen ins Auge. Dadurch kommt der streng wissenschaftliche Charakter der Argumentation zum Vorschein: Es werden die Bedingungen präzisiert, unter denen der Erklärungsbegriff anwendbar ist; der Erklärungsbegriff selbst kann auf das Schema der Wenn-dann-Beziehung gebracht werden: Wenn diese Bedingungen erfüllt sind, dann liegt eine Erklärung vor. Darüber hinaus erkennt man an dem Deduktionszusammenhang von E als Konklusion mit den Prämissen $A_1 \ldots A_n$, $G_1 \ldots G_m$, daß ein strenges, umfassendes Logik-System vorausgesetzt ist. Nun könnte man einwenden, der logisch korrekte Zusammenhang einzelner Behauptungen sei auch in den meisten traditionellen Texten wenigstens *intendiert,* nur eben nicht formallogisch sichtbar gemacht; denn die formale Logik dient schon immer als *Organon* präziser Gedankenverknüpfungen. Doch

6 Vergleiche unten die Ausführungen zum Wissenschaftsbegriff im Pragmatismus (11.2).

hier hat die Logik noch eine zweite Funktion. Durch die explizite formale Gestalt werden die Argumente nicht nur durchsichtiger und intersubjektiv nachprüfbar, sondern die Formalisierung stellt auch eine Voraussetzung für die inhaltliche Theorien-Entfaltung dar. Man könnte mit Kant sagen, die Logik wird zum *Kanon*, zu einem inhaltlichen Prinzip für die Konstitution der Wissenschaft.

Die Verwendung der Logik als Kanon bedeutet genauer den *Rekurs auf eine formale Sprache*. Formale Sprachen oder Modellsprachen erlauben klare terminologische Festlegungen und eine Systematik, welche eindeutig zugelassene Figuren von nicht-zugelassenen unterscheidet. Nach der Angabe der zugelassenen Zeichen, die in Hilfszeichen (z.B. Klammern), logische Zeichen (z.B. und) und in deskriptive Zeichen (z.B. Gegenstandskonstanten wie a oder Prädikatenkonstanten wie f) zerfallen, werden die Verkettungsregeln zur Herstellung zugelassener Ausdrücke formuliert. Ein System von Regeln ermöglicht den Aufbau von Sätzen aus den zugelassenen Zeichen und schließlich den Aufbau von zugelassenen Schlußfiguren aus den konstruierten Sätzen.

Eine formale Sprache wird erst dann zur *Sprache* im eigentlichen Sinne, wenn man sie durch eine *Semantik* ergänzt. In ihr erhalten die einzelnen zugelassenen Figuren, die als Einzelzeichen, Sätze oder Schlußschemata rein formal eingeführt werden, eine Bedeutung. Der deskriptiven Gegenstandskonstanten »a« wird beispielsweise der Gegenstand »Sokrates«, der deskriptiven Prädikatkonstanten »f« die Eigenschaft »ist sterblich« zugeordnet. Weitere semantische Regeln bestimmen dann die »Interpretation« der formalen Sprache. Durch solche Interpretationen gelingt eine klare Abtrennung der sinnvollen von den sinnlosen Sprachfiguren.

Wissenschaftliche Aussagen fallen unter die sinnvollen Sprachfiguren. Die einzelnen Wissenschaften können also als interpretierte formale Sprachen verstanden werden. Die wissenschaftliche Praxis unterscheidet sich nun allerdings radikal von dieser idealisierten Konstruktion. Man muß daher umgekehrt argumentieren: Wissenschaftler entwickeln nicht etwa innerhalb einer fest vorgegebenen formalen Sprache neue Einsichten, sondern sie formulieren innerhalb einer nicht streng formalisierten Spezialsprache, der sogenannten Episprache, die Teil der natürlichen Sprache ist, neue wissenschaftliche Einsichten, von denen angenommen wird, daß sie *nachträglich* als interpretierte formalsprachliche Figuren verstanden werden können. Nur in strittigen Fragen wird der komplizierte

Apparat formaler Sprachen wirklich herangezogen, wie etwa in unserem Beispiel der Klärung der Struktur von Gesetzen.
Von diesen wissenschaftlichen Aussagen unterscheiden sich wesentlich die wissenschafts*theoretischen* Aussagen. Letztere haben wissenschaftliche Aussagen zum Objekt, zählen also zur *Metasprache* interpretierter Formalsprachen. In der Wissenschaftstheorie werden Fragen diskutiert, ob gewisse Sprachfiguren richtig aufgebaut und richtig interpretiert sind oder in einem richtigen Argumentationszusammenhang stehen. Die Untersuchung kann aber auch prinzipieller werden und nach der Art der zugrundegelegten Formalsprache, der verwendeten Logik und der eingeführten Semantik fragen.
Die Forscher der Frühphase – insbesondere der junge Wittgenstein und der Carnap der zwanziger Jahre – glaubten, eine idealisierte *Einheitssprache* entwickeln zu können, welche die Struktur *aller* wissenschaftlichen und philosophischen Aussagen einerseits und die Struktur der ihr korrespondierenden Sachverhalte andererseits widerspiegeln sollte. Dieses Unternehmen ist an der Komplexität der wissenschaftlichen und sprachlichen Gegebenheiten gescheitert. Die Konkordanz von Wissenschaft und Wirklichkeit ist viel geringer und vor allem mehrdeutiger, als man im ersten Enthusiasmus vermutete. Nicht einmal die logische Komponente, die man früher stets mit der klassischen elementaren Logik identifizierte, konnte ihre Eindeutigkeit behalten. In der modernen Wissenschaftstheorie werden logische Argumentationen auch im Sinne einer nicht-klassischen Logik verwendet. Es seien nur die deontische und die chronologische Logik erwähnt, die nicht als bloße *Erweiterungen* der elementaren Logik verstanden werden dürfen, weil sie mit eigenständigen Regeln operieren.
Als erste wesentliche Komponente einer Methode innerhalb der formalen Wissenschaftstheorie haben wir den Rekurs auf formale Sprachen und damit implizit auf bestimmte Logiksysteme erkannt. Die prinzipielle Möglichkeit einer Transformation des Denkbaren in formal durchsichtige Elemente bedingt die vielgepriesene Präzision der modernen Wissenschaftstheorie die etwa in dem Schlagwort »Wahrheit durch Klarheit« zum Ausdruck kommt. In der Tat bringt der Bezug auf eine klar umrissene, allgemein anerkannte formale Basis zahlreiche Vorteile. Innerhalb der vorausgesetzten Formalsprache und ihrer Logik gibt es keine Mißverständnisse. Jeder Dialogpartner versteht die Ausdrücke »Allsatz«, »irrealer Konditional-

satz« usw. in gleichem Sinne. Es steht fest, was mit Rationalität gemeint ist, nämlich die Orientierung an den definierten Grundelementen und die Folgerichtigkeit im Sinne der zugrundegelegten Logik. Im Vergleich zur babylonischen Begriffsverwirrung in manch einem philosophischen Bereich erscheint die Übereinstimmung der Termini und Methoden als gewaltiger Fortschritt. Kein Wunder, wenn immer wieder Argumentationen mit geringerem Präzisionsniveau als rückständig deklassiert werden. Das braucht nicht unbedingt als Überheblichkeit interpretiert zu werden. Man sollte nicht vergessen, daß sich die Entwicklung solch präziser Methoden häufig aus einem tiefen wissenschaftlichen Ethos nährt. Russell beispielsweise war von der ethischen Relevanz präziser Gedanken überzeugt. Für ihn lag die Ursache vieler Mißstände und der tiefere Grund manchen Leids im Mangel an Klarheit und Rationalität. Die Strenge der Gedankenführung sollte Fanatismen und Ideologien in ihre Schranken weisen.

In diesem Zusammenhang ist eine wichtige Konsequenz erwähnenswert, die sich aus dem wissenschaftstheoretischen Ansatz ergibt. Alles, was an philosophisch bedeutsamen Erkenntnissen ausgesagt werden kann, erscheint in Form von sinnvollen Sätzen, die prinzipiell als wahr oder falsch bestimmt sind. Damit werden Behauptungen ausgeschlossen, wonach ein Begriff in einem bestimmten Kontext zu einer bestimmten Zeit eine andere Bedeutung haben kann als in einem anderen Kontext zu einer anderen Zeit: Es gibt keine sich entwickelnden Begriffe als Offenbarung einer sich entwickelnden Geistigkeit; ebensowenig sind Redeweisen von der Verhüllung oder Enthüllung des Seins in der Sprache möglich. Die Sprache der formalen Wissenschaftstheorie enthält keine Geheimnisse und verweist auf nichts Geheimnisvolles. Diese Entzauberung ist der Lohn – oder, wenn man so will, die Strafe – der Präzision.

Die Einbeziehung formalsprachlicher Theorien in die Philosophie geht auf die genialen Untersuchungen *G. Freges* zurück. Die Analysen »Über Sinn und Bedeutung« sowie über »Funktion und Begriff«[7] gehören inzwischen zu den klassischen Texten über formale Wissenschaftstheorie. Es ist kein Zufall, daß Frege zugleich als der maßgebliche Erneuerer der modernen Logik gilt. Die klassische

7 Vgl. die von G. Patzig herausgegebene Aufsatzsammlung Frege (62).

Logik muß durch einige entscheidende Weiterentwicklungen[8] ergänzt werden, um als Kanon der Wissenschaftstheorie die neuen Aufgaben übernehmen zu können. Bei Frege erscheinen die Überlegungen in einer gewissen fachspezifischen Isolation; sie wurden daher auch nur von wenigen Kennern zur Kenntnis genommen. Dies sollte sich durch Russells Hinwendung zur formalen Wissenschaftstheorie bald ändern. *Russell,* der zweite maßgebliche Wegbereiter der neuen Denkweise, baute die Logik systematisch in eine allgemeine Theorie der Erkenntnis ein. Die entscheidenden Einsichten legte er in seiner berühmten Abhandlung »On Denoting«[9] dar, wo Probleme der Beschreibung und Kennzeichnung geklärt werden. In Russells Philosophie wird neben der formalsprachlichen Komponente eine zweite Komponente tragend, nämlich die Rolle der empirischen Erfahrung.

1.3 Die zweite methodologische Komponente: Der spezifische Erfahrungsbezug

Blicken wir nochmals auf unser Beispiel in 1.1. Bei den Adäquatheitsbedingungen wird für die Prämissen ausdrücklich ein *empirischer Gehalt* gefordert. Damit wird ein völlig neuer Gesichtspunkt in die Betrachtung eingeführt. Bisher ging es um formale Sprachen samt deren Logiken und Interpretationsschemata. Die semantischen Systeme als solche vermitteln jedoch noch keinen empirischen Gehalt. Zum Beispiel lassen sich weite Bereiche der inhaltlichen Mathematik als semantische Theorien zu einem vorgegebenen Kalkül, also zu einer nicht-gedeuteten Formalsprache, auffassen. Es müssen noch weitere Kriterien in die Wissenschaftstheorie eingeführt werden, um einen Zusammenhang mit der sinnlich erfahrenen Wirklichkeit herzustellen. Das führt auf die typischen Fragestellungen der empirischen Signifikanz von Begriffen und Theorien, sowie der

8 Zu den Entdeckungen Freges gehören u. a. die Definition der Quantoren, die scharfe Unterscheidung zwischen Variablen und Konstanten, damit verbunden die Klärung von Begriff und Funktion, die Idee der mehrstelligen Relationen, die Grundlagen der Kennzeichnungstheorien und die strikte Unterscheidung von Regel und Gesetz.

9 Englisch erstmals 1905 in der Zeitschrift »Mind«; deutsche Übersetzung bei Steinvorth (71).

Prüfung, Begründung und Bestätigung von Theorien. Die Wissenschaftstheoretiker erheben den Anspruch, alle Sätze, die weder Tautologien oder Kontradiktionen noch Explikationen von Bedeutungsanalysen, d.h. »analytische Sätze«, sind, durch Rekurs auf Erfahrung überprüfen zu können. Gelingt letzteres nicht, so sind sie aus der Betrachtung grundsätzlich auszuschließen.

Die vage Behauptung über den Rekurs auf die Erfahrung kann nun sehr Verschiedenartiges besagen, da weder der Erfahrungsbegriff noch die Art und Weise des Bezugs präzisiert sind. Auch das »Ausschließen« aus der wissenschaftlichen Untersuchung enthält zwei Möglichkeiten. Einmal handelt es sich um eine Disqualifikation in dem Sinne, daß alles, was nicht gewisse, »empiristische Kriterien« erfüllt, als *sinnlos* beiseitegeschoben wird. Die Begriffe, Sätze und Theorien, welche die Kriterien erfüllen, heißen empirisch signifikant und stellen den alleinigen Gegenstand der Untersuchung dar. In einer zweiten Interpretation geht es um eine definitorische Grenzziehung; die intendierte wissenschaftliche Betrachtung bezieht sich nur auf Gegenständlichkeiten, welche bestimmte *Abgrenzungskriterien* erfüllen. Mit Kutschera[10] sprechen wir im Gegensatz zu den *empiristischen Kriterien*, welche *Sinn*kriterien sind, von *empirischen Kriterien,* welche als implizite Definitionen des wissenschaftlichen Gegenstands aufgefaßt werden können. Gegenstände, welche die empirischen Kriterien nicht erfüllen, sind nicht von vornherein sinnlos und so von jeglicher Betrachtung ausgeschlossen, sondern sie gehören eben nicht zu dem gerade hier ins Auge gefaßten Bereich. Ob sie unter anderen Gesichtspunkten sinnvolle Untersuchungsobjekte sein können oder schlechthin sinnlos sind, wird ausdrücklich offen gelassen.

Die Diskussion von empiristischen Sinnkriterien in den zwanziger und dreißiger Jahren war durch eine starke Aversion gegen die klassische Philosophie, insbesondere gegen die Metaphysik geprägt. Alles, was außerhalb der sehr engen Kriterien angesiedelt war, erhielt das abwertende Prädikat »metaphysisch«, was so viel wie »sinnlos« bedeutete. Obwohl diese Epoche heute in fast jedem Diskussionspunkt als überholt gilt, dient sie als beliebtes Reservoir von Zitaten, um die Wissenschaftstheorie in Mißkredit zu bringen. Berühmt-berüchtigt sind die radikalen Äußerungen eines Carnap, in denen er

10 Kutschera (72), I, S. 280.

den Metaphysikern vorwirft, ihre Theorien würden nur Gefühle ausdrücken, und dies noch dazu in einer völlig inadäquaten Form; sie sollten solche Gefühlsäußerungen besser den Musikern überlassen, die über geeignetere Darstellungsmittel verfügen[11].
Es ist völlig verfehlt, diese Kinderkrankheit der entstehenden Wissenschaftstheorie als symptomatisch für die Einstellung der Wissenschaftstheoretiker schlechthin anzusehen. Die Verhältnisse sind wesentlich differenzierter. Da sich vor allem Carnap selbst an der Kritik dieser ersten Versuche einer Präzisierung beteiligt hat, erscheint es unfair, die erwähnten Behauptungen pauschal zur Verurteilung der gesamten formalen Wissenschaftstheorie zu verwenden.
Man unterscheidet Verifikations-, Falsifikations- und Bestätigbarkeits-Kriterien. Das einfachste ist das Prinzip der vollständigen Verifizierbarkeit, das am Anfang der Überlegungen stand. Es besagt, daß ein Satz genau dann empirisch sinnvoll ist, wenn er nicht-analytisch (d.h. weder Tautologie noch Kontradiktion oder allein aus Wortbedeutungen ableitbar) ist und aus einer endlichen Menge konsistenter Beobachtungssätze deduziert werden kann. Gegen dieses Prinzip lassen sich massive Einwände erheben; denn es wird von keinem einzigen Naturgesetz erfüllt, die ja als wesentliche Allsätze verstanden werden müssen. Demnach wäre kein Naturgesetz empirisch sinnvoll. Ähnlich gewichtige Einwände konnten auch gegen die anderen Kriterien vorgebracht werden.[12]
Deshalb vollzog Carnap die Wende zu einer sprachlich bestimmten Interpretation, welche die *linguistische Periode der Wissenschaftstheorie* einleitet. Hier läßt sich nun eine wesentlich stärkere Bindung der formalsprachlichen Komponenten mit dem Erfahrungskomplex feststellen.
Carnap erhebt die Übersetzbarkeit in empiristische Sprachen zum Signifikanz-Kriterium, das heißt, ein Satz ist genau dann sinnvoll, wenn er in eine empiristische Sprache übersetzbar ist.
Am Anfang glaubte Carnap[13], alle Aussagen der empiristischen Sprache mit Hilfe der Logik auf Beobachtungsmerkmale von physikalischen Gegenständen zurückführen zu können. Das Fiasko der

11 Vgl. z. B. den Aufsatz Carnap (31), S. 240.
12 Siehe z. B. Hempel (72): Probleme und Modifikationen des empiristischen Sinnkriteriums.
13 Siehe den Aufbau eines Konstitutionssystems in Carnap (28).

Dispositionsbegriffe[14] veranlaßte ihn jedoch zu weiteren Revisionen. Die modernen Theorien verwenden zunehmend Begriffe, die durch Interpretation nicht völlig auf empiristische Sprachen zurückgeführt werden können. Diese Einsicht veranlaßte Carnap zur Entwicklung der »Zweistufentheorie von Wissenschaftssprachen« (Stegmüller). In ihr wird die Beobachtungssprache durch eine theoretische Sprache erweitert, die es nicht nur ermöglicht, die Dispositionsbegriffe korrekt einzuführen; in ihr können vor allem auch Termini wie elektromagnetisches Feld, Neutron u. ä. verwendet werden, welche erst durch sogenannte Korrespondenzregeln empirisch signifikant werden. So wird die empiristische Sprache genauer in ein hypothetisch-deduktives System verwandelt. Dabei versucht Carnap, mit Hilfe der prognostischen Relevanz empirisch zulässige von empirisch unzulässigen Termen und Sätzen zu unterscheiden: selbst wenn die Terme und Sätze der theoretischen Sprache nicht vollständig gedeutet werden können, so eignen sich einige doch für die Voraussage von Beobachtungen, die ohne sie nicht möglich wären.

Durch die Kritik von Hempel[15] u. a. sind mehr und mehr prinzipielle Zweifel an der Möglichkeit eines Signifikanz-Kriteriums für einzelne Terme und Sätze einer theoretischen Sprache aufgetreten. Nach Hempel kann nur die *gesamte Theorie* als signifikant erkannt oder verworfen werden. Die Rechtfertigung von pauschalen Theorie-Entwürfen verdrängt so mehr und mehr das spezielle Signifikanz-Problem für Einzelsätze.

Schon mit der Zweistufentheorie wird eine entscheidende Wendung vollzogen, die bei Angriffen gegen den »Positivismus« in der heute vertretenen Form nicht genügend berücksichtigt wird. Der empirische Sinn läßt sich nicht allein durch Beobachtungsinhalte ausdrükken, sondern man muß in weitem Maße auf theoretische Elemente zurückgreifen. Sprachliche Systeme vom Charakter nicht-interpretierter axiomatischer Theorien erhalten mit Hilfe von Korrespondenzregeln eine empirische Interpretation und werden so zum unverzichtbaren Element empirischer Wissenschaft. Das Verhältnis von empirischen Erfahrungselementen im naiven Sinne zu rationalen –

14 Leicht lesbare Darstellungen findet man bei Stegmüller (73), Kap. IX, 4 und 5 sowie bei Hempel: »Probleme und Modifikationen des empiristischen Sinnkriteriums« in Sinnreich (72), S. 104–125

15 a. a. O. S. 120f.

und damit spekulativen! – Theorie-Elementen verschob sich im Laufe der Diskussion ständig zu Gunsten der Theorie. Ging der Neopositivismus der dreißiger Jahre durch Bezug auf den logischen Rahmen bereits weit über einen naiven Empirismus Humescher Prägung hinaus, so bedeutet der Rückgriff auf reine Theorien, deren Zusammenhang mit der Erfahrung erst definitorisch hergestellt werden muß, die Einsicht in den Entwurf-Charakter jeglicher empirischen Theorie. »Der Empirismus ist von der Gefahr bedroht, sich zu verflüchtigen.«[16] Die wissenschaftlichen Objekte sind also keinesfalls aus der Erfahrung abgeleitete Größen, die dann innerhalb der Wissenschaft in ihrer Allgemeinheit und in ihrem systematischen Zusammenhang dargestellt werden. Wissenschaftliche Objekte sind wesentlich rational und spekulativ bedingt. Im strengen Induktivismus glaubte man einst, bestimmte Sätze als Tatsachenbeschreibungen auszeichnen und andere dann durch induktive Verallgemeinerungen eindeutig in eine Theorie einbauen zu können; ja man glaubte, daß die Theorien nur aus solchen Verallgemeinerungen aufgebaut wären.

Die folgenden Erläuterungen des Empiristen Quine[17] verdeutlichen den Wandel innerhalb der formalen Wissenschaftstheorie wobei allerdings zugestanden werden muß, daß Quine am anderen Ende der Skala möglicher Grenzziehungen zwischen Theorie und sinnlicher Erfahrung steht:

»Als Empirist fahre ich fort, mir das begriffliche Schema der Wissenschaft als ein Werkzeug zu denken, um letztlich zukünftige Erfahrungen im Lichte zurückliegender vorherzusagen. Physikalische Gegenstände werden als vereinbarte Zwischenglieder begrifflich in das System eingeführt – nicht durch Definition mit Hilfe der Erfahrung, sondern einfach als irreduzible Voraussetzungen, die erkenntnistheoretisch mit den Göttern Homers vergleichbar sind. Ich für meinen Teil glaube wie ein Physiker an physikalische Gegenstände und nicht an die Götter Homers. Und ich betrachte es als einen wissenschaftlichen Irrtum, etwas anderes zu glauben. Bezüglich des erkenntnistheoretischen Zustands aber unterscheiden sich die physikalischen Gegenstände und die Götter Homers nur gradweise nicht der Art nach. Beide Arten von Entitäten treten in unserer Konzeption

16 Stegmüller (69), 2, S. 293.
17 Quine: »Zwei Dogmen des Empirismus«, S.192, in Sinnreich (72).

nur als kulturelle Voraussetzungen auf. Der Mythos physikalischer Gegenstände ist erkenntnistheoretisch den meisten anderen Mythen darin überlegen, daß er sich besser als andere als Maßstab zur Erzeugung einer praktikablen Struktur im Fluß der Erfahrungen erwiesen hat.«

Es ist denkbar, daß bei einer geeigneten Erweiterung des Erfahrungsbegriffs, der sich im Begriff der empirischen Bestätigung niederschlägt, auch gewisse metaphysische Theorien in klassischem Sinne mit zu Untersuchungsobjekten der formalen Wissenschaftstheorie werden könnten. Man muß sich hüten, hinter solchen Theorien stets nur verbrämte physikalistische Denkschemata zu vermuten. Empirische Theorien beziehen sich gleichermaßen auf Naturobjekte wie auf gesellschaftliche und psychologische Gegenstände. Formale Wissenschaftstheorie versucht, auch soziologische und psychologische Erfahrung methodisch zu erforschen und so in die philosophische Diskussion einzubeziehen. Auch unser Handeln kann Methoden unterworfen werden, die logische Stringenz und Erfahrungsbezug aufweisen. Deshalb untersucht die formale Wissenschaftstheorie Bereiche der theoretischen *und* der praktischen Philosophie. Die Trennung von Theorie und Praxis wurde nur in der Frühphase des Empirismus behauptet[18]. In den neueren Untersuchungen dagegen werden Betrachtungen über Entscheidungs- und Handlungstheorien in extenso behandelt.[19]

18 So etwa bei Wittgenstein (64a) 6.373, 6.41, 6.42, 6.421.
19 Vgl. die ausführliche Diskussion bei Stegmüller (69), Band 4.

1.4 Eine Differenzierung im Erfahrungsbezug: Induktivismus und Deduktivismus

a) Zur Struktur wissenschaftlicher Theorien

Das simple Schema des naiven Positivismus

Annahme einer Wirklichkeit	→	Einzel Beobachtungen	→	Logische und v. a. induktive Folgerungen aus Beobachtungen	→	wissenschaftl. Theorien über die gegebene Wirklichkeit

gehört der Vergangenheit an. Die Vorstellungen über die Struktur wissenschaftlicher Theorien und deren Konstitution haben sich radikal geändert.
Am Anfang steht der kreative Entwurf logisch konsistenter wissenschaftlicher Theorien. Ein wesentlicher Bestandteil der Theorien sind gesetzesartige Aussagen in Form von Hypothesen. Da die empirische Grundhaltung nicht aufgegeben werden soll, muß der Erfahrungsbezug *nachträglich* hergestellt oder die betreffende Theorie durch Verwerfung bestimmter Hypothesen verbessert werden. Es handelt sich um die sogenannte *»Bestätigung empirischer Theorien«*. Die Bestätigung bzw. Verwerfung von Hypothesen vollzieht sich nicht direkt, sondern indirekt über Beobachtungen, welche mit den Hypothesen konfrontiert werden können. Bestätigte und nicht verworfene Hypothesen bestimmen dann den Inhalt der Theorie, die als Beschreibung der Wirklichkeit interpretiert werden kann. Durch die Annahme der Hypothesen wird gewissermaßen die Wirklichkeit definiert. Das Schema des naiven Positivismus erscheint geradezu auf den Kopf gestellt:

Kreativer Entwurf logisch konsistenter Theorien	→	Logische Folgerungen aus den Theorien, insbesondere Herleitung von Beobachtungssätzen	→	Bestätigung der Theorien durch Bestätigung der Folgerungen an Hand von Beobachtungen – oder Verwerfung falsifizierter Hypothesen	→	Vorläufige Definition der Wirklichkeit durch die akzeptierte Hypothesenmannigfaltigkeit

Da der Erfahrungsbezug durch die *Bestätigung* bzw. Verwerfung von Hypothesen hergestellt wird, konzentriert sich die Diskussion auf die Aufhellung eben dieser Zentralbegriffe.

b) Induktive und deduktive Bestätigung

Im Schema zur modernen Wissenschaftstheorie steht der Entwurf logisch konsistenter Hypothesen am Anfang. Da solche Hypothesen als Allsätze formuliert sind, lassen sie sich prinzipiell nicht verifizieren, sofern sie sich auf unendlich viele Gegenstände beziehen. Wenn die Hypothesen der empirischen Wissenschaften sich von reinen, zur Wirklichkeit völlig beziehungsfreien Spekulationen unterscheiden sollen, benötigen wir Bestätigungskriterien als Brücken zur erfahrbaren Wirklichkeit.

Man unterscheidet zwei Arten von Bestätigung.

Bestätigung empirischer Thesen

induktive Bestätigung
oder
induktive Relevanz:
Die Hypothese H wird durch Beobachtungssätze E bezüglich bestimmter Voraussetzungen A (vor allem bezüglich bereits bestätigter Sätze) »wahrscheinlicher« gemacht oder genauer:
E »bestätigt« H bezüglich A und w, genau dann, wenn gilt

$$w\,(H/E \land A) > w\,(H/A)$$

(w ist eine subjektive Wahrscheinlichkeitsbewertung.)

deduktive Bestätigung
oder
Bewährung
Die Hypothese H bestätigt sich deduktiv an den Beobachtungssätzen E bezüglich gewisser Voraussetzungen A;
oder genauer: H »bewährt« sich an E bezüglich A genau dann, wenn gilt
a) $H \land A$ imp E
b) A non-imp E
c) H non-imp $\sim A$.

Der Unterschied ist offenkundig und gravierend. Bei der Bewährung beruft man sich allein auf die elementare formale Logik und ist so von der umstrittenen Wahrscheinlichkeitsproblematik unabhängig. Nach Aufstellung von Hypothesen geht man rein deduktiv vor. Bei der induktiven Relevanz dagegen wird weiterhin eine Induktion vorausgesetzt, die allerdings mit Hilfe der Wahrscheinlichkeitstheorie modifiziert wird. Beide Begriffsbestimmungen weisen zahlreiche Schwierigkeiten auf[20]:

20 Vgl. die Diskussion bei Kutschera (72), II, v. a. S. 414ff. bzw. S. 430ff.

c) Die Kontroverse zwischen Carnap und Popper

Nach der Skizzierung der Bestätigungsbegriffe tritt nun die Frage auf, welche Rolle der Bewährungs- bzw. der Relevanzbegriff für die Frage der *Rechtfertigung von Hypothesen* spielt. Nach *Popper* ist eine Hypothese H genau dann akzeptabel, wenn sie sich bewährt. Man nennt diesen Standpunkt *Deduktivismus,* weil der Bewährungsbegriff allein durch die deduktive Logik und ohne induktive Prinzipien definierbar ist. Auf der anderen Seite steht Carnaps Auffassung: Eine Hypothese H ist genau dann akzeptabel, wenn sie induktiv bestätigt ist; man spricht dann vom *Induktivismus.*

Poppers Angriffe gegen den Induktivismus gehen von der Überlegung aus, daß die Wissenschaft nicht nach hohen *Wahrscheinlichkeitsgraden* strebt, sondern nach einem hohen *Informationsgehalt.* Wenn eine Hypothese sehr wahrscheinlich ist, so kann das bedeuten, daß sie wenig informativ ist. Ein Maß für die Bewährung einer Hypothese H durch E – Popper verwendet die Funktion C (H, E) – kann nicht identisch sein mit der relativen Wahrscheinlichkeit von H bezüglich E, dargestellt durch P (H, E). In seinem Hauptwerk »Logik der Forschung« beweist er, daß $C(H, E) \neq P(H, E)$ sein muß, wenn C die intuitiv geforderten Eigenschaften der Bewährung besitzen soll.[21]
Trotz dieser negativen Beurteilung der auf Wahrscheinlichkeiten zurückgreifenden Induktion versucht Popper[22], die Allsätze, welche als wissenschaftliche Hypothesen fungieren, durch ein Kriterium von den metaphysischen Allsätzen zu unterscheiden: eben durch die Möglichkeit, an der Erfahrung scheitern zu können. Geht man von der Vorstellung aus, das Aussagevermögen und damit der Informationsgehalt eines Satzes sei um so größer, je mehr bestimmte Zustände er ausschließt, so bedeutet jede mißglückte Falsifikation eine Vergrößerung des empirischen Gehalts der Theorie. Die Kontroverse zwischen Popper und Carnap füllt ganze Bände wissenschaftstheoretischer Analysen. In diesem Begriffswirrwarr erinnert ein Vorschlag Stegmüllers[23] an Alexanders Lösung des Gordischen Knotens. Nach seiner Auffassung bestehen zwischen Poppers und Carnaps Theorien kaum Berührungspunkte. Denn während Popper sich in einer Metatheorie der Theorien innerhalb der theoretischen Vernunft bewegt, entwickelt Carnap eine Metatheorie der Praxis. Sein »induktives Räsonieren« betrifft die subjektiv-probabilistischen Überlegungen innerhalb rationaler Entscheidungen unter Risiko; es zielt auf die Grundlegung einer normativen Entscheidungstheorie und gehört damit in den Bereich der praktischen Vernunft.[24]

21 Popper (71), S. 348 ff.
22 Popper (71), Anhang IX.
23 »Das Problem der Induktion: Humes Herausforderung und moderne Antworten«, S. 12ff. in Lenk (70).
24 Einzelheiten folgen in 8.1. c).

Wie soll nun aber die Poppersche Theorie näher verstanden werden, die nach der Verweisung der Induktion in den Bereich des Praktischen innerhalb der theoretischen Fragestellung der Wissenschaftstheorie allein übrig bleibt? Sie gibt doch nur Aufschluß über die *Annehmbarkeit* von Hypothesen; wie steht es aber mit der allgemein gewünschten *Beweisbarkeit* von Theorien? Und was bedeutet ferner der Hinweis auf den »Beobachtungssatz E«, wenn doch die Trennung von rein theoretischen Sätzen und reinen Beobachtungssätzen mehr als suspekt ist?

In der Beurteilung der Frage der Beweisbarkeit von Wissen hat sich in der gegenwärtigen Philosophie ein grundsätzlicher Wandel vollzogen. Ursprünglich bedeutete in der wissenschaftstheoretischen Diskussion Wissen stets *bewiesenes* Wissen, wobei man sich beim Beweis entweder auf die Vernunft oder auf die Sinneserfahrung berief. Die Empiristen lehnen seit eh und je die rein *rationale* Begründung ab; weder das Kantische synthetische Apriori noch irgendeine intellektuelle Anschauung können Wissen begründen. Seit Humes Untersuchungen ist aber auch der Rekurs auf die Induktion zweifelhaft. Wie wir gesehen haben, läßt sich selbst der Carnapsche Ansatz, die Induktion durch die Einbeziehung von Wahrscheinlichkeiten zu retten, nicht durchführen. Es hat keinen Sinn, »bewiesenes Wissen« durch »höchstwahrscheinliches Wissen« zu ersetzen; denn unter bestimmten Bedingungen läßt sich zeigen, daß jede Theorie die Wahrscheinlichkeit Null hat, also unmöglich ist. Der Empirismus muß mit der Tatsache fertig werden, *daß keine Theorie beweisbar ist!* Um trotzdem nicht in den Irrationalismus und in skeptische Aussagen zu verfallen, entwickelt Popper seine Falsifikationstheorie.

Mit I. Lakatos[25] wollen wir den Popperschen oder *methodischen* Falsifikationismus von dem *dogmatischen* Falsifikationismus unterscheiden, der häufig fälschlicherweise den kritischen Rationalisten unterschoben wird. Der dogmatische Falsifikationismus hält an der scharfen Trennung zwischen theoretischen Sätzen und Beobachtungssätzen fest und sieht die Beobachtungssätze a priori als *wahre* Sätze an. Sie sind zugleich als empirische Basis die Voraussetzung für Wissenschaftlichkeit. Nun können Tatsachenaussagen aber nie durch *Experimente oder Beobachtungen* bewiesen werden, sondern nur durch andere Sätze; d.h., die Brücke zur Erfah-

25 Vgl. Lakatos: »Falsification and the Methodology of Scientific Research Programms«, S. 93 f., in Lakatos/Musgrave (70).

rung kann – soll sie im Sinne der Beweisbarkeit absolut sicher sein – nicht direkt geschlagen werden. Das läuft schließlich darauf hinaus, daß auch Tatsachenaussagen prinzipiell unbeweisbar sind. Anomalien zur aufgestellten Hypothese lassen sich immer wieder innerhalb der Hypothese interpretieren, sei es durch Erweiterungen der Hypothese oder durch neu vermutete Zusammenhänge innerhalb der Hypothese, die noch experimentell überprüft werden müssen. Tatsachenaussagen können daher Theorien nicht echt *falsifizieren,* sondern sie können nur mit den Sätzen im *logischen Widerspruch* stehen. Deshalb treten in unserer obigen Darstellung des Bewährungsbegriffs nur formallogische Implikationen zwischen Aussagen auf. Durch diese Einwände verliert der dogmatische Falsifikationismus an Glaubwürdigkeit. Man kommt der Lösung der Problematik nicht näher ohne Einführung einer *soziologischen Komponente:* entweder die immer komplizierteren allgemeinen Theorien werden von der Forschergemeinschaft willkürlich durch neue ersetzt, wie es in bestimmten Formen konventionalistischer Theorien geschieht, oder aber – und das ist der Poppersche Standpunkt – der Konsens der Forscher bezieht sich auf die raum-zeitlichen *singulären* Aussagen. Der Wahrheitswert der Tatsachenaussagen ist dann nicht durch Tatsachen *bewiesen, sondern durch Konsens festgelegt.* Das geschieht nach Popper nicht durch reine Willkür, sondern aufgrund gewisser von der Gemeinschaft ausgeübter Techniken, so daß jedem, der sich diese angeeignet hat, die Entscheidung plausibel erscheint. Die Berufung auf diesen Konsens stellt die schwache Stelle dar, an welcher die verschiedensten Kritiken einsetzen, insbesondere die unten (11.1) ausgeführte Kritik von Thomas S. Kuhn.

Hier kommt der Charakter formaler wissenschaftstheoretischer Argumentationen, um den es uns hier vorwiegend geht, deutlich zum Vorschein: was durch formale Theorien präzisiert werden kann, wird in extenso abgehandelt; die Probleme die sich solcher Präzisierungen entziehen, werden nicht weiter reflektiert und ausgeklammert. Die Ausklammerung bedeutet keine Zurückstellung, keine Epoché, sondern eine konstitutive Abwertung; es handelt sich um wissenschaftlich und philosophisch nicht weiter analysierbare Fakten. Dieser *Methodenmonismus* wird besonders dort deutlich, wo man von jeher andere als formallogische Methoden angenommen hat, nämlich im Bereich der menschlichen Handlungen, insbesondere auf dem Gebiet der Geschichte.

Bevor wir uns den Ausführungen zur Geschichte zuwenden, wollen wir auf eine wichtige Voraussetzung aller Theorien innerhalb der formalen Wissenschaftstheorie eingehen, nämlich auf die Wahrheitstheorie von Tarski.

d) Das Wahrheitsproblem bei Tarski und die Idee des Formalismus

Der Poppersche Bewährungsbegriff scheint nichts mit der Wahrheit zu tun zu haben. Popper weist auch ausdrücklich darauf hin, daß er auf keinen Fall Wahrheit durch die Bewährung *definieren* wolle, wie es in einigen pragmatischen Theorien geschieht[26], sondern daß er auf die Begriffe von »wahr« und »falsch« überhaupt *verzichten* könne. »An ihre Stelle treten logische Überlegungen über Ableitbarkeitsbeziehungen. Wir müssen also nicht sagen, daß die Prognose p »wahr« ist, wenn die Theorie t und der Basissatz r »wahr« sind, sondern wir können sagen: der Satz p folgt aus der (nichtkontradiktorischen) Konjunktion von t und r. Und in ähnlicher Weise werden wir die Falsifikation einer Theorie beschreiben...«[27] Ein bestechender Gedanke, durch das Ausweichen auf Formalismen ohne Klärung des Wahrheitsbegriffs auszukommen! Die Frage ist allerdings, ob hier nicht an die Theorie des Formalismus ein zu hoher Anspruch gestellt wird, den dieser nicht erfüllen kann. Überlegen wir uns, was eine formale Betrachtungsweise überhaupt vermag.[28]

Eine formalistische Theorie betrachtet ihre Gegenstände nicht als *inhaltlich bestimmte Objekte,* wie z. B. in der Geometrie als Punkte, Geraden, Ebenen, sondern als *Beziehungen* zwischen *irgendwie gearteten* Objekten. Die inhaltliche Deutung der Objekte ist für den Formalisten mehrdeutig und unwesentlich. D. Hilbert illustriert diesen Sachverhalt in einem Brief an Frege: »Wenn ich unter meinen Punkten irgendwelche Systeme von Dingen, z. B. das System: Liebe, Gesetz, Schornsteinfeger..., denke und dann nur meine sämtlichen Axiome als Beziehungen zwischen diesen Dingen annehme, so gelten meine Sätze, z. B. der Pythagoras, auch von diesen Dingen. Mit anderen Worten: eine jede Theorie kann stets auf unendlich viele

26 Popper (71), S. 221.
27 a. a. O. S. 219.
28 Eine einfache Darstellung der Problematik in Wuchterl (76a), 3. und 13.6 f.

Systeme von Grundelementen angewandt werden.«[29] Worauf es allein ankommt, ist die *widerspruchsfreie* Darstellung von Relationen in der Form eines Axiomensystems, aus dem alle relevanten Zusammenhänge ableitbar sind. Existenz ist identisch mit der Widerspruchsfreiheit eines axiomatischen Systems. Der Vorteil ist offenkundig: die Wissenschaft redet nicht mehr von Urteilen, Vorstellungen, geistigen Inhalten und schwer greifbaren Spekulationsobjekten gewisser Individuen, sondern von dem einen Kalkül darstellenden Zeichenzusammenhang, der objektiv kontrollierbar und allen Menschen zugänglich ist. Wahrheit von Sachzusammenhängen wird durch die Ableitbarkeit von Zeichen ersetzt; nur ableitbare Zeichenfolgen sind gerechtfertigt.
Sowohl die Forderung der Widerspruchsfreiheit als auch die der Vollständigkeit solcher Axiomensysteme stellen den Wissenschaftstheoretiker vor schwierige Probleme. Durch die metamathematischen Entdeckungen K. Gödels, die wohl die folgenschwersten Gedanken der modernen Wissenschaftstheorie enthalten, wurden die Grenzen einseitig formalistischer Gedanken aufgezeigt. Im sogenannten Unableitbarkeitssatz zeigt Gödel, daß in einem widerspruchsfreien System, in dem wenigstens die arithmetischen Beziehungen formalisiert sind, mit den formalen Mitteln eben dieses Systems der Widerspruchsfreiheitsbeweis prinzipiell nicht geführt werden kann. Ja, noch mehr: im Unentscheidbarkeitssatz weist er nach, daß es in jedem formalen System der angegebenen Art stets Sätze gibt, die innerhalb des Systems prinzipiell unentscheidbar sind, d.h., die weder als ableitbar, noch als nicht-ableitbar erkannt werden können. Man benötigt also offensichtlich noch kompliziertere Hilfsmittel, als sie der Formalismus bereit stellt, um die Wissenschaften in den Griff zu bekommen. Aber selbst in den Kalkülen, die vollständig sind, wie z. B. der Prädikatenkalkül erster Stufe, hängt der Vollständigkeitsbeweis, der ohne einen geklärten Wahrheitsbegriff arbeitet, in der Luft.
Ein zweiter Nachteil stellt sich ein, wenn Kalküle auf erkenntnistheoretische oder wissenschaftstheoretische Fragen *angewandt* werden sollen, wie es in unserem Problemzusammenhang der Fall ist. Dabei kommt man ohne den Wahrheitsbegriff nicht aus. Wie soll die Frage nach der Verifikation gelöst werden, wenn man nicht weiß, was »wahr« bedeutet? Es ist das Verdienst A. Tarskis, die Grundla-

29 Vgl. die Briefsammlung von Steck (41), S. 18.

gen für die *Semantik* gelegt zu haben, die es ermöglichen, von der Inhaltsleere des reinen Kalküls zu den Bedeutungskomplexen eben jener Zeichensysteme überzugehen. Die Kenntnis dieser Theorie hat Popper schnell von seinem Vorurteil, ohne Klärung des Wahrheitsbegriffs auszukommen, abgebracht[30].

Worum geht es in dieser Wahrheitstheorie? Tarski entwickelt eine Definition von Wahrheit, die den Anspruch auf *sachliche Angemessenheit* und *formale Richtigkeit* erhebt[31]. Er glaubt, in seinem Begriff die uralte Vorstellung, daß Wahrheit Übereinstimmung mit den Tatsachen bedeutet, erstmals widerspruchsfrei präzisiert zu haben. Man spricht von der Adäquatheits- oder Korrespondenztheorie der Wahrheit, die etwa der klassischen Definition »Veritas est adaequatio rei et intellectus« zugrunde liegt. Tarskis Analyse zeigt, daß alle Erklärungen, die von einer undifferenzierten Umgangssprache ausgehen, an fundamentalen Aporien scheitern. Analog zur berüchtigten Antinomie von Russell, die das gesamte stolze Gebäude einer auf Mengenlehre aufgebauten Mathematik ins Wanken brachte, verunsichern sogenannte semantische Antinomien[32] jede Wahrheitskonstruktion. Tarski beweist, daß dieser Mangel nur dann behoben werden kann, wenn man die Sprache in eine Objektsprache S und in eine zugehörige Metasprache MS spaltet, also die sogenannte semantische Geschlossenheit aufgibt. In einer so gegliederten Sprache läßt sich dann das Prädikat »wahr in MS« definieren.

Die erste explizite Formulierung des Korrespondenzgedankens findet man bei Aristoteles[33]. Dieser schreibt: »Wenn man vom Seienden behauptet, es sei nicht, oder vom Nichtseienden, es sei, dann ist dies falsch, sagt man aber vom Seienden, es sei, und vom Nichtseienden, es sei nicht, dann ist dies wahr.« In der Wissenschaftstheorie verwendet man für »das Seiende« den Terminus »Sachverhalt« (beziehungsweise »Tatsache«). Die Definition lautet dann: »Der behauptete Sachverhalt, daß p, ist genau dann wahr, wenn p ein wirklicher

30 »Dank Tarskis Lehre verwende ich die Ausdrücke ‚Wahrheit' und ‚Falschheit' nunmehr ohne Zögern«; Popper (71), S. 219, Fußnote.

31 Eine ausführliche Darstellung in Tarski (36); leichter lesbar ist die Skizze in Tarski (44).

32 Die bekannteste semantische Antinomie ist die »Lügner-Antinomie«. Ein Bewohner von Kreta sagt: Alle Kreter lügen, sobald sie den Mund öffnen. Ist das Gesagte nun eine Lüge oder nicht?

33 Aristoteles (51), Buch III, 7, 1011b. Siehe auch die Diskussion bei Tugendhat/Wolf (83), § 13.

Sachverhalt (oder eine Tatsache) ist.« Tarski präzisiert nun den Umstand, daß beide Sachverhalte – obwohl auch auf Nichtsprachliches bezogen – *sprachlich* gefaßt werden müssen. Es besteht aber ein Unterschied: in der einen Sprache, der Metasprache, spricht man über die andere, die Objektsprache. Deshalb lautet bei Tarski das Definitionsschema für Wahrheit folgendermaßen:

»‚p' ist genau dann wahr, wenn p.«

Beispiel:
»‚Schnee ist weiß' ist genau dann wahr, wenn Schnee weiß ist.«

Allgemeiner:
»X ist genau dann wahr, wenn p,« wobei X eine metasprachliche Bezeichnung eines Objektsatzes und p die Übersetzung des objektsprachlichen Satzes in eben diese Metasprache ist.

Beispiel:
»‚Snow is white' ist genau dann wahr, wenn der Schnee weiß ist.«

Deutsch ist die Metasprache, Englisch die Objektsprache.

Die Hauptschwierigkeit, die sich für Tarski ergab und die er überzeugend löste, war der Nachweis, daß sich für alle noch so komplizierten Sätze formaler (genauer extensionaler) Sprachen, welche die grammatischen Beziehungen in eindeutiger Weise wiedergeben, durch rekursive Definitionen ihre Wahrheit auf Äquivalenzen der obigen Art zurückführen lassen. Man kann also nach endlich vielen Schritten für jeden Satz der Objektsprache zeigen, unter welchen Bedingungen er wahr ist.
Ein häufig vorgebrachter Einwand gegen Tarski betrifft die Voraussetzung, daß es sich um formale Sprachen handeln muß und für diese dann eher eine Bedeutungs- als eine Wahrheitstheorie geliefert wird. Aber bei diesem Vorwurf wird der hypothetische Charakter der Untersuchung übersehen: *Wenn überhaupt* in einem präzisen Sinn von Wahrheit gesprochen werden kann, dann nur auf die von Tarski entwickelte Weise. Wer von vornherein Präzisierungen und Definitionen aus der Philosophie ausschließt, kann sich die Mühe ersparen, sich mit Tarski auseinanderzusetzen. [34]

34 Zur weiteren Diskussion siehe Weingartner (67), Tugendhat (60) und Stegmüller (57).

1.5 Formale Wissenschaftstheorie und Geschichte

Für das wissenschaftstheoretische Konzept gibt es in der Geschichte nur *eine* wissenschaftliche Methode: die durch die formale Logik und durch den Rekurs auf allgemeine Gesetze bestimmte, innerhalb der exakten Wissenschaftssprache formulierbare Erklärung von Ereignissen. Historische Erklärungen sind strukturell gleich geartet wie naturwissenschaftliche Erklärungen. Daß Geschichtstheoretiker häufig von anderen, nur speziell in der Geschichte anwendbaren Methoden sprechen, beruht auf Mißverständnissen, welche die Komplexität des zu Erklärenden verursacht. In der Geschichte kann man selten *lineare* Erklärungsketten aufstellen, an deren Ende das zu erklärende Ereignis steht.

In den sogenannten *historisch-genetischen* Erklärungen müssen zu den einzelnen Erklärungsschritten neue Prämissen hinzugefügt werden, die als zusätzliche geschichtliche Informationen fungieren und so den Zusammenhang wesentlich komplizieren. [35]

Durch diese Einfügung weiterer Fakten als Antezedenzbedingungen entsteht der Eindruck, Geschichte handle vom Individuellen und Einmaligen. In Wirklichkeit liegt dasselbe Erklärungsschema wie in den Naturwissenschaften zugrunde, nur die Reihenfolge der einzelnen Erklärungsschritte ist zweidimensional strukturiert. So läßt sich die Grundthese verstehen, daß historische Erklärungen im Normalfall in gleicher Weise auf naturwissenschaftlichen Gesetzen und Theorien beruhen wie naturwissenschaftliche Erklärungen. Diese prinzipielle Identität des zugrundeliegenden Erklärungsmechanismus bedeutet aber keinesfalls die Identität von Naturwissenschaft und Geschichtswissenschaft. Besonders Popper sind die Unterschiede wohl bewußt, die vor allem bei der Möglichkeit prognostischer Aussagen zum Vorschein kommen. Die Hinzufügung zusätzlicher Antezedenzbedingungen bei historischen Erklärungen hat etwas Willkürliches an sich, was beim Versuch, die Zukunft zu bestimmen, als unüberwindbare Barriere in Erscheinung tritt. Da in der formalen Wissenschaftstheorie kein Platz ist für die Intentionen und für das Selbstverständnis handelnder Personen, fehlen Kriterien zur Auswahl der zukünftigen Antezedenzbedingungen. Deshalb verneint Popper letztlich eine theoretische, die Zukunft umfassende

35 Einzelheiten in 8. 1.b).

Geschichtswissenschaft[36], die mehr als nachträglich aufgestellte Erklärungen liefert. In der Geschichte läßt sich die Ableitung von Gesetzeshypothesen, die zugleich wissenschaftliche Prognosen ermöglichen, nicht realisieren.

Im Zusammenhang mit der später zu behandelnden Diskussion zwischen Popper und dem Wissenschaftshistoriker Kuhn wurde der Poppersche Ansatz in verschiedene Richtungen weiterentwickelt. Besonders erwähnenswert ist die Theorie der wissenschaftlichen Forschungsprogramme von I. Lakatos[37]. In Abwandlung des berühmten Kant-Zitats stellt Lakatos fest: »Wissenschaftsphilosophie ohne Wissenschaftsgeschichte ist leer; Wissenschaftsgeschichte ohne Wissenschaftsphilosophie ist blind«[38]. Die Wissenschaftsgeschichte (»externe Geschichte«) erhält ein größeres Gewicht, weil diese stets reicher ist als ihre Rekonstruktion durch den Wissenschaftstheoretiker (»interne Geschichte«). Doch bleibt nach wie vor die Theorie primär; sie stellt die normativen Grundlagen zur Verfügung, wonach die innere Struktur des wissenschaftlichen Forschungsprogramms aufgebaut ist. Dabei unterscheidet sich ein Forschungsprogramm von den klassischen Theorien durch die Zweiteilung in einen »harten Kern« und in eine »positive Heuristik«. Während ersterer unwiderlegbar ist, weil er die Forschungsthematik erst definiert, umfaßt die positive Heuristik eine Reihe von Hilfskonstruktionen, die Anomalien erfolgreich an das Forschungsprogramm anpassen. Bei Lakatos beginnt die wissenschaftstheoretische Überlegung nicht mit einer einheitlichen falsifizierbaren Hypothesenmannigfaltigkeit, sondern mit einem differenzierten Entwurf eines Forschungsprogramms, das bereits die Möglichkeiten zu einer erfolgreichen Auseinandersetzung mit geschichtlichen Fakten enthält.

Bevor wir auf kritische Einwände gegen die formale Wissenschaftstheorie eingehen wollen, fassen wir die wichtigsten Ergebnisse unserer Überlegungen zusammen:
Die formale Wissenschaftstheorie analysiert vornehmlich die Methoden der Einzelwissenschaften. Damit ist sie in diesem Unternehmen von den Ergebnissen und von dem faktischen Forschungsgebaren der Einzelwissenschaften abhängig. Andererseits erscheint in den genannten Methoden ein starkes konstruktives Element: der Theorieentwurf, der zwar formallogisch korrekt bleiben und auf die

36 Vgl. z. B. Popper (65) S. XII.

37 Vgl. »Die Geschichte der Wissenschaft und ihre rationale Rekonstruktion«, in Diederich (74), S. 55–119 und »Falsifikation und die Methodologie wissenschaftlicher Forschungsprogramme« , in Lakatos/Musgrave (70), S. 91–196.

38 Diederich (74), S. 56.

Beobachtungsbasis bezogen werden muß, geschieht nicht in Form einer reinen Spiegelung von Wirklichkeitszusammenhängen, sondern enthält auch schöpferische Elemente. Deshalb umfassen wissenschaftstheoretische Konzeptionen stets Theorien, die über die faktische Forschungstätigkeit hinausgehen und neue Forschungsimpulse vermitteln.

Damit läßt sich die Aufgabe der Philosophie aus der Perspektive des Wissenschaftstheoretikers bestimmen: In der Philosophie werden die Methoden expliziert und entworfen, welche die wissenschaftstheoretischen Grundforderungen, d.h. die logischen Formalbedingungen und den präzisierten empirischen Erfahrungsbezug, erfüllen. Philosophie gibt einen Überblick über mögliche Methodenentwürfe der genannten Art. Philosophische Wahrheiten zeigen sich einerseits in den klar formulierten Aussagen der methodisch fixierten Einzelwissenschaften,[39] andererseits in der Vielfalt der methodisch – sei es induktiv oder deduktiv – bestätigten Einzelentwürfe.[40] Dabei kommt der *analytische* Charakter besonders dadurch zum Ausdruck, daß die Einzelerkenntnisse nicht vollständig in einem totalen Systementwurf integriert sind, wie wir das in den Systemtheorien der Gegenwart erkennen werden (vgl. Kap. 11). Die empirische Erfahrung tritt als kontingente Instanz einer *außerhalb des Systems* stehenden Umwelt in Erscheinung, die durch Induktion oder Bewährung in den Griff bekommen werden soll. Logische und mathematische Systeme haben vorwiegend instrumentalen Charakter und definieren nicht etwa die anzuwendenden Methoden.

Die hier aufgezeigte *Identifizierung von Philosophie und Methode* beschränkt sich nicht auf die formale Wissenschaftstheorie. Wir finden solche Gleichsetzungen auch in gewissen Formen der sprachanalytischen Schule.[41] Das Charakteristische der formalen Wissenschaftstheorie zeigt sich vielmehr in der Beschränkung auf Methoden der formalen Logik und der empirischen Bestätigung, welche allein den Erfahrungsbezug definiert. Erst in den *systemtheoretischen* Varianten der Wissenschaftstheorie löst sich das enge

39 Wittgenstein in (64a); vgl 4.112: »Das Resultat der Philosophie sind nicht ‚philosophische Sätze', sondern das Klarwerden von Sätzen«; und 4.11: »Die Gesamtheit der wahren Sätze ist die gesamte Naturwissenschaft.«

40 So Essler in (72), S. 18/19.

41 So beispielsweise im Anschluß an Ryle und Wittgenstein bei Winch (66), S. 69.

Verhältnis zu den tradierten Verfahren innerhalb der etablierten Wissenschaften und macht den Weg frei für revolutionäre Neuerungen und richtungsweisende Ansätze jenseits erstarrter Methoden-Konventionen.

1.6 Die zugrundeliegende Logik

Wir haben bisher sehr viel von »Logik« gesprochen und die Wissenschaftstheorie durch ihren starken Bezug auf die Logik charakterisiert. Daher scheint es angebracht, einige Bemerkungen zur Art der hier gemeinten Logik anzufügen.
Seit Kant spricht man von der transzendentalen, seit Hegel von der dialektischen und neuerdings auch von einer hermeneutischen Logik. Mit diesen sogenannten philosophischen Logiken[42] hat der hier verwendete Logik-Begriff nichts zu tun. In der formalen Wissenschaftstheorie wird die Logik in einem engeren Sinn als *formale* Logik verstanden[43]. Das heißt genauer: Man unterscheidet eine Aussagen-(Junktoren-) Logik und eine Prädikaten-(Quantoren-) Logik. Die *Aussagenlogik* handelt von Aussagen, d.h. von Schreibfiguren, denen eindeutig einer der beiden Wahrheitswerte »wahr« (W) oder »falsch« (F) zugeordnet werden kann (Zweiwertigkeitsprinzip der klassischen Logik). Neben den einfachen Aussagen, die als Beschreibungen von einfachen Sachverhalten interpretiert werden können, gibt es *zusammengesetzte* Aussagen, deren Wahrheitswerte allein von den Wahrheitswerten der Aussagesätze abhängen. Die Zuordnung der Wahrheitswerte geschieht mittels Wahrheitsfunktionen (v. a. Konjunktion, Adjunktion, Subjunktion, Bijunktion und die einstellige Funktion der Negation) und kann durch »sprachliche Konjunktionen« interpretiert werden. Den einfachen Aussagen A, B wird beispielsweise die zusammengesetzte Aussage »A und B« ($A \wedge B$) zugeordnet. Die Wahrheitswertverteilung geschieht mei-

42 Bei Stegmüller (75), S. 147–220, findet man einen anderen Sprachgebrauch. Da es transzendentale, dialektische und hermeneutische Logiken im hier erwähnten Sinn für Stegmüller nicht gibt, verwendet er den Terminus »philosophische Logik« für alle Erweiterungen der elementaren Logik, also z. B. für modale und deontische Systeme.

43 Einzelheiten findet man in Einführungen zur elementaren Logik, z. B. Bühler (92) oder Oberschelp (92).

stens durch Wertetafeln, da bei zwei Aussagen nur vier Wahrheitswertkombinationen möglich sind, nämlich WW, WF, FW, FF. Aussagenlogik versteht sich dann als Theorie der Junktoren, d.h. als Explikation der in die Definitionen der Wahrheitsfunktionen hineingelegten Beziehungen.

In der *Prädikatenlogik* wird die Aussage weiter zerlegt; aber nicht in solch vielfältige Elemente wie in der Grammatiktheorie, sondern nur in (allerdings auch mehrstellige) Prädikate und in Namen. Die Grundformen der einfachen Aussagen sind dann durch f (a), g (a, b) usw. zu beschreiben. Mit Hilfe der Quantoren »für alle« ($\wedge$) und »es gibt« ($\vee$) lassen sich unter Verwendung von Variablen für die Namen All- und Existenzsätze definieren. Die Prädikatenlogik kann daher als Explikation der in den Quantoren (und Junktoren) enthaltenen Zusammenhänge gedeutet werden.

Von besonderem Interesse sind diejenigen Zusammenhänge, welche *logische Gesetze* ausdrücken. In diesen »Tautologien« (bzw. »Kontradiktionen«) kommen formale Beziehungen zum Ausdruck, die völlig unabhängig von den angegebenen Wahrheitswerten, also auch unabhängig von den spezifischen Inhalten der Aussagen, gelten. Leibniz spricht hier von einem Gelten in allen denkbaren Welten. Logische Gesetze, die Subjunktionen (Wenn-dann-Beziehungen) bzw. Bijunktionen (Genau-dann-wenn-Beziehungen) enthalten, lassen sich in *korrekte* logische Folgerungen transformieren. Die hier betrachtete formale Logik versteht sich mithin als *Theorie der korrekten Schlüsse und der zur Formulierung solcher Schlüsse notwendigen formalen Grundelemente.* Nach Einführung der Identität in die Prädikatenlogik erhält man die sogenannte »elementare Logik«, die durch zahlreiche Erweiterungen auch auf Spezialprobleme anwendbar wird. Beispielsweise führt man in der deontischen Logik weitere Operatoren ein, wie »Es ist geboten, daß...«, und kann mit deren Hilfe auch ethische Argumentationszusammenhänge analysieren und auf ihre Schlüssigkeit hin prüfen.

Nach dieser kurzen inhaltlichen Angabe der Themen, mit denen sich die formale Logik befaßt, weisen wir auf einige *philosophische Voraussetzungen* hin, die in diesem Logik-Begriff enthalten sind. Von zentraler Bedeutung ist das in die Aussagenlogik eingeführte *Zweiwertigkeitsprinzip* und die der Prädikatenlogik zugrundeliegende »diskrete Ontologie« (Hasenjaeger[44]).

44 Vgl. die Ausführungen in Hasenjaeger (62), S. 29ff.

1. Logik bezieht sich stets auf Aussageverknüpfungen, gibt also Auskunft über die Abfolge von *Sätzen.* Die formale Logik ist daher keine Lehre von der Abfolge von *Begriffen,* wie sie etwa in der Hegelschen Logik thematisiert wird, wo aus dem Begriff des Seins dialektisch der Begriff des Nichts und aus beiden dann der Begriff des Werdens abgeleitet wird, indem Reflexionsprozesse in die Betrachtung einbezogen werden. Die Logik der Wissenschaftstheorie ist keine *Sach*logik, sondern eine *Aussagensequenzen*-Logik.

2. Diese Logik beschränkt sich zunächst auf sprachliche Gebilde, die wahr oder falsch sein können. Das bedeutet, grammatisch gesehen, eine große Einschränkung. Die moderne Sprachanalyse weist z.B. in der Sprechakttheorie ausdrücklich auf die Vielfalt sprachlicher Funktionen hin. In der Wissenschaftstheorie werden daher auch mehrwertige Logiken, die z.B. mit den Werten »nicht entschieden« oder »wahrscheinlich« arbeiten, eingeführt und Logikkonstruktionen auch für Gebilde, die keine Aussagen sind, diskutiert. Es handelt sich z.B. um eine Logik für Imperative oder um die Logik von Sollenssätzen.

3. Diese Logik unterstellt, daß alle Aussagen wahr oder falsch *sind,* ohne die Tatsache zu berücksichtigen, daß wir einzelne Aussagen gar nicht als wahr oder falsch qualifizieren können, wie etwa bei ungelösten mathematischen Problemen. Die Logik der klassischen Wissenschaftstheorie handelt nur von solchen »wahrheitsdefiniten« Aussagen[45], obwohl in den Wissenschaften und im Alltag auch andere Aussagen von Bedeutung sind. Erst die konstruktivistischen Logikkonstruktionen berücksichtigen diesen Umstand. Die generelle Geltung des Zweiwertigkeitsprinzips in der klassischen Logik macht es verständlich, warum man ihre Strukturen in digitalen Systemen, z.B. in Schaltkreisen mit zwei diskreten Zuständen, geschickt verwenden kann. Anlagen zur Verarbeitung von Informationen arbeiten stets nach diesem Prinzip. Die Erfolge der Automation rechtfertigen sozusagen nachträglich die klassischen Annahmen.

45 Einzelheiten dazu in Kapitel 13.

4. In dieser Logik wird die einmal eingeführte Wahrheitswertzuordnung festgehalten. Eine Aussage kann nicht jetzt wahr und dann falsch sein. Sie handelt von Idealgebilden, die zeitunabhängig sind. Sätze als Abbilder der Wirklichkeit sind zeitgebunden und historisch bedingt. In der formalen Wissenschaftstheorie wird von der Situationsabhängigkeit und von der individuellen Einmaligkeit persönlicher und geschichtlicher Fakten abgesehen. Die *Pragmatik,* die in der allgemeinen Semiotik neben der Syntax und Semantik abgehandelt wird, tritt in der formalen Wissenschaftstheorie nicht in Erscheinung, weil sie in der ihr zugrundeliegenden Logik ausgeklammert wird.

5. Die Logik der formalen Wissenschaftstheorie ist *extensional.* Die Begriffe Extension und Intension sind ursprünglich Übersetzungen der Worte »Begriffsumfang« und »Begriffsinhalt«, haben aber durch die Untersuchungen Carnaps[46] eine präzisere Bedeutung erhalten. Außerdem beziehen sich die beiden Ausdrücke nicht mehr nur auf Begriffe bzw. Prädikate. Es handelt sich um folgende Verallgemeinerung:

Schreibfigur	Extension	Intension
Name (Individuenkonstante)	Gegenstand (Individuum)	Gegenstandsbegriff (Individuenbegriff)
einstelliges Prädikat	Menge der Gegenstände, von denen das Prädikat ausgesagt wird	Eigenschaft (»Begriff«)
n-stelliges Prädikat	Menge geordneter n-tupel von Gegenständen	n-stellige Relationen
Aussagen	Wahrheitswert	Gedanke (»Proposition«)
Funktion	Wertverlauf	Funktion

46 Vgl. z. B. Carnap (54), S. 40.

Sowohl der oben skizzierte Begriff der Wahrheitsfunktion als auch die Semantik der Prädikatenlogik sind rein extensional. Das bedeutet zwar einerseits eine Einschränkung, andererseits ermöglicht dieses Verfahren die Einbeziehung mathematischer Methoden. Die Mathematik ist wesentlich extensional, was in dem Schlagwort »Mathematik ist Mengenlehre« besonders deutlich zum Ausdruck kommt. Die Extensionalität bedingt die Struktur der diskreten Ontologie.

In den traditionellen Darstellungen werden die meisten hier skizzierten Voraussetzungen in der Form von *drei Grundprinzipien* an den Anfang der formalen Logik gestellt: als Satz von der Identität, vom ausgeschlossenen Widerspruch und vom ausgeschlossenen Dritten. In ihnen sind die Grundelemente der formalen Struktur der Objekte unseres Denkens zusammengefaßt.

Der Satz von der Identität besagt, daß A mit A selbst identisch ist, wobei A irgendein Objekt sein kann (logisch z. B. eine Aussage oder ein Begriff, ontologisch z. B. ein Gegenstand). Zur Selbstidentität bemerkt B. von Freytag-Löringhoff: »Die Voranstellung dieses Satzes als eines wahren besagt, daß sich die darauf erbaute Logik nur auf Gegenstandsbereiche bezieht, deren Gegenstände Selbstidentität haben. Das ist keine Beschränkung des Denkens, denn nicht erst zum Urteil und Erkennen bedarf es dieser Bestimmtheit des Gegenstandes, sondern bereits im bloßen Meinen müssen wir sie voraussetzen, um es in Gang zu bringen. Ein Gegenstand, der nicht mit sich identisch wäre, kann nicht gemeint werden.«[47] In der elementaren Logik, wie wir sie hier skizziert haben, wird auf die Explizierung dieser Voraussetzung verzichtet, da sie der Verwendung von Symbolen stillschweigend zugrunde liegt: »Von zwei Dingen zu sagen, sie seien identisch, ist ein Unsinn, und von *Einem* zu sagen, es sei identisch mit sich selbst, sagt gar nichts« (Wittgenstein[48]).

Den *Satz vom Widerspruch* findet man bereits bei Aristoteles, z. B. für die Aussagenlogik in der Form: »Es ist unmöglich, daß sich widersprechende Aussagen zugleich wahr sind.«[49] Von Löringhoff formuliert das Widerspruchsprinzip in der Form: »Alles ist mit sich und nichts ist mit seinem Negat identisch« (S.17). Auch das dritte Grundprinzip, der Satz vom ausgeschlossenen Dritten oder das Tertium non

47 Freytag-Löringhoff (55), S. 15.
48 Wittgenstein (64a), 5. 5303.
49 Aristoteles (51), Γ 6, 1011 b16.

datur (ein Drittes gibt es nicht) wird schon bei Aristoteles ausführlich diskutiert. Aristoteles geht von der Bedeutung von wahr-falsch aus und kommt dann zur Behauptung, daß etwas A oder nicht-A ist; ein Drittes gibt es nicht. Verzichtet man auf diese ontologische Deutung und stellt sich auf den extensionalen Standpunkt, so enthält die eindeutige Zuordnung von genau zwei Wahrheitswerten zu den Aussagen bereits den Satz vom ausgeschlossenen Dritten: eine Aussage ist wahr oder nicht-wahr (d.h. falsch), tertium non datur. Wenn man Aussagen in der elementaren Logik als Schreibfiguren *definiert*, denen man die Wahrheitswerte »wahr« oder »falsch« eindeutig zuordnen kann, braucht das Prinzip nicht explizit formuliert zu werden. Innerhalb der Aussagenlogik läßt sich die formale Struktur der drei Grundprinzipien in der Form ableitbarer Gesetze darstellen, nämlich als $A \leftrightarrow A$, $\sim (A \wedge \sim A)$ und $A \vee \sim A$; als *Grundprinzipien* bedeuten sie aber nicht diese Tautologien, sondern die Voraussetzungen für die Aufstellung des Systems der Aussagenlogik, allgemeiner für die Aufstellung beliebiger Systeme, die diskrete Ontologien voraussetzen.

So problematisch die Vorstellung von der fixierten Gegebenheit der Welt in der Philosophie im allgemeinen auch sein mag, in der klassischen Logik wird sie idealiter vorausgesetzt. Die Logik (und im gleichen Maße auch die Mathematik) ist der wichtigste Teil unseres Begriffsnetzes, mit dem wir eine fertige Welt beschreiben. Formale Logik handelt von den Formen der Zusammenhänge, die zur Annäherung an eine solche Welt dienen. Geschichtlichkeit, Einmaligkeit, Reflexivität und Subjektivität als Attribute der Wahrheit bleiben ausgespart.

1.7 Die Naturalisierung der formalen Wissenschaftstheorie

Die Orientierung der philosophischen Methodik in der Wissenschaftstheorie an den *Prinzipien der Naturforschung* (nämlich am empirischen Bezug, an Rationalitätsstandards wie präzise Begriffsbildung, intersubjektive Nachprüfbarkeit und logische Kohärenz) hat dazu geführt, daß heute die wissenschafts*theoretischen* Streitpunkte in den Hintergrund treten und man direkt auf die wissenschaftliche *Praxis* zurückgreift. Die klassischen philosophischen Themen, wie die Reflexion der Phänomene der Subjektivität und der menschlichen Freiheit, der Prinzipien des Emotionalen und des moralischen Handelns, werden zu Problemen *naturalistischer* Begründungs- und Erklärungsstrategien. Die Grenzfragen der Kosmologie und der Bewußtseinstheorie, die bei Kant notwendigerweise auf Antinomien und Paralogismen geführt haben, werden kurzerhand zu Themen der Physik und Neurobiologie erklärt. Man verläßt sich ganz und gar auf die Fähigkeiten der Naturwissenschaften und beseitigt alle Grenzziehungen zwischen Philosophie und Wissenschaft. Wegbereiter zu diesem Naturalismus war die *holistische* Wissenschaftstheorie[50], die sich durch den Einfluß Quines aus der Kritik der *formalen* Wissenschaftstheorie herausgebildet und allgemein etabliert hat.

Für die *physikalische Kosmologie,* der Nachfolgerin der von Kant kritisierten rationalen Kosmologie, sind die Leitbegriffe des Materialismus, der Evolution und des Reduktionismus im mentalen Bereich jeglicher Kritik enthoben. Transzendentale Fragestellungen werden von vornherein als empirisch gehaltlos ausgeklammert. Grundlage der philosophischen Interpretation des Welt- oder des Zeitanfangs sind die Theorien der Physik. Diese zeichnen sich dadurch aus, daß sie nicht nur empirisch nachweisbare, sondern auch spekulative Aussagen formulieren, in welche theoretische Begriffe als wesentliche Bestandteile eingehen. Da der Schöpfung solcher Hilfsbegriffe keine empirischen Grenzen gesetzt sind, sondern nur eine nachträgliche Bewährung in der Interpretation empirischer Sachverhalte gefordert wird, findet man die verschiedenartigsten Erklärungsversuche. Eugene Wigner z.B.[51] ging einst von der Tatsache aus, daß nach den Regeln der Quantenmechanik die Existenz von Materie von dem Akt der Messung abhängt. Da Messungen nach Wigner nur von einem Wesen mit Bewußtsein durchgeführt werden können, bedeutet dies, daß die Existenz des gesamten Universums von einem Bewußtsein bedingt ist, also die idealistische Position nicht so ganz falsch sein kann. Die Absurdität, daß dann das Universum durch die erste Beobachtung eines Bewußtseins geschaffen wurde und deshalb dieses Bewußtsein nicht zum Universum gehören kann, wurde in Kauf genommen und inspirierte niemanden zu einem neuen kosmologischen Gottesbeweis.

Die meisten Physiker gehen jedoch davon aus, daß die Welt auch ohne bewußte Messung besteht. Sie versuchen, zur Lösung der letzten

50 Siehe unten 11.2.

51 Siehe Wigner (67).

Rätsel die verschiedenen unverbundenen Teiltheorien zu vereinigen. Dabei geht es vor allem um die quantenphysikalischen Aussagen über die vier Grundkräfte (Gravitation, Elektromagnetismus, schwache und starke nukleare Wechselwirkung), sowie um die spezielle und allgemeine Relativitätstheorie. Die Superstring-Theorie von M. Grenn und J. Schwarz[52] beispielsweise gibt Auskunft auch über die Zeit vor dem Urknall, relativiert diesen aber damit zu einem Nebenereignis, das nicht mehr als Weltschöpfung betrachtet werden kann; denn vor dem Urknall existierte ein zehndimensionales Universum, das in jenem Ereignis in unser vierdimensionales und in ein winziges sechsdimensionales Teiluniversum zerfallen ist.
Besonders viel Aufsehen hat S.W. Hawkings einheitliche Theorie zur Erklärung des Universums samt aller Bewußtseinsvorgänge erregt.[53] In ihr wird ein abgeschlossenes Universum ohne Singularität (wie den Urknall) und Grenzen beschrieben, womit alle Fragen nach dem Anfang der Welt und der Zeit oder nach einem Schöpfergott abgeschnitten werden. Zwar betont Hawking, daß seine Raum-Zeit-Welt ohne Grenzen nur als Vorschlag gedacht ist[54], doch ist er überzeugt, daß die endgültige Lösung nur eine Frage der Zeit ist: »Wenn wir ... eine vollständige Theorie entdecken, dürfte sie nach einer gewissen Zeit in ihren Grundzügen für jedermann verständlich sein, nicht nur für eine Handvoll Spezialisten. Dann werden wir uns alle – Philosophen, Naturwissenschaftler und Laien – mit der Frage auseinandersetzen können, warum es uns und das Universum gibt. Wenn wir die Antwort auf diese Frage fänden, wäre das der endgültige Triumph der menschlichen Vernunft – denn dann würden wir Gottes Plan kennen.«[55]
Ähnliche Tendenzen zur Naturalisierung von philosophischen Problemen findet man in der *Neurobiologie,* die sich unter anderem mit den Problemen des Hirnaufbaus, des Bewußtseins und der künstlichen Intelligenz (KI) befaßt. Das *Bewußtseinsproblem* scheint vielen Naturwissenschaftlern wegen seiner fundamentalen Rätselhaftigkeit die letzte Rückzugsbastion der Philosophie und damit die größte wissenschaftliche Herausforderung der Gegenwartsforschung darzustellen. Durch die Reduktion des Mentalen (d.h. des

52 Allgemeines dazu in Kaku/Trainer (96).
53 Siehe vor allem »Eine kurze Geschichte der Zeit« (88).
54 a. a. O. S. 174.
55 a. a. O. S. 218.

Geistigen und Bewußten) auf das Biologische werden sich nach Auffassung der Naturalisten alle philosophischen Probleme des Leib-Seele-Problems naturwissenschaftlich lösen lassen. Geistige Zustände als Gehirnzustände, die Unmöglichkeit der Einflußnahme des bewußten Erlebens auf unsere Handlungen, Bewußtsein als epiphänomenale Begleiterscheinung der Informationsverarbeitung – dies alles verweist auf die Antiquiertheit vieler klassischer philosophischer Fragestellungen.

Zahlreiche naturalistische Theorien findet man in der sogenannten *Philosophy of Mind.* So bezeichnet man heute die Metatheorie der empirischen Wissenschaften des Mentalen. Diese hat sich zwar ursprünglich als sprachanalytisches Unternehmen verstanden, repräsentiert inzwischen aber weitgehend eine naturalistische Wissenschaftstheorie. Zur Verdeutlichung der Wende der Wissenschaftstheorie zum Naturalismus betrachten wir im folgenden zwei Beispiele.

Thomas Metzinger, der wichtige Beiträge zum Bewußtseinsproblem aus der Gegenwartsphilosophie gesammelt hat[56], spricht von völlig neuen Perspektiven der Forschung und von einer großen Revolution. Er schreibt: »Viele glauben, daß wir derzeit auf eine der größten wissenschaftlichen Revolutionen der Menschheitsgeschichte zusteuern ...« Dann heißt es, die Theorie des Bewußtseins wird »die erste Theorie dieser Art in der Geschichte der Menschheit sein, die ein solides empirisches Fundament besitzt. Am Ende dieses Jahrhunderts scheint deshalb eine theoretische Revolution in der Luft zu liegen, die uns in unserem Selbstverständnis auf eine bisher unbekannte Weise berühren könnte«.[57] Man beachte die radikale Berufung auf die Empirie. Deshalb transformiert Metzinger auch die transzendentale oder fundamentalontologische Fragestellung nach der Möglichkeit von Bewußtsein in eine rein empirische Problemstellung: »Wie ist in einem physikalischen Universum die Entstehung von Bewußtsein möglich?«

Radikale Kritik wird an den traditionellen Lehren Descartes' und Husserls geübt, in denen die Inhalte des phänomenalen Bewußtseins auf eine direkte und unmittelbare Weise gegeben sind und als solche die evidente Basis aller anderen Erkenntnisweisen bilden. Die Kritik

56 Sein Werk »Bewußtsein » (95) erlangte innerhalb eines Jahres drei Auflagen.
57 a. a. O. S. 16.

beruft sich auf empirische Forschungsergebnisse. So sei das evidente Gegenwärtigkeitserlebnis auch in Traum- und Rauschzuständen gegeben; ferner können Qualia, wie die spezifischen Bewußtseinsqualitäten wie Farben, Klänge usw. bezeichnet werden, auch ohne Außenreize im Gehirn selbst erzeugt werden; zudem kann man Bewußtseinsspaltungen und andere Bewußtseinsstörungen beobachten, welche starke Zweifel an der ontologischen Autonomie der Innenwelt aufkommen lassen. Bewußtes Erleben der Realität scheint ein Konstrukt materieller Hirnvorgänge zu sein. Es stellt sich daher die Aufgabe, Theorien über die Entstehung des Bewußtseins aus den materiellen Bedingungen zu entwickeln. Dazu gibt es viele Vorschläge.[58] Auch einige skeptische Stimmen werden laut. So immunisiert beispielsweise *Martin Kurthen* die philosophische Diskussion, indem er alle Qualia-Theorien zurückweist und sich auf die Feststellung beschränkt, daß es ausreicht zu sagen, wie es ein Organismus faktisch bewerkstelligt, Qualia zu haben. Für ihn ist Phänomenalität »einfach Teil unserer Art, zu sein«.[59] Er bezeichnet die Bemühungen um Rätsellösungen als »Subjektsduselei«, als »Aufblasen der Subjektivität zu einem großen philosophischen Problem« und führt diese Tendenzen auf narzistische Vorlieben zurück. Sein Aufsatz »Zur Naturalisierung des phänomenalen Bewußtseins« schließt mit den Sätzen: »Obwohl phänomenales Bewußtsein also womöglich nicht naturalisiert werden kann, liegt das Hauptproblem vielleicht in unserer fehlgeleiteten Haltung zu den subjektiven Aspekten des Geistes im allgemeinen: wir haben sie in epistemologischer und ontologischer Hinsicht zu ernst genommen. Nach einer gründlichen Dekonstruktion können sie als ephemere und wenig beachtenswerte Phänomene erscheinen oder gar als Ausdruck eines ganz und gar derivativen und degenerativen Modus des Daseins.«[60] Der Naturalismus wird als selbstverständliches Grundanliegen stehen gelassen und dort, wo dieser versagt, handelt es sich um Scheinprobleme.

58 Es sei eigens auf das reichhaltige Material in Metzingers Buch (95) hingewiesen.

59 Kurthen (95) S. 150.

60 a. a. O. S. 150.

2. Kritik an der formalen Wissenschaftstheorie

Die Radikalität des philosophischen Ansatzes innerhalb der formalen Wissenschaftstheorie bedingt eine ebenso radikale Kritik. Interessant ist, daß sich die kritischen Stimmen nicht nur von den traditionellen Lehren herleiten, sondern auch aus dem Umkreis der Wissenschaftstheoretiker selbst stammen. Wir beginnen mit dieser immanenten Kritik innerhalb der Theorie selbst. Die darauf folgende Auseinandersetzung artikuliert dann zugleich die wichtigsten Gegenpositionen zur formalen Wissenschaftstheorie, die ihrerseits einer ausführlichen Analyse unterworfen werden. Es handelt sich um sprachanalytische, hermeneutische und pragmatische Einwände.

2.1 Die immanente Kritik

Immanente Kritik bedeutet Kritik auf dem Boden der betrachteten Lehre, d.h. es sollen nicht von vornherein die grundsätzlichen methodologischen Voraussetzungen in Frage gestellt werden, sondern es geht um kritische Anmerkungen zur Explikation der formalen Wissenschaftstheorie, die dann auf die Plausibilität der Voraussetzungen zurückwirken.

Philosophische Systeme weisen häufig den Charakter einer gewissen Endgültigkeit auf. Die ersten Entwürfe werden ergänzt, spezifische Denkmethoden auf andere Bereiche ausgedehnt, Einwände durch Hilfskonstruktionen abgeschwächt. Radikale Wendungen, wie Heideggers »Kehre« innerhalb seines existenzphilosophischen Ansatzes oder wie Wittgensteins Bekenntnis zu einer allgemeinen Soziolinguistik in seinem Spätwerk, das noch weiterhin sprachkritisch und sprachanalytisch bleibt, sind selten. Die klare Absage an eine bestimmte Theorie innerhalb des allgemeinen Konzepts wird jedoch in der formalen Wissenschaftstheorie geradezu zum Normalfall. Bekannt ist der Streit um die Formulierung des Verifikationsprinzips. Die wiederholte Revision der verschiedenen Ansätze, die sich jedoch stets *innerhalb* der Grundsätze der formalen Wissenschaftstheorie vollzieht, veranlaßte schon manch einen Außenstehenden, recht schadenfrohe Bemerkungen über die formale Wissenschaftstheorie schlechthin abzugeben. Die gleiche Revisionsfreudigkeit zeigt sich auch in den meisten anderen Kontroversen, sei es im Streit um den Status von Naturgesetzen, sei es beim Induktionsproblem oder bei der Präzisierung des Theoriebegriffs.

Es liegt am Wesen der formalen Wissenschaftstheorie, daß sich die immanente Kritik meist zur Notwendigkeit umfangreicher Revisionen ausweitet. Im Gegensatz zu den anderen philosophischen Entwürfen sind ihre Grundbegriffe und ihre fundamentalen Behauptungen sehr präzise gefaßt. Kritischen Einwänden kann daher nicht durch vage Abschwächungen und Umdeutungen begegnet werden. Auch die sehr beliebte Reaktion, dem Kritiker mangelnde Einsicht in das eigentlich Gemeinte vorzuwerfen, entfällt wegen der Klarheit der Thesen und der damit verbundenen Klarheit der Einwände. Die Notwendigkeit radikaler Revisionen ist somit kein Indiz für einen von Anfang an verfehlten Ansatz, der jeden Empirismus und alle formal argumentierenden Theorien diskreditiert. Hier kommt vielmehr nur ein Präzisierungsniveau zum Vorschein, das man manch einer anderen philosophischen Diskussion wünschen könnte.

Der gewichtigste Einwand gegen die formale Wissenschaftstheorie betrifft zweifellos den Umstand, daß ihr grundsätzlicher Präzisionsanspruch eine präzise Antwort auf philosophische Probleme erwarten läßt. Wenn man den Wittgensteinschen Standpunkt vertritt: »Was sich überhaupt sagen läßt, läßt sich klar sagen«[1], dann kann man nicht alle Jahrzehnte eine Position durch eine andere ersetzen; man erwartet endgültige Ergebnisse, die sich aus dem inzwischen ins Unermeßliche angewachsenen wissenschaftlichen Apparat ergeben sollten. Wohlgemerkt: es handelt sich hier um spezifisch wissenschaftstheoretische Ergebnisse, also um *meta*theoretische Aussagen, die klären, welche methodologischen Voraussetzungen in unserem Denken erfüllt sein müssen.

Die Schwierigkeiten, die sich in der endgültigen methodologischen Präzision immer wieder zeigen, mindern die Überzeugungskraft des Ansatzes und schlagen so auf die Grundlagen der formalen Wissenschaftstheorie als solche zurück. Die radikalste immanente Kritik stammt zweifellos von *W.O.V. Quine* und betrifft beide methodologischen Komponenten der formalen Wissenschaftstheorie; denn er

1 Einleitung zum Traktat: Wittgenstein (64a).

bezeichnet sowohl Unterscheidungen in fundamentalen Grundbegriffen der analytischen Methode als auch den damit vertretenen empirischen Bezug als Dogmatismus. Quine stellt *zwei Dogmen des Empirismus* an den Anfang seines gleichnamigen Aufsatzes:

1.Dogma: Der Glaube an den grundlegenden Unterschied von *analytischen Wahrheiten,* d.h. solchen, die sich auf den von Tatsachen unabhängigen Sinn beziehen, und den *synthetischen Wahrheiten,* die auf Tatsachen basieren.

2.Dogma (des Reduktionismus): »Der Glaube, daß jede sinnvolle Aussage einer logischen Konstruktion in Termen äquivalent ist, die sich auf unmittelbare Erfahrung beziehen«.[2]

Die meisten Vertreter der formalen Wissenschaftstheorie waren sich einig in der Ablehnung von Kants synthetischem Apriori, dem Kernpunkt jeder Metaphysik. Man argumentierte, daß es keine Erkenntnisse ohne Erfahrungsbezug gebe, es sei denn, die Erkenntnisse wären nur analytisch, das heißt, entweder logisch oder aus sprachlichen Konventionen ableitbar. Dieser harmonische Gleichklang der Argumentation wurde nun von Quine empfindlich gestört. Aber nicht nur die feine Unterteilung der Erkenntnisse in solche aus der Sinneserfahrung und in solche aus sprachlichen Konventionen verlor ihren Sinn, sondern auch die Zweiteilung der wissenschaftlichen Sprache in Beobachtungsterme und in theoretische Terme, die der Carnapschen Sprachkonstruktion zugrundelag und weit verbreitet war, wurde hinfällig.
Die Thesen Quines hatten weitgehende Konsequenzen auch für die Grundbegriffe der sprachanalytischen Philosophie. Quine, der trotz dieser Kritik zeit seines Lebens überzeugter Empirist blieb, konnte seine Gedanken dadurch rechtfertigen, daß er eine holistische Gesamtschau entwickelte, die zahlreiche pragmatische Elemente enthält und für die Weiterentwicklung der analytischen Philosophie von größter Bedeutung wurde.[3]

2 Quine (72) S. 167.
3 Siehe unten 11.2 b.

2.2 Die Kritik der Sprachanalytiker

Wenn wir im folgenden die formale Wissenschaftstheorie einer grundsätzlichen Kritik unterziehen, so betreffen unsere Überlegungen v.a. deren allgemeinphilosophische Ansprüche. Die Wissenschaftstheorie als Metatheorie der etablierten Wissenschaften tritt dabei ausdrücklich in den Hintergrund. Uns interessiert also beispielsweise nicht mehr die Frage, was eine Erklärung oder ein Naturgesetz eigentlich ist, sondern unser Interesse zielt auf die *philosophische Reichweite* der gegebenen Antworten.
Wir beginnen mit einem Einwand Wittgensteins gegen den Präzisionsgedanken als solchen. Mit Freges und Russells Sprachanalysen beginnt die Tendenz, hinter der gegebenen Sprache eine formale Idealsprache zu vermuten, deren Explikation alle philosophischen Probleme löst. Dagegen wendet sich der späte Wittgenstein in seinen »Philosophischen Untersuchungen«[4]: Es »ist klar, daß jeder Satz unserer Sprache in ‚Ordnung ist, wie er ist'. Das heißt, daß wir nicht ein Ideal *anstreben:* Als hätten unsere gewöhnlichen, vagen Sätze noch keinen ganz untadelhaften Sinn und eine vollkommene Sprache wäre von uns erst zu konstruieren«. Für Wittgenstein ist die Forderung nach Präzision und »Kristallreinheit« (§108) eine fixe Idee: »Das Ideal, in unseren Gedanken, sitzt unverrückbar fest. Du kannst nicht aus ihm heraustreten. Du mußt immer wieder zurück. Es gibt gar kein Draußen; draußen fehlt die Lebensluft. – Woher dies? Die Idee sitzt gleichsam als Brille auf unserer Nase, und was wir ansehen, sehen wir durch sie. Wir kommen gar nicht auf den Gedanken, sie abzunehmen« (§103).
Dieses vernichtende Urteil Wittgensteins artikuliert das Unbehagen all derjenigen, die auch ohne formale Präzision zu philosophieren gewohnt sind und glauben, daß sich zentrale philosophische Probleme einer endgültigen Fixierung immer wieder entziehen. Für die Sprachanalytiker ist dieses Faktum in der Struktur unserer Sprache begründet. Philosophische Probleme werden nicht dadurch gelöst, daß man anstelle der Umgangssprache eine präzisierte Idealsprache setzt, sondern indem man sich der Analyse der Sprache zuwendet, wie sie uns als Umgangssprache oder auch als Epissprache der Einzelwissenschaften vorgegeben ist.[5]

4 PU § 98 (60a).
5 Einzelheiten folgen unten in Kap. 3.

Ein zweiter Vorwurf gegen die formale Wissenschaftstheorie betrifft deren Beschränkung auf Aussagesätze. Die Sprache stellt danach ein Instrument dar, mit dessen Hilfe man Tatsachen abbilden, Sachverhalte beschreiben, sinnliche Eindrücke ausdrücken, Informationen weitergeben kann. Dies alles geschieht in Aussagesätzen einer fixierten, empirisch nicht weiter überprüfbaren logischen Struktur, die im Wesentlichen nur über zwei Kategorien verfügen, nämlich über Gegenstände und deren Eigenschaften bzw. Beziehungen. Sprachanalytische Lehren wie die Theorie der Sprechakte (J. L. Austin) oder die Theorie der Sprachspiele (L. Wittgenstein) zeigen dagegen die Vielfalt sprachlicher Funktionen auf, die weit über das konstative Hinstellen von wahren und falschen Aussagen hinausgehen. In den sogenannten performativen Äußerungen beispielsweise liegen Handlungsvollzüge vor: »Ich verspreche Dir, morgen zu kommen« beschreibt keinen intentionalen Sachverhalt, sondern schafft eine neue Wirklichkeit, nämlich eine Verpflichtung, die eingelöst werden sollte. Performative Äußerungen sind stets kontextabhängig im weitesten Sinne. Die jeweilige Situation, verfolgte Zwecke, Bezüge zum Angesprochenen und zum Sprechenden gehen in das »Gemeinte« ein. Die Faktenvermittlung erscheint so nur noch als ein kleiner Ausschnitt sprachlicher Möglichkeiten. Die Philosophie darf sich daher nicht in das Korsett einer strengen Aussagentheorie zwängen lassen. Kommunikative Probleme, Situationsanalysen, ethische und ästhetische Konstitutionen durch Sprechakte – all dies sind philosophisch eminent wichtige Fragen. Die Transformation dieser Erscheinungen in die Faktizität bedingt, im gleichen Maße wie die Festlegung auf formale Präzision, eine Verarmung der philosophischen Gedanken.
Sowohl im Rekurs auf eine einheitliche Logik in der Idealsprachkonstruktion als auch in der Beschränkung des sprachkritischen Ansatzes auf Aussagestrukturen kommt der Methodenmonismus der formalen Wissenschaftstheorie zum Vorschein. In gleichem Maße, wie die Vielfalt sprachlicher Funktionen in das Blickfeld der Sprachanalytiker tritt, häufen sich die Gegenargumente gegen die methodologische Uniformität. Das ethische Sprachspiel beispielsweise unterscheidet sich nach Auffassung der Sprachanalytiker vom Sprachspiel des Biologen in einem solchen Ausmaße, daß auch die wissenschaftliche Reflexion andere Wege gehen muß, wenn sie nicht Täuschungen erliegen will. Bekannt ist die Diskussion über den »naturalistischen Fehlschluß«, der aus der These von der Einheit aller Methoden zu erklären ist.

2.3 Die Kritik der Hermeneutiker an der formalen Wissenschaftstheorie

Die formale Wissenschaftstheorie geht von den etablierten Wissenschaften aus, analysiert deren methodische Prinzipien und überträgt diese auf philosophische Argumentationen schlechthin. Auch für Kant stellte das Faktum der Mathematik und der Naturwissenschaften die Basis seiner »Kritik der reinen Vernunft« dar. Aber während Kant daran eine Reflexion der Bedingungen der Möglichkeit von Wissenschaft anknüpfte, welche die Wissenschaft als Leistung des transzendentalen Ich verstand, setzt sich in der formalen Wissenschaftstheorie jeder Versuch, transzendentalphilosophische und von einem konstituierenden Subjekt her verstandene Gedankengänge zu entwickeln, wegen des antinomischen Charakters sofort dem Metaphysikverdacht und damit dem Sinnlosigkeitsverdacht aus.
Für die Vertreter einer philosophischen Hermeneutik, welche ganz allgemein die Frage nach dem Sinn von geistigen Erscheinungsformen und das Verständnis von deren Geltungsweisen als zentrales Anliegen aller Philosophie verstehen (Genaueres siehe Kap. 5), bedeutet die formalwissenschaftliche Amputation solcher Fragen das Ende der Philosophie überhaupt. Überlegungen, die den Sinn der formalen Wissenschaftstheorie, die Reichweite deren Geltung, die Ableitung aus einem verstehenden Ich betreffen, werden mindestens seit Kant in der Philosophie immer wieder thematisiert. Man gibt sich nicht mit dem Hinweis auf die Leistungen der Wissenschaft zufrieden, sondern will verstehen, wie diese Leistungen zustandekommen und was sie für das menschliche Leben allgemein bedeuten. Durch die wissenschaftstheoretischen Ansätze verliert das Subjekt seine zentrale Stelle in der Philosophie. In »Erkenntnis und Interesse« schreibt J. Habermas[6]: »Die Wissenschaftstheorie aber entschlägt sich der Frage nach dem erkennenden Subjekt; sie richtet sich direkt auf die Wissenschaften, die als Systeme von Sätzen und Verfahrensweisen, wir können auch sagen: als ein Komplex von Regeln, nach denen Theorien aufgebaut und überprüft werden, gegeben sind. Die Subjekte, die nach diesen Regeln verfahren, verlieren für eine auf Methodologie eingeschränkte Erkenntnistheorie ihre Bedeutung: die Taten und Schicksale gehören allenfalls zur

6 Habermas (68), S. 89.

Psychologie der zu empirischen Personen herabgesetzten Erkenntnissubjekte – für die immanente Klärung des Erkenntnisprozesses kommt ihnen ein Gewicht nicht zu.«
Gegen diese Entwertung des Subjekts wehren sich die Hermeneutiker auf verschiedene Weisen[7]. Wir greifen drei wichtige Gegenargumente auf, die zugleich drei spezifische methodologische Ansätze innerhalb der hermeneutischen Philosophie verdeutlichen.

1. Mit dem Subjektivitätsverlust geht die Unmöglichkeit einer Begründung einher. »An die Stelle der transzendental-logischen Frage nach dem Sinn von Erkenntnis tritt die positivistische nach dem Sinn der ‚Tatsachen', deren Zusammenhang durch theoretische Sätze beschrieben wird.«[8] Diese Sinnfrage hat mit der hermeneutischen Sinnfrage nur noch den Namen gemein. Die eigentliche Verstehensproblematik, die stets selbständige Subjekte voraussetzt, tritt gar nicht mehr auf. Abbildtheorien bzw. autonome, auf sinnliche Erfahrung rekurrierende Konstitutionssysteme funktionieren intersubjektiv und schaffen dadurch, daß sie alles erklären, die Schwierigkeiten einer Sinnvermittlung und Sinnkonstitution aus der Welt. W. Schulz weist demgegenüber auf die Analysen zur sinnlichen Gewißheit in Hegels »Phänomenologie des Geistes« hin, welche die enge Verwobenheit von Subjekt und Erkenntnisgegenstand verdeutlichen.[9] »Das sinnliche Erkennen ohne Denken ist eine Illusion.«[10] Im Rückgriff auf Hegel wird der aus dem Subjekt konstituierte Begründungszusammenhang *dialektisch* gedeutet. Die Dialektik, auf deren Grundgedanken wir im 5. Kapitel eingehen, wird zum großen Gegenspieler der formalen Wissenschaftstheorie.

7 Im Subjektbegriff liegen hier zwei Komponenten: eine gnoseologische, die das Subjekt als Erkenntnissubjekt interpretiert und auf die Dialektik und transzendentale Phänomenologie führt, sowie eine hermeneutische im engeren Sinn, die das Subjekt als Individuum versteht.
8 Habermas (68), S. 91.
9 Schulz (72), S. 59.
10 a. a. O.

2. Obwohl in der neuen Wissenschaftstheorie die Einsicht in die Bedeutsamkeit der theoretischen Elemente für unsere Erkenntnis immer mehr zunimmt, bleibt man dort blind für den gesellschaftlichen Horizont und für die geschichtliche Bedingtheit aller Theorie-Entwürfe.[11] Besonders in der sogenannten kritischen Theorie wird dieser Vorwurf erhoben. M. Horkheimer, der ebenfalls auf Hegel zurückgreift, kritisiert Theorien, »die ihre eigene Bedingtheit vergessen haben« , von einem Standpunkt aus, der jeden Gedankengang auf die geschichtliche und gesellschaftliche Situation zurückbezieht, aus der er hervorgegangen ist.[12] Da danach solche Reflexionen eine Art höherer Einsicht in den geschichtlichen Prozeß und in die gesellschaftlichen Zusammenhänge voraussetzen, könne die restringierte formale Wissenschaftstheorie Einsichten dieser Art nicht vermitteln.
Der Subjektivitätsverlust wird hier historisch und gesellschaftskritisch interpretiert. Methoden, welche geschichtliche und gesellschaftliche Bedingungen in ihre Betrachtungen einbeziehen, werden wir *hermeneutische Methoden im engeren Sinne* nennen (vgl. unten Kap. 7). In den Augen der Hermeneutiker sind alle formaltheoretischen Darstellungen der Sprache abstrakte Konstrukte, welche entscheidende Elemente der geschichtlich gewachsenen Sprache unberücksichtigt lassen. Auch Versuche, die total versagenden extensionalen Sprachsysteme durch intensionale zu erweitern, gehen demnach an der Fülle des Sprachlichen vorbei. In beiden Systemen dominieren als Bezeichnung des Individuellen die Eigennamen, deren Stellenwert in geschichtlich gewachsenen Sprachen aber gering ist. Die Vorstellung einer Person mit ihrem Namen hat allein eine abstrakte Legitimations- und Identifikationsfunktion; es fehlen die zahlreichen kommunikativen Rollen, welche sich erst durch den situativen Kontext manifestieren können.

3. Eine letzte Möglichkeit, die formale Wissenschaftstheorie von den Funktionen der Subjektivität her zu kritisieren, stellt die *Phänomenologie* dar. Auch hier geht es um eine Absicherung des Sinn-

11 Besonders scharf polemisiert R. Bubner in »Wohin tendiert die analytische Philosophie?« gegen die ahistorischen Standards der gesamten analytischen Philosophie. Siehe (87) S.259/260.

12 Horkheimer in Schmidt (68), I, S. 208 und S.242.

begriffs. Empirische und wissenschaftstheoretische Begriffe können nur durch den Rekurs auf gewisse geistige Grunderscheinungen, auf sogenannte Phänomene, verstanden werden. Aus der Beobachtung mehrerer roter Einzelobjekte kann man nach phänomenologischer Auffassung nie zur Konstitution des »roten Gegenstands« gelangen, wenn man nicht ein Phänomen »Rot« annimmt, das für die noch ausstehenden Beobachtungen den Rechtsgrund der Aussage »dies ist auch rot« abgibt. Ebenso lassen sich empirische Konstitutionssysteme nur denken, wenn zwischen den Einzelkomponenten evidente Beziehungen angenommen werden, die den Rahmen einer allgemeinen Ontologie bestimmen.

Zum Abschluß sei noch ein letztes Argument gegen die formale Wissenschaftstheorie erwähnt, welches wiederholt vorgebracht wird, aber nur scheinbare Überzeugungskraft besitzt. Wenn die formale Wissenschaftstheorie alles, was außerhalb ihres methodologischen Ansatzes gedacht wird, als wissenschaftlich und philosophisch sinnlos beiseiteschiebt, so fällt der Gedanke, der ihre eigene Methode präzisiert, unter den gleichen Sinnlosigkeitsverdacht. Denn weder die Idee des logischen Formalismus noch die des spezifischen Erfahrungsbezugs läßt sich *innerhalb* der formalen Wissenschaftstheorie formulieren und damit rechtfertigen. Diese Einsicht hat der frühe Wittgenstein bis in die letzte Konsequenz einer radikalen Selbstaufhebung aller über die formale Wissenschaftstheorie vorgebrachten Gedanken entwickelt. Sein Tractatus endet mit den berühmten Worten: »Meine Sätze erläutern dadurch, daß sie der, welcher mich versteht, am Ende als unsinnig erkennt, wenn er durch sie – auf ihnen – über sie hinausgestiegen ist« (6.54). So sehr dieser Gedanke zu überzeugen scheint und oft gegen die formale Wissenschaftstheorie vorgebracht wird[13], in Wahrheit kann diese Aporie aber jeder Philosophie und jedem universellen Gedankensystem vorgeworfen werden. Man kann geradezu von einer *methodologischen Fundamentalaporie* sprechen: Jeder, der methodisch denkt, ist in sie verwickelt. Denn methodisches Denken heißt, sich auf ein inhaltlich Bestimmtes beziehen, sei es durch ein expliziertes Regelsystem (wie in der formalen Wissenschaftstheorie oder in bestimmten Formen der analytischen Sprachphilosophie und des Konstruktivismus), sei es durch wiederholbare und nachvollziehba-

13 So etwa Schulz in (72), S.52.

re Denkwege und Gedankenfiguren (wie in der Hermeneutik oder in der Transzendentalphilosophie). Wenn sich der Inhalt überhaupt fassen läßt – und nur solche Gedanken wollen wir der Philosophie zuzählen -, dann kann auch diesem Inhalt die methodologische Fundamentalaporie vorgehalten werden: der Inhalt kann sich nicht selbst begründen, er bedarf einer begründenden Metatheorie. In der Tat bleiben auch beispielsweise in der Hermeneutik die Frage nach der Begründbarkeit der historischen Bedingungen als letzte Kriterien oder innerhalb der Transzendentalphilosophie die Frage nach der Begründbarkeit des Subjekts als letzte Instanz offen. Hegelanhänger und andere Dialektiker behaupten zwar das Gegenteil, nämlich daß durch die richtige, – d.h. eben dialektische – Methode die Selbstbegründung möglich sei. Daß es sich hier um eine bloße Behauptung handelt, die noch nie eingelöst wurde, können wir erst nach Behandlung der dialektischen Methode einsehen (vgl. unten Kap. 6 und 7). Der genannte Vorwurf kann also nicht speziell als Argument gegen die formale Wissenschaftstheorie vorgebracht werden; die Einsicht, daß ein Objektbereich durch einen Metabereich begründet werden muß, kann geradezu als eine verdienstvolle Entdeckung der formalen Wissenschaftstheorie angesehen werden.

2.4 Pragmatische Einwände gegen die formale Wissenschaftstheorie

In ähnlicher Weise wie bei den Hermeneutikern wird auch in gewissen pragmatischen Gedankengängen die Selbstgenügsamkeit der formalen Wissenschaftstheoretiker und ihr Verzicht auf eine Reflexion der Grundlagen zum Ansatzpunkt der Kritik gemacht. An die Stelle des *Subjekts* als Bezugssystem tritt jedoch die *allgemeine menschliche Praxis,* welche als Grundlage jeder Wissenschaftstheorie und Philosophie angesehen wird.
Das menschliche Handeln kann unter verschiedenen Leitbegriffen stehen, die zu mannigfaltigen Ausprägungen der pragmatischen Methode und damit zu verschiedenartigen Kritiken führen. So unterscheiden sich die Einwände, je nachdem ob der Systemgedanke, der normative Entwurfcharakter oder der gesellschaftlich eingebundene Konsens im Vordergrund steht.
Durch Quines Kritik am logischen Empirismus zeigte sich die Bedeutsamkeit des Ganzen auch für die formale Wissenschaftstheorie.

Die Fixierung auf den Sinn und die Bewährung einzelner Aussagen bzw. Hypothesen führt nach dessen Meinung in eine Sackgasse. Theorien können nur als Ganze kritisiert oder bestätigt werden. Die Entdeckung T.S. Kuhns[14], daß die Wissenschaftsgeschichte stark von situativen Elementen und weniger von einer systemimmanenten methodischen Dynamik geprägt ist, bestätigt die Bedeutsamkeit sprachlicher, geschichtlicher und gesellschaftlicher Aspekte für den Quineschen Holismus. In diesem spielt die Forschergemeinschaft eine bevorzugte Rolle. Deshalb fordern die Konstruktivisten »*ein schrittweises kontrollierbares Vorgehen* im Rahmen begründeter Verfahren«.[15] Ausgangspunkt wie auch Maßstab bleibt die menschliche Praxis. Der Konstruktivismus geht von der Überzeugung aus, daß die letzte Basis unseres rationalen Weltbegriffs ebenfalls rational abgesichert sein muß. Diese These wird in bestimmten Begründungskonstruktionen verifiziert. Zu diesem Zweck wird zuerst eine Handlungsorientierung definiert und dann gesagt, was deren Begründung bedeutet: es läßt sich »eine Begründung einer Handlungsorientierung h verstehen als ein rationaler Dialog (oder als Entwurf eines solchen Dialogs), der zur Zustimmung aller Beteiligten führt, daß h bei allen Betroffenen in einer für diese fingierten unverzerrten Kommunikationssituation zur Zustimmung gebracht werden kann«[16]. Bei dem Transzendentalphilosophen K.O. Apel enthält die gelingende kommunikative Praxis bereits Konsensbedingungen, die eine Philosophie zu reflektieren hat. Für solche Bedingungen sei die Wissenschaftstheorie durch ihre Methodenfixiertheit völlig blind. Apel stellt fest: »Im Ganzen gesehen ist im Herrschaftsbereich der analytischen Philosophie zunächst so etwas wie eine Rückkehr zum vorkantischen oder – besser noch – zum vorcartesischen Primat der formalen Logik in der Philosophie eingetreten.«[17]

Aus der Sicht der Pragmatiker darf weder Wissenschaft noch Philosophie als von der menschlichen Seinsweise isoliertes Konglomerat von wahren Sätzen verstanden werden, die nach ein für allemal fixierten Methoden aufgefunden werden. Wissenschaft und Philosophie sind vielmehr dynamische Prozesse, in denen Forschungsziele

14 Siehe »Die Struktur wissenschaftlicher Revolutionen« (62) und unten 11.1.

15 Kambartel/Mittelstraß (73) S. 128.

16 Kambartel/Mittelstraß (73) S. 128.

17 Apel (64), S. 273.

korrigiert, präzisiert und neu entwickelt werden, wobei sich sowohl die Methoden als auch die Wissenschaftskriterien ständig ändern. Dieser ständige Wandel zeigt die starken Interdependenzen des menschlichen Forschens von historischen und gesellschaftlichen Bedingungen, welche die formale Wissenschaftstheorie in einer einseitigen methodischen Verkürzung aus ihrem Horizont ausklammert. Die Folge ist eine Blindheit für die Bereiche, die im Anschluß an Dilthey zu den Geisteswissenschaften gezählt wurden. Handelnde Menschen orientieren sich nicht nur an logisch und wissenschaftstheoretisch fixierten Regeln, sondern sie bilden zugleich eine Art Interpretationsgemeinschaft, welche durch Nachverstehen von Sinnmotiven in literarischen und künstlerischen Werken, wie in geschichtlichen Handlungsvollzügen eine in der formalen Wissenschaftstheorie nicht vorgesehene Welt erschließen. Mit dieser Einengung des Blickfeldes gehe der Verlust des Wirklichkeitsbezugs einher – ein schweres Opfer zugunsten der Präzision und des empirisch abgesicherten Erfahrungsbezugs.

Die verschiedenen Einwände gegen die Methode der formalen Wissenschaftstheorie konnten nur angedeutet werden, weil auf die jeweils zugrundeliegenden philosophischen Konzeptionen nur in schlagwortartigen Thesen Bezug genommen wurde.

Die Explizierung dieser neuen Methoden soll nun in den folgenden Abschnitten nachgeholt werden. Wir beginnen mit der sprachanalytischen Methode, weil diese den Grundintentionen der formalen Wissenschaft am nächsten steht und beide Richtungen oft unter den gemeinsamen Titel der analytischen Philosophie gestellt werden.

3. Die Methode der Sprachanalyse

Schon in einem sehr frühen Stadium wandte sich die formale Wissenschaftstheorie den *Sprachproblemen* zu, weil die Vorstellungen der klassischen Empiristen (wie z. B. D. Humes und J. St. Mills) als zu wenig kritisch, ja als naiv durchschaut wurden. Kritik und Vorwurf der Naivität konzentrierten sich auf den *sprachlichen Status* wissenschaftlicher Erfahrung. Während die Thematisierung des Sprachproblems bei den formalen Wissenschaftstheoretikern durch die Konstruktion von Idealsprachen erfolgte, gehen die Sprachanalytiker von der zunächst unreflektierten Umgangssprache des Alltags und der Episprache der Wissenschaften aus. Deshalb stellt man gelegentlich[1] der Idealsprachphilosophie die *Normal*sprachphilosophie (»Ordinary language philosophy«) gegenüber. Der methodisch ausgebaute Rekurs auf die Normalsprache stellt die *Methode der Sprachanalyse im engeren Sinn* dar, welcher wir uns jetzt zuwenden wollen.

3.1 Ein Beispiel: Das Verstehensproblem

Im Zusammenhang mit der hermeneutischen Kritik an der formalen Wissenschaftstheorie sind wir erstmals dem Verstehensproblem begegnet. Das Verstehen von Sinn stellt das Kernproblem jeder Hermeneutik dar und wird uns daher bei der Behandlung der Hermeneutik als spezieller philosophischer Methode noch ausführlich beschäftigen. Am Beispiel des späten Wittgenstein zeigen wir hier, wie ein Sprachanalytiker dieses Problem anpackt. Dabei geht es uns nicht in erster Linie um eine erschöpfende Diskussion der Verstehensfrage, sondern um die Art und Weise, wie *irgendein* philosophisches Problem in der sprachanalytischen Philosophie behandelt wird.

1 Die Terminologie »Philosophie der idealen Sprache« und »Philosophie der normalen Sprache« findet man z. B. bei von Savigny in (69).

Infolge des Einflusses der phänomenologischen Denkweisen steht am Anfang der philosophischen Reflexion häufig die Frage, was wir beispielsweise mit »Verstehen« meinen, was in unserem Bewußtsein vor sich geht, wenn wir das Wort »Verstehen« aussprechen und in welchem Verhältnis die Bewußtseinsinhalte beim Verstehensakt zueinander stehen. Nehmen wir das Verstehen einer *Erklärung*. Die *phänomenologische Deutung* beschreibt Wittgenstein in PU[2] § 73: »Die Erklärung verstanden haben, heißt, einen Begriff des Erklärten im Geiste besitzen, und das ist ein Muster, oder ein Bild.« Auch das Verstehen eines *Worts* kann ähnlich umschrieben werden: beim Hören des Worts »Würfel« beispielsweise schwebt uns eine Art Bild oder Schema eines Würfels vor, wenn wir das Wort verstehen (vgl. PU 139/140). Ja auch das Verstehen einer *Zahlenfolge* (PU 143 ff.) funktioniert auf ähnliche Weise: wenn ein Schüler die Folge 1, 4, 9, 16, 25,... richtig fortzusetzen gelernt hat, »verstand« er, daß die Quadratzahlen gemeint sind; er befand sich in einem bestimmten geistigen Zustand, der die gesamte Folge als Schema zu erfassen ermöglichte. Allen Formen des Verstehens ist eines gemeinsam: »Das Verstehen selbst ist ein Zustand, *woraus* die richtige Verwendung entspringt« (PU 146), gemeint ist die richtige Verwendung des Worts in den einzelnen Anwendungsfällen.

Wittgenstein geht nun in seiner Kritik umgekehrt vor: nicht die Annahme eines geheimnisvollen geistigen Zustands stellt die Rechtfertigung der richtigen Verwendungsweise von Wörtern dar, sondern die gemeinsame Verwendungsweise in einer sprachlichen Gemeinschaft konstituiert zuallererst das, was Sinn, Verstehen, Einsicht o. ä. ausdrücken. Danach besagt das Sich-Vorstellen eines Bildes oder Schemas neben dem wirklichen Würfel gar nichts, wenn nicht zum Bild die Verwendungsweise *als* Schema bekannt ist. Erst wenn Schemata richtig angewandt werden, leisten sie die Begründungen. Ein bestimmtes Schema *zwingt* uns nicht zu einer bestimmten, nämlich zum wirklichen Original »passenden« Verwendungsweise, wenn wir es nicht gelernt haben bzw. wenn wir es nicht gewohnt sind, die Verbindungen von Bild und Schema herzustellen.

PU § 154: »Denk doch einmal gar nicht an das Verstehen als ‚seelischen Vorgang!' – denn *das* ist die Redeweise, die dich verwirrt.« »Ich verstehe« beschreibt offensichtlich nicht das innere spezifische

2 PU ist die Abkürzung für »Philosophische Untersuchungen«, Oxford 1953 bzw. Frankfurt 1960, (60a).

Erlebnis, sondern drückt nur aus, daß der Sprecher die Umstände der spezifischen Wortverwendung kennt, also beispielsweise nach der Fortsetzung der Folge »Hurra« zu rufen weiß.

3.2 Die erste methodologische Komponente: Der klärende Rekurs auf die Regeln der Umgangssprache

Descartes und die Phänomenologen der Neuzeit bauen ihre philosophischen Reflexionen auf das Bewußtsein auf: das cogito sum und die inhaltlich bestimmten cogitationes sind nicht weiter hinterfragbar; Kant entdeckt in jeder empirischen Aussage und in jeder rationalen Feststellung eine Leistung des Subjekts – doch all diese Erkenntnisse werden sprachlich formuliert und damit der Rasterung der sprachlichen Denkschemata unterworfen. Eine Untersuchung des Bewußtseins bzw. des transzendentalen Subjekts ist aber insofern möglich, als ihnen die Struktur der verwendeten Sprachregelungen anhaftet.
Deshalb beginnt der Sprachanalytiker bei der Untersuchung der Sprachgewohnheiten und Sprachregeln. Wie wird ein Wort in der Umgangssprache oder im wissenschaftlichen Kontext, der nicht schon formalisiert ist, verwendet? Gibt es tatsächlich keine Unterschiede zwischen der Verwendungsweise von Wörtern wie »Verstehen«, »Einsehen« einerseits und »Sitzen«, »Liegen« andererseits, so daß man beide Wortarten als Beschreibung von Zuständen erklären kann, zwar einerseits von *inneren* Zuständen, andererseits von *äußeren* Zuständen, aber eben doch beides als *Zustände?* Was sollen philosophische Behauptungen über »innere Zustände«, wenn sich herausstellt, daß die zugehörigen Wörter eine ganz andere Verwendungsweise haben als die Wörter von vergleichbaren äußeren Zuständen?
Der Rekurs auf bereits verwendete Sprachregeln ist *fundamental,* d.h. er kann weder durch spekulative Hilfsbegriffe, wie Bewußtsein oder Subjektivität, ersetzt werden, noch gibt es Möglichkeiten, diese Regelhaftigkeiten als logische Konstruktionen aufzufassen, die in einer formalen Wissenschaftstheorie analysiert werden könnten. Jedes philosophische Problem muß einer sprachlichen Analyse unterworfen werden, ehe weitere Reflexionen ausgeführt werden können. Insofern steht am Anfang jeder Philosophie die Klärung der sprachlichen Form, in welcher die philosophischen Fragen aufgeworfen

werden. Philosophische Aussagen sind in Wirklichkeit sprachlich. Der Rekurs auf die Normalsprache hat allen anderen philosophischen Methoden eines voraus: er ist durch die objektive Geltung der Sprachregeln innerhalb einer Sprachgemeinschaft allgemeinverbindlich abgesichert und bedarf keiner Deduktion der Geltung aus obskuren spekulativen Annahmen. Alle Äußerungen unterliegen einer öffentlichen Kontrolle, und zwar nicht im Sinne einer nachträglichen Zustimmung zu Lösungsvorschlägen, wie es beispielsweise bei den Idealsprachkonstruktionen der formalen Wissenschaft der Fall ist, aber auch ebensowenig im Sinne einer Berufung auf Evidenz, sei es des verallgemeinerungsfähigen Subjekts, sei es der gesellschaftlichen Bedingungen, wie es bei Phänomenologen bzw. bei Dialektikern geschieht: »Die transzendentalen Regeln, nach denen Lebenswelten strukturiert sind, werden jetzt sprachanalytisch greifbar in den Regeln von Kommunikationsprozessen«.[3]

Das angegebene Beispiel des Verstehensproblems zeigt deutlich, wie in der traditionellen Philosophie das Sprachproblem von nichtsprachlichen Fragestellungen verdeckt wird. Fragen nach inneren Bildern und konstituierenden Subjekten stehen *vor* den Fragen nach der Art und Weise, wie in der Sprachgemeinschaft das Verstehen wirklich funktioniert.

3.3 Die zweite methodologische Komponente: Die Vermittlung von Theorie und Praxis durch Sprachlichkeit

Im sprachanalytischen Paradigma wird die sprachliche Klärung der Begriffe nicht als propädeutische Aufgabe aufgefaßt, sondern als die fundamentale Aufgabe der Philosophie schlechthin. In der Geschichte begründeten immer wieder gewisse Fragestellungen eine Art Fundamentallehre der Philosophie. Man denke etwa an die Lehre vom Subjekt im deutschen Idealismus oder an die Rolle der existenziellen Anthropologie zwischen den beiden großen Kriegen. In der Gegenwart konkurrieren neben der Wissenschaftstheorie Sprachkritik und Ideologiekritik in der Grundlegung der Philosophie.

3 Habermas in (70), S. 221.

Die Tragweite des sprachanalytischen Ansatzes erkennt man an der Vermittlung von Theorie und Praxis, wie sie zumindest von Wittgenstein intendiert ist. Während die Idealsprachphilosophie zur theoretischen Methodenlehre der Einzelwissenschaften degeneriert und auf der anderen Seite lebens- und existenzphilosophische Vorstellungen ganz einer reflexionslosen Praxis verhaftet bleiben, sind die sprachlichen Regeln zugleich Integrationsformen von Wirklichkeit. Die verschiedenen grammatischen Systeme bedingen aus der Sicht der Sprachanalytiker zugleich Strukturen der Lebensformen und umgekehrt: jede spezifische Lebensform drückt sich in einer besonderen Grammatik aus. Was Humboldt in der Begrifflichkeit des Idealismus anstrebte, wird hier in der Terminologie der Sprachanalytiker neu entworfen.

Nach Humboldt geht die Sprache nicht in der Bezeichnungs- und Abbildungsfunktion fertiger Welten auf, sondern sie bedeutet das geistige Gestalten, ein »Umschaffen der Welt in das Eigentum des Geistes«. Das Prinzip dieser ursprünglichen Aktivität und Spontaneität nennt Humboldt innere Sprachform[4]. Die Form, die schon in der philosophischen Klassik prägende Kraft bedeutet, durch welche alles sein Wesen erhält, gestaltet durch die Sprache das bewußte Sein. Die Unmittelbarkeit des ursprünglich Gegebenen wird durch den sprachlichen Akt in das Bewußtsein transponiert. Es entsteht als Korrelat zum menschlichen Betrachter ein geistiger Bereich, in dem sich die sprachliche Weltsicht vollzieht. So kommt Humboldt zu seiner berühmten Deutung der Sprache als Energeia, als geistiges Gestaltungsprinzip. Die Sprache »ist kein Werk (Ergon), sondern eine Tätigkeit (Energeia). Ihre wahre Definition kann daher nur eine genetische sein. Sie ist nämlich die sich ewig wiederholende Arbeit des Geistes, den artikulierten Laut zum Ausdruck des Gedankens fähig zu machen«[5].

Eine eindrucksvolle moderne Variante der Humboldtschen Ideen stellt die relativistische *Sprachtheorie Whorfs* dar. Auch für ihn ist die Sprache der Ausdruck eines geistigen Prozesses: »Überdies be-

4 So Weisgerber in (62), S. 17: »Das gestaltende Prinzip, noch besser: der geistige Inbegriff dieses Umschaffens der Welt in das Eigentum des Geistes ist die innere Sprachform; mit ihr wird in jeder Sprache der eigenständige Vollzug des Umprägens von ‚vorgegebenem Sein' in einem Kosmos ‚bewußten Seins' wirklich.«

5 Humboldt (63), III, S. 418.

deutet nach meiner Meinung die enorme Wichtigkeit der Sprache nicht notwendig, hinter ihr sei nichts mehr von dem, was man traditionell ‚Geist' nennt. Meine eigenen Forschungen lassen mich annehmen, Sprache sei, so königlich auch ihre Rolle ist, gewissermaßen nur ein oberflächliches Muster tieferer Bewußtseinsprozesse, welche die Bedingung aller Kommunikation, alles Signalisierens und aller Symbolisierungen sind und nötigenfalls auch ohne Sprache und Symbolismen in Kommunikation treten (wenngleich keine eigentliche Übereinkunft erreichen) können.«[6] Insbesondere durch seine Forschungen über das Hopi entdeckt er die Konstitutionsfunktionen in jeder (Mutter-)Sprache, die samt und sonders dem »linguistischen Relativitätsprinzip« unterworfen sind, wonach »kein Individuum (die) Freiheit hat, die Natur mit völliger Unparteilichkeit zu beschreiben«[7]. Menschen mit verschiedenen Ordnungsschemata, die sich in den Grammatiken und linguistischen Strukturformeln niederschlagen, werden danach unbewußt zu verschiedenen Beobachtungen und Bewertungen geführt. Jeder Sprechakt und jede Neuschöpfung innerhalb der Sprachgemeinschaft geschieht innerhalb des Spielraums solcher Strukturen. Whorf spricht dabei von exakten, an mathematische Genauigkeit erinnernden Strukturgesetzen in den einzelnen Sprachen. Die jeweilige Grammatik bestimmt die Art der Klassifikation und Analyse der Umwelt. Aufgrund dieser Einsichten zeigt er die zahlreichen Strukturdogmen unserer indogermanischen Sprache auf, aus denen die ganze Metaphysik resultiert. Der Gegensatz »Substantiv–Verb« z. B. führt auf die Kategorien des Subjekts und Prädikats, auf »Täter und Tätigkeit, Dinge und Relationen zwischen ihnen, Objekte und ihre Attribute, Quantitäten und Operationen«.[8] Durch diese Vorherrschaft einer Art »objektiven Geistes« ergibt sich eine interessante Folgerung für die Bedeutungslehre. Die einzelnen Wörter können keine feste Bedeutung haben, sondern ihre semantische Beziehung wird durch eine Variable dargestellt, die durch bestimmte Werte aus dem allgemeinen Strukturbereich der jeweiligen Sprache ersetzt werden kann. »Sie sind... wie Blankoschecks, die je nach Bedarf auszufüllen sind.«[9] Diese Aussagen beziehen sich nicht nur auf empirische Begriffe, also etwa auf

6 Whorf(63), S. 39.
7 a. a. O. S. 13.
8 a. a. O. S. 42.
9 a. a. O. S. 60.

Pflanzennamen, sondern betreffen vor allem auch unsere zentralen Begriffe wie »Zeit« und »Materie«. Für einen Menschen aus dem Hopi-Sprachbereich sind diese beiden für uns so selbstverständlichen physikalischen Begriffe gegenstandslos; ihre Denkweise enthält keine entsprechende Erfahrung.[10] Daß sich daraus zahlreiche Konsequenzen für die Einschätzung der klassischen Metaphysik ergeben, die ganz eng von der indogermanischen Sprachkultur abhängt, dürfte offenkundig sein.
Es fällt bei Whorf die starke Bezugsnahme auf idealistische Grundkategorien wie Bewußtsein, Inneres, Geist u. ä. auf. Die rigorose Kritik ebensolcher Bezüge hat den späten Wittgenstein dem Verdacht ausgesetzt, nominalistischen und behavioristischen Tendenzen verfallen zu sein. Aber das auffälligste äußere Merkmal nominalistischer Schulen ist deren Versuch, Ausdrücke wie »Staat«, »Menschheit« und ähnliche Allgemeinbegriffe (»incomplete symbols«) durch ihre zugeordneten konkreten Individuen zu ersetzen. Nach dieser Substitution abstrakter Wesenheiten bleibt als eigentlicher sprachlicher Grundprozeß die Zuordnung von Namen zu den individuellen Gegenständen, aus der alle Bedeutung resultiert. Beide Tendenzen, die Reduktion der Allgemeinbegriffe und die Identifizierung der Bedeutung mit dem benannten Gegenstand, lehnt aber Wittgenstein in den »Philosophischen Untersuchungen« ab. Indem er ganz von der Alltagssprache ausgeht, beläßt er die Wörter in ihrem gewöhnlichen Sprachzusammenhang. Nichts liegt Wittgenstein ferner, als hinter der Sprache eine reine Ordnung zu suchen, in der jedem Allgemeinbegriff eine wohldefinierte Gesamtheit konkreter Objekte entspricht. Wittgenstein distanziert sich ausdrücklich vom Nominalismus: »So kann es scheinen, als wäre, was wir treiben, Nominalismus. Nominalisten machen den Fehler, daß sie alle Wörter als *Namen* deuten, also ihre Verwendung nicht wirklich beschreiben, sondern sozusagen nur eine papierene Anweisung auf so eine Beschreibung geben.« (PU 383) Die »papierene Anweisung« stellt ein leeres Schema dar, das über die konkrete Verwendungsweise schweigt. Erst durch die explizierten Verwendungsprozeduren vollzieht sich die Konstitution unserer sprach-praktischen Wirklichkeit. Der Mensch *verwendet* schlicht und einfach die Umgangssprache, aber er ist keiner expliziten Selbstreflexivität fähig, in der ihm der

10 Neuerdings sind Zweifel an diesen Forschungsergebnissen aufgetaucht.

Sinn seines Tuns im Bewußtsein oder im Geist aufleuchtet. Hier liegt eine der schwerwiegendsten Differenzen der Wittgensteinschen Philosophie und aller kontinentalen, der humanistischen Tradition entstammenden Lehren. Nach Wittgenstein ist der Anspruch, reflexive Leistungen aus der Umgangssprache entnehmen zu können, nicht zu rechtfertigen und philosophisches Vorurteil. Hierher gehört die »Selbstaufstufung der Sprache« Litts in gleicher Weise wie deren Vorbild, das »Sich-wissen des Wissens« bei Hegel, Cassirers explizite Transzendentalreflexion in gleichem Maße wie Heideggers Lehre vom »hermeneutischen Zirkel«[11]. Der Angelpunkt dieser Differenzen liegt im Begriff des Geistes und des Bewußtseins selbst. Wittgenstein distanziert sich von allen Formulierungen, die von der Sprache als Ausdruck des Geistes, von beschreibbaren inneren Zuständen und Akten reden.
Will man die Art und Weise, wie die Konstitution und der Rekurs auf Sprache gemeint ist, genauer analysieren, so lassen sich zunächst die Formen einer radikalen Sprachanalytik von den gemäßigten Formen der Sprachanalyse unterscheiden. Im ersten Fall ist Philosophie identisch mit Sprachkritik. Der Satz »Alle Philosophie ist ‚Sprachkritik'« aus Wittgensteins Traktat (4.0031) kann auch als Motto über diese Form der sprachanalytischen Philosophie gesetzt werden. Je nachdem, ob die *Beseitigung von Irrtümern* oder die positiven Aussagen über *die richtige Verwendung* unserer Sprache im Vordergrund stehen, wird man einen *therapeutischen* von einem *demonstrierenden* Rekurs auf die Normalsprache unterscheiden müssen[12].

3.4 Der therapeutische Rekurs auf die Normalsprache

Wenn die Sprachanalyse keine Hilfsfunktionen *vor* den eigentlichen philosophischen Überlegungen ausübt, sondern die philosophische Tätigkeit selbst bedeutet, so läßt sich Philosophie nur als Mißverständnis, nicht aber als Weisheitslehre oder inhaltliches System verstehen. Im Spätwerk von Wittgenstein findet man eine Reihe von Formulierungen, welche in diese Richtung interpretiert werden können.

11 Vgl. Litt (53), Abschnitt V; Hegel (52), VIII; Cassirer (64), I, 24; Heidegger (57) § 32.
12 Die Unterscheidung findet man z. B. bei von Savigny (69).

Das auffälligste Merkmal eines philosophischen Textes ist nicht etwa eine spezielle Episprache mit bestimmten Fachausdrücken, wie sie in der Physik oder in anderen Wissenschaften zur Bewältigung deren Probleme entwickelt wurde, sondern *die andersartige Verwendung der normalsprachlichen Ausdrücke*. Üblicherweise wird man etwa das Wörtchen »dieses« in Redesituationen verwenden, wo eine Auswahl aus mehreren gegebenen Objekten erfolgen soll: »Welches Haus meinst Du? – Dieses.« Eine Diskussion über das »Dieses« selbst wird dagegen unterbleiben. Wenn Hegel dagegen in der »Phänomenologie des Geistes« fragt: »Was ist das Dieses?«[13], so bleibt er innerhalb der Normalsprache, was die Worte betrifft, er tritt aber aus dieser heraus, sofern er den Gebrauch der Wörter verwandelt. In der Frage »Was ist das Dieses?« wird ein durch »Dieses« bezeichnetes Etwas mitgedacht. Bei Hegel artikuliert es sich als »das Jetzt und das Hier« und das »Jetzt« meint beispielsweise die Nacht: »Das Jetzt ist die Nacht.« Wittgenstein stellt die Frage, ob es überhaupt sinnvoll ist, zu »Dieses« ein durch das Wort Bezeichnetes zu denken: »Dies hängt mit der Auffassung des Benennens als eines sozusagen okkulten Vorganges zusammen. Das Benennen erscheint als eine seltsame Verbindung eines Wortes mit einem Gegenstand. – Und so eine seltsame Verbindung hat wirklich statt, wenn nämlich der Philosoph, um herauszubringen, was *die* Beziehung zwischen Namen und Benannten ist, auf einen Gegenstand vor sich starrt und dabei unzählige Male einen Namen wiederholt, oder auch das Wort ‚dieses'. Denn die philosophischen Probleme entstehen, wenn die Sprache feiert« (PU 38).

Die gleichen Überlegungen betreffen auch abstrakte Begriffe, wie »Sein« oder »Ich«. Philosophische Termini, wie »transzendentales Bewußtsein« oder das »absolute Sein«, lassen sich auf solche abstrakten Begriffe der Umgangssprache zurückführen; ersteres bedeutet etwa ein Bewußtsein, das die Bedingungen der Möglichkeit von Gegenständen darstellt, letzteres ein Sein, das sich selbst genügt und von keinem anderen Sein abhängt. Auch bei diesen Wörtern der Umgangssprache liegt eine neuartige Verwendungsweise vor: »Wenn die Philosophen ein Wort gebrauchen – ‚Wissen', ‚Sein', ‚Gegenstand', ‚Ich', ‚Satz', ‚Name' – und das *Wesen* des Dings zu erfassen trachten, muß man sich immer fragen: wird denn dieses

13 Hegel (52), S.81.

Wort in der Sprache, in der es seine Heimat hat, je tatsächlich so gebraucht? – *Wir* führen die Wörter von ihrer metaphysischen, wieder auf ihre alltägliche Verwendung zurück« (PU 116).
Folgenreich wird die These: »Die Philosophie darf den tatsächlichen Gebrauch der Sprache in keiner Weise antasten, sie kann ihn am Ende also nur beschreiben. Denn sie kann ihn auch nicht begründen. Sie läßt alles, wie es ist« (PU 124). Damit läßt sich auch kein spezifischer Wortgebrauch in der Philosophie selbst begründen; *philosophischer Wortgebrauch* wird eo ipso *Wortmißbrauch*. Die Zurückführung des philosophischen Wortgebrauchs auf den normalen Wortgebrauch stellt zugleich die Destruktion der Philosophie dar. Man kann zwar euphemistisch den Akt der Destruktion noch Philosophie nennen – nämlich Philosophie als Sprachkritik – in Wirklichkeit handelt es sich aber um die »Negation der Philosophie«[14]. Zitate der folgenden Art bestätigen diesen Eindruck:
»Die Ergebnisse der Philosophie sind die Entdeckungen irgend eines schlichten Unsinns und Beulen, die sich der Verstand beim Anrennen an die Grenzen der Sprache geholt hat« (PU 119).
»Denn die Klarheit, die wir anstreben, ist allerdings eine *vollkommene*. Aber das heißt nur, daß die philosophischen Probleme *vollkommen* verschwinden sollen« (PU 133).
»Was ist dein Ziel in der Philosophie? – Der Fliege den Ausweg aus dem Fliegenglas zeigen« (PU 309).
Wenn wir diese recht eindeutigen Formulierungen – denen allerdings andere gegenübergestellt werden können, welche die zitierten Sätze wieder abschwächen – auf ihren methodologischen Inhalt befragen, so kann man zwar die verschiedenen Therapien als verschiedene Methoden bezeichnen (vgl. PU 133), aber letztlich geht es doch nur um eines: um die Orientierung an der stets funktionierenden Normalsprache, die alle philosophischen Probleme als Mißverständnisse verschwinden läßt.
Im Laufe der Philosophiegeschichte traten wiederholt Philosophen mit dem Anspruch einer radikalen Neubegründung auf. Man denke etwa an die Sokratische Wende von den kosmologischen Spekulationen und von der sophistischen Dialektik zur verantwortungsbewußten, begriffsklaren Selbstbesinnung; an die Augustinische Einordnung des selbstherrlichen Denkens unter die alles umfassende

14 Vgl. W. Schulz: Wittgenstein – Die Negation der Philosophie (67).

Liebe Gottes; an den Cartesischen Rückgang zu den cogitationes[15] als Urgrund allen Wissens und Seins; an die kritische Haltung Kants, welche den philosophischen Dogmatismus nach den Bedingungen der Möglichkeit aller Erkenntnis befragt; an die Besinnung auf den Sinn von Sein in Heideggers Lehre vom Ende der Metaphysik usw., usw. Es lassen sich auch Namen zitieren, welche an Ansätze einer Sprachkritik innerhalb der Philosophie erinnern. So erkannten Platon, Aristoteles, Locke, Berkeley, Nietzsche, Frege und viele andere die Bedeutung der Sprache zur Klärung philosophischer Fragen; bei Lichtenberg findet man sogar den Gedanken der Philosophie als Berichtigung des Sprachgebrauchs. Aber in all diesen Philosophien werden trotz neuer methodischer Ideen und sprachkritischer Bemerkungen die uralten Fragen einer philosophia perennis abgehandelt oder im Sinne des Historismus existenzphilosophischer Immanenzlehren relativiert. Für die Therapeutiker dagegen stellen derartige philosophische Aussagen im positiven oder negativen Sinn stets Irrtümer, Selbsttäuschungen und Krankheiten dar. Die neue Denkweise soll ein für alle Mal mit der traditionellen *Problematik* tabula rasa machen. »Paradox gesagt: Aufgabe der Philosophie (im Sinne Wittgensteins) ist die Beseitigung der Philosophie (im Sinne der traditionellen Lehren).«[16] Man findet zwar in der Tradition einige Ansätze solch einer endgültigen Überwindung der althergebrachten Philosophie, z. B. bei Marx, Nietzsche, bei den Positivisten oder beim späten Heidegger. Aber selbst in den Fällen, wo die Angriffe nicht nur von soziologischen oder geschichtsbedingten Ressentiments herrühren, sind die Voraussetzungen der Kritik selbst traditionsgebunden und führen daher zwangsweise wieder in metaphysische Regionen. Bei den Therapeutikern soll nun endgültig das Märchen von der Philosophie als Sprachrohr der uralten Menschheitsfragen durch Einsicht in die Sprache beseitigt werden.[17] Von den großartigen Fragestellungen, dialektischen Aporien und systematischen Bauwerken bleibt nur noch ein sprachliches Mißverständnis: »Eine ganze Wolke von Philosophie kondensiert zu einem Tröpfchen Sprachlehre« (PU II S.534).

15 Darunter versteht man die im »cogito sum« enthaltenen Bewußtseinselemente, auf die Descartes alles aufbaut.

16 P. Feyerabend: »Ludwig Wittgenstein« in Wittgenstein (60b) S. 44.

17 Eine der konsequentesten therapeutischen Interpretationen findet man bei Schweidler (83).

Die therapeutische Variante der Sprachanalyse stellt einen der massivsten Angriffe gegen die Existenzberechtigung der Philosophie überhaupt dar. »Die Königin der Wissenschaften«, in der sich seit Jahrtausenden ein »metaphysisches Bedürfnis« (Kant) gleichsam als anthropologische Konstante ausdrückt, wird im Zeitalter der ideologiekritischen, religionspathologischen und sexualpsychologischen Entlarvungen in den Strudel allgemeiner Verdächtigungen gezogen. Alle Philosophen, die ihre Tätigkeit als Engagement für eine den Kern ihrer Existenz berührende Aufgabe ansehen, müssen sich dieser Herausforderung stellen. Die totale Negation der klassischen Philosophie schlägt natürlicherweise wie ein Bumerang auf die Initiatoren der Sprachanalyse zurück: die gleiche pauschale Verdächtigung wird für den sprachanalytischen Ansatz als solchen ausgesprochen. Aber diese totale Konfrontation führt nicht weiter; *sie* wäre das eigentliche Ende aller Philosophie.
In der Praxis tritt in der Tat diese radikale Form der therapeutischen Philosophie kaum in Erscheinung. Schließlich hat auch Wittgenstein selbst ein philosophisches Werk hinterlassen, das mehr als nur die Rektifizierung unseres Sprachgebrauchs darstellt und explizite Beiträge zu Problemen der klassischen Philosophie liefert. In welchem Sinne die Sprachanalyse als positives Unternehmen gemeint sein kann, soll nun untersucht werden.

3.5 Der demonstrierende Rekurs auf die Normalsprache

Eine radikal zu Ende gedachte Therapie-Konzeption Wittgensteins schließt jedes Epigonentum aus. Daher müssen sich seine Nachfolger entweder als *Vollstrecker* einer von ihm noch nicht ganz vollendeten Entlarvung aller Philosopheme fühlen oder aber sie müssen sich von den *radikalen Thesen distanzieren.*
Die erste Gruppe von Denkern kann sich auf die Tatsache berufen, daß Wittgenstein die meisten Probleme nur aufgriff, aber nicht in allen Einzelheiten durchdiskutierte, und daß er ferner nur einen begrenzten Bereich aus dem weiten Feld philosophischer Aussagen auswählte. Die andere, bei weitem umfassendere Gruppe wird auf Wittgensteins Philosophie selbst verweisen, deren Existenz einen schlagenden Beweis für die gemäßigte Interpretation seiner Thesen darstellt. Die methodischen Ansätze Wittgensteins werden so zur Grundlage einer sprachanalytischen Arbeitsweise *innerhalb der*

Philosophie. Sprachanalyse bedeutet übersichtliche Darstellung des üblichen Sprachgebrauchs, eine Art »sprachlicher Phänomenologie«. Gewinnt man eine hinreichende Übersicht über die Ausdrucksformen, indem man Vergleiche, Umschreibungen, sprachliche Varianten, lexikographische Listen angibt, lassen sich verschiedene Probleme der traditionellen Philosophie einer Lösung näherbringen. Ihre Vertreter sehen in Wittgenstein nicht mehr den »Alleszermalmer«, sondern den revolutionären Erneuerer.
Aus der Vielzahl sprachanalytischer Philosophen, die davon überzeugt sind, mit Hilfe sprachlicher Analysen philosophischen Problemlösungen näher zu kommen, wählen wir J. L. Austin und R. M. Chisholm aus. Während Austins Überlegungen in eine Sprechakttheorie münden, die weitgehend als Thema der empirischen Sprachwissenschaft aufgefaßt werden kann, bleiben Chisholms Untersuchungen zum Wissensbegriff im Umkreis einer genuin philosophischen Erkenntnistheorie.
Beginnen wir mit der Darstellung einiger Gedanken *Austins.* Bei diesem bedeutet das Refugium in die Alltagssprache weniger das Element eines Beweises für eine bestimmte philosophische Theorie, sondern eher einen Streifzug durch die Gefilde der Sprachformen, auf dem immer wieder neue überraschende sprachwissenschaftliche Entdeckungen gemacht werden können, die dann auch für philosophische Fragestellungen Relevanz erhalten. So stellt die Entwicklung seiner *Sprechakttheorie* eine wichtige Bereicherung der Sprachwissenschaft dar. Diese Theorie der lokutionären und illokutionären Sprechakte gehört heute zum selbstverständlichen Wissens-Repertoire jedes Linguistik-Studenten.[18] Danach sind sprachliche Äußerungen Handlungen von differenzierter Struktur. Man *sagt* nicht einfach etwas, sondern, indem man etwas sagt, *tut* man zugleich etwas. Sprachliche Äußerungen sind Elemente der Kommunikation und daher werden Lokutionen (z. B. reine Prädikationen) zur Verständigung benützt. Die Art und Weise, *wie* sie benützt werden können, äußert sich im illokutionären Akt des Drohens, Mahnens, Scherzens, Erwähnens usw. Die sehr reich ausgestaltete und umfangreiche Sprechakttheorie liefert nun indirekt ihren Bei-

18 Vgl. z. B. Austin (72) oder Searle (71). - Ein Sprechakt ist *lokutionär* als Äußerung von Wörtern und Sätzen, *illokutionär* als Redeabsicht und *perlokutionär* in Bezug auf die Konsequenzen des illokutionären Aktes.

trag zur Philosophie. Wer etwa der pragmatischen These von der einfachen Identität von Bedeutung und Gebrauch anhängt, wird durch die Sprechakttheorie eines Besseren belehrt. Austin trennt scharf die *Bedeutung* einer Äußerung, die im lokutionären Akt zum Vorschein kommt, von dem, was man mit der Äußerung tun kann, ihrer illokutionären Rolle. Die Bedeutungstheorie als Gebrauchstheorie muß die Ergebnisse der Sprachforschung berücksichtigen und durch Differenzierung ihrer Aussagen in die Diskussion einbeziehen. Mit dieser sprechakttheoretischen Klärung der Natur von sprachlichen Äußerungen geht eine Revision der Beurteilung der Stellung der Aussagen in Philosophie und Wissenschaft einher. In der traditionellen Wissenschaft und Logik genießen Aussagen seit eh und je eine Sonderrolle, die in gewissen Auffassungen so weit geht, daß man darüber die zahlreichen andersartigen Sprachfunktionen ganz vergißt. Austin beseitigt die Sonderstellung der Aussagen; sie sind ganz gewöhnliche illokutionäre Akte, die sich in nichts von anderen illokutionären Akten unterscheiden. So werden durch neue Entdeckungen in der *Sprachwissenschaft,* die durch den Rekurs auf die Normalsprache anfallen, *philosophische* Theorien und Bewertungen erschüttert, revidiert und neu interpretiert.

Diese Unmittelbarkeit des philosophischen Beitrags kann auch in der *Handlungstheorie* Austins erkannt werden. In seinem berühmten Aufsatz »Ein Plädoyer für Entschuldigungen«[19] analysiert er sprachliche Handlungen, die als Entschuldigungen, Verteidigungen, Rechtfertigungen usw. umschrieben werden können. Die Darstellung sprachlicher Feinheiten und Unterscheidungsmerkmale, der richtigen und falschen Verwendungsweise, die Möglichkeit von Unterscheidungen der Nuancen, dies alles macht zunächst den Eindruck einer akademischen Spezialuntersuchung innerhalb der Sprachwissenschaften, im Sinne des »Pure Research«, den Warnock als spezifische sprachanalytische Tendenz umschreibt: »We may examine language in the spirit of pure research, describing and ordering its features with no other essential aim than to do just this.«[20] Aber dies ist nur der äußere Eindruck. Austin gibt selbst eine Reihe von Hinweisen, in welchem Sinne er sich eine philosophische Nutzanwendung dieser Untersuchung denkt. Es geht letztlich um die Analyse des Handlungsbegriffs. Denn wie Substantive und Adjektive dazu verführen, Ding- bzw. Eigenschaftskorrelate allgemeinster Art zu substituieren, so verfallen die Philosophen, die beispielsweise das Freiheitsproblem diskutieren, dem »Mythos des

19 Deutsch in Grewendorf/Meggle (74), S. 32–64.
20 Analysis and Imagination, S. 115, in Ryle (57).

Verbs«: sie substituieren für alle Verben mit persönlichem Subjekt eine Handlung qua Handlung. Kein Wunder, wenn dann auch Denken, Sagen und Verstehen als Handlungen qualifiziert werden, und menschliches Leben schließlich als Aufeinanderfolge verschiedener Handlungen interpretiert wird. Betrachtet man jedoch die Sprache genauer, so erkennt man, daß beispielsweise die Verwendung des Worts »freiwillig« nur unter ganz bestimmten Bedingungen erlaubt ist: Searle führt zur Verdeutlichung den Terminus A-Bedingungen (Anwendungsbedingungen) ein.[21] Freiheit kann also gar nicht Charakteristikum der Handlungen an sich sein – eine folgenreiche philosophische These, die manches Beispiel traditioneller Diskussionen um die Willensfreiheit ad absurdum führt. Wer etwas über Handlungen im allgemeinen und über freiwilliges Handeln im besonderen aussagen will, muß von der Differenziertheit der Sprachgewohnheiten ausgehen. Es müßen eindeutige Bedingungen reflektiert werden, welche die Redeweise »eine Handlung vollziehen« oder »freiwillig handeln« rechtfertigen. Und erst wenn dieses Problem gelöst ist, kann man weitere theoretische und philosophische Überlegungen anschließen.

Wenden wir uns nun der *analytischen Erkenntnistheorie Chisholms* zu. Dieser konzentriert seine Überlegungen vor allem auf das Wort »wissen«, das eng mit dem Wort »erkennen« zusammenhängt, von dem jede *Erkenntnis*theorie handelt. In einem frühen Aufsatz[22] finden wir eine Definition von »wissen«, die bereits zahlreiche bedeutende Analyseelemente enthält, die es in einer Erkenntnistheorie zu klären gilt. Die Definition lautet:

»Die Person S *weiß*, daß die Hypothese oder Proposition h wahr ist« ist gleichbedeutend mit den drei Teilbehauptungen:
(1) S akzeptiert h;
(2) S besitzt adäquate Evidenzen für das Akzeptieren von h;
(3) h ist wahr.

Die hier auftretenden Begriffe wie Proposition, Akzeptieren, Evidenz , Gewißheit, Adäquatheit und Wahrheit bedürfen weiterer Analysen. Die Gesamtheit der Analysen in systematischer Darstellung liefert Chisholm später in seiner ausgearbeiteten analytischen »Erkenntnistheorie«[23]. Im Laufe der Untersuchung stellt sich heraus,

21 Vgl. den Aufsatz »Behauptungen und Abweichungen« in Grewendorf/Meggle (74), S.86-102, wo er die Schwierigkeiten der Annahme von A-Bedingungen diskutiert.

22 »Epistemische Ausdrücke«. Chisholm (94) S. 85f.

23 Chisholm (79).

daß in der Tat einige traditionelle Probleme Ergebnisse einer Konfusion sind und auf den therapeutischen Standpunkt verweisen; aber es sind keineswegs alle Probleme solche Scheinprobleme. Unsere Darstellung beschränkt sich auf die Darstellung des ersten Abschnitts »Ausdrücke epistemischer Bewertung«.
Erkenntnistheorie handelt von der Rechfertigung von Glauben. Geglaubt werden Propositionen oder Sachverhalte. Zum Glauben oder *Akzeptieren* (wie z.B. im Theismus) gibt es noch zwei logische Alternativen: die *Negation* des Akzeptierens (wie im Atheismus) und die *Zurückhaltung* einer Stellungnahme (wie im Agnostizismus). Rechtfertigen sagt etwas über die *Vernünftigkeit* des Glaubens aus. Chisholm verwendet den Relationsbegriff »etwas ist vernünftiger als x« im Sinne von »etwas ist epistemisch dem x vorzuziehen«. Mit Hilfe dieser vier Grundelemente (akzeptieren, nicht akzeptieren, zurückhalten, vernünftiger als) können die Definitionen der wichtigsten epistemischen Grundbegriffe, die für das Fundament jeder Erkenntnistheorie von Bedeutung sind, angegeben werden.
Falls jemand umgangssprachlich davon überzeugt ist, daß h zu glauben vernünftiger ist als h zurückzuhalten, dann handelt es sich für das Subjekt zu dieser Zeit um eine Proposition »jenseits eines vernünftigen Zweifels«:

D 1.1 »h heißt für S *jenseits eines vernünftigen Zweifels* $=_{\text{Df}}$ h zu akzeptieren ist für S vernünftiger, als h zurückzuhalten«.

Analog zu anderen umgangssprachlichen Redeweisen erfolgen weitere Definitionen:

D 1.2 »Es gibt für S *irgendeine Präsumtion zugunsten von h* $=_{\text{Df}}$ h zu akzeptieren ist für S vernünftiger, als nicht-h zu akzeptieren«.
D 1.3 »h ist für S *akzeptierbar* $=_{\text{Df}}$ h zurückzuhalten ist für S *nicht* vernünftiger als h zu akzeptieren«.
D 1.4 »h ist für S *absolut gewiß* $=_{\text{Df}}$ h ist (1) für S jenseits eines vernünftigen Zweifels und (2) es gibt kein i derart, daß i zu akzeptieren für S vernünftiger wäre, als h zu akzeptieren«.
D 1.5 »h ist für S *evident* $=_{\text{Df}}$ h ist (1) für S jenseits eines vernünftigen Zweifels; (2) für jedes i gilt, wenn i zu akzeptieren für S vernünftiger ist, als h zu akzeptieren, dann ist i für S gewiß«.

Man beachte, daß diese Reihenfolge nicht den Status der epistemischen Gewichtigkeit wiedergibt; diese lautet vielmehr:
absolut gewiß - evident - vernünftig - akzeptierbar - präsumtiv.

Daran schließen sich nun die eigentlichen Untersuchungen einer ausgearbeiteten Erkenntnistheorie an. Sie betreffen z.B.

- Regeln der Evidenz, die von deduktiven und indukiven Regeln zu unterscheiden sind;
- Kriterien des Wissens, wie wir sie in dem Analysis-Aufsatz kennengelernt haben;
- die Reichweite des Wissens;
- die Rolle der Wahrheit und deren Beziehung zur Evidenz;
- die Möglichkeiten von Vernunftwahrheiten (a priori) usw.

Aus den Andeutungen wird deutlich, daß alle Folgeüberlegungen auf den sprachlichen Gepflogenheiten aufbauen, die in die Definitionen eingegangen sind und für die man im philosophischen Diskurs einen Konsens anstrebt. Dabei spielen Versuche eine große Rolle, notwendig-hinreichende Bedingungen für wichtige umgangssprachliche Begriffe zu finden und darauf dann die Legitimation der philosophischen Reflexion zu gründen.

In beiden dargestellten Konzeptionen, bei Austin wie bei Chisholm, wird das Prinzip der Normalsprachphilosophie deutlich:

Will man Philosophie betreiben, so ist der Rekurs auf die Alltagssprache eine *notwendige Bedingung,* es sei denn, man spricht von Chimären, die sich Philosophen in ihrer dichterischen Fantasie zusammenreimen. Denn schließlich ist in der Normalsprache der Erfahrungsschatz von Generationen aufbewahrt. Alles, was an Unterscheidungen bedenkenswürdig, was an Kommunikationselementen bedeutsam und alles, was an Entdeckungen wirkungsvoll geblieben ist, fand seinen Niederschlag im Wortschatz, in der Kategorisierung von Worten, in der Konstruktion von Sätzen und in deren Anwendungsweisen. Philosophische Theorien müssen diese fundamentalen Schätze durch sprachanalytisches Vorgehen heben und zu ihren Fundamenten machen.

3.6 Das Analyseparadoxon und das Verhältnis der Normalsprachphilosophie zur Linguistik

Die sprachanalytischen Philosophen sind dazu verdammt, sich zwischen der Skylla der therapeutischen Selbstaufhebung und der Charybdis einer linguistischen Selbstauflösung hindurchzumanövrieren. Wie ist Sprachanalyse als Fundamentaldisziplin möglich, wenn sie die philosophischen Probleme weder nur wegdiskutieren, noch den Linguisten zur Lösung überlassen will? Welche genuinen philosophischen Methoden müssen neben den linguistischen entwickelt werden, wenn Philosophie sich nicht in Linguistik auflösen soll? Das Verhältnis zwischen Normalsprachphilosophie und Linguistik präsentiert sich in drei Varianten:

- Linguistik ist für die spezifischen Anliegen der Sprachanalyse weitgehend überflüssig (z.B. S. Cavell[24]).
- Linguistik stellt eine notwendige Voraussetzung für eine problemlösende Sprachanalyse dar (z. B. Z. Vendler[25]).
- Linguistik kann die Sprachanalyse weitgehend ersetzen (z. B. Fodor/Katz[26]).

Fodor und Katz bieten gewissermaßen eine linguistische Variante der Therapie-Konzeption an: die Linguisten sind den Normalsprachphilosophen, die sich durch therapeutische Reflexionen ihr Grab schaufeln wollen, behilflich, dieses Werk gründlich zu vollbringen. Die traditionelle Linguistik vor Fodor und Katz hatte sich vorwiegend mit Phonetik, Phonologie, Morphologie und Syntax befaßt. So schien die Behandlung von Wortbedeutungen als Reservat für die Philosophie verblieben zu sein. Da aber die Sprachanalytiker keine philosophischen Theorien über die Grundbegriffe der Semantik anzubieten in der Lage sind, bleibt ihre Arbeit unbefriedigend und dilettantisch. Die Linguistik übernimmt die Konstruktion einer formalen Semantik, welche die von den Philosophen aufgeworfenen Fragen eindeutig zu lösen vorgibt.
Ähnliche Überlegungen finden wir bei *N. Chomsky,* der allerdings im Gegensatz zu den meisten Sprachforschern einen *linguistischen Rationalismus* vertritt.

24 Z. B. in: »Müssen wir meinen, was wir sagen?« in Grewendorf/Meggle (74), S. 168ff.
25 Z. B. in: »Die Linguistik und das a priori«, in Grewendorf/Meggle (74), S. 239ff.
26 Z. B. in: »Sprachphilosophie und Sprachwissenschaft«, in Grewendorf/Meggle (74), S. 103ff.

»N. Chomskys Revolution in der Linguistik«[27] besteht gerade in der radikalen Abkehr von empiristischen Sprachinterpretationen und in der Anerkennung nicht-empiristischer Prinzipien. Für die behavioristischen Ansätze »gilt es ohne weitere Argumente oder Befunde als sicher (oder wird durch Definition als wahr eingeführt), daß eine Sprache eine ,Verhaltensstruktur' oder ein Netz von assoziativen Verknüpfungen sei, oder daß die Sprachkenntnis lediglich eine Sache des ,knowing how' , eine Geschicklichkeit sei, darstellbar als ein System von Response-Dispositionen[28]. Der Behaviorismus (v. a. B. F. Skinners), der sprachliche Fähigkeiten als Summe von Gewohnheiten zu erklären versucht, übersieht die schöpferischen Aspekte der menschlichen Sprachleistungen. Denn wir verfügen im Gegensatz zum Tier über eine Fähigkeit oder Kompetenz, beliebig viele neue Sätze zu erzeugen und zu verstehen, die wir vorher nie gehört haben, ja die vielleicht noch nie von einem Menschen in dieser speziellen Art erzeugt wurden (Kreativität). Das Kind lernt aus den Äußerungen seiner *eingeschränkten* Umgebung die *allgemeinen* Regelmäßigkeiten des Sprachgebrauchs. Chomsky behauptet, daß sich dies alles nur erklären läßt, wenn wir erstens Prinzipien annehmen, die so allgemein gelten, daß sie auf jede Sprache zutreffen *(formale Universalien),* und wenn zweitens eben diese Prinzipien einer universellen Grammatik jedem Kinde *angeboren* sind. Die These von der Angeborenheit der Syntaxstrukturen hat wenig mit einem Rückfall in alte metaphysische *inhaltliche* Spekulationen (wie bei Descartes, Leibniz) zu tun; es handelt sich nur um die Annahme, daß die Erzeugungsmechanismen der Sprache in irgendeinem Sinn vorgegeben sind. Die traditionsbedingte Einschränkung dieser Prinzipien auf die *Syntax,* die sich in den Formen einer Oberflächen- bzw. Tiefengrammatik darstellt, wurde von einigen Chomsky-Schülern aufgegeben; bei Fodor und Katz finden wir den Versuch, die Einsichten Chomskys auch auf die *Semantik zu übertragen.*

In der Theorie der generativen Grammatik werden Sprache und Denken, und damit Linguistik und Philosophie, als *unauflösliche Einheit* betrachtet, ohne daß mit sprechakttheoretischen oder gar mit soziologischen Thesen argumentiert wird. Was letzteres betrifft, so lehnt Chomsky eine Überbewertung des Kommunikationsbegriffs ab, insbesondere wendet er sich gegen den Begriff der kommunikativen Kompetenz von Habermas, der nur innerhalb einer soziologischen Metatheorie zur Linguistik entwickelt werden kann. Chomskys linguistischer Rationalismus kommt ohne solche Metatheorien aus. Andererseits verläßt auch Chomsky mit solchen Behauptungen den Boden sprachanalytischer Überlegungen. Und das dürfte einer der Gründe sein, weshalb dieser Denker eine größere Faszination ausübt als Theoretiker, die als reine Sprachanalytiker im engeren Sinn gelten.

27 So der Titel eines Aufsatzes von Searle in Grewendorf/Meggle (74). Kurze Darstellungen der Theorien Chomskys in Lyons (72) und Stegmüller (75), S. 1–34.

28 Chomsky (73), S. 47.

Die meisten Linguisten berufen sich in ihrer Kritik des philosophischen Analysebegriffs auf die empirische Sprachwissenschaft. Falls die Linguistik zunächst nur als empirische Wissenschaft verstanden wird, läßt sich die sprachanalytische Methode mit Hilfe eines linguistischen Apriori charakterisieren. Der Philosoph analysiert die im sprachlichen Begriffssystem vorgegebenen Apriori-Zusammenhänge. In der Linguistik werden auf Grund von Beobachtungen gewisse Regelhaftigkeiten in der Sprache schlicht konstatiert:
»Die Resultate der Linguistik sind empirische Generalisierungen und drücken als solche kontingente Tatsachen aus« (Vendler[29]). Werden diese Generalisierungen unter dem Gesichtspunkt der Korrektheit diskutiert, verläßt man die reine Faktizität und wird normativ. Eben solche normativen Aussagen macht der Philosoph, wenn er von Sprachregeln spricht: »Regeln sind präskriptive Beschreibungen.«[30] Vendler führt diese Ideen noch genauer aus: »Kants Auffassung, daß man sich beim sittlichen Handeln wie ein Gesetzgeber verhält, ist ein Standardbeispiel für das, was ich hier sagen möchte. Man kann sogar den kategorischen Imperativ aller Spiele formulieren: Tue das, was immer du anderen im selben Spiele zu tun zugestehen würdest. Und für die Sprache: Sage das, was immer du von anderen Sprechern derselben Sprache akzeptieren würdest. Wir sehen also, daß Sprache immer im striktesten Sinne regelgeleitet bleiben kann – auch bei losen, oder sich ändernden Regeln. Eine gegebene Menge von Regeln, wie wir sie in Grammatikbüchern finden, wird vielleicht nicht voll verstanden, mag räumlich und zeitlich variieren, aber die regulative Idee der Regel muß souverän bleiben.«[31] R. M. Hare u. a. gehen in ihren Behauptungen sogar noch weiter und reden nicht nur von regulativen Ideen, sondern vom synthetischen Apriori im obigen Sinne. Die sprachlichen Wahrheiten sind mit einer gewissen Notwendigkeit so und nicht anders zu denken. Hare führt die Dichotomie analytisch-empirisch auf die Frage zurück, ob wir etwas wissen

29 a. a. O. S. 245.

30 Vendler a. a. O. S. 255. Die Reflexion über die Korrektheit liegt auch den Überlegungen Austins zugrunde. Der berühmte Slogan »Keine Modifikation ohne Abweichung« aus dem »Plädoyer für Entschuldigungen« (vgl. 3.5) bezieht sich ebenso darauf wie die Analysen Ryles und Wittgensteins über den Geist oder wie die Gegenthese Searles »Keine Bemerkung, die nicht bemerkenswert ist«. (In »Behauptungen und Abweichungen«, Grewendorf/Meggle (74)).

31 a. a. O. S. 251.

können, ohne auch sagen zu können, was wir wissen. Wenn wir beispielsweise wissen wollen, wie ein bestimmter Tanz, z. B. der »Eightsome Reel«, richtig getanzt wird, müssen wir dies nicht sagen, weil wir den Tanz auch unreflektiert tanzen können. »Die Philosophie klärt (nicht durch bloße Beobachtung) die Natur von etwas, was bereits vor Beginn der Klärung existiert.«[32] Diese Gegenstände sind weder erschaffen, also analytisch, noch aus bloßen Erfahrungsdaten entnommen, also empirisch. Die zugehörigen philosophischen Sätze sind somit von irgendeiner nicht-empirischen Seinsordnung, eben »sprachanalytisch«. Das eigentliche Unterscheidungsmerkmal zwischen Normalsprachphilosophie und Linguistik muß in der Methodologie der Metatheorie begründet liegen, da beide die natürliche Sprache zum Untersuchungsobjekt erklärt haben.

Eine völlig neue Qualität erhält der philosophische Analysebegriff, wenn man die Ergebnisse der *Spätphilosophie Wittgensteins* einbezieht. Dort betont dieser die Rolle des Spracherlernens zum Verständnis der Sprachanalyse.[33] Beachtet man die Aneignung des Begriffsrepertoires im Laufe des Spracherlernens, so erkennt man, daß wir die Begriffe *exemplarisch* erlernen und nur selten durch explizite Angabe des Gehalts mittels Definitionen. Aber auch in diesen Fällen enden die Definitionsketten bei ursprünglicheren exemplarischen Einführungen. Die Sprache ist kein geschlossenes System mit eindeutigen Elementen, sondern eine von Lebensformen geprägte Vielzahl von exemplarisch erlernten Gebrauchsweisen. Es ist also so ähnlich wie beim Tanzen des Eightsome Reels: wenn wir im Gebrauch der Sprache die Gepflogenheiten von Generationen übernehmen, verinnerlichen wir dabei eine Vielfalt von Zusammenhängen, die uns nicht explizit bewußt ist.

Die philosophische Aufgabe der Analyse besteht dann darin, Übersicht und Klarheit in die oft dunkle Struktur unseres Begriffsrepertoires zu bringen. Es handelt sich um die situationsgerechte Rekonstruktion von Intuitionen, die im Gebrauch latent anwesend sind. Die Kontrolle erfolgt durch den Sprachvergleich mit anderen Personen; denn Sprache ist ein *öffentliches Instrument* und kein Ausdruck privater Eigenerlebnisse.

32 Hare in: »Philosophische Entdeckungen«, S. 153, in Grewendorf/Meggle (74).

33 Große Teile der PU beziehen sich auf diese Problematik. Siehe z. B. PU 23, 30, 69 und die Diskussion über Privatsprachen.

Bei der Untersuchung von Begriffen wie Wahrheit, Zeit, Bedeutung, Denken, Freiheit usw. machen wir oft überraschende Entdeckungen. In der Darstellung der Begriffszusammenhänge, über die wir im Gebrauch schon immer verfügen, entfalten wir zugleich die Erfahrungen der Sprachgemeinschaft und gelegentlich sogar der gesamten Menschheit. So ist die analytische Philosophie weder eine empirische Disziplin noch eine überflüssige Lehre; denn sie macht keine Entdeckungen über die *Welt*, sondern über *Begriffe*, also über das Denken über die Welt.
Die Sprachanalyse transzendiert immer wieder die rein sprachliche Ebene. Neben rationalen Tendenzen, wie wir sie bei Chomsky verfolgen konnten, geht die Entwicklung aber viel häufiger in die Richtung einer *allgemeinen Pragmatik*. Eine ähnliche Entwicklung läßt sich innerhalb der formalen Wissenschaftstheorie beobachten, und zwar sowohl bei Popper als auch bei Carnap. Stachowiak nennt die Poppersche Philosophie geradezu einen »semi-pragmatischen Kritischen Rationalismus«[34], weil ja die Konventionen über die Anerkennung von Basissätzen letztlich auf einen pragmatischen Gesichtspunkt innerhalb der Forschergemeinschaft zurückzuführen sind. Aber auch Carnaps Spätphilosophie enthält solche Entscheidungsmomente. Die Weiterentwicklung dieser pragmatischen Tendenzen werden wir in den letzten Kapiteln darstellen.

34 Stachowiak (73), S. 33.

4. Die Kritik an der Sprachanalyse

Wir beginnen auch bei der Kritik der Sprachanalyse mit einigen Einwänden, welche sich auf immanente Schwierigkeiten dieses spezifischen Ansatzes beziehen. Danach folgen die Einwände der formalen Wissenschaftstheoretiker, der Hermeneutiker und der Konstruktivisten.

4.1 Immanente Kritik: Das Gettier-Problem

Lange Zeit wurde die philosophische Analyse von Begriffen im Sinne des Auffindens von allgemein anerkannten notwendig-hinreichenden Bedingungen für jene Begriffe gedeutet, wie wir sie am Beispiel von »wissen« schon kennengelernt haben. Chisholms Vorschlag zur Wissensanalyse war weithin anerkannt, trifft er doch Intentionen in Platons Dialogen[1] und auch in neueren philosophischen Werken; so stimmt er fast wörtlich mit den Ausführungen Ayers[2] überein. Trotzdem war das Unterfangen schwieriger, als man zunächst gedacht hatte. So hat *Edmund L.Gettier* schon 1963 den Chisholmschen Vorschlag als untauglich zurückgewiesen.[3] Er zeigte an zwei Beispielen, daß die Zurückführung des Satzes

(0) »S weiß, daß h« auf die Triade
(1) »S glaubt h«,
(2) »S verfügt über angemessene Evidenz von h« und
(3) »h ist wahr«

1 Bei Platon ist Erkenntnis die mit ihrer Erklärung verbundene richtige Vorstellung. Die Vorstellung entspricht dem Akzeptieren, Glauben oder Meinen, die Richtigkeit der Wahrheit des Geglaubten und der Hinweis auf die Erklärung der allgemeinen Evidenz. Siehe »Menon« 97b,c und »Theaetet« 201c.
2 Siehe »The Problem of Knowledge« (56) und zu Chisholm oben S. 81/82.
3 In »Ist gerechtfertigte, wahre Meinung Wissen?« S. 91. Zur allgemeinen Diskussion des Gettier-Problems und der Analyse von Wissen siehe Craig (93).

keine Angabe von hinreichenden Bedingungen sein kann. Das folgende Gegenbeispiel zeigt, daß für den unten aufgeführten Satz (e) die Bedingungen (1) – (3) zwar erfüllt sein können und (0) trotzdem nicht gilt. Gettier schreibt[4]

»Nehmen wir an, Smith und Jones hätten sich für dieselbe Stelle beworben, und Smith habe starke Evidenz für folgende Konjunktion:

(d) 'Jones ist derjenige, der die Stelle erhalten wird, und Jones hat zehn Münzen in seiner Hosentasche.'

Die Evidenz könnte z.B. darin bestehen, daß der Präsident der Gesellschaft Smith versichert hat, man würde sich letztlich für Jones entscheiden, und er, Smith, ferner erst vor zehn Minuten die Münzen in Jones' Hosentasche gezählt hat. Aus (d) folgt:

(e) 'Derjenige, der die Stelle erhalten wird, hat zehn Münzen in seiner Hosentasche.'

Wir wollen nun annehmen, Smith sieht, daß (e) aus (d) folgt, und er akzeptiert (e) aufgrund von (d), für das er starke Evidenz hat; in diesem Falle ist Smith ganz offensichtlich darin gerechtfertigt zu glauben, daß (e) wahr ist. Aber stellen wir uns ferner vor, daß Smith selbst, was ihn zu diesem Zeitpunkt noch unbekannt ist, die Stelle erhalten wird ...; und nehmen wir an, daß Smith - ebenfalls ohne es zu wissen - auch zehn Münzen in seiner Hosentasche hat; in diesem Fall ist Proposition (e) wahr«. Offensichtlich gelten für (e) die Bedingungen (1) - (3). »Doch ebenso offensichtlich ist, daß Smith nicht *weiß*, daß (e) wahr ist, denn (e) ist wahr aufgrund der Anzahl von Münzen in Smiths Hosentasche, während Smith gar nicht weiß, wieviel Münzen sich in Smiths Hosentasche befinden, sondern seinen Glauben an (e) darauf stützt, daß er die Münzen in Jones' Tasche gezählt hat, von dem er nun einmal fälschlicherweise meint, daß *er* die Stelle bekommt.«

Trotz vieler Versuche, konnte die Lücke in den Angaben von notwendig-hinreichenden Bedingungen, das sogenannte *Gettier-Problem,* nicht befriedigend gelöst werden. Man rückte daher allmählich von der Vorstellung ab, daß es solche notwendig-hinreichenden Bedingungen für die zentralen Begriffe wie Wissen oder Kennen überhaupt geben müsse.
Aber selbst wenn die Lücke geschlossen werden könnte, würde sich die eigentliche Schwierigkeit nur auf die neuen Begriffe verschieben, die in den Bedingungen erscheinen. Denn in allen Fällen sollen

4 Zitiert nach Bieri (94) S. 92.

doch Aussagen über die *Sprache* zugleich als Antworten auf philosophische Probleme gedeutet werden, die mit unserer *Wirklichkeit* irgendetwas zu tun haben. Dieser Übergang ist nur durch ein fundamental-philosophisches Bekenntnis, nicht aber durch eine überzeugende Argumentation zu begründen.

4.2 Die mangelhafte Präzision der sprachanalytischen Grundbegriffe – Wissenschaftstheoretischer Einwand

Die formale Wissenschaftstheorie entwickelte ihre Methoden im Bewußtsein der Unvollkommenheit unserer erlernten Sprache und in der Absicht, mit einem subtileren Verständnis der Sprachsysteme die Wirklichkeit besser in den Griff zu bekommen. Genau diese beiden Anliegen verflüchtigen sich in der Normalsprachphilosophie. Eine sakrosankte Gebrauchssprache fungiert als apriorisches Prinzip, das jedoch nicht mehr Auskunft über die Wirklichkeit vermittelt, sondern den Sinn erst konstituiert, also quasi die Welt durch den Sprachentwurf erst erschafft. In der berühmten Abrechnung mit den Sprachanalytikern formuliert Russell[5] seine Kritik insbesondere in bezug auf Wittgensteins Spätphilosophie folgendermaßen: »Das Verlangen, die Welt zu verstehen, ist nach ihrer Ansicht altmodische Verschrobenheit. Das ist der fundamentale Punkt unserer Meinungsverschiedenheit.« »Seit Thales haben die Philosophen versucht, die Welt zu verstehen... ich habe nicht den Eindruck, daß die neue Philosophie diese Tradition weiterführt. Sie scheint sich nicht mit der Welt und unseren Verhältnissen zu ihr zu beschäftigen, sondern nur noch mit den verschiedenen Arten und Weisen, in denen törichte Leute törichte Dinge sagen können.«[6]
Die Erfolge der idealsprachphilosophischen Konstruktionen, die sich in der Mathematisierung der verschiedenartigsten Bereiche wie z. B. der Linguistik oder der Informationsästhetik niederschlagen, bestärken die Skepsis an einer Denkweise, die unsere Umgangssprache so sein lassen will, wie sie ist und alle umgangssprachlichen Formulierungen, die keine Unregelmäßigkeiten zeigen und somit den wahren Gebrauch widerspiegeln, gleichsam als »heiligen Text« interpretieren. Gerade die Entwicklungen des Neopositivismus wei-

5 Vgl. seinen Aufsatz »Philosophische Analysis«, Russell (58), S. 3 ff.
6 a. a. O. S. 6 bzw. S. 16.

sen auf die Notwendigkeit einer Überschreitung des immanenten Sprachansatzes hin. Die Einsicht, daß Einzelbegriffe innerhalb einer umfassenden Theorie in enger Verbindung mit empirischen Hypothesen eingeführt werden müssen, bestärkt die Wissenschaftstheoretiker in ihrer schon immer geübten Praxis, Gedankenkonstruktionen sprachlich zu formulieren und nicht umgekehrt unmittelbare Sprachgewohnheiten als Quintessenz aller Gedanken hinzustellen. Sowohl die Induktion im Sinne Carnaps als auch die deduktive Bestätigung im Sinne Poppers sind nur verständlich als schrittweise Annäherung an die Wirklichkeit. Jede neue Hypothese, die sich auf irgend eine Weise bewährt, bringt ein neues Wirklichkeitsmoment in die Diskussion und kann niemals allein als neue Sprachkombination verstanden werden.

Eine konsequente Weiterentwicklung des idealsprachphilosophischen Ansatzes auf linguistischer Ebene stellt der Strukturalismus in all seinen Varianten dar. Auch von dieser Seite sieht sich eine immanente Sprachanalyse starker Kritik ausgesetzt. Fodor und Katz beispielsweise werfen den Normalsprachphilosophen Unklarheiten in ihren Grundbegriffen vor: »Niemand hat bisher ausreichend beschrieben, was eine Sprachregel *ist,* obgleich wir mit Hinweisen überschwemmt worden sind, womit eine Sprachregel zu vergleichen ist. Je nachdem, welchen Autor man liest, wird man vermuten, eine Sprachregel gleiche einem Rezept, einer Regel der Grammatik, einer logischen Regel, einer Spielregel, einer Tanzvorschrift oder auch einem moralischen Imperativ.«[7]

Die wissenschaftstheoretische Kritik schlägt sich auch in den sogenannten Referenzsemantiken nieder. Ihre Vertreter gehen davon aus, daß der Bezug zwischen den sprachlichen Ausdrücken und den Dingen der Welt (die »Referenz«) aus den sprachlichen Bedeutungen allein nicht erklärt werden kann. Die These Wittgensteins von der Bedeutung als Sprachgebrauch ist danach zu eng. »Wahrheit« kann nicht auf »richtige Verwendung« zurückgeführt werden, sondern muß eine realistische Komponente aufweisen. Deshalb haben sich neben den Sprechakttheorien kritische Referenztheorien entwickelt, die das Funktionieren von Sprache durch den genannten Bezug erklären.[8]

7 Fodor/Katz (74), S. 121.

8 Einen Überblick über den neueren Stand der Referenztheorien und der damit verbundenen Diskussion der Wahrheitstheorien gibt Runggaldier (85). Über Gewißheit und Referenz siehe Ulrich (96).

4.3 Die »heile Welt« der Sprachanalyse – Hermeneutischer Einwand

Die mangelnde Reflexion der eigenen Bedingungen, ja das bewußte Ausklammern der Hinterfragung der Normalsprache überhaupt, wurde schon wiederholt als Schwäche der Sprachanalyse erkannt. Man bedenke nur etwa das Problem, wie Verifikationen von Aussagen über die Normalsprache durchgeführt werden sollen, um die prinzipielle Selbstgenügsamkeit dieser Theorie zu durchschauen. Damit wir uns nicht wiederholen, wollen wir uns sogleich einem noch nicht angeführten Argument zuwenden, das beispielsweise W. Schulz vorbringt[9]. Schulz diagnostiziert die Wende zur Sprachanalyse als Reaktion auf die Verwissenschaftlichung unserer Zeit. Durch die Relativierung des naturwissenschaftlichen Sprechens zum spezifischen Sprachspiel unter vielen möglichen Sprachspielentwürfen wird die Wissenschaft aus der ihr heute im allgemeinen Bewußtsein zukommenden zentralen Rolle verdrängt. Statt diese Wende als Positivum zu sehen, weil die Fülle der Probleme wieder in den Blickpunkt rückt, konstruiert Schulz daraus ein Versagen, weil der Vorrang der Wissenschaft verkannt werde. Die damit verbundene Abtrennung der Wissenschaft von der Philosophie mache die Sprachanalytiker blind für die Probleme der Zeit. In der Tat fehlt in der Denksphäre der Sprachanalytik eine Dimension vollständig: Die Welt der historischen und gesellschaftlichen Bezüge als reale Bestimmungsfaktoren von Sprachlichkeit. Man kann zwar bei Wittgenstein, Winch u. a. eine Art Soziolinguistik rekonstruieren, ja der sprachanalytische Ansatz scheint wie der »Stein der Weisen« Wunder zu wirken, denn »soziale Handlungen können jetzt in der gleichen Weise analysiert werden wie die internen Beziehungen zwischen Symbolen« (Habermas[10]). Durch die Rechtfertigung des Sprachlichen aus dem Gebrauch als solchem treten jedoch die eigentlichen gesellschaftlich und historisch bedingten Bezüge wieder in den Hintergrund. Die Lebenswelten und -formen sind *immanente* Beschreibungsrahmen der sprachlichen Zusammenhänge, deren Struktur und Wandlungsfähigkeit nicht

9 Schulz (72), S. 68.
10 Habermas (70), S. 221.

sinnvoll zum sprachanalytischen Thema werden kann. Die Sublimation der Gesellschaft zum »Zusammenhang von Symbolen« (Habermas) bedeutet zugleich eine Trennung zwischen der Fülle des Lebens und dessen adäquater Beschreibung.
Ein weiteres Argument der Hermeneutiker gegen die Sprachanalyse zielt auf die »heile Welt« der Normalsprache. Die Vorstellung, daß sich eine Gemeinschaft innerhalb der Normalsprache immer schon versteht und bei Schwierigkeiten immer nur das ursprüngliche Verstehen wieder in seine Rechte gesetzt werden muß, widerspricht den Verstehensvollzügen in jeder Hinsicht. Gerade das Mißverstehen regiert die sprachliche Welt. Schleiermachers Idee einer Hermeneutik als universale Methodenlehre baut auf das Faktum des sich immer wiederholenden Mißverstehens auf. Hermeneutik ist die Lehre von den Möglichkeiten, Mißverständnisse systematisch zu beseitigen und damit erst echtes Verstehen aufzubauen. Die Vorstellung von der paradiesischen Konfliktlosigkeit der in die Unmittelbarkeit zurückgeführten Normalsprache ist bestenfalls ein verständlicher Mythos, aber sicher kein philosophischer Aspekt. Eigentliches Verstehen geschieht erst dort, wo Probleme auftauchen. Das reflexionslose Abspulen von regelgeleiteten Wortfolgen genügt sich selbst, berührt aber kein philosophisches Interesse.
Die Hermeneutik, die wir unten als philosophische Theorie des Verstehens und Interpretierens kennen lernen werden, kritisiert die sprachanalytische Einengung der beiden genannten Begriffe. Verstehen wird als eindimensionale Einübung in eine Lebensform gedeutet. Wer ein Sprachspiel spielt, »versteht«. Aber wirkliches Verstehen im Sinne der Hermeneutiker setzt die Reflexion der sprachlichen Regeln voraus, die nur dann einsetzt, wenn das Sprachspiel problematisiert wird. Damit wird die Eindimensionalität durchbrochen: Verstehen zielt zugleich auf eine *sachliche* Verständigung über etwas, das sich zwar sprachlich vollzieht, aber die Sprache zugleich *transzendiert*. – Auch der Interpretationsbegriff der Analytiker bleibt nach den Vorstellungen der Hermeneutiker an der Oberfläche. Interpretation ist kein Inbeziehungsetzen isolierter Sprachspiele, die – falls sie wirklich verschieden sind – inkommensurabel wären. Da Gadamer in den Regelsystemen Horizontbegrenzungen sieht, die zugleich offen und variabel sind, bedeutet für ihn Interpretation eine Horizontverschmelzung: die Elemente des anderen Sprachspiels werden in den eigenen Horizont eingebaut und integriert.

Einen interessanten Versuch, die Eindimensionalität der sprachanalytischen Konzeption, insbesondere der Wittgensteinschen Philosophie, zu durchbrechen, findet man in *I. D'herts* Untersuchung über die Relevanz der Wittgensteinschen Philosophie für die Theologie[11]. D'hert läßt sich nicht auf Anwendungen der Wittgensteinschen Philosophie auf die Theologie ein. (Theologie mit einem Wittgenstein »from within«). Alle Überlegungen, Theologie und Religion durch ein »religiöses Sprachspiel« zu rechtfertigen, bleiben an der Oberfläche und vermögen nicht in die eigentliche Dimension des Christlichen vorzustoßen, das nur durch den Bezug zur historischen Person des Jesus von Nazareth erfaßt werden kann. Christentum als Lehre von religiösen Sprachspielen ist stets reduktiv, so daß Universalität und Wahrheit nur in Anführungsstrichen auftreten. D'hert versucht daher eine Interpretation Wittgensteins »Form without«, d.h. er geht bewußt über den sprachanalytischen Ansatz hinaus und versteht sein Unternehmen als theologische Hermeneutik. Seine Wittgenstein-Interpretation ist daher weniger eine Deutung des Wittgensteinschen Selbstverständnisses, sondern eher eine bewußte Transformation seiner philosophischen Kerngedanken. Die chronologische Zweiteilung der Wittgensteinschen Philosophie in eine Früh- und in eine Spätphase ersetzt D'hert durch eine Zweiteilung in einen Wittgenstein der klaren logischen und sprachlichen Analysen und in einen Wittgenstein, der sich um das Mystische bemüht. Für D'hert gibt es nicht nur einen Mystizismus *im* Traktat (die Grenze der Welt) und einen Mystizismus *des* Traktats (das Reden von der Grenze als Unsinn); auch die Analysen in den PU stellen nichts anderes als ein Ringen um das Mystische dar. Obwohl der Ausdruck des Mystischen nicht mehr explizit auftritt, verweist die These, daß sich in den Sprachspielen Bedeutung *zeigt,* auf die Annahme eines Mystischen als verbindenden Grund aller Sprachspiele. So offenbart sich die *Bedeutung* in der Sprache in gleichem Sinn, wie sich beim späten Heidegger das *Sein* in der Sprache entbirgt. Auf der Suche nach einem neuen »hermeneutischen Ort« setzt D'hert an die Stelle des christlichen Seins-und Naturbegriffs den Wittgensteinschen Begriff der Bedeutung. Im Sinne der negativen Theologie bleibt die Annäherung an das Mysterium nur ein Versuch, »which can only find a shadowy realisation by means of and through a multiplicity of language-games building up a field of force, alluding to the mystery of God«[12]. Das Verstehen im Sprachspiel weist stets über das Sprachliche hinaus; die Sprache spricht nicht nur über das Seiende, sondern offenbart in seiner Bedeutsamkeit zugleich analogisch das Mysterium des Seins. Wer von der »heilen Welt« der Sprache redet, merkt nicht, daß er nur die Konturen einer Oberfläche im Auge hat und blind ist für das Eigentliche der sprachlichen Kommunikation.

In D'herts Analysen artikuliert sich zweifellos eine Seite Wittgensteins, die in der logischen und linguistischen Betriebsamkeit der Wittgenstein-Nachfolge mehr und mehr übersehen wird. Trotz des

11 In »Wittgenstein's Relevance for Theology« (75).
12 a. a. O. S. 182.

starken Bezugs auf die theologische Problematik leistet das Buch damit einen bemerkenswerten Beitrag zur hermeneutischen Kritik an der Sprachanalyse.

4.4 Rekonstruktion kontra Deskription – Konstruktivistischer Einwand

Der in der Sprachanalyse vollzogenen Wendung zum Primat der Praxis fehlt in den Augen der Konstruktivisten die methodische Absicherung. Die Überwindung der formalsprachlichen Enge und die Differenzierung zur kommunikativen Problematik, wie sie in den Sprachregelungen zum Ausdruck kommt, werden zwar als wesentliche Fortschritte angesehen. Da aber – wie in den zahlreichen spekulativen Theorien – auch in der Sprachanalyse ein methodischer Anfang unseres Denkens nicht diskutiert wird, ja durch den autonomen Regelpluralismus praktisch ausgeschlossen ist, bleibt das ganze sprachanalytische Unternehmen auf Sand gebaut. Was fehlt, ist eine Rekonstruktion der wissenschaftlichen und philosophischen Sprache auf dem Boden der historischen Gegebenheiten und trotz der Mannigfaltigkeit unserer Lebensformen. Erst wenn diese geleistet ist, erhalten die Beiträge der analytischen Philosophie ihren tieferen Sinn.

Besonders Kuno Lorenz versteht seine »Elemente der Sprachkritik«[13] als »Eine Alternative zum Dogmatismus und Skeptizismus in der analytischen Philosophie«, wie es im Untertitel des genannten Werkes heißt. Der Skeptizismus wird durch die Verankerung der Sprachregelungen im allgemein-menschlichen Handeln entkräftet, der Dogmatismus verliert seine Schärfe, weil seine Aussagen nicht mehr unbegründete, aus der heilen Welt der Normalsprache stammende Behauptungen darstellen, sondern als Vorschläge zur besseren Verständigung über eine gemeinsame Praxis verstanden werden. Die Beschreibung des Gebrauchs der Sprache darf nicht als deskriptives Unternehmen einer empirischen Sprachwissenschaft mißverstanden werden. Es handelt sich nach Lorenz vielmehr um Konstruktionen in dem Sinne, daß durch differenzierte Angabe der Regelverwendung die Wörter in der entsprechenden Situation ihren

13 Lorenz (70)

konstitutiven Sinn erhalten. »In dem Maße, als es gelingt, durch eine Fülle von Situationen, in denen sprachliche Ausdrücke sich einführen lassen, einen hinreichend fein gegliederten Entwurf anzubieten, welcher die Rolle der Gebrauchssprache spielen kann, darf die Gebrauchssprache als verstanden gelten« (Lorenz[14]). Nur wenn man die Verwendungsanalysen vorwiegend als Einführungsprozeduren interpretiert, erhalten die sprachanalytischen Einzelergebnisse philosophisch relevanten Sinn.
Da die Kritik durch den Konstruktivismus sich erst aus dem Gelingen der behaupteten Rekonstruktionen legitimieren kann, stellen wir weitere Einwände bis zur Explizierung dieser Rekonstruktion zurück[15].

14 a. a. O. S. 120.
15 Vgl. Kapitel 13.

Teil B: Hermeneutische Methoden im weiteren Sinn

In der Kritik der im Abschnitt A behandelten analytischen Methoden wurde eine Reihe methodischer Entwürfe erwähnt, die nun ausführlicher dargestellt, differenzierter voneinander abgehoben und durch Beispiele anschaulicher gemacht werden sollen. Allen gemeinsam ist die Betonung eines konstituierenden Subjekts, dessen Spielraum allein durch die Geschichtlichkeit seiner Lebensformen eingeschränkt ist. Als Schöpfung des Geistes wird die Wirklichkeit als Ganzes und daher im allgemeinen als System oder wirkungsgeschichtliche Einheit gedacht. So tritt an die Stelle des eher beschreibenden und auf den strengen Zusammenhang bedachten »linearen oder eindimensionalen Denkens« der Analytiker eine »mehrdimensionale« Denkweise (Marcuse[1]), die einerseits in die Tiefe der Begründung, andererseits in die Breite der allumfassenden Ganzheit weist. Die drei auffälligsten Ausformungen dieser alles verstehenden *Hermeneutik im weiteren Sinn* sind die *Dialektik,* die *Hermeneutik im engeren Sinn* als geisteswissenschaftliche Verstehenslehre und die *Phänomenologie* mit ihrem Versuch, das Sinnverstehen aus den Leistungen des Bewußtseins heraus zu erklären.

1 H. Marcuse (70): Der eindimensionale Mensch

5. Die dialektische Methode

»Dialektik«, einst neutrales Wort für Rede- und Beweiskunst, entwickelte sich in den sechziger und siebziger Jahren zu einem der massivsten Reizwörter innerhalb der philosophischen Diskussion. Verdächtigungen und Karikierungen stecken in gleichem Maße in diesem Wort wie Offenheit für die Fülle des Konkreten, genialer Weitblick und kritisches Vermögen. Eine sachliche Bestandsaufnahme und affektfreie Darstellung des dialektischen Konzepts erscheint deshalb besonders nach dem Zusammenbruch der marxistischen Machtblöcke, deren Protagonisten sich häufig auf die Dialektik beriefen, ein wichtiges Unternehmen. Die ursprünglichen Konfrontationen haben an Schärfe verloren. Hegel, einst die Zentralfigur in jeder Dialektik-Diskussion, wird heute weniger unter dem theoretischen Aspekt des methodischen Denkens, sondern eher als tiefsinniger Interpret der Moderne mit all ihren neuen Denk- und Handlungsmodellen dargestellt.

5.1 Ein Beispiel aus der Philosophie des deutschen Idealismus

Obwohl der Dialektik-Begriff schon in der griechischen Philosophie von Bedeutung war, gehen die meisten Dialektik-Auffassungen der Gegenwart auf den deutschen Idealismus zurück. Entscheidend für die Dialektik seit Kant ist der Gedanke, daß diese Denkform ihre Notwendigkeit aus der menschlichen Erkenntnisstruktur herleitet. Im Idealismus bedeutet Wissen nie Spiegelung einer vom Subjekt unabhängig vorgegebenen Wirklichkeit; die Welt ist vielmehr *vom*

Vor-idealismus *Idealismus*

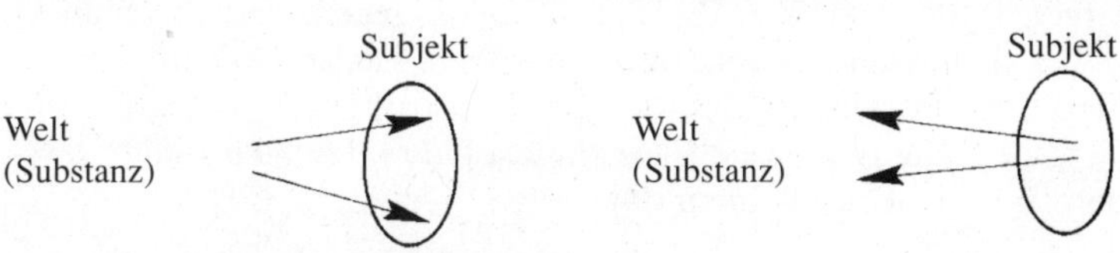

Erkenntnis: Spiegelbild der Welt Erkenntnis: Entwurf des Subjekts

Subjekt mitkonstituiert. Wissen entsteht nicht durch kritiklose Hinnahme einer fertigen Welt, in welcher das Subjekt als konstitutives Element vergessen wird. Fertige Objekte würden alle philosophischen Fragen zum Ende bringen; sobald deren Faktizität konstatiert und durchschaut wäre, erübrigten sich weitere Überlegungen. Unser Wissen wäre Auslieferung an die Zufälligkeit der Welt.
Faßt man dasjenige, was durch sich und in sich selbst ist, also unabhängig von einem konstituierenden Subjekt oder einem irgendwie beschaffenen Anderem gedacht wird, terminologisch als *Substanz,* so muß der Idealismus eine plausible Erklärung des Zusammenwirkens beider, von Subjekt und Substanz, geben. Dabei gilt es zunächst, ein Extrem abzuwehren. Schon Kant ging der Frage nach, zu welchen Ergebnissen ein Erkenntnissubjekt kommt, das ganz ohne Berücksichtigung der Erfahrungswelt im Gehäuse seines Begriffsapparats und seines Repertoires von Grundsätzen verharrt. In seiner transzendentalen Dialektik hat er diese Fehlform unseres Erkenntnisvorganges entwickelt, der wir immer wieder verfallen. Es handelt sich um ein nur scheinbares und widerspruchsvolles Wissen. Und eben diese »Logik des Scheins« heißt bei Kant Dialektik[1]. Die wahre Erkenntnis aber muß eine Vermittlung zwischen Subjekt und Substanz enthalten. Hier setzt nun die Philosophie Hegels ein. In ihr wird der ontologische Bezug im subjektiven Inhalt gesetzt; die Substanz ermöglicht zugleich das Subjekt.

»Dialektik des Scheins«

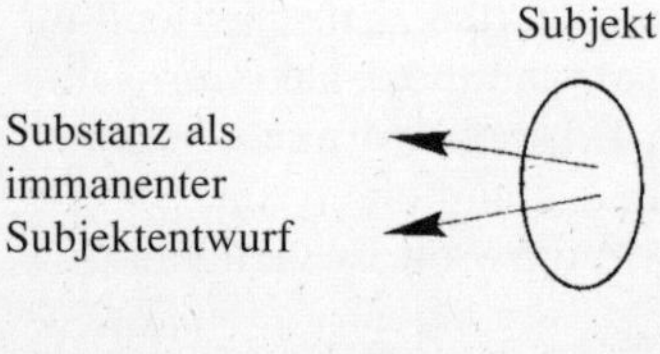

Hegelsche Dialektik

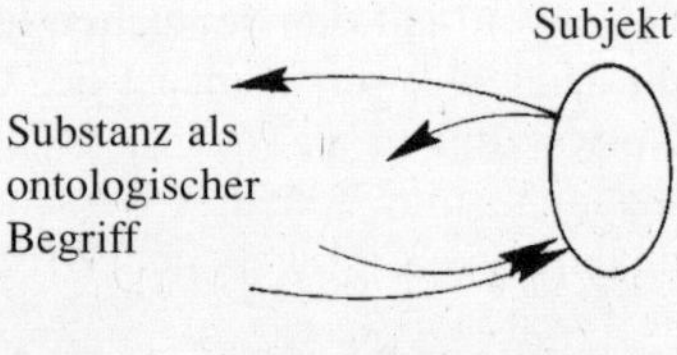

Nach Hegel ist die Welt selbst geistig; d.h., was der Mensch als Welt erfaßt, stellt eine Form des Selbst, des Eigenen, dar; das Subjekt findet sich in der Andersartigkeit der Welt wieder. Und umgekehrt: Hegel objektiviert das Subjekt; das Selbst ist keine subjektive Nebensächlichkeit, auf welche die Philosophie verzichten könnte, sondern Wirklichkeit in einem objektiven Sinn.

1 Kant (87), B 349.

Wir zitieren hier einige charakteristische Hegelstellen, die allerdings – wie alle Hegel-Texte – auf höchstem Abstraktionsniveau formuliert sind. Es handelt sich um Zitate aus der Vorrede zur »Phänomenologie des Geistes«: [2]

»Es kommt nach meiner Einsicht, welche sich nur durch die Darstellung des Systems selbst rechtfertigen muß, alles darauf an, das Wahre nicht als *Substanz,* sondern ebensosehr als *Subjekt* aufzufassen und auszudrücken«. Im folgenden Text knüpft Hegel an Lehren an, die Gemeingut der damaligen philosophischen Bildung waren, vor allem an Lehren seiner Zeitgenossen oder unmittelbarer Vorläufer wie Kant, Fichte und Schelling. Insbesondere richtet sich seine Argumentation gegen Spinozas Substanzbegriff, in dem die Vorstellung einer unwandelbaren und unbewegten Gottheit inbegriffen ist. Diese »unbewegte Substantialität« gilt es, durch die »lebendige Substanz« zu ersetzen. Was die Substanz als Subjekt ausmacht, ist das Sichwiedererkennen des Selbst im Anderen. »Die lebendige Substanz ist ferner das Sein, welches in Wahrheit *Subjekt,* oder was dasselbe heißt, welches in Wahrheit wirklich ist, nur insofern sie die Bewegung des Sichselbstsetzens, oder die Vermittlung des Sichanderswerdens mit sich selbst ist. Sie ist als Subjekt die reine *einfache Negativität,* eben dadurch die Entzweiung des Einfachen; oder die entgegensetzende Verdoppelung, welche wieder die Negation dieser gleichgültigen Verschiedenheit und ihres Gegensatzes ist: nur diese sich *wiederherstellende* Gleichheit oder die Reflexion im Anderssein in sich selbst – nicht eine *ursprüngliche* Einheit als solche, oder *unmittelbare* als solche – ist das Wahre. Es ist das Werden seiner selbst, der Kreis, der sein Ende als seinen Zweck voraussetzt und zum Anfange hat und nur durch die Ausführung und sein Ende wirklich ist.«

»Das Wahre ist das Ganze. Das Ganze aber ist nur das durch seine Entwicklung sich vollendende Wesen. Es ist von dem Absoluten zu sagen, daß es wesentlich *Resultat,* daß es erst am *Ende* das ist, was es in Wahrheit ist; und hierin eben besteht seine Natur, Wirkliches, Subjekt, oder Sichselbstwerden zu sein. So widersprechend es scheinen mag, daß das Absolute wesentlich als Resultat zu begreifen sei, so stellt doch eine geringe Überlegung diesen Schein von Widerspruch zurecht. Der Anfang, das Prinzip oder das Absolute, wie es zuerst und unmittelbar ausgesprochen wird, ist nur das Allgemeine.«[3]

Unsere Aufgabe besteht nicht in der Darstellung der Hegelschen Metaphysik und der Schlüssigkeit oder Fragwürdigkeit ihrer Argumentationen. Wir fragen uns vielmehr, was sich an *methodischen Elementen* aus einem solchen Denken herausarbeiten läßt, ohne daß alle Prämissen des Idealismus mit den zahlreichen zeitbedingten

2 Vorrede zur Phänomenologie, S. 19–21, (52).
3 Hegel a. a. O.

Vorurteilen übernommen werden müssen[4]. Das Weltverständnis hat sich seit Hegels Tagen sowohl durch den Einfluß der modernen Wissenschaften als auch durch die neuen Probleme des Industriezeitalters und der damit zusammenhängenden Neubewertung gesellschaftlicher und sozialer Phänomene entscheidend verändert. Für unsere Methodenbetrachtung sind deshalb vor allem zwei Momente von Bedeutung, die auch in der Gegenwartsphilosophie und unabhängig vom Hegelschen Systemdenken im Vordergrund stehen: einmal das *integrative Denken von Totalitäten,* zum anderen die *positive Funktion des Widerspruchs* oder der Negation. Hegel gelingt es, beide Momente innerhalb seiner Gesamtkonzeption zu begründen. Dialektisches Denken kann gar nicht anders gemeint sein als ein Denken, das auf das Ganze sowohl im extensiven als auch im intensiven Sinn zielt; denn es meint ja jeweils sich selbst. Wenn sich die Welt als Form des Selbst darstellt, wird jedes Erkennen von Welt Selbsterkennen; und da das Selbst als Einheitliches gedacht werden muß, wird auch die Welt als Einheit mitgedacht. Innerhalb der Hegelschen Voraussetzungen ist die Argumentation schlüssig. Ebenso bruchlos ordnet sich die Problematik des Widerspruchs als ontisches Bewegungsprinzip ein. Das Subjekt wird sich seiner erst dann bewußt, wenn es sich zum Gegenstand seines eigenen Denkens macht, wenn es sich als ein Anderes meint. Es ist dadurch es selbst, daß es zugleich anderes ist. Da die gesamte Wirklichkeit Erscheinungsweise des Geistes ist, muß auch deren Struktur und Gesetzlichkeit diese Zwiespältigkeit der Subjektivität aufweisen. Diese Absicherungen des Denkens von Totalitäten und von Widersprüchen in einem Systemdenken können heute nicht mehr von vornherein vorausgesetzt werden. Die methodischen Elemente müssen entweder ihre eigene Rechtfertigung finden oder in eine neue metaphysische Lehre eingebaut werden. Wir versuchen daher, von dem Hegelschen Hintergrund zu abstrahieren und die beiden methodischen Grundzüge als solche zu entwickeln.

4 Inwieweit eine Abtrennung des Idealismus von der dialektischen Methode Hegels überhaupt gelingen kann, ist eine offene Frage. A. Sarlemijn behauptet beispielsweise: »Da Hegel seine Methode mit der Form seines Systems gleichstellt – er lehnt eine gesonderte Methologie ausdrücklich ab – sind seine Dialektik und sein Idealismus untrennbar miteinander verbunden«(71), S. 6.

5.2 Das erste methodologische Moment: Das integrative Denken von Totalitäten

In der klassischen Philosophie konzentrierte sich das Denken stets auf gewisse Grundprinzipien, auf die Archai, welche die Begründungen aller Wahrheiten garantierten und gleichzeitig die Hauptkonstituentien allen Wissens bereitstellten. So berichtet Aristoteles bei Simplicius: »Empedokles nimmt als Prinzip die vier (Elemente) an, indem er zu den genannten (Wasser, Luft und Feuer) die Erde als viertes hinzufügt...«, »Empedokles setzt als die stofflichen Elemente vier an..., die ewig sind und sich in größerer oder geringerer Menge infolge von Vereinigung und Trennung wandeln; als die Prinzipien im eigentlichen Sinne aber, von denen jene in Bewegung gesetzt werden, die Liebe und den Streit«.[5] Mit diesen und ähnlichen Aussagen meint Empedokles, das Wahre erfaßt zu haben. Die konkrete Fülle unseres Daseins stellen nur die durch Liebe und Streit in Bewegung gehaltenen Kombinationen und Variationen der vier Grundelemente dar. Das Wahre wird durch die Archai beschrieben und steht als unerschütterliches Fundament am Anfang. Die Mannigfaltigkeit der Welt folgt aus den Möglichkeiten der Archai; sie ist nur eine verwirrende Vielfalt des Eigentlichen.

Doch nicht nur die Klassiker operieren mit diesem Denkschema. Auch moderne Physiker, die von Atomstrukturen und deren Gesetzmäßigkeiten sprechen, haben ihre Archai. Aber wie fern stehen atomtheoretische Prinzipien doch von der Lebensfülle, die ein Subjekt in einem Erkenntnisprozeß und in der Gewißheit seiner selbst erfährt. Man kann zwar Gegenstände und deren funktionalen Zusammenhang auf atomtheoretische Anfänge und Gesetze zurückführen, aber das Ursprüngliche und dem Subjekt Eigene geht dabei verloren. Alle allgemeinen Prinzipien, seien es nun klassische Archai oder moderne Schrödinger-Gleichungen, sind nur Abstraktionen vom Wesentlichen und können nur *einen* Gesichtspunkt unter vielen darstellen. Das *Wahre* im Sinn des Unbedingten, Letzten, sind sie nicht.

Philosophische Probleme stellen sich in allen Lebenslagen und zielen auf das Verstehen eben dieser Situationen. Was jedoch meistens als philosophische Lebensweisheit angeboten wird, verharrt in seiner Abstraktheit so sehr im Allgemeinen, daß der Zusammenhang

5 Nach Capelle (35), S. 189/190. Aristoteles Metaphysik 1, (51), 984a.

mit dem konkreten Leben verloren geht. Diesen Mangel will dialektisches Denken beheben. Dabei darf man nicht vom Primitivschema Thesis-Antithesis-Synthesis ausgehen, dem stets etwas Gekünsteltes und Unglaubwürdiges anhaftet. Wie schon der Name sagt, hängt Dialektik mit der Kunst der Unterredung zusammen. Ein Gespräch, das Erkenntnis und Einsicht anstrebt, wird weder in rhetorischer Brillanz an der Oberfläche verharren, noch durch unkontrollierte Invektiven dazu dienen, Aggressionstriebe abzureagieren; Argumente werden von einer Seite vorgebracht und von der anderen Seite gehört. Die Bedenken, welche der Gesprächspartner gegen die Behauptungen vorbringt, sind wieder ernst zu nehmen und zur Klärung der Problematik in die Argumentation einzubeziehen. Dieses repressionsfreie Hin und Her bedeutet zugleich eine Annäherung an die Lösung der aufgeworfenen Frage. Am Ende steht ein Resultat, in dem die Einzelargumente insofern als Momente fungieren, als sie berücksichtigt wurden und so das Endergebnis beeinflußten. In dem Gespräch sollen am Ende alle Gesichtspunkte auf Denkmöglichkeiten, alle Perspektiven und Einwände gebührend und erschöpfend aufgenommen und berücksichtigt sein. Aber wann gibt es schon solch ein Ende? Wird nicht fast jedes Gespräch in gewissem Sinne abgebrochen und eigentlich gar nicht zu Ende geführt?[6]

6 Diemer stellt diese Gesprächsdialektik, in der man sich dem Logos asymptotisch nähert, in einem Schema dar (vgl. Diemer (76), S.21):

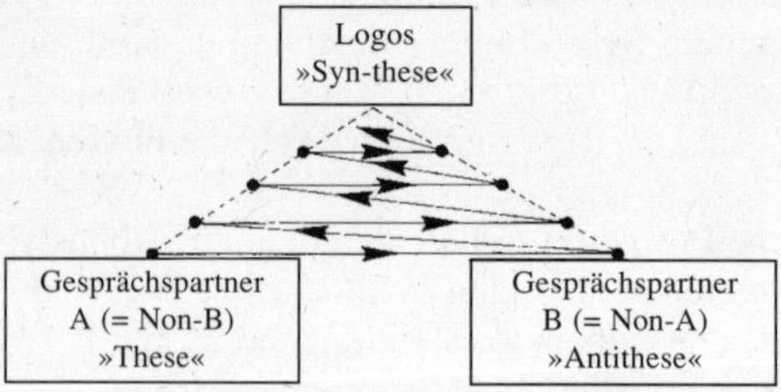

Hier wird allerdings der Gesichtspunkt der Totalität in den Logos-Begriff verlagert.

Dialektik als stilisierte Methode des philosophischen Gesprächs zielt nicht auf Einzelprobleme, wie in den Zufallsgesprächen des Alltags. Zum Wesen der Philosophie gehört die Möglichkeit, Resultate wieder neu in Frage zu stellen. Ein Gesprächsergebnis kann nur als *Gesprächsunterbrechung* verstanden werden. Denn selbst die Berufung auf letzte Prinzipien und axiomatische Anfänge bringen den potentiellen Gesprächspartner nicht zum Schweigen. Eine bestimmte Antwort kann zwar bezüglich einer bestimmten Frage das Wahre treffen; da aber die Antwort wieder der prinzipiellen Kritik unterworfen werden kann und muß, ist eine solche Wahrheit nie das Wahre schlechthin. Erst nach Berücksichtigung *aller* relevanten Gedanken, die sich durch ihre Festlegung neu erzeugen, kann das Wahre in seiner absoluten Konkretion erfaßt werden: »Das Wahre ist das Ganze«. Für die Darstellung des philosophischen Gedankens folgt daraus, daß er nie in der Form isolierter Thesen und Einzelurteile auftreten kann. In seinem berühmten 7. Brief hat Platon die Inadäquatheit jeder symbolischen Darstellung als fundamentalen Wesenszug aller Dialektik formuliert.[7]

Dieses vom sokratischen Dialog inspirierte Gesprächsmodell wird bei E. Martens zum Grundmodell der philosophischen Didaktik. Im Dialog des »konkreten Lehr- und Lernprozesses« vermittelt sich der Philosophierende durch Rechenschaftgeben, durch Anhören der Experten und Rückbezug des Gelernten auf die historische Situation im Ganzen. Die Wahrheit, das heißt das philosophisch Bedeutsame, erscheint nicht als Lehrsatz, Theorie- oder Systemteil, sondern manifestiert sich im Gespräch: Philosophie wird zum allgemeinen Aufklärungs- und Verständigungsprozeß.[8]

7 Platon (23); Aristoteles betrachtet die Dialektik skeptischer; er sieht in ihr eher eine Spiegelfechterei, die durch wissenschaftliche Argumentation überwunden werden sollte.

8 Martens (85), S.563; siehe auch (79) und (83).

Dialektik setzt demnach dreierlei voraus:

1. Philosophie ist »perennierende Kritik«; es gibt keine Aussage und keine Einsicht, die als letzte hingenommen werden kann, insbesondere gibt es keine unbefragbare Objektivität.
2. Im philosophischen Gespräch sind wir in der Lage, Einzelaspekte als Momente der Wahrheit zu formulieren und zu verstehen.
3. Das Wissen von der Totalität, das vorausgesetzt werden muß, wenn Einzelerkenntnisse als Momente der Wahrheit verstanden werden, konstituiert sich im Prozeß des konkreten Philosophierens.

Die Art und Weise des Wissens von der Totalität kann stark variieren. In Hegels Dialektik des absoluten Geistes erscheint die Totalität als ein vom menschlichen Geist durchaus Faßbares, gewissermaßen als eine Form der positiven Offenbarung. Bei Adorno wird das Wissen zur Leerform der Gesellschafts- und Geschichtsbezogenheit; in seiner »Negativen Dialektik« fehlen jegliche affirmative Aussagen über den absoluten Geist. Der Weltgeist erscheint als permanente Weltenkatastrophe. Wissen von der Totalität verwandelt sich zur totalen Kritik am Bestehenden und zur totalen Resignation einer enttäuschten Generation.[9] Dazwischen finden sich die zahllosen Formen dialektischen Denkens, die auf irgendeine Weise die Verbesserung unserer Einsicht postulieren, aber auf die Vorläufigkeit allen Wissens pochen, da jede symbolische oder sprachliche Darstellung der Erkenntnis der eigentlichen Intention zuwiderläuft und unangemessen bleibt. Die Wahrheit ist »keine ausgeprägte Münze«[10].
Das Fortschreiten des Denkprozesses bedeutet kein blindes Weitertaumeln, das von der Fülle der Erfahrungen geblendet wäre. Dialektisches Denken hat eine innere Struktur, wie die weiteren Ausführungen zeigen.

9 »Die Dialektik ist der Sophistik entsprungen, einem Verfahren der Diskussion, um dogmatische Behauptungen zu erschüttern... Sie hat sich in der Folge gegenüber der philosophia perennis zur perennierenden Kritik ausgebildet, Asyl allen Gedankens der Unterdrückten, selbst des nie von ihnen Gedachten.« Adorno (51), S. 330.

10 Hegel a. a. O.

5.3 Das zweite methodologische Moment: Die positive Funktion des Widerspruchs

Gespräche, die nicht selbstzufrieden im Konstatieren von Trivialitäten am Ausgangspunkt verharren, erhalten ihre Dynamik durch das geschärfte Problembewußtsein. Probleme und Fragen entzünden das Gespräch und treiben es weiter. Durch die Entdeckung von Schwierigkeiten zerbricht die Selbstverständlichkeit. Schwierigkeiten aber entstehen durch den Aufweis von Widersprüchen in den Behauptungen der Gesprächspartner. Die positive Funktion des Widerspruchs ist das auffälligste Moment im dialektischen Räsonieren, das zugleich den meisten Mißverständnissen ausgesetzt ist. Ein Verständnis der eigentlichen Absichten der Dialektiker ist nur möglich, wenn die verwendeten Begriffe des Widerspruchs, des Gegensatzes und der Negation hinreichend geklärt sind.

a) Das Gesprächsmodell der Dialektik

Geht man vom Gesprächsmodell aus, so wird man den Widerspruch auf Elemente des Gesprächs, also zunächst auf *Aussagen* beziehen. Widerspruch bedeutet dann das Setzen eines »Gegen-*Satzes«*. Im Aussagen-Bereich verfügt bereits die formale Logik über fixierte Widerspruchsbegriffe:

Die erste Form des Widerspruchsbegriffs: Zwei Aussagen A und B stehen in einem kontradiktorischen Widerspruch zueinander, wenn B die aussagenlogische Negation von A und A die aussagenlogische Negation von B ist. Anders als bei Hegel stehen hier »wahr« und »falsch« »bewegungslos für eigene Wesen«, sind also statische Wahrheitswerte von Aussagen. Der Negator ist eine einstellige Wahrheitswertfunktion, welche dem Wahrheitswert »wahr« den Wert »falsch« zuordnet, und umgekehrt.[11]

11 Ausführungen über den Widerspruch im strengen kontradiktorischen Satzsinn findet man in G. Patzigs Artikel »Widerspruch« (74), S. 1694f.

Wer Widersprüche dieser Art in einem System von Aussagen zuläßt, in welchem die soeben erläuterten Begriffe des Wahrheitswerts und des Negators vorausgesetzt werden, hebt unweigerlich das System auf. Es handelt sich um die vielzitierte Tatsache, daß A und Non-A jede Aussage B im betreffenden System herzuleiten gestatten.
Die Herleitung sieht folgendermaßen aus:

Prämissen:	1. die Geltung der Aussagenlogik
	2. A, ~ A.
A imp A v B	(zu jeder Aussage kann eine beliebige adjungiert werden).
	Wegen A v B äq ~ A → B also auch
A imp ~ A → B	verwendet man nun die zweite Prämisse, so folgt mit dem
	Modus ponens die Behauptung:
~ A ∧ (~ A → B)	imp B

Es hat wenig Sinn, sich über diese Schlußweise zu mokieren. Bei R. Bubner findet man folgende Bemerkungen[12]: »Der weithin akzeptierte formallogische Nachweis, daß aus widersprüchlichen Prämissen jede beliebige Aussage abgeleitet werden könne, woraus sich die Absurdität solcher Prämissen ergebe, kommt mir durch und durch sophistisch vor. Aus den von Popper beispielhaft genannten Sätzen: ‚Die Sonne scheint jetzt, und ‚Die Sonne scheint jetzt nicht', würde kein vernünftiger Mensch zu schließen unternehmen, wie Popper fortfährt, daß Cäsar ein Verräter oder kein Verräter war.« Vom »weithin akzeptierten Nachweis« kann hier keine Rede sein; wer diesen Nachweis nicht akzeptiert, mißversteht den Einwand völlig. Man diskutiert hier nicht die Frage, ob Wahrheit durch Wahrheitswerte erfaßt und in Form von Aussagen und Aussageverknüpfungen (logischen Junktionen) adäquat beschrieben werden kann; sondern es geht darum, daß *bei Annahme der Systemprämissen* sich die Herleitung von beliebigen Sätzen B notwendigerweise ergibt. Das hat nichts mit Sophistik zu tun. Die Kritik der Popperschen Beispiele ist ebenfalls symptomatisch. Formallogisch ist es völlig gleichgültig, welche Aussagen verwendet werden; im angelsächsischen Sprachbereich sind Sätze aus der Alltagswelt beliebter als Aussagen von »teutonischem Tiefgang«, wie »das Nichts nichtet« (Heidegger)

12 »Dialektische Elemente einer Forschungslogik«, in Bubner (73), S. 143, Fußnote.

oder »Das Dieses ist das Andere« (Hegel), die man mit gleichem Recht zur Illustration heranziehen könnte, wenn man den Aussagen Wahrheitswerte zugesteht.

Eine zweite Form des Widerspruchsbegriffs: Man faßt »Widerspruch« als Eigenschaft eines logischen Systems auf und definiert: Im logischen System (in welchem gar keine Negation definiert zu sein braucht!) besteht ein Widerspruch, wenn man aus den Systemaxiomen mit Hilfe der Systemregeln jede beliebige Aussage herleiten kann, also gegebenenfalls auch die Position und die Negation eines bestimmten Satzes. Hier wird die Abhängigkeit des Widerspruchsbegriffs von einem vorgegebenen Logik-System deutlicher als in der zuerst genannten Form.

Eine dritte Form des Widerspruchsbegriffs: Widerspruch als Gegensatz. Hier tritt erstmals der für die philosophische Diskussion so wichtige Gegensatzbegriff auf. Während man in der formalen Logik Gegensätze als *Sätze* auffaßt, wendet der Dialektiker den Ausdruck »Gegensatz« vorzüglich auf *Begriffe* an.
Widersprüchlichkeit wird so auf Unverträglichkeit – bzw. in schwächeren Fällen – auf die Unterscheidung von Begriffen zurückgeführt. Widerspruch ist dann eine Eigenschaft von Begriffen, genauer eine Beziehung zwischen Begriffsinhalten. Mit dem Rekurs auf Begriffsinhalte oder Intensionen kommt eine Zweideutigkeit ins Spiel, die viele Diskussionen über das Wesen der Dialektik erschwert. Denn meistens werden nicht nur die formalen Beziehungen der Inhalte ins Auge gefaßt, – wie etwa in der Logik Freytag-Löringhoffs, wo nur Identitäts- und Diversitätsbeziehungen von Begriffsinhalten thematisiert werden, – sondern es wird ein inhaltliches (z.B. empirisches oder auch metaphysisches und theologisches) Wissen eingeschmuggelt und als logische Erkenntnis verbrämt, um den Notwendigkeitsanspruch der Logik auf jenes System zu übertragen. Die Dialektik, die sich solchermaßen auf die Realität bezieht, bezeichnen wir als *Realdialektik.* Bevor wir die Gedanken innerhalb solch einer Dialektik entwickeln, erwähnen wir noch die wichtigsten Gegensatzformen innerhalb der Satzdialektik.

α Kontradiktorischer Gegensatz: A und B stehen in einem kontradiktorischen Gegensatz zueinander, wenn A genau dann wahr ist, wenn B falsch ist, und umgekehrt. Die aussagenlogische Struktur läßt sich durch eine Wertetafel beschreiben; es handelt sich um die Kontravalenz (»Entweder-oder«):

A	B	$A \nleftrightarrow B$	
W	W	F	
W	F	W ←	Vorliegen des Widerspruchs
F	W	W ←	Vorliegen des Widerspruchs
F	F	F	

Beispiel:

A: a ist eine Zahl
B: a ist keine Zahl

β Konträrer Gegensatz: A und B stehen in einem konträren Gegensatz zueinander, wenn nicht beide gleichzeitig wahr sein können; es liegt die Exklusion (»Eines von beiden oder keines«) vor:

A	B	A / B	
W	W	F	
W	F	W	Widerspruch
F	W	W	Widerspruch
F	F	W	Widerspruch

Beispiel:

A: Heute ist Montag
B: Heute ist Dienstag
(es darf auch Mittwoch sein, der Gegensatz besteht dann trotzdem)

γ Subkonträrer Gegensatz: A und B stehen in einem subkonträren Gegensatz zueinander, wenn nicht beide gleichzeitig falsch, wohl aber wahr sein können; es liegt die Adjunktion (»Eines von beiden oder beides«) vor:

A	B	A v B	
W	W	W	Widerspruch
W	F	W	Widerspruch
F	W	W	Widerspruch
F	F	F	

Beispiel:

A: a ist eine nichtnegative Zahl
B: a ist eine nichtpositive Zahl
(Null kann beide Eigenschaften haben, der Gegensatz besteht trotzdem)

b) Das Modell der Realdialektik

Auch in der Realdialektik spricht man von kontradiktorischen und konträren Gegensätzen. Hierzu kommen ebenfalls noch weitere Widerspruchsformen. Wir beschreiben die Gegensatzbeziehungen extensional, d.h. durch ihre Begriffsumfänge, und verwenden Mengendiagramme.

α) Der kontradiktorische Gegensatz:

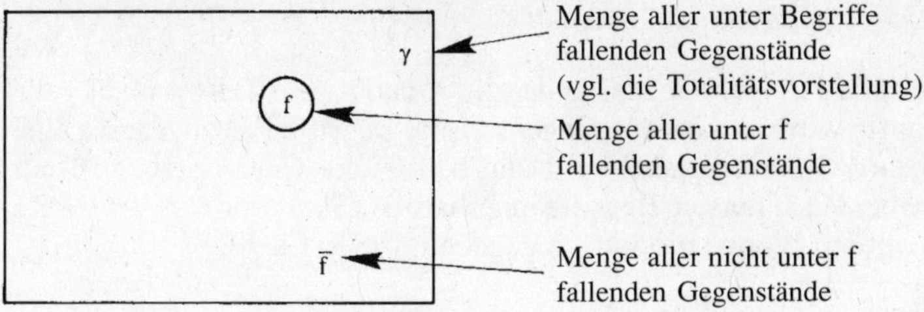

f steht in kontradiktorischem Gegensatz zu $\bar{f}$ genau dann, wenn gilt

$$\Lambda x\ (fx \leftrightarrow \sim \bar{f}x)$$

Beispiel: »f: rot« und »$\bar{f}$: nicht-rot« stehen in kontradiktorischem Gegensatz, weil für jeden Gegenstand x gilt:
Genau dann, wenn x rot ist, gilt nicht: x ist nicht-rot.
(x ist rot) ↔ ~ (x ist nicht-rot)

β) der konträre Gegensatz:

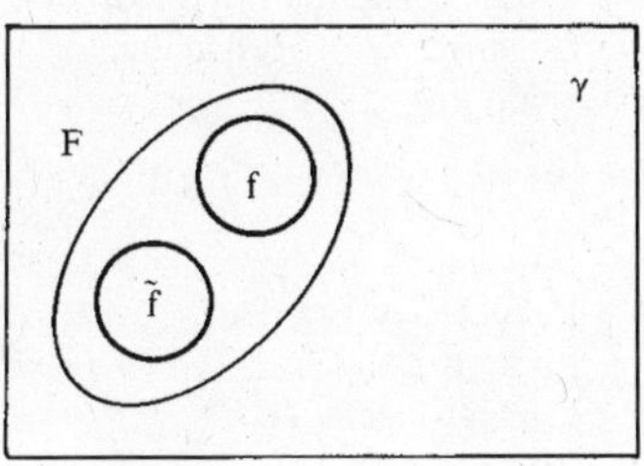

Nicht-formale voraussetzungen:

$f \subset F, \tilde{f} \subset F$
und $f \cap \tilde{f} = \{\}$

$\tilde{f}$ ist eine beliebige Teilmenge von F, die zu f elementefremd ist.
f steht bezüglich F in konträrem Gegensatz zu $\tilde{f}$ genau dann, wenn gilt

$$\Lambda x\ [Fx \rightarrow (fx \leftrightarrow \sim \tilde{f}x)]$$

Beispiel: F: farbig
f: rot
$\tilde{f}$: gelb

Für alle farbigen Gegenstände gilt: Wenn x rot ist, ist x nicht gelb. Häufig wird der konträre Gegensatz auf Begriffe F bezogen, die eine lineare Ordnung enthalten. Dann betrifft der Gegensatzbegriff nur die beiden äußersten Begriffe innerhalb der Skala von F. *Beispiel:* Zu F werden Wärmezustände angegeben; f kalt; $\tilde{f}$ heiß.

Die Bedingungen $f \subset F, \tilde{f} \subset F, f \cap \tilde{f} = \{\}$ und erst recht die Annahme einer Ordnung sind keine formallogischen Beziehungen, sondern *inhaltlich* bestimmt. Dieser Zusatz markiert den Übergang von der Satzdialektik des Gesprächsmodells zur Realdialektik des nun zu behandelnden Modells. Auch die folgenden Gegensatzbegriffe enthalten solche Realitätsbedingungen; nur der kontradiktorische Gegensatz ist rein logisch. Die kritiklose Verwendung des Gegensatzbegriffs, die zwischen beiden Modellformen hin- und herschwankt und vorgibt, in allen Fällen formal zu sein, ist Ursache zahlreicher Mißverständnisse.

γ) Der polare Gegensatz:

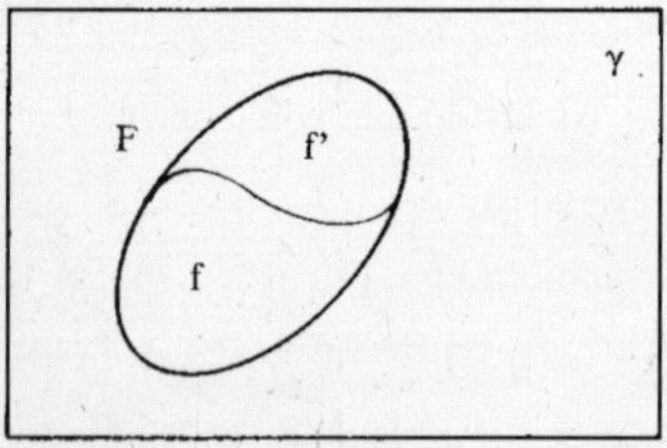

Zusätzliche Bedingungen

$f \cup f' = F; f \cap f' = \{\}$

f, f' stellt eine Klasseneinteilung von F dar.

f steht bezüglich F in polarem Gegensatz zu f, genau dann, wenn gilt

$\Lambda x\,[Fx \rightarrow (fx \leftrightarrow \sim f'x)]$

Beispiel:
F elektrisch geladen
f positiv geladen
f' negativ geladen

Für alle elektrisch geladenen Teilchen x gilt: x ist genau dann positiv geladen, wenn x nicht negativ geladen ist.

Für die Deutung dialektischer Gedanken ist eine vierte Art von Gegensatz hilfreich. Wir definieren:

δ) Heterothetischer Gegensatz:

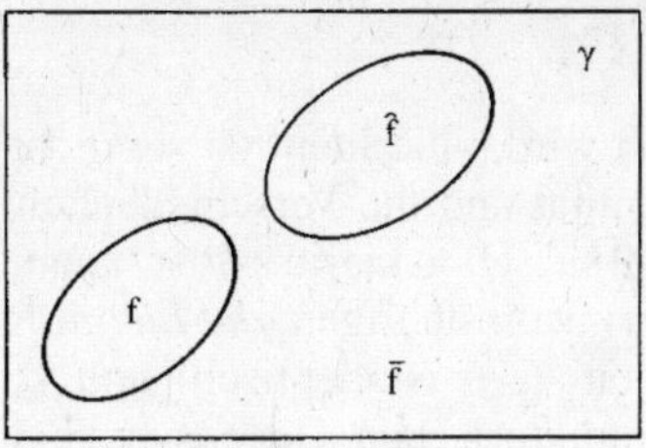

$\hat{f}$ ist eine beliebige Teilmenge von y, die mit f kein Element gemeinsam hat.

Bedingung:
$f \cap \hat{f} = \{\}$

f steht zu $\hat{f}$ in heterothetischem Gegensatz genau dann, wenn gilt
$\Lambda x\, (fx \rightarrow \sim \hat{f}x)$

Beispiel:
f ist ganzzahlig
$\hat{f}$ ist tapfer
wenn x ganzzahlig ist, ist x nicht tapfer, aber wenn x nicht tapfer ist, kann x ganzzahlig sein.

Durch die angegebenen Gegensätze werden Begriffe der Reihe nach als Widersprüche, als unverträglich, als entgegengesetzt bzw. als verschieden charakterisiert.[13]

Eine vierte Form des Widerspruchsbegriffs: Widerspruch als Negation

Hegel u. a. verwenden den Begriff der Negation zur Charakterisierung von Gegensatzverhältnissen. Zu den gegebenen vier Gegensätzen gibt es entsprechend vier Negationen:

die kontradiktorische Negation $\bar{f}$ eines Begriffs f,
die konträre Negation $\tilde{f}$ eines Begriffs f,
die polare Negation f', eines Begriffs f
und die heterothetische Negation $\hat{f}$ eines Begriffs f.

Auch hier treten zahlreiche Deutungsschwierigkeiten auf, wenn man das Schwanken zwischen Satz- und Realdialektik nicht beachtet. Nur die kontradiktorische Negation ist von rein logischer Natur, während die übrigen Negationsformen zusätzlich inhaltliche Bestimmungen voraussetzen, die jedoch oft nicht ausdrücklich genannt werden.

13 Patzig schlägt in (74), S. 1698, vor, für die verschiedenen »dialektischen« Widerspruchsformen die Ausdrücke Widerstreit, Repugnanz, Gegensatz und Antagonismus zu verwenden.

c) Beispiele aus der Hegelschen Philosophie

α) Zum kontradiktorischen Gegensatz

Hegel weist darauf hin, daß behauptet wird, »die Identität sei nicht die Verschiedenheit, sondern die Identität und die Verschiedenheit seien verschieden. Sie sehen nicht, daß sie schon hierin selbst sagen, *daß die Identität ein Verschiedenes ist;* denn sie sagen, *die Identität sei verschieden* von der Verschiedenheit«[14]. »x ist identisch« und »x ist verschieden« bilden einen kontradiktorischen Gegensatz; bei Hegel stellt er sich in der Form dar: »Identität ist identisch« und »Identität ist verschieden«, also: fx und $\bar{f}x$. Die Argumente, die bei Hegel *gegen* die formale Logik gerichtet sind, enthalten entweder Fehler oder aber sie lassen sich so interpretieren, daß sie nicht mehr gegen die formale Logik aussagen. Der angegebene Gegensatz ist ein Beispiel für einen *syntaktischen Fehler.*
Identität und Verschiedenheit müssen auf verschiedenen Stufen definiert werden:

Identität von Gegenständen					Verschiedenheit von Gegenständen				
x	Jd_g	x		wahr	x	V_g	x		falsch
x	Jd_g	y		falsch	x	V_g	Y		wahr
Identität von Relationen					Verschiedenheit von Relationen				
Jd_g	Jd_R	Jd_g		wahr	Jd_g	V_R	Jd_g		falsch
Jd_g	Jd_R	V_g	(1)	falsch	Jd_g	V_R	V_g	(2)	wahr
Identität von Relationen von Relationen					Verschiedenheit von Relationen von Relationen				
Jd_R	Jd_{RR}	Jd_R		wahr	Jd_R	V_{RR}	Jd_R		falsch
Jd_R	Jd_{RR}	V_R	(3)	falsch	Jd_R	V_{RR}	V_R	(4)	wahr

Der Fehler Hegels besteht darin, daß von (2) bzw. (4):
»Identität und Verschiedenheit sind verschieden«, auf den Fall (1) bzw. (3):
»Identität und Verschiedenheit sind identisch« geschlossen wird, was von einer wahren zu einer falschen Aussage führt.

14 Hegel (69), S.41.

β) Zum konträren Gegensatz:

Die Hegelsche Behauptung, daß das abstrakte Sein kein Sein ist, und zahlreiche ähnliche Formulierungen lassen sich als Beispiele zur Uminterpretation logischer Widersprüche anführen. Hier liegt eine Gegenüberstellung von f: »Sein« und $\tilde{f}$: »abstraktes Sein« vor; insofern die Abstraktheit als unterscheidendes Merkmal mitgedacht ist, muß eine Art Konkretheit zu f hinzugedacht werden. »Sein« bedeutet hier ein bestimmtes Sein f; sonst könnte es dem *abstrakten* Sein $\tilde{f}$ nicht gegenüberstehen. *In einer bestimmten Hinsicht* denkt sich Hegel aber beide zusammengehörig, was oberflächlich in der gleichartigen Verwendung des Wortes »Sein« zum Ausdruck kommt. Es wird ein Gemeinsames F mitgedacht, zu dem beides, f und $\tilde{f}$ gehört; $f \subset F$ und $\tilde{f} \subset F$. Wir haben es mithin mit einem konträren Gegensatz zu tun, der weder die formale Logik aufhebt, noch überhaupt rein logisch ist.
Hegels Methode läßt sich wegen der zahlreichen metaphysischen Implikationen nicht einheitlich beschreiben und ganz auf die oben erörterten Gegensatzbegriffe zurückführen. D. Henrich weist mit Recht auf die *inhaltliche* und nicht *methodologische* Absicht Hegels hin: »Man wird deshalb vermuten müssen, daß Hegel zwar ein Verfahren, das selber eigentlich eine Sequenz von Verfahren ist, gebrauchte und beherrschte, daß er aber keinen ausgearbeiteten Begriff von ihnen und dem Gesetz ihrer Abfolge und den besonderen Bedingungen ihrer Anwendung besaß. Das mag darum so sein, weil er sich – wie nahezu alle historisch wirksam gewordenen Denker – mehr um die Ausarbeitung als um die Beschreibung seiner Methode bemühte.«[15]

d) Zur Deutung der Widersprüche

Was heißt es nun, daß Widersprüche, Gegensätze oder Negationen in der Dialektik eine positive Funktion ausüben, daß sie in einer neuen Erkenntnis »aufgehoben« werden und so unseren Denkprozessen zu höheren Einsichten verhelfen?

15 »Hegels Logik der Reflexion«, in Henrich (71), S.104.

Zunächst darf der Widerspruch nicht als Hinderungsgrund für das Weiterdenken gelten; er muß vielmehr auf einen neuen Satz bzw. Begriff, d.h. auf die *Einheit* beider Sätze bzw. Begriffe, führen. Bei *kontradiktorischen Widersprüchen* kann die Einheit nur das Ganze aller formulierbaren Sätze sein. Dieses undifferenzierte Ganze, in dem weder wahre noch falsche Sätze geschieden sind, trägt zur Erkenntnis nichts bei. Hegel vereinigt Begriffe, die scheinbar in kontradiktorischem Gegensatz stehen, wie Sein und Nichtsein, das Endliche und das Nichtendliche, usw. Wie ist es möglich, daß er dann etwas anderes als *alles* denkt? Was ist das Neue, das zu f und $\tilde{f}$ hinzugedacht wird, wenn man beide als kontradiktorische Gegensätze durchschaut hat? Wir betrachten dazu einen Text aus Hegels »Phänomenologie des Geistes«. Auf Seite 99 heißt es: »Das Ding ist gesetzt als *Fürsichsein,* oder als absolute Negation alles Andersseins, daher absolute, nur sich auf sich beziehende Negation; aber die sich auf sich beziehende Negation ist Aufheben *seiner selbst,* oder dies, sein Wesen in einem Anderen zu haben... der Gegenstand ist vielmehr *in einer und derselben Rücksicht das Gegenteil seiner selbst: für sich, insofern er für anderes, und für anderes, insofern er für sich ist.* Er ist *für sich,* in sich reflektiert, Eins; aber dies für *sich,* in sich reflektiert, Eins sein ist mit seinem Gegenteil, *dem Sein für ein Anderes,* in einer Einheit und darum nur als Aufgehobenes gesetzt; oder dies *Fürsichsein* ist ebenso *unwesentlich* als dasjenige, was allein das Unwesentliche sein sollte, nämlich das Verhältnis zu anderen.«

Es handelt sich hier also um die Fixierung des Ding- oder Gegenstandsbegriffs, den der formale Logiker mit einer Prädikatenkonstanten bezeichnen würde. Am Schema für den kontradiktorischen Gegensatz läßt sich verstehen, was Hegel zunächst meint: f ist ein Isoliertes, ein Anderes im Hinblick auf alle Begriffe aus $\bar{f}$. Dadurch, daß f einen jeden Begriff aus $\bar{f}$ negiert (hier wird Negation ($\bar{f}$) = f vorausgesetzt), ist f die Negation des Anderen. f kann aber nur charakterisiert werden, indem es aus dem Anderen, aus $\bar{f}$, herausgenommen wird, d.h. es hat seine Charakterisierung und sein Wesen im Anderen. Läßt man dieses »sein Wesen« nun als Denkbestimmung von f mit zu, so kann man mit Recht sagen, daß der Gegenstand f zugleich sein Gegenteil ist. Und umgekehrt: Das Gegenteil von f, also *alle* Begriffe aus $\bar{f}$, sind nur denkbar, weil f die Restmenge $\bar{f}$ bestimmt. Diese neue Betrachtung identifiziert die Bestimmung von f oder $\bar{f}$ stets als Moment einer Beziehung zwischen f und $\bar{f}$, in der die

Einzelbegriffe auftreten, aber eben als *unwesentlich* auftreten, weil die Beziehung als die entscheidende Voraussetzung mitgedacht wird.
Der Dingbegriff ist also sowohl als f als auch als $\bar{f}$ bestimmt. Aussagen wie »das Ding ist Fürsichsein« und »das Ding ist nicht Fürsichsein« stellen einen kontradiktorischen Gegensatz dar, welcher in der Wissenschaftstheorie auf die Absurdität der Herleitbarkeit aller Aussagen führt. Hat es dann einen Sinn, solche Aussagen, wie die oben zitierten, noch zu diskutieren?
Das Entscheidende ist, daß Hegel nicht von f und von $\bar{f}$ als isolierte Begriffe spricht; f darf nur in Kontexten auftreten wie »f, sofern es zu $\bar{f}$ in Beziehung steht, ...« In den Prämissen eines Schlusses kommen also gar nicht f und $\bar{f}$ gleichberechtigt als Isolierte vor, sondern es heißt genauer: »f, das zu $\bar{f}$ in einer bestimmten Beziehung R steht,...« Das bedeutet, daß die Beziehung R auch für die Begriffe des beliebig hinzugefügten Satzes B gelten muß. Aus dem Schluß A (f) $\wedge$ ~ A (f) imp B (b) wird ein wesentlich komplizierterer Schluß, dessen Prämissen nicht erfüllt sind. Die Prämissen dieses Schlusses lauten nämlich genauer

A (f, R (f, b)) und A ($\bar{f}$, R ($\bar{f}$, b)),

was nicht identisch ist mit

A (f, R (f, b)) und ~ A (f, R (f, b)),

aus welchen jede beliebige Konklusion B (b) erschließbar wäre.

Das »Insofern des Für-Sich« bzw. das »Insofern des Für-Anderes« hebt den kontradiktorischen Widerspruch auf. Nun läßt sich aber das »Insofern« auf zwei Arten deuten. Borelius schreibt dazu: »‚Insofern, kann notwendige Verknüpfung bedeuten, und in dieser Bedeutung ist es kein Widerspruch im Aristotelischen Sinne, daß der Gegenstand nur für sich sein kann, insofern er zugleich für anderes ist, d.h. daß sein Sein für sich und sein Sein für Anderes einander gegenseitig bedingen. Soll dagegen ‚insofern' dasselbe bedeuten als in einer und derselben Rücksicht oder in einer und derselben Beziehung, so ist es freilich nicht nur widersprechend, sondern auch widersinnig, zu behaupten, daß es für sich ist, insofern es für Anderes ist; denn schon in den Worten für sich und für Anderes ist die Verschiedenheit der Rücksichten (Beziehung auf sich und Beziehung auf Anderes) ausgesprochen.«[16] Nachdem Hegel aber eindeutig die zweite, sozusagen absurde Bedeutung des »Insofern« meint, die Widersprüche als objektive Widersprüche interpretiert, läßt sich der Zusammenhang nur verstehen, wenn man eine deutliche Trennung zwischen ontologischer und logischer Ebene durchführt. Für den Zusammenhang der beiden Ebenen lassen sich vier Möglichkeiten angeben:

Widerspruchsfreie Wirklichkeit Widerspruchsfreies Denken	das *dialektikfreie* Modell der analytischen Wissenschaftstheorie
Widerspruchsfreie Wirklichkeit Widerspruchsvolles Denken	das *logische* Dialektikmodell[17]
Widerspruchsvolle Wirklichkeit Widerspruchsfreies Denken	das *ontologische* Dialektikmodell[18]
Widerspruchsvolle Wirklichkeit Widerspruchsvolles Denken	das *radikale* Dialektikmodell[19]

Wenn Hegel das »Insofern« im radikalen Sinne versteht und darüber spricht, so glaubt er, die Widersprüchlichkeit nicht nur *benennen,* sondern sie zugleich *denken* zu können. Der damit gegebene Affront gegen jede moderne Logik-Theorie wird durch die Tatsache abgeschwächt, daß Hegel sehr häufig nur konträre Gegensätze meint, wie z. B. Schwarz-Weiß oder Vater-Sohn, und daß es in vielen Fällen gelingt, die kontradiktorischen Formulierungen auf konträre zurückzuführen. Wie unsere Analyse gezeigt hat, wird in solchen Ge-

16 Borelius (81), S. 29.

17 Vgl. z. B. Glockner (65), S. 133. Auch Immanuel Fichte richtet sich ausdrücklich gegen den »daseienden Widerspruch« Hegels. Nach Fichte (36), S. 39, bestimmt nicht der *Widerspruch,* sondern die *Liebe* die Entwicklung auf ontologischer Ebene.

18 Siehe z. B. die Interpretation von Sarlemijn (71), S. 183. Nach Fuller (83), S. 12, vertritt auch Marx das Modell der »Widersprüchlichkeit im Gegenstand«.

19 Gewisse Formulierungen Hegels deuten auf Tendenzen in diese Richtung; sicher liegt der Ablehnung des Formal-Logischen bei Adorno (vgl. Adorno u. a. (69), S. 8) dieses Modell zugrunde.

gensätzen eine nicht-formale Voraussetzung eingeführt, wonach beide Begriffe, wie Schwarz-Weiß, bereits als Elemente eines Allgemeinen, nämlich der Farbe, gedacht werden. Das Spiel des »Insofern« bedeutet dann schlicht die spekulative Umschreibung eben dieses allgemeineren Begriffs. Die dialektische Darstellung des Widerspruchsverhältnisses treibt den Gedanken weiter zur Erfassung des neuen Begriffs, der beiden Teilaspekten bereits zugrunde lag.

5.4 Varianten des realdialektischen Modells

Durch den Übergang von der Satzdialektik zur Realdialektik überträgt sich die Vieldeutigkeit des Realitätsbegriffs auf die Methodologie der Dialektik. Realdialektik kann sich auf ganz Verschiedenartiges beziehen:

1. Die Begriffe beschreiben die Wirklichkeit inhaltlich in ihrem *strukturellen* Zusammenhang. Dialektik ist die Lehre von den Beziehungen der Intensionen.
2. Die Begriffe beschreiben die Wirklichkeit inhaltlich in ihrem *zeitlichen* Zusammenhang. Dialektik ist dann die Lehre von den verschiedenen Erscheinungsformen der geschichtlichen Welt. Sie behandelt vor allem das uralte Problem der Bewegung.[20]
3. Die Begriffe übernehmen eine *normative* Rolle: Dialektik handelt vom Verhältnis der Wirklichkeit zu einem Gesollten (zu einer »deontisch perfekten Welt«, Stegmüller).

20 Die »Dialektik« des Paradoxien-Philosophen Zenon gehört mit seinem »Fliegenden Pfeil« und dem »Achilles und die Schildkröte« im gleichen Maße in diesen Problembereich wie die Antinomien des Kleinen im Differentialbegriff eines Leibniz oder wie der Dualismus von Korpuskel- und Wellentheorie in der modernen Physik, wo die Grundidee der »Dialektik in der Natur« (Engels (27)) in moderner Form demonstriert werden kann. Nach Engels ist die Dialektik identisch mit der »Wissenschaft von den allgemeinen Bewegungs- und Entwicklungsgesetzen der Natur, der Gesellschaft und des Denkens«.

Wenn von gewichtigen Widersprüchen die Rede ist, so denkt man meistens weniger an logische Mißstände, als an die Diskrepanz zwischen Sein und Sollen. Soziale Mißstände stehen im Widerspruch zu den Pflichten des Sozialstaats, moralische Verfehlungen im Widerspruch zu den gesellschaftlichen Normen usw. Eine deontische Dialektik, die den Zusammenhang zwischen wirklicher Welt und deontisch vollkommener Welt reflektiert, muß nach Prinzipien suchen, welche beide Welten zu versöhnen trachten. Dialektik verflüchtigt sich so in eine allgemeine ethische Theorie moralischen Verhaltens.

Die drei genannten Grundformen lassen sich nun kombinieren: Wenn die deontisch perfekte Welt als historisch realisierbare Welt gemeint ist, erhalten wir beispielsweise die verschiedenen Utopie-Theorien des Marxismus. Hegel versteht dagegen den strukturellen Zusammenhang gleichzeitig als normativen und zeitlichen, so daß sich hier die Unterschiede wieder verwischen. Die Vielzahl der Möglichkeiten realdialektischer Interpretationen zwingt uns eine Beschränkung auf. Wir behandeln im Folgenden nur die Intensionslogik, die Hegelsche Dialektik und den Marxismus.

a) Dialektik als Intensionslogik

G. Klaus zieht zur Interpretation der Dialektik den von Carnap zugrundegelegten und in neuerer Zeit vor allem von Montague und von Kutschera[21] weiterentwickelten Intensionsbegriff heran. »Die *formale Logik* ist die Theorie der extensionalen Denkbestimmungen und Beziehungen, die *dialektische Logik* aber die Theorie der intensionalen Denkbestimmungen und Beziehungen.«[22] Die Wendung zum Inhaltlichen wird so zwar verständlich; aber um die spezifische Methodik der Dialektik zu erklären, reicht eine inhaltliche Betrachtungsweise, die prinzipiell auch statisch sein kann, nicht aus. Leider hat Klaus keine ausführliche Theorie über Intensionen geliefert,

21 Vgl. Kutschera (71), 2. Auflage, S. 70 f.; eine in sich geschlossene Theorie in Montague/Schnelle (72) und in Kutschera (76).

22 Klaus (73), S. 136.

welche gerade die Problematik der Höherentwicklung durch Gegensätze klären könnte. Seine Bemerkungen zur Intension erschweren im Gegenteil eine genuin dialektische Deutung. Seite 190 heißt es z. B.: »Die Intension des Begriffs ist die gedankliche Widerspiegelung derjenigen Merkmale, die innerhalb der durch die Extension des Begriffs widergespiegelten Klasse von Gegenständen invariant sind.« Der Hinweis auf die Merkmale, die sich spiegeln, deutet eher auf eine Dialektik der geschichtlich begriffenen Natur als auf eine reine Intensionsdialektik hin.

Auch der Intensionsbegriff bei von Kutschera u. a. liefert kaum Möglichkeiten, das entscheidende Problem des dialektischen Fortschritts zu lösen. Die Intension bleibt ein streng statisch konstruierter Begriff, der sich in seiner Fixierung in keiner Weise von dem Extensionsbegriff unterscheidet, zumal er sich auf diesen explizit bezieht: Die Intension eines Ausdrucks ist die Funktion, die jeder logisch möglichen Welt seine Extension in dieser Welt zuordnet[23]. Die Extrapolation der Extensionsverteilungen auf alle denkbaren Welten dürfte das Letzte sein, was in den dialektischen Ansätzen intendiert ist, auch wenn hier mit der Erfassung der Totalität in einem bestimmten Sinne ernst gemacht wird.

Eine plausible Deutung der Dialektik als Intensionslogik gelingt nur dann, wenn man den Intensionsbegriff in einem pragmatischen Sinne mit den Regelsystemen in Zusammenhang bringt, welche die Anwendung des sprachlichen Ausdrucks regulieren. Diesbezüglich finden sich wertvolle Ausführungen bei Günter Posch[24]. Dialektische Logik gibt danach Aufschluß über Methoden, wie Regelsysteme geändert werden können. Sofern Regelsysteme innerhalb bestimmter Theorien beschrieben werden, kann die dialektische Logik auch als Verfahren angesehen werden, »das den Übergang von einer solchen Theorie zu einer anderen zu regeln beansprucht« (K. W. Essler[25]). Damit sind wir aber bei der bekannten *Neuinterpretation* des Dialektik-Begriffs nach Popper angelangt, auf die wir erst im nächsten Kapitel zu sprechen kommen.

23 Kutschera (76) S. 24
24 Posch (69), S. 60–68
25 Essler (72), S. 91.

b) Dialektik als Erscheinung des absoluten Weltgeistes

Die Hegelsche Dialektik ist keine allgemeine philosophische Methode, die von jedem Philosophen an beliebiger Stelle seiner eigenen Philosophie verwendet werden könnte, sondern Dialektik bedeutet bei Hegel eine bestimmte Art von Idealismus. Die Dialektik bezeichnet die Form eines bestimmten Gedankengebäudes oder, in Hegelscher Terminologie, die Form des absoluten Geistes. Gemeint ist die Vorstellung, daß alles Seiende als Moment eines sich durch die Kraft des Widerspruchs entwickelnden Ganzen betrachtet werden muß, das seinerseits als Selbstwerdung des Absoluten zu deuten ist. Obwohl allem Wirklichen Widersprüche, d.h. Bewegung, Veränderung, Beschränktheit, Revisionsbedürftigkeit und Endlichkeit, zugeschrieben werden müssen, wird die Wirklichkeit als ganze von einer absoluten Vernünftigkeit bestimmt und geleitet. Wie stark die Hegelsche Argumentation von metaphysischen und theologischen Impulsen bestimmt ist, zeigt die Grundkonzeption des Hegelschen Gesamtsystems: Am Anfang steht die Logik oder Ontologie, in der das Absolute oder das Sein Gottes gleichsam vor der Erschaffung der Welt, also unabhängig von der uns umgebenden Natur, betrachtet wird. Die Naturphilosophie als zweiter Systemteil behandelt die Entäußerung Gottes in die Welt, eine philosophische Form der Inkarnation; den Höhepunkt schließlich stellt die Philosophie des Geistes dar, in der die Rückkehr Gottes aus seiner Schöpfung zu sich selbst philosophisch beschrieben wird.

Da es in einer methodologischen Untersuchung nicht unsere Aufgabe sein kann, die Philosophie Hegels darzustellen, versuchen wir nur, dahinter zu kommen, *wie* Hegel die beiden Grundbestimmungen einer allgemeinen Dialektik, nämlich das Denken des Ganzen und der Widersprüche, in seinem System zu vereinigen sucht.

Immer wieder wird Hegels Denken mit dem kreisförmigen Denken in Zusammenhang gebracht und dem linearen oder eindimensionalen Denken gegenübergestellt. Die Verwendung des Bildes des Kreises geht auf Hegel selbst zurück und hat bekanntlich schon bei Aristoteles und ganz allgemein in der griechischen Philosophie eine große Rolle gespielt. Auf die Kreislauftheorie baut beispielsweise A. Sarlemijn seine gesamte Hegel-Darstellung auf: »Die dialektische Methode fordert also dreierlei: a) die Kreisbewegung, b) den Widerspruch und seine Aufhebung und c) den Hegelschen

Idealismus.«[26] Die Kreisform, die keinen Anfang und kein Ende kennt, umspannt das Ganze und gibt so die Form des absoluten Geistes wieder.

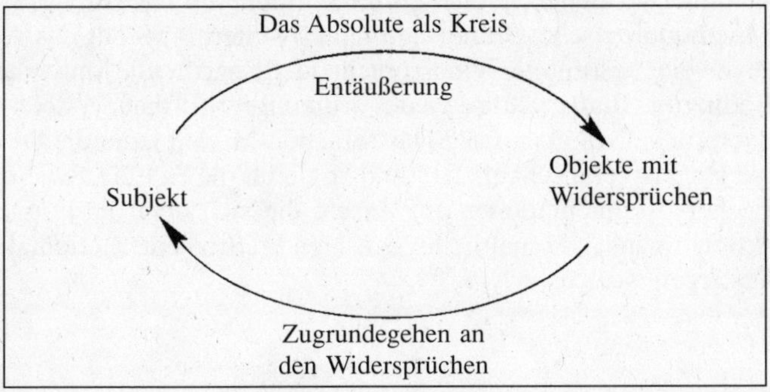

Der Kreis des Absoluten ist wieder in Kreisen gegliedert. Wo wir von der Totalität sprachen, könnten wir auch im Bild des Kreises bleiben: »Das Ganze stellt sich daher als ein Kreis von Kreisen dar, deren jeder ein notwendiges Moment ist.«[27] – Im Anschluß an G. H. Haring[28] hat sich H. Leisegang[29] die Mühe gemacht, die Begriffsmannigfaltigkeit sowohl der »Enzyklopädie« als auch der »Phänomenologie« in ein System von Kreisen zu fassen. Deutet man dieses Unternehmen nur als Deskription der Architektonik des Hegelschen Systems, so bleibt immer noch die Frage offen, ob nicht ganz andere Anordnungsschemata denkbar wären. Außerdem kommen in diesem Schema entscheidende formale Strukturelemente des Hegelschen Denkens nicht richtig zum Ausdruck, wie das »Aufgehobensein« der vorangegangenen Kreise, beziehungsweise Kreistripel, in den nächsten Kreisen. Die Kreise müssen »zusammen« gedacht werden. – Von anderen Interpreten wurde die *Spiralenform* herange-

26 Sarlemijn (71), S. 4.
27 Hegel (40), § 15.
28 Vgl. Michelet / Haring (88).
29 Leisegang (50).

zogen, die sich über das Unendliche zum Ganzen schließt. Die Spirale, die als Doppelhelix in der Molekularbiologie der Gegenwart neue Aktualität erhalten hat, verdeutlicht sowohl das Weiterschreiten des absoluten Geistes als auch die Wiederherstellung gewisser bereits überwundener Stadien auf einem höheren Niveau.
Die methodologische Grundfrage lautet weiterhin: Stellt das Auftreten zweier bestimmter widersprechender Begriffe die hinreichende Bedingung für das Auftreten des dritten Begriffs dar, der doch die Widersprüche aufheben soll? Das folgende Modell kann die Denkweise Hegels veranschaulichen und sogleich die Achillesferse dialektischer Argumentationen aufweisen, die sich über die kritische Funktion hinaus auf inhaltliche Aussagen im Sinn einer Realdialektik festlegen wollen.

Abbildung 1

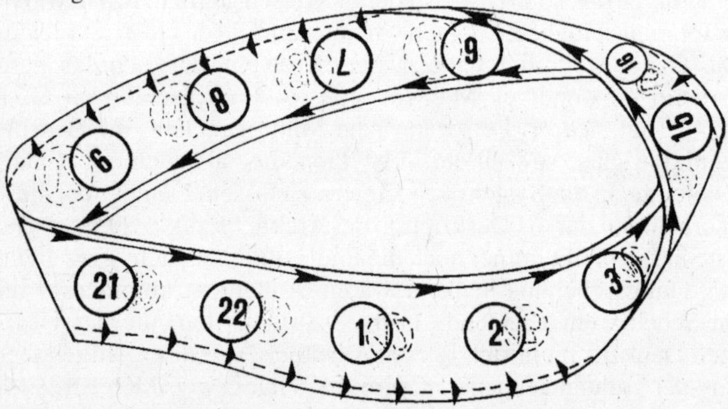

Jedem Begriff entspricht umkehrbar eindeutig eine Kreisscheibe auf einem *Möbiusschen Band.* Das Band hat zwei Seiten und doch nur eine, wie ein Durchlaufen in angegebener Richtung verdeutlicht. Das Überraschende bei dieser besonderen Fläche ist der Umstand, daß man von jedem Punkt auf jeder Seite zu jedem Punkt gelangt, ohne einen Rand überschreiten zu müssen, also ohne an eine Grenze zu kommen. Betrachten wir den Begriff (l). Als Punktmenge kann man diesen mit der Punktmenge (12) identifizieren, welche die Rückseite darstellt; es kommt gewissermaßen nur auf den Standpunkt an. Einerseits ist (1) gemeint, andererseits (12), genau genommen aber (1) »auf« (12) oder (1) zusammen mit (12). Ist beispielsweise (1) das reine Sein, dann ist die »Kehrseite«, die »Negation« (12), das reine Nichts. Der Übergang zur Negation ist ein geistiger Prozeß, die unmittelbare Reflexion, welche durch den Pfeil in Abbildung 2 angedeutet wird.

Abbildung 2

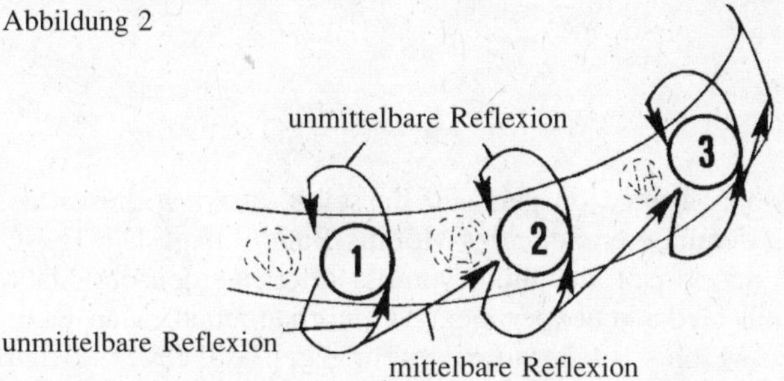

Die Entdeckung der Identität beider wird im nächsten Reflexionsschritt vollzogen (mittelbare Reflexion), der die Einheit als Neues versteht und daher bei einem neuen Begriff anlangt, nämlich beim Werden (2). Die Rückkehr zu (1) würde die reine Wiederholung des Denkens der isolierten, aber gegensätzlichen Begriffe bedeuten. Hegel schreibt in seiner »Logik« § 34: »Das Sein ist der Begriff nur an sich.« § 87: »Dieses reine Sein ist nun die reine Abstraktion, damit das absolut-negative, welches, gleichfalls unmittelbar genommen, das Nichts ist.« § 88: »Das Nichts ist als dieses unmittelbare, sich selbstgleiche, ebenso umgekehrt dasselbe, was das Sein ist. Die Wahrheit des Seins, so wie des Nichts ist daher die Einheit beider; diese Einheit ist das Werden.«

Abbildung 3

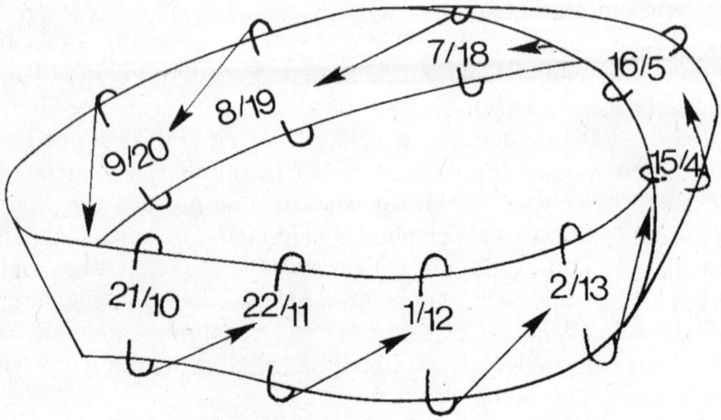

Die unmittelbare Reflexion geht auf dasselbe, *insofern* dieses als Negation auf der anderen Seite des Möbius-Bandes liegt. Die These Hegels, daß das »Insofern« nicht verabsolutiert werden darf, läßt sich durch ein Gedankenexperiment veranschaulichen: Man lasse die Breite des Möbius-Bandes immer mehr gegen Null gehen, so daß aus dem Band eine räumliche Kurve wird. Die Begriffsumfänge arten zu Punkten aus, bei denen das »Insofern« nicht mehr anwendbar wird. Die beiden Gesichtspunkte schmelzen gleichsam zu *Einem* zusammen, das aber infolge der Wirksamkeit der mittelbaren Reflexion bereits verlassen und durch ein Neues ersetzt ist.
Während die dialektische Bewegung als solche nachvollziehbar ist, fehlt eine überzeugende Begründung für die angegebene Anordnung der Begriffe. Für Hegel besteht ein innerer Zwang, beim Reflektieren von »Sein-Nichts« auf das »Werden« zu kommen. In gleicher Weise sind die Abfolgen der übrigen Begriffe ein für allemal bestimmt. Eine Erklärung kann nur in dem Überwechseln zur Realdialektik gefunden werden. Bei der Analyse der Gegensatzbegriffe haben wir erkannt, daß realdialektisches Denken stets eine fertige Gliederung der Begriffsmannigfaltigkeit voraussetzt. Es ist also

nicht so, daß die Gegensätze nur gedacht werden können, weil die *Struktur der begrifflichen Anordnung* schon als gegeben vorausgesetzt wird.[30]
Betrachtet man das Möbiussche Band ohne Reflexionspfeile, so stellt es ein Modell der nicht-reflexiven Wirklichkeit alles Seienden dar. Begriffe stehen nebeneinander, in einer bestimmten Folge regelhaft wiederkehrend, rein faktisch, nur durch statistische Messungen erfaßbar, aber ohne innere Verbindung. Reflexionsfreie Widerspruchslosigkeit wird durch positivistische Faktizität erkauft. Auch hier können Gesetzmäßigkeiten nur durch Antizipationen realisiert werden. Der Glaube an das Gesetz und an die induktive Verallgemeinerungsfähigkeit ersetzt die realdialektischen Bestimmungen. Die *eine* Grundforderung der Dialektik, das Ganze mitzudenken, ist auch hier erfüllt; auf die *zweite* Forderung, nach der inneren Stimmigkeit der Gedanken, wird von vornherein verzichtet.

c) Dialektik als Geschichtstheorie – Die Rückkehr von Marx zu Hegel

Die Hegelsche Zweideutigkeit des Wirklichen als Widerspruch und Vernunft wirkt in der marxistischen Geschichtstheorie des Materialismus weiter, wo allerdings nicht mehr von der Verwirklichung eines absoluten Weltgeistes die Rede ist, wohl aber von der wissenschaftlich analysierbaren Entwicklung der materiellen Bedingungen von Gesellschaft und Ökonomie. Die *Evolution* des Geistes wird zur *Revolution* der materiellen Basis. Die kapitalistische Wirklichkeit, die ihre ursprüngliche Einheit im Streben nach Reichtum findet, zerfällt in die Widersprüchlichkeit von Bourgeoisie und Proletariat, deren katastrophale Situation nur durch die Revolution überwunden werden kann. Die Rechtfertigung der Dialektik übernehmen die neuen Wissenschaften der politischen Ökonomie und der allgemeinen Gesellschaftstheorie, die jene Strukturen analysieren.
Die Ergebnisse der *orthodoxen marxistischen* Gesellschaftstheorie haben seit dem Scheitern des weltweiten marxistischen Erlösungsexperiments ihre Glaubwürdigkeit vollkommen eingebüßt. Mit dem

30 Diesen Einwand hat bereits E. von Hartmann in (68) an verschiedenen Stellen formuliert, wonach die Hegelschen Bestimmungen letztlich aus der empirischen Kenntnis der Natur übernommen wurden.

Zerfall der marxistisch-leninistischen Partei ist auch deren Weltanschauung, der dialektische Materialismus, aus dem Spektrum glaubwürdiger Alternativen verschwunden. Auch die unorthodoxen Stimmen des *Neomarxismus* sind mit ihren Forderungen nach einer humanen Erneuerung des Sozialismus leiser geworden und üben sich ausschließlich in Kapitalismuskritik.
Ihre Dialektik ist auf einen Rest von Solidarität zur gemeinschaftlichen Anstrengung gegen die Mißstände der Gesellschaft zusammengeschmolzen. Die Kritik bezieht sich insbesondere auf die Vorherrschaft technologischer Rationalität; die Kritik der Herrschaftsverhältnisse geschieht mehr und mehr durch Selbstreflexion und nicht durch Berufung auf orthodoxe Autoritäten.
Methodisch bedeutet diese Wendung eine Auflösung des Dialektik-Begriffs in kritische Funktionen. Zwar steht im Hintergrund das Entfremdungsschema, das im geschichtlichen Prozeß Widersprüche zwischen der Praxis des Menschen und seiner Bestimmung interpretiert, aber von einer triadischen Dialektik im Hegelschen Sinne ist nichts mehr geblieben. Die Hegelsche Identität der Widersprüche ist der farblosen Einheit von Unterschiedenem (L. Althusser) gewichen. Dialektik bedeutet Offenhalten des Denkens für die Not des Einzelnen, Hingabe an das Konkrete, Individuelle.
Die methodischen Aspekte der Dialektik treten in diesen Entwicklungen mehr und mehr in den Hintergrund. Theoretiker der Dialektik erkennen, daß die enge Verquickung der Realdialektik mit den Gegenständen ihre Wissenschaftlichkeit einschränkt. So schreibt Fuller in seiner Theorie der Dialektik[31]: »Wegen ihres hohen Ideologiegehalts gibt es bei der Dialektik einen nur geringen Grad des wissenschaftlichen Konsenses. Ein ideologiefreier Diskurs ist bei der Dialektik unmöglich. Also wird die Dialektik nie als allgemeine Methode akzeptiert, noch wird ihre punktuelle Richtigkeit jemals allgemein anerkannt werden können.«
Jahrzehntelang war *Hegel* die Rechtfertigungsinstanz für marxistische Dialektik und aufgrund dieser engen Verbindung auch Ziel der Totalitarismuskritik (Popper). Wie schon Löwith erkannt hat, wurde die Beschäftigung mit Hegel bei Nichtmarxisten weitgehend durch die Herausforderungen des Marxismus bestimmt[32], wodurch die ei-

31 Fuller G.: Drei Studien zur Dialektik; (83), S. 23.

gentliche Bedeutung Hegels für die Moderne weitgehend unberücksichtigt blieb. Mit der Lösung Hegels von der Marxismus-Diskussion gewinnt die Beschäftigung mit diesem Denker wieder an Eigenwert; seine Aktualität insbesondere für die sozialpolitische Praxis ist unangeforchten und wird innerhalb des Hegelschen Sprachspiels von den verschiedensten Seiten beleuchtet.[33]

5.5 Dialektische Logik

Methodische Reflexionen zur Dialektik führen konsequenterweise auf die Frage nach einer dialektischen Formalstruktur, die an der Stelle der klassischen Logik die Argumentations- und Schlußweisen der Dialektik durchleuchten und rechtfertigen kann. Wir haben bereits in 5.2 Dialektik als »perennierende Kritik« und als Wissen vom Ganzen charakterisiert. Zu diesen Bestimmungen kommt nun eine die Grundfesten der formalen Logik tangierende Behauptung hinzu: Widersprüche müssen ernst genommen werden; sie dürfen nicht als Indiz einer verfehlten Systemkonstruktion mißverstanden werden, sondern sie stellen den Rechtsgrund zur systematischen Revision und Verbesserung des Gedankens dar. Die Lehre von den Formalstrukturen dieses dialektischen Denkens heißt im allgemeinen dialektische *Logik.*
Sie ist als Regelsystem zu verstehen, das die effektive Entscheidung ermöglicht, von einem vorgelegten dialektischen Argumentationsweg zu sagen, ob dieser adäquat oder verfehlt ist.
Eine solche dialektische Logik nennen wir *heteronom,* wenn sie ihre Prinzipien aus Regelsystemen bezieht, die außerhalb des eigentlichen dialektischen Untersuchungsfelds liegen, wie beispielsweise im orthodoxen Marxismus. Durch die Regel: »Vollziehe die Gedankenprozesse so, wie sie der historische Materialismus als Doktrin der proletarischen Bewegung lehrt« wird eine eigenständige formale dialektische Logik überflüssig. Die Rechtfertigung liegt im prakti-

32 Nach Löwith war der gesamte Kommunismus »mit den Begriffen der Hegelschen Philosophie konstruiert. Er soll die Verwirklichung der dialektischen Einheit von Selbsttätigkeit und Vergegenständlichung sein, die das Resultat von Hegels Geschichte der Philosophie ist«. Löwith (64) S. 302.

33 Zum Wandel der Hegel-Rezeption und der Beschäftigung mit Hegel siehe den Forschungsbericht von H.F. Fulda (98) S. 7ff.

zierten Materialismus. Die Notwendigkeit, mit der aus den Prämissen A, B auf die Konklusion C geschlossen wird, hängt ab von dem gesetzmäßigen Zusammenhang der in den drei Aussagen abgebildeten Sachverhalte. Wer das »Muß« in der Wirklichkeit entdeckt, kann auf ein »logisches Muß« verzichten.

Eine dialektische Logik heißt dagegen *autonom,* wenn sie unabhängig von bestimmten historischen und ideologischen Voraussetzungen intersubjektive und formale Regeln enthält, welche Rechtfertigungen dialektischer Argumentationen ermöglichen. Trotz verschiedener Versuche, solche Systeme zu entwerfen, fehlt bis heute eine Theorie, die auch nur annähernd mit den klassischen Formalsystemen der nicht-dialektischen Logik verglichen werden könnte. Eine autonome dialektische Logik kann per definitionem nicht innerhalb der klassischen Systeme entwickelt werden. Ihre Grundstruktur läßt sich nur durch die *Reflexivität* ihrer Elemente deuten, und diese wiederum ist klassisch nicht beschreibbar. Jede Reflexion unterscheidet einerseits das Ich als Subjekt vom Ich als Objekt und identifiziert andererseits beide. Mit diesen Gedanken wird sowohl die positive Rolle des Widerspruchs begründet, als auch die Möglichkeit, im subjektiven Ich die Totalität des Objektiven zu denken, plausibel gemacht.

Es gibt nun Versuche, die Reflexionsstruktur durch eine *dreiwertige* Logik darzustellen. Ob man nun die drei Werte inhaltlich als »Ich« (Subjekt), »Es« (Objekt) und »Du« (als Vermittlung beider) auffaßt oder ob man allgemeiner von Reflexivität, Irreflexivität und doppelter Reflexion spricht, (so G. Günther in mehreren Werken[34]) ist für die Formalstruktur gleichgültig. In jedem Fall stößt man auf die Schwierigkeit einer logischen Deutung mehrwertiger Kalküle. Solche Kalküle werden stets in eine zweiwertige Metatheorie eingebettet. Denn es bleibt allemal zu fragen, ob die Kalkülkonstruktion »richtig« oder »falsch« ist – nur so ist Methodisches realisierbar. Unser Denken ist außerstande, eine dritte Möglichkeit zuzulassen, etwa in dem Sinne, daß sie zugleich wahr und auch falsch ist.

Günthers Überlegungen[35] können in vier Abschnitte gegliedert werden:

34 Siehe Günther (57a), (57b), (58).

35 Wichtig für die folgenden Ausführungen ist der Aufsatz Günthers »Das Problem einer Formalisierung der transzendental-dialektischen Logik« (64), S. 65–123.

1. Zunächst geht es darum, die Reflexionsstruktur als Gegentheorie gegen die Tarski-Semantik zu beschreiben, um den Verzicht auf zwei statische, in einem Widerspruch stehende Wahrheitswerte zu rechtfertigen und eine Mehrwertigkeit plausibel zu machen.

2. In einer sogenannten Morphogrammatik werden die Wahrheitstafeln der logischen Grundelemente durch Gebilde (»Morphogramme«) ersetzt, die ohne W-F auskommen und es ermöglichen, auch trans-klassische Fälle zu erfassen.

3. Durch Einführung von morphogrammatischen Operatoren lassen sich in Analogie zu den Zusammenhängen zwischen den logischen Partikeln der klassischen Logik auch Zusammenhänge zwischen den Morphogrammen herstellen.

4. Durch Interpretationen der morphogrammatischen Grundelemente und Operatoren sollen die Grundgedanken der Dialektik repräsentiert werden. Beispielsweise offenbart sich in der Morphogrammatik die logische Struktur der Subjektivität, der verschiedenen Reflexionsbegriffe bei Hegel und ähnliches.

Der Ausgangspunkt stellt die Einführung sogenannter S- und O-Systeme dar. S-Systeme sind Systeme *mit*, O-Systeme solche *ohne* Umwelt. O-System gibt es nur ein einziges, nämlich das Universum, den Inbegriff des Gegebenen; das All kann per definitionem keine Umgebung haben. Ein Teilausschnitt des Universums andererseits ist noch kein System mit Umwelt. »Wenn wir davon sprechen, daß ein System eine Umwelt besitzt, so meinen wir damit ein solches, das Kraft seiner internen Organisation die Fähigkeit besitzt, die Umwelt qua Umwelt in sich abzubilden und zwischen:

a) sich
b) dem Abbildungsverhältnis
c) dem Abgebildeten zu unterscheiden.«[36]

Solche S-Systeme gibt es zahllose; sie stellen den »Normalfall« dar. Ist in der Tarski-Semantik dasjenige »wahr«, das den objektiven Sachverhalt wiedergibt, und dasjenige »falsch«, das diesen verfehlt, so rekurriert eine dialektische Logik auf die drei Bestimmungen »Abbildendes – Abgebildetes – Abbildungsverhältnis« und löst sich so von den statischen Wahrheitswerten W-F.

36 a. a. O. S. 85.

Nun zur Entwicklung der Morphogrammatik.
Der Kern der formalen Logik ist die Schlußlehre. Diese wiederum baut wesentlich auf die Aussagenlogik auf, welche als Theorie der Junktoren zu verstehen ist. Junktoren lassen sich durch Wertetafeln definieren. Übernehmen wir die in 5.3 eingeführte Reihenfolge der W-F-Kombinationen, so wird jeder Junktor durch eine Folge von vier charakteristischen Wahrheitswerten bestimmt. Für die Kontravalenz hatten wir F W W F, für die Exklusion F W W W und für die Adjunktion W W W F angegeben. Für die Konjunktion gilt W F F F. Aus kombinatorischen Gründen sind 16 Fälle denkbar. Günther abstrahiert nun von den Wahrheitswerten. Die charakteristischen Folgen unterscheiden sich dann nur noch durch die Gleichheit oder Diversität der Einzelglieder:

Kontravalenz: ○ ≠ □ = □ ≠ ○
Adjunktion: ○ = ○ = ○ ≠ □
Exklusion: ○ ≠ □ = □ = □
Konjunktion: □ ≠ ○ = ○ = ○

Aber für die Konjunktion gilt mit gleichem Recht: ○ ≠ □ = □ = □. Die Verschiedenartigkeit der Leerstellenformen ist eigentlich überflüssig, weil durch das Zeichen ≠ bereits Verschiedenheit gefordert ist. Wir erhalten also für die Konjunktion einfach das Schema · ≠ · = · = ·. Aus den 16 Wertfolgen werden nur noch 8 »Morphogramme«. Nach Günther ist mit diesem Verzicht auf Fixierung des Wahrheitswerts auf »wahr« oder »falsch« Hegels Ausgangsthese von der Identität des reinen Seins und des reinen Nichts formal erfaßt. »Damit wird dem Ausgangspunkt der Hegelschen Dialektik... ihr antinomischer Charakter genommen. Die dialektische Logik interpretiert Widerspruch als Wertwiderspruch. Aus den Tafeln... aber sind die Werte verschwunden. Diese Tafeln stellen in der Tat eine coincidentia oppositorum der korrespondierenden Gegensätze... dar. Diese Coincidenz aber ist nicht mit der Aufgabe des Formalprinzips der Logik erkauft! Im Gegenteil, wir haben jetzt das Niveau eines tiefer liegenden und allgemeineren Formalismus erreicht, weil aus ihm auch das Letzte entfernt worden ist, was sich auf den kontingent-objektiven Charakter der Welt bezieht, nämlich der faktische Eigenschaften designierende logische Wert«[37].
Da die Diversität noch mehrdeutig ist, können acht weitere Morphogramme definiert werden. In der Kontravalenz wird vorausgesetzt, daß die erste und die vierte Stelle durch gleiche Variablen ersetzt wird. Das ist im allgemeinen Fall nicht notwendig. Wir erhalten also z.B. zur Kontravalenz ○ ≠ □ = □ ≠ ○ ein weiteres sogenanntes transklassisches Morphogramm, nämlich ○ ≠ □ = □ ≠ △. Drückt man beide durch eine einzige Variable aus, so lauten die Morphogramme

Klassisch 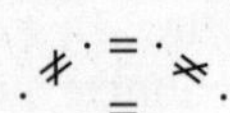 bzw. transklassisch 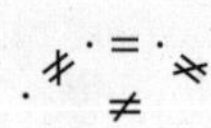

37 a. a. O. S. 92.

Es ergeben sich insgesamt acht weitere transklassische Morphogramme. Für die dialektische Struktur benötigt man noch einen Abbildungsoperator, der das ursprüngliche Abbildungsverhältnis, welches durch das Abgebildete (Objekt) und das Abbildende (Subjekt) gegeben ist, selbst wieder abbildet. In Anlehnung an eine Fichte-Stelle[38] definiert Günther einen Operator R (»Reflektor«) als Spiegeloperation im geometrischen Sinn:

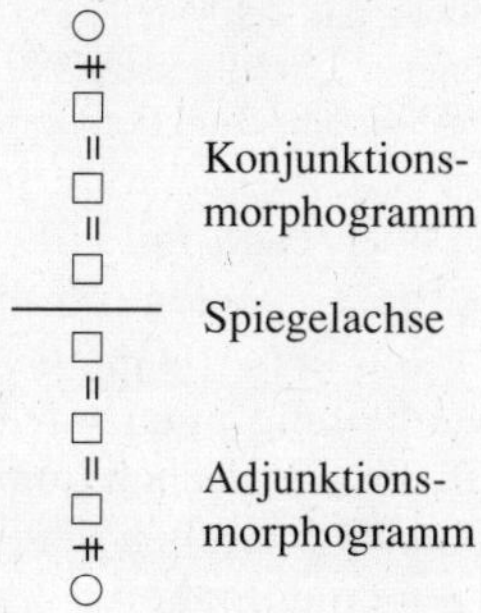

Aus dem zweiten von uns angegebenen Konjunktionsmorphogramm wird z.B. durch Spiegelung das zweite Adjunktionsmorphogramm. Günther identifiziert diese Reflexion mit der »unmittelbaren Reflexion« bei Hegel. Durch Zusammenfassung bestimmter Morphogramme zu Systemen gelingt es Günther, klassische Morphogramme auch in trans-klassische zu reflektieren. Damit sind die Zusammenhänge zwischen den logischen Grundelementen der Morphogrammatik hergeleitet.

Entscheidende Bedeutung kommt für die Interpretation der Dialektik der sogenannten Transjunktion zu. Wir betrachten zur Erklärung die folgende Tabelle:

$p \wedge q$	$p \vee q$	p	q	T
W	W	W	W	W
F	W	W	F	←
F	W	F	W	←
F	F	F	F	F

38 Zitiert bei Günther a. a. O. S. 96.

Während in der ersten und letzten Zeile in der T-Spalte die vorgegebenen Werte einfach wiederholt (»akzeptiert«) werden, wird in der zweiten und dritten Zeile die klassische Alternative W oder F zurückgewiesen, »rejiziert«, indem man einen dritten Wert (einfache Rejektion) oder einen dritten und vierten Wert (differenzierte Rejektion) einführt.
Durch die Zulassung der Rejektion wird der irreflexive Seinsbereich als Ganzer verworfen. »Derselbe wird in logischen Abstand gesetzt und erhält den Charakter einer Umwelt für etwas, das sich von ihr absetzt. Es scheint uns nun, daß, wenn Subjektivität irgendeinen formallogischen Sinn haben soll, der betreffende nur durch eine solche Absetzungsfunktion repräsentiert sein kann«[39].

Günther ist nun davon überzeugt, mit Hilfe seiner Morphogramme die Reflexionsprozesse bei Hegel logisch adäquat darstellen zu können. Allerdings bleibt von der Angabe der Struktur von Morphogrammen bis zur Ausarbeitung einer »dialektischen Schlußlehre« noch ein weiter Weg. In der klassischen Logik besteht ein umkehrbar eindeutiger Zusammenhang zwischen der logischen Folgerung »A, B imp C« und der Allgemeingültigkeit der Subjunktion $A \wedge B \rightarrow C$, welche in einer Wertetafel abgelesen werden kann – allerdings mit Hilfe von Wahrheitswerten. Es ist kein Zufall, daß die Übertragung dieses Gedankens auf dialektische Zusammenhänge bei Günther fehlt. Wie soll ein dialektisches logisches Gesetz überhaupt definiert werden, wenn die Wahrheitswerte eliminiert wurden? Günther übersieht die schon erwähnte Rolle des Wahrheitsbegriffs auf der Metaebene. Wenn die Morphogrammatik als adäquate Beschreibung der logischen Struktur gedacht wird, dann steckt in der Adäquatheit der Gedanke der *wahren* Beschreibung. In Wirklichkeit wird also das zweiwertige Wertedenken gar nicht aufgegeben. Immer wieder bricht es durch: so etwa in der Verwendung der Zeichen »=« und »≠«, die als metatheoretische Zeichen durchaus eine zweiwertige Struktur aufweisen. Weil die erwähnte Allgemeingültigkeit von Subjunktionen ebenfalls eine metalogische Eigenschaft ist, muß eine Grundlegung der Logik auch die Metaebene mit in die Betrachtung einbeziehen. Ob diese ohne transformierte W-F-Strukturen gedacht werden kann, ist mehr als zweifelhaft.

39 a. a. O. S. 106/107.

Erst wenn eine nachprüfbare Beziehung zwischen den effektiven dialogischen Satzfolgen, die »dialektisch korrekt« sind, und den zugehörigen Morphogrammen auf Metaebene hergestellt ist, kann man Entwürfe im Stile Günthers als *Rechtfertigung dialektischer Schlüsse* betrachten. In der bisher vorliegenden Form bleiben alle Überlegungen im Vorfeld der autonomen Logik, bestenfalls bedeuten sie Beiträge zur *Strukturbeschreibung* der noch zu entwikkelnden Logik.
Auch spätere Arbeiten zur dialektischen Logik kommen über solche strukturellen Ansätze nicht hinaus. Beispielsweise behauptet L. Erdei im Rotterdamer Kolloquium zu »Dialektik-Konzeptionen der Gegenwart«[40], das Induktionsproblem durch die Anwendung der dialektischen Logik gelöst zu haben. Untersucht man daraufhin diese sogenannte »dialektische Logik« genauer, so bestätigt sich alles bisher zur Dialektik Gesagte: Der Bezug auf Totalität, auf Realdialektik und Hegelsche »Beweise« liefert keinerlei neue Gesichtspunkte und weicht den eigentlichen logischen Problemen aus. Es gibt eben bis heute keine auch nur andeutungsweise ausgebaute logische Theorie der Dialektik; »die Theorie der Dialektik ist noch zu konstruieren« (Fuller[41]).

40 In: Kimmerle (83), S. 43 ff.: L. Erdei: »Die Begründung allgemein wahrer Sätze durch die dialektische Logik. Über das Problem der Induktion.«
41 Fuller (83) S. 7.

6. Kritische Stimmen zur Dialektik

6.1 Die ablehnende Kritik der formalen Wissenschaftstheorie

Die massivsten Einwände gegen das dialektische Denken kommen von den formalen Wissenschaftstheoretikern, für welche Dialektik der Inbegriff des intellektuellen Sündenfalls darstellt. In der Tat stehen beide Denkmethoden in einem gewissen Gegensatz zueinander. Die Wissenschaftstheorie versucht die Unzahl philosophischer Gedanken durch begriffliche Schärfe zu filtern und sich auf solche zu beschränken, denen ein explizierbarer Sinn zugeschrieben werden kann. Die solchermaßen präzisierten Begriffe ermöglichen dann auch die Formulierung gewisser Teileinsichten über die Wissenschaft und über die Welt. Dieser *Beschränkung auf Unbezweifelbares* tritt nun der dialektische *Anspruch auf integrales Denken* entgegen, in welchem stets der Bezug zum Ganzen ins Auge gefaßt wird.
Auch das zweite dialektische Moment steht dem formalen wissenschaftstheoretischen Denken diametral entgegen. Durch die Präzision gelingt eine Systemkonstruktion, die *frei von Widersprüchen ist* und auch keine Widersprüche duldet. Von der *Idee des Widerspruchs, der die Gedanken vorantreibt,* bleibt nicht viel mehr übrig als das metatheoretische Problembewußtsein, das System zu verbessern. Man gibt zu, daß am Anfang der Systemkonstruktionen und in gewissen Stadien der Ausführung Widersprüche auftreten, die aber sofort eliminiert werden müssen, also nur Anzeichen des noch nicht abgeschlossenen Forschungsprozesses sind. In der entwickelten Theorie ist nur Platz für A oder Non-A; Wenn A wahr ist, muß Non-A eliminiert werden, und umgekehrt. Wissenschaftliche Fakten widersprechen sich nicht, wenn sie sich auch aus widersprüchlichen Versuchen der Forscher-Individuen konstituieren. Weder die transzendentale Fragestellung noch der Rekurs auf Reflexionsstrukturen wird thematisiert. Formale Wissenschaftstheorie verwendet Logik als Instrument der Weltbeschreibung, die kein Subjekt kennt.

a) »Der Mythos der totalen Vernunft«

Im Zusammenhang mit dem Positivismusstreit stellt Albert in einigen direkten Beiträgen[1], aber auch in seinen darauffolgenden zahlreichen Veröffentlichungen, die integrale Funktion der Dialektik an den Pranger. Wenn Habermas auf die Unerklärbarkeit der Totalität hinweist[2], so bedeutet das für Albert nichts anderes als ein Ausweichen in eine »Immunisierungsstrategie..., die in der Erwartung gründet, daß der Kritik entgehen mag, was sich der Analyse entzieht«.[3] Hinter dem Begriff der Totalität »steckt wohl nicht viel mehr. .. als die Idee, daß irgendwie alles mit allem zusammenhänge. Inwiefern aus einer solchen Idee irgendeine Auffassung einen methodischen Vorteil gewinnen könnte, müßte eigentlich nachgewiesen werden. Verbale Beschwörungen der Totalität dürften da kaum genügen.«[4] »Totalität... (erscheint) als ‚Fetisch', der dazu dient, ‚willkürliche' Dezisionen als objektive Erkenntnisse erscheinen zu lassen«[5]. Topitsch und Hochkeppel[6] versuchen, einen Zusammenhang zwischen dialektischen und archaisch-gnostischen Denkstrukturen nachzuweisen. Auch die Mystik konzentrierte ihr geistiges Streben auf das Ganze, vorwiegend unter dem Titel »Gott«. Aber gerade diese Versuche zeigen die Ferne zum modernen, durch wissenschaftliche Präzision geprägten Denken. In der Mystik wirkt keine Rationalität; ebensowenig erhebt sie einen intersubjektiv nachprüfbaren Erkenntnisanspruch, sondern ist nur Ausdruck bestimmter Gefühlsstimulationen. Als solche haben Mystik und – wenn man so will – Dialektik ihre Existenzberechtigung. Ein anderes aber ist der An-

1 Vgl. »Der Mythos der totalen Vernunft – Dialektische Ansprüche im Lichte undialektischer Kritik«, S. 193 ff.; ferner »Im Rücken des Positivismus?« S. 267 ff.; und »Kleines verwundertes Nachwort zu einer großen Einleitung«, S. 335 ff. in Adorno u. a. (69).

2 Siehe insbesondere die Ausführungen in »Analytische Wissenschaftstheorie und Dialektik«, S. 156 f. und 163 f. in Adorno u. a. (69).

3 »Mythos der totalen Vernunft«, S. 199, a. a. O.

4 a. a. O. S. 207, Fußnote 26.

5 a. a. O. S. 216.

6 Siehe z. B. Topitsch (67) und Hochkeppel: »Dialektik als Mystik«, in Kaltenbrunner (70).

spruch, durch mystische und dialektische Totalitätenschau objektive und wissenschaftliche Erkenntnisse erlangen zu können. Auch der Versuch von Habermas, einen Unterschied zwischen Totalität im dialektischen Sinne und Systemganzes im wissenschaftstheoretischen Sinne herauszuarbeiten, um Dialektik zu rechtfertigen, überzeugt in keiner Weise. Wie soll man diesen Unterschied identifizieren, wenn Habermas als Quintessenz seiner Ausführungen schreibt: »Der Unterschied zwischen System und Totalität im genannten Sinne läßt sich nicht direkt bezeichnen; denn in der Sprache der formalen Logik würde er aufgelöst, in der Sprache der Dialektik aufgehoben werden müssen«[7]. Die »Sprache der Dialektik«, in der vom »Aufheben« die Rede ist, wird ja gerade erst durch die Einsicht in die integrale Funktion unseres Denkens möglich. Die ernsthafte Schwierigkeit, Argumente dieser Art zu verstehen, wird von Habermas zum aggressiven Vorwurf gewendet: »Das methodisch geübte Kannitverstan trocknet eine Diskussion aus, die sich schon im Umkreis eines gemeinsam vorausgesetzten Vorverständnisses immer bewegen muß«[8]. Es geht aber nicht um das Vorverständnis als solches, sondern um ein Wissen, welches Anspruch auf kritische Rationalität und wissenschaftliche Objektivierbarkeit erlaubt.
»Der Eindruck, daß hier ein Mysterium vor dem entzaubernden Zugriff wissenschaftlicher Kritik geschützt werden soll, läßt sich nicht mehr von der Hand weisen. Hier geht es offenbar in den allermeisten Fällen darum, dogmatische Überzeugungen durch die Berufung auf ein unüberprüfbares aber angeblich ‚höheres' Wissen gegen jede Kontrolle abzusichern.«[9] Die mystisch-totale Weltschau muß auch Widersprüche umfassen, wie ja auch für Meister Eckhart die Tiefe und die Höhe eins sind.

7 Habermas: »Analytische Wissenschaftstheorie und Dialektik«, S. 156, in Adorno u. a. (69).
8 Habermas: »Gegen einen positivistisch halbierten Rationalismus«, S. 265, in Adorno u. a. (69).
9 Topitsch: »Zur Kritik der ‚dialektischen Vernunft'«, S. 24, in Kaltenbrunner (74).

b) Die Flucht in den Widerspruch

Formale Wissenschaftstheorie wird nicht müde, die Unmöglichkeit, Widersprüche innerhalb eines Systems zu denken, darzulegen. A und $\sim A$ wird zu $A \wedge \sim A$; wenn $A \wedge \sim A$ wieder einen Widerspruch aus sich heraustreibt, so wird dieser $(A \wedge \sim A)$, aber nicht *mehr,* kein Neues, das mehr wäre als die Gesamtheit des bereits Erkannten.
Die Dialektiker haben es leicht, diesen Einwänden auszuweichen, da sie ja gerade die formale Denkweise, welche die Unmöglichkeit des Widerspruchs erzeugt, als minderwertig oder sekundär ansehen.[10]
Die Kritik muß tiefer ansetzen: Ein Minimum formalen Denkens, das die Widerspruchsfreiheit voraussetzt, ist notwendig, um wissenschaftliche Thesen und objektive Erkenntnisse formulieren zu können und um den Anspruch auf Rationalität zu retten. Wer Widersprüche in toto zuläßt, ohne genaue Anweisungen zu geben, unter welchen Bedingungen sie als sinnvoll zu denken sind, liefert sich der Gefahr aus, jeden Unsinn denken zu dürfen, insbesondere jede politische Ideologie als wissenschaftlich ausweisen zu können. Deshalb konzentriert sich die logische Diskussion vorwiegend auf die Frage, wie Widersprüche effektiv von Unsinn zu unterscheiden sind. Da die Einwände von dialektischer Seite hier recht großzügig beantwortet werden und die Antworten mehr an Ideologiebekenntnisse als an wissenschaftliche Rechtfertigungen erinnern, ist es kein Wunder, daß gerade diesbezüglich formale Wissenschaftstheoretiker besonders allergisch reagieren.
Der Vorwurf, mit der dialektischen Methode alles und das Gegenteil von allem beweisen zu können und damit die völlige Manipulierbarkeit der Wahrheit zu verkünden, wurde schon oftmals artikuliert. Auf die Gefahren für die Politik macht v. a. Topitsch aufmerksam: »Diese Manipulierbarkeit ist im Laufe der Geschichte besonders auf dem Gebiet der Politik immer deutlicher hervorgetreten. Immer wieder hat sich gezeigt, daß die dialektischen Leerformeln zur Legitimierung oder Bekämpfung jeder beliebigen moralisch-politischen For-

10 So etwa in Tugendhats Kritik des Tarskischen Wahrheitsbegriffs, in Tugendhat (60), S. 141: »So ist die Behauptung, die Umgangssprache sei widerspruchsvoll, sinnlos, weil die Umgangssprache ihrem eigenen Sinn nach überhaupt kein geschlossenes System bildet.« Auf S. 133 wird auf den fehlenden »Aspekt zum Ganzen« verwiesen.

derung, Maßnahme, Bewegung oder Institution verwendbar sind. Die Ideologiekritik hat das schon seit Jahrzehnten erkannt. So schrieb etwa Hans Kelsen in seiner nun vor mehr als einem Vierteljahrhundert erschienenen Schrift ‚The Political Theory of Bolshevism' zu diesem Thema: ‚Nichts kann die wissenschaftliche Belanglosigkeit der dialektischen Methode klarer beweisen als der Umstand, daß sie es Hegel gestattet, den Staat als einen Gott zu verherrlichen, und es Marx erlaubt, ihn als einen Teufel zu verfluchen. Unter Anwendung dieser Methode behauptet der eine, daß die fortschreitende Verwirklichung der Vernunft – mit Hilfe von Kriegen – notwendig zur Weltherrschaft der deutschen Nation führt, während der andere als unvermeidbares Ergebnis der geschichtlichen Entwicklung die revolutionäre Errichtung der freien Gesellschaft des Weltkommunismus vorhersagt.' Die Dialektik kann eben von den an der Macht Befindlichen und von den zur Macht Drängenden gleicherweise für ihre Zwecke benützt werden. Die einen verklären die bestehende Herrschaftsordnung als drittes, abschließendes und krönendes Stadium; die anderen verweisen diese Ordnung in die zweite, negative und zur Überwindung bestimmte Phase, wogegen sie ihre eigene Machtübernahme als erlösenden Sprung in die dritte Phase prophezeien.«[11]

Gegen die realdialektische Beschreibung sich entwickelnder Phänomene durch das Widerspruchsprinzip hat bereits Goethe protestiert. Bekanntlich hat dieser die Lektüre von Hegels »Phänomenologie des Geistes« bereits nach dem Satz »Die Knospe verschwindet in dem Hervorbrechen der Blüte, und man könnte sagen, daß jene von dieser widerlegt wird...« zu Beginn der »Vorrede« abgebrochen.[12] Auch die meisten heutigen Hegel-Interpretationen orientieren sich weniger an den methodologischen Gesichtspunkten einer strengen Dialektik als an der faktischen Abfolge realer Prozesse. Gadamer hat diese Tendenz auf den Begriff gebracht, wenn er sagt: »Es sind die Sachen, die man bei Hegel zu lernen hat...«[13]

11 Topitsch in Kaltenbrunner (74), S. 29.

12 Siehe Gadamer (76) S. 33/34.

13 a. a. O. S. 39/40. Siehe wieder Fulda (98), wo allerdings auch die Perfektionierung des internen Hegel-Sprachspiels durch weitere Forschungen und Publikationen im Vordergrund steht.

c) Der Dogmatismus der dialektischen Prinzipien

Die Dialektiker wehren sich mit mehr oder weniger Erfolg gegen den Vorwurf, reine Ideologien und Phantastereien zu verkünden; sie verweisen auf die geschichtliche Erfahrung als letzte Instanz ihrer Einsichten. Bei Adorno verflüchtigt sich formale Logik zur gesellschaftlichen Produktionskraft, ja die Wissenschaftstheorie wird als Stadium eines bestimmten Produktionsverhältnisses interpretiert.[14] Im gleichen Sinn wird die *genetische* Abhängigkeit der Wissenschaft von der Gesellschaft auch als *inhaltliche* verstanden. Neben dem Verweis auf eine vorgängig wirksame Lebenswelt, die Grundlage jeder hermeneutischen Argumentation sein wird (vgl. unten Kap.7), bezieht sich Habermas im Anschluß an Hegel besonders auf die Kraft der Reflexion, die Dialektik durch das Gespräch auf den richtigen Weg bringt. »Ich vertraue auf die Kraft der Selbstreflexion. Wenn wir das, was in Forschungsprozessen geschieht, reflektieren, gelangen wir zu der Einsicht, daß wir uns immer schon in einem Horizont vernünftiger Diskussionen bewegen, der weiter gezogen ist, als es der Positivismus für erlaubt hält«[15]. Dialektik wird so zur Struktur eines Denkens, das sich nicht innerhalb der Dialektik selbst begründet, sondern die entscheidenden Impulse von einer vorgängig erschloßenen Welt erhält, die innerhalb der sogenannten hermeneutischen Philosophie entfaltet wird. Insofern ist sie von den Annahmen einer allgemeinen Philosophie der Gesellschaft, der Geschichte oder auch der Menschen abhängig. Für die formale Wissenschaftstheorie bedeutet die Berufung auf solche Lehren eine Flucht in die Ideologie und damit die Aufhebung ihres kritischen Selbstverständnisses.

Eine methodologische Erklärung des Phänomens, warum das dialektische Denken sich z. B. bei Hegel oder anderen so reibungslos von Begriff zu Begriff fortentwickelt, argumentiert mit der Ungenauigkeit der Begriffsverwendung. Dialektik ist nach dieser Auffassung nichts anderes als *Begriffsunterschiebung*. Dialektische Begriffsentwicklungen verlaufen nur deshalb in eine bestimmte Richtung, weil bei jeder Entgegensetzung nicht die Menge *aller* Gegenbegriffe gesetzt wird; im Falle des kontradiktorischen Gegensatzes kann einem Begriff nur die Gesamtheit aller nichtgemeinten

14 Adorno a. a. O. S. 10.
15 a. a. O. S. 235.

Begriffe entgegengesetzt werden; in der dialektischen Praxis wird aber ein *bestimmter* ausgewählt. Entsprechendes gilt für den *konträren* Gegensatz. Eine weitere Begriffsbestimmung wird stillschweigend untergeschoben, damit die dialektische Entwicklung in die gewünschte Richtung gelenkt werden kann. »Die Hegelsche dialektische Methode ist also prinzipiell eine Methode der Begriffsunterschiebung. Sie kommt ohne Begriffsunterschiebung nicht einen Schritt weiter. Eben gerade aber solche Methode ist geeignet, Beliebiges mit Beliebigem zu verknüpfen. Für die konträren Begriffe, die in der Antithese an Stelle der kontradiktorisch entgegengesetzten unterschoben werden, ist ja eine bestimmte Richtung, in der sie zum Ausgangsbegriff gegensätzlich sein sollen, nirgends vorgeschrieben. Scheinbar kann also das ganze Weltall und in beliebiger Abfolge, aus was man immer will, abgeleitet werden«.[16]

6.2 Sprachanalytische Einwände gegen eine dialektische Methode

Die dialektische Methode in unserem Sinn enthält zwei wesentliche Merkmale: die Artikulation des Ganzen und die positive Funktion des Widerspruchs. Die Sprachanalyse übt an beiden Prinzipien Kritik; sie kennt weder eine Art universales Sprachspiel, noch glaubt sie, den Widerspruch von Begriffen so scharf und eindeutig fassen zu können, um daraus methodische Folgerungen ziehen zu dürfen.

a) Die Sprache und das Ganze

Weite Teile der Sprachanalyse richten sich gegen falsche Verallgemeinerungen. Schon bei *G. E. Moore,* einem der bedeutendsten Vorläufer der eigentlichen sprachanalytischen Philosophie, finden wir zahlreiche kritische Bemerkungen zu einer Vorstellung, die das Universum als Ganzes betrifft. In der Zeit, in welche Moores erste philosophische Untersuchungen fallen, die den unmittelbaren Anstoß zur Ausbildung der sprachanalytischen Methode gaben, war in England der Hegelianismus in der Form eines absoluten Idealismus weit verbreitet, der besonders von F. H. Bradley und J. E. McTaggert

16 So Magdalena Aebi, zitiert in Klaus (73), S. 57.

vertreten wurde[17]. Doch Moore, dem modernen Philosophen des Common sense, liegt nichts ferner, als eine Beschreibung der Wirklichkeit als Ganzes geben zu wollen. Die fundamentalen Annahmen unseres alltäglichen Selbstverständnisses kommen ohne solche Spekulationen aus. In seinen Untersuchungen zeigt er, daß selbst ein so weitreichendes Wort wie »Existenz« differenziert verwendet werden muß. Anhand der alten Streitfrage nach dem Prädikat-Charakter der Existenz analysiert er solche Differenzierungen und zeigt, wie verschwommen alle uniformen Verwendungsweisen, welche die Basis von Universalprinzipien abgeben sollen, letztlich sind.
Die Kritik *Wittgensteins* an phänomenologischen Wesensvorstellungen geht in die gleiche Richtung[18]. Danach besteht ein Unterschied, ob man ein und dasselbe Wort für verschiedene Sprachspielsituationen verwendet oder ob das Wort auch wirklich ein Identisches bezeichnet. Allgemeine Weltprinzipien lassen sich jedenfalls nicht formulieren: »Was zum Wesen der Welt gehört, kann die Sprache nicht ausdrücken. Daher kann sie nicht *sagen,* daß alles fließt. Nur was wir uns auch anders vorstellen können, kann die Sprache sagen«[19]. Wenn das Reden vom Ganzen irgendeinen Sinn haben soll, dann nicht einen *ontologischen,* sondern einen rein sprachimmanenten: »Ich kann mit der Sprache nicht aus der Sprache heraus«. »Das heißt aber, daß jede Art des Verständlichmachens einer Sprache schon eine Sprache voraussetzt«.[20]Auch die Nachfolger Wittgensteins bleiben diesbezüglich skeptisch. Austin setzt die Moorsche Diskussion über ontologische Grundbegriffe fort. Anstelle des Wortes »existieren« nimmt er das Adjektiv »wirklich« unter die Lupe und kommt zu ganz entsprechenden Aussagen wie Moore[21]. Die Wirklichkeit als ontologischer Grundbegriff und als Repräsentation des Ganzen ist ein Scheinbegriff, der keinerlei ontologische Aussagen ermöglicht. Austin zeigt, daß Gegenstände bezüglich der einen Eigenschaft als wirklich, bezüglich einer anderen als nicht-wirklich, ja bezüglich ein und derselben Eigenschaft als wirklich und zugleich auch als nicht-wirklich angesehen werden können[22].

17 Zur Auseinandersetzung Moores mit dem Hegelianismus siehe Regan (86).
18 Vgl. unten 10.2d.
19 Philosophische Bemerkungen, Wittgenstein (64b), § 54.
20 a. a. O. § 6.
21 Vgl. »Sense and Sensibilia«, (62), Kap. 7.
22 Einzelheiten bei Savigny (69), Kap. 5, und Speck (75), S. 215 ff.

Der Mensch begegnet der Wirklichkeit stets durch die Sprache. Aber diese Begegnung vollzieht sich immer in abgegrenzten Teileinheiten, in der spezifischen Situation des je Sprechenden. Vom Ganzen können stets nur Bruchstücke, Perspektiven und Andeutungen erhascht werden. Deshalb hat es wenig Sinn, eine Methode zu entwikkeln, die vom Ganzen als notwendiges Element ihrer Möglichkeit ausgeht.

b) Sprachanalytische Bemerkungen zur Rolle des Widerspruchs

Der *Mathematiker* Wittgenstein hat sich an verschiedenen Stellen zum Problem des Widerspruchs und zu dessen Rolle in Mathematik und Philosophie geäußert[23]. Seine Argumentation geht in zwei Richtungen. Einerseits streitet er dem Widerspruchsprinzip die konstitutive Rolle ab, die ihm im Formalismus zugeschrieben wird; andererseits glaubt er *nicht* an die methodische Kraft des Widerspruchs, wie sie im dialektischen Denken angenommen wird, – trotz aller Toleranz, in bestimmten Situationen dem Widerspruch eine positive Funktion zugestehen zu können. Formalistische Systeme stehen und fallen mit der Widerspruchsfreiheit; sie fungiert als Existenzbedingung des Mathematischen: alles, was widerspruchsfrei gedacht werden kann, existiert; das Auftreten eines Widerspruchs bedeutet die Aufhebung der logischen Ordnung im Kalkül. Beim Widerspruch handelt es sich nach formalistischer Auffassung also nicht um eine reparable Panne, sondern er beinhaltet die Negation des Kalküls als Darstellungsmittel überhaupt. Aber Wittgenstein glaubt nicht an den inneren logischen Zwang von idealen mathematischen Strukturzusammenhängen, weil sich dieser zu sehr an einem falschen Maschinenmodell orientiert. Wir müssen uns von diesem Bild befreien. »Wir werden den Widerspruch in einem ganz anderen Lichte sehen, wenn wir sein Auftreten und seine Folgen gleichsam anthropologisch betrachten – als wenn wir ihn mit der Entrüstung des Mechanikers anblicken. Das heißt wir werden ihn anders sehen, wenn wir nur zu *beschreiben* versuchen, wie der Widerspruch Sprachspiele beeinflußt; als wenn wir ihn vom Standpunkt des mathematischen

23 Eine ausführliche Darstellung dieses Problems findet man in Wuchterl (69a), insbes. S. 184.

Gesetzgebers ansehen«[24]. Wittgenstein billigt also ausdrücklich dem Widerspruch eine bestimmte positive Funktion in gewissen Sprachspielen zu. So gibt es Situationen, wo ein Widerspruch vielleicht Staunen oder Unentschlossenheit bewirken soll[25]. Das heißt aber keineswegs, daß der Widerspruch ganz allgemein zu einem dialektischen Prinzip hochstilisiert werden kann. Sehr häufig stellen widersprüchliche Sprachspielsituationen Spielereien dar, die gar nicht ernst genommen zu werden brauchen[26]; in anderen Fällen haben sie Signalfunktion: »Der Widerspruch ist nicht als Katastrophe aufzufassen, sondern als eine Mauer, die uns anzeigt, daß wir hier nicht weiter können«[27].

Die Kritik der übertriebenen Präzision durch Wittgenstein trifft also nicht nur die formalistische These der widerspruchsfreien Existenz, sondern auch die dialektischen Vorstellungen von einer methodischen Funktion eines ernst genommenen Widerspruchs.

Auch *Austin* untersucht die Problematik des Widerspruchs, und zwar führt er eine Analyse des *Gegenteils* von Wörtern durch. In der Arbeit »Ein Plädoyer für Entschuldigungen«[28] zeigt er an dem Wort »freiwillig« – dessen Verwendung für ethische Theorien von größter Bedeutung ist – daß es Wörter gibt, die ganz verschiedenartige Gegenteile besitzen, ja daß es sogar sein kann, daß gewisse adverbiale Ausdrücke und Adjektive überhaupt keine Gegenteilsbildung zulassen. Das Gegenteil von »freiwillig« kann je nach Situation »unter Verpflichtung, Nötigung oder Beeinflussung stehend« bedeuten; das Gegenteil ist jedoch nicht etwa »unfreiwillig«; denn das Gegenteil zu diesem wird durch »überlegt«, »vorsätzlich« und ähnliches ausgedrückt.

Austins zentrale These betrifft die Modifikation von Handlungsbeschreibungen. Wenn eine Handlung normal verläuft, ohne daß dabei etwas schief geht, dann verwenden wir niemals Wörter wie »freiwillig«, »vorsätzlich«, »überlegt« und ähnliches. Verläuft die Handlung aber irgendwie verquer, also den Standard-Fall modifizierend, so treten eben diese Wörter als Beschreibungen der Modifikationen

24 Wittgenstein (56), S. 110.
25 a. a. O. S. 130.
26 a. a. O. S. 51.
27 Wittgenstein (67), Nr. 687.
28 Austin (74), S. 50 f.

auf. Nennen wir die Wörter, welche solche Modifikationen beschreiben, mit Searle[29] A-Wörter -, es handelt sich um die Wörter, welche besondere zusätzliche »Anwendungs-«Bedingungen voraussetzen – dann lassen sich die meisten Beiträge zur philosophischen Diskussion der Willensfreiheit als Beispiele interpretieren, in denen A-Wörter verwendet werden, wo gar keine A-Bedingungen vorliegen. Die Frage, ob die Person X den Arm freiwillig oder unfreiwillig hebt, ist sinnlos, weil »freiwillig« auf solche Normalhandlungen nicht anwendbar ist. Austin behauptet weiter, daß die Negation eines A-Wortes ein anderes A-Wort ist. Searle korrigiert diese These, indem er zeigt, daß die Negation eines A-Worts nie wiederum ein A-Wort sein kann[30].

Ein Grundgedanke der Dialektik als methodologisches Prinzip ist die Überzeugung, daß unsere Erkenntnisse durch die treibende Kraft von Widersprüchen voranschreiten. Zur Vermittlung der Gedanken bedürfen wir der Sprache. Nach den soeben dargelegten Beziehungen und Vieldeutigkeiten von A-Wörtern und deren Gegenteil ergeben sich für eine methodisch argumentierende Dialektik zahlreiche Schwierigkeiten. Die philosophisch interessantesten Beispiele sind stets Überlegungen zu den modifizierten Handlungen. Aber gerade hier läßt sich zu den A-Bedingungen kein Widerspruch konstruieren, der als Negation oder Gegenteil den Erkenntnisfortschritt garantierte. Angenommen, eine Handlung, beispielsweise die Herbeiführung einer bestimmten Gesellschaftsveränderung im Leninschen Sinne der individuellen Aktivität des Revolutionärs, wird als »freiwillig« verstanden. Dann hat es keinen Sinn, diese Handlung gleichzeitig als »unfreiwillig« zu verstehen und sie etwa in Analogie zur Hegelschen »List der Vernunft« zugleich den geschichtlichen Gesetzlichkeiten unterworfen zu denken. Entweder man faßt »unfreiwillig« als Gegenteil von »freiwillig« auf, dann kann das Wort nicht gleichzeitig eine Modifikation beschreiben, wie sie in der philosophischen Argumentation ins Auge gefaßt ist; oder aber »unfreiwillig« ist nicht das Gegenteil von »freiwillig«, dann verliert die Dialektik ihre erklärende Kraft, sie baut nur noch auf Begriffsverwechslungen und Begriffsverschiebungen auf, deren es bei souveräner Handhabung der sprachlichen Mittel genügend gibt.

29 Searle »Behauptungen und Abweichungen«, S. 91, in Grewendorf-Meggle (74)

30 a. a. O. S. 91.

6.3 Versuche einer Umdeutung des Dialektik-Begriffs

Neben den generell ablehnenden Stimmen zur Dialektik gibt es eine Reihe von Versuchen, welche einen berechtigten Kern in den Argumentationen der Dialektik zu erkennen meinen und daher die Dialektik in völlig neuer Form definieren.

a) Dialektik als Logik der Forschung (Popper)

Der Wissenschaftstheoretiker Popper, in dessen System die deduktive Logik von größter Bedeutung ist, tritt hier als Repräsentant der von ihm schärfstens angegriffenen Dialektik auf. Popper identifiziert in seinem Versuch, mit dem Wort »Dialektik« einen Sinn zu verbinden, diese Lehre mit dem Übergang von einer These zur Antithese und von der Antithese zu einer übergeordneten Synthese. Die einzelnen Thesen bedeuten für ihn weder *Einzelbegriffe* noch *Einzelaussagen,* sondern sie werden durch die jeweils akzeptierten wissenschaftlichen *Theorien* repräsentiert. Im Gegensatz zur Satzdialektik des Gesprächsmodells und zur Realdialektik des Begriffsmodells haben wir es hier mit einer Art Theoriendialektik zu tun. Wir erinnern an Poppers Versuch, mit Hilfe des Bewährungsbegriffs aus der Menge vorläufig akzeptierter Hypothesen einzelne Annahmen auszuscheiden und so den Fortschritt der wissenschaftlichen Forschung zu erklären.
Die Entwicklung verläuft in festen methodischen Bahnen; es handelt sich um triadische Stadien, die beschrieben werden können. Die These wird durch die Konjunktion aller Aussagen der Theorie gesetzt. Da in einer Theorie zahlreiche theoretische Elemente enthalten sind, die auf spontane und gewissermaßen willkürliche, zumindest nicht rein-logische Entwürfe zurückgehen, ist eine Gegenthese nicht nur denkbar, sondern auch naheliegend: Die Aufgabe besteht nun darin, den Widerspruch zu beseitigen, entweder durch Abwandlung der Ausgangshypothese oder durch Relativierung des Widerspruchs, indem man beispielsweise auf gewisse Randbedingungen aufmerksam macht, die vorher nicht berücksichtigt wurden. In jedem Fall muß eine neue Theorie entwickelt werden, die als Synthese fungiert.
In dieser »Theorie der dialektischen Triade« spielt der Widerspruch eine völlig andere Rolle als in der klassischen Dialektik. Auf diesen

Unterschied weist Popper immer wieder hin. In einer Theorie, welche die deduktive Logik als integrierenden Bestandteil enthält, kann der Widerspruch nur Signalfunktion haben, die zugleich seine Ausrottung zur Folge hat. »Denn wenn wir bereit wären, Widersprüche zu dulden, könnte ihre Offenlegung in unserer Theorie uns nicht mehr veranlassen, diese zu ändern... Alle Kritik würde ihre Kraft verlieren... Die alleinige ‚Kraft', die die dialektische Entwicklung vorwärts treibt, ist deshalb unser Entschluß, den Widerspruch zwischen Thesis und Antithesis nicht zu akzeptieren bzw. nicht zu dulden«[31].

Dialektik ist in den Augen Poppers keine Methode, in welcher der Widerspruch »aufgehoben« wird, sondern eher ein deskriptives Schema zur Aufeinanderfolge von Entwurf und Korrektur wissenschaftlicher Theorien, das sich beim Durchwandern der widersprechenden Vermutungen immer wieder zeigt.

Gegen diese Entwertung des Widerspruchbegriffs wehren sich zahlreiche Dialektiker durch die Ablehnung jedes Deduktivismus, weil dieser von der Formalisierbarkeit begrifflichen Denkens ausgehe.[32] Andere Dialektiker rechtfertigen die Ablehnung des Deduktivismus durch den Hinweis auf die »Hintergrunddialektik« im Popperschen Denken.[33] Danach übersieht Popper die Funktion, welche dem Widerspruch als Anleitung zur fortschreitenden Erkenntnis zuerkannt werden muß, wann immer wissenschaftlicher Fortschritt nicht als zufällige Aneinanderreihung neuer Vermutungen mißdeutet werden soll, die mit der Annäherung an Wahrheit nichts zu tun hat.

b) Dialektik als kybernetisches Modell

Interpretiert man Dialektik ausschließlich als Realdialektik, in der Realkonflikte in der Zeit ausgetragen werden, so bietet sich als Erklärungsschema die Kybernetik an. In den sogenannten Rückkopp-

31 »Was ist Dialektik?« S. 267, in Topitsch (65).

32 So sagt beispielsweise Adorno: »Zur immanenten Kritik der losgelassenen Logik rechnet die an ihrem Zwangscharakter hinzu. Ihn nimmt Denken durch gedankenlose Identifizierung mit formallogischen Prozessen an.« Einleitung in den Positivismusstreit, S. 8, Adorno u. a. (69).

33 Über die Hintergrunddialektik siehe v. a. die Argumentation von R. Bubner im Zusammenhang mit Poppers Lehre von der Wahrheitsannäherung; in »Dialektische Elemente einer Forschungslogik«, S. 129 ff., Bubner (74).

lungsvorgängen gibt es Fälle, die zur Beschreibung der dialektischen Entwicklung geeignet sind. Ein rückgekoppeltes System hat gewisse Übertragungsglieder, die kreisförmig angeordnet sind in dem Sinne, daß der Input eines Glieds zugleich der Output des anderen darstellt; außerdem ist im »Kreis« eine Wirkungsrichtung festgelegt, die eine Verstärkung oder Schwächung bedingt. Reagiert nun das Primärsystem auf einen im Sekundärsystem veränderten, z. B. geschwächten, Input (antithetischer Output) anders als auf die ursprüngliche Eingabe, so läßt sich die resultierende Ausgabe (synthetischer Output) als Synthese vom ursprünglichen Impuls und den sich an diesem regulierenden Gegenimpuls interpretieren. Ein Klavierspieler verspürt in der Verkrampfung seiner Hände die Behinderung des durch die Notenvorgabe intendierten Klavierspiels; andererseits bedingt die Feststellung der Verkrampfung eine Verbesserung der ursprünglichen Verhaltensweise.

Die dialektische Redeweise wird so durch eine systemtheoretische Terminologie ersetzt, die sich genauer präzisieren läßt. G. H. von Wright sieht in der gesamten Dialektik nur einen unbeholfenen Versuch, solche Rückkopplungsvorgänge zu charakterisieren.[34]

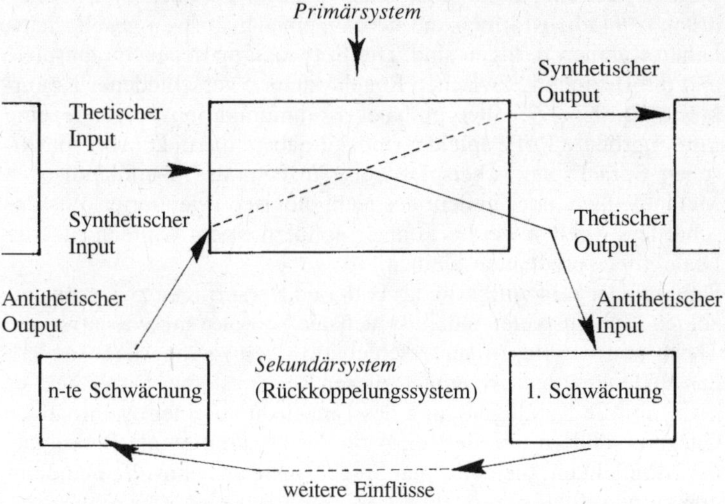

34 Vgl. dazu die Darstellung Stegmüllers in (75), S. 142, wo die Bedeutung von Wrights für die Entwicklung eines praktischen Syllogismus ausführlich gewürdigt wird.

c) Dialektik als universelles Sprachspiel

Dialektisches Denken realisiert sich als Satzdialektik und Theoriendialektik im konkreten Gespräch sich verstehender Individuen oder im stilisierten Gespräch wissenschaftlicher Kritik und Gegenkritik. In beiden Fällen besteht eine enge Bindung zum Sprachvollzug. Kein Wunder, daß auch die Sprachanalytik Wesentliches zur Problematik der Dialektik beizutragen hat.

In der Normalsprachphilosophie manifestiert sich alles Denken in – unter Umständen autonomen – Sprachspielen, deren Regeln zum Teil explizierbar, zum Teil aber nur bruchstückhaft aus den internalisierten Regelkomplexen rekonstruierbar sind. Die dialektische Reflexion auf die Totalität bedeutet in der Sprachanalytik die Frage nach der Möglichkeit eines universellen Sprachspiels, in welchem alle konkreten Sprachspiele als Momente des Ganzen eingeordnet sind. Sofern sprachanalytische Philosophie metatheoretisch über die Möglichkeit von Sprachspielvermengungen (Wittgenstein), Kategorienfehlern (Ryle) und Begriffskonflikten spricht, setzt sie ein solches universelles Sprachspiel bereits als Möglichkeit voraus. Sprachspiele sind keine geschichtslosen Idealgebilde, sondern Ausdruck von Lebensformen, die stets auf einen historisch-gesellschaftlichen Rahmen bezogen sind. Die Entwicklung neuer Sprachspiele und die Beziehung zwischen Regelsystemen verschiedener Kulturkreise, die im Zeitalter globaler Kommunikationsvorgänge eine immer größere Rolle spielen, sind Aufgaben, die in keinem spezifischen Sprachspiel – beispielsweise in dem des abendländischen Metaphysikers oder in dem des technologisch orientierten Wissenschaftlers – gelöst werden können, sondern einem »Sprachspiel der Dialektik« vorbehalten bleiben.

Dialektik ist kein willkürliches Hin- und Herspringen zwischen einzelnen Sprachspielen oder Sprachspielkomplexen, wie etwa die These von der Begriffsunterschiebung (Aebi) suggeriert, sondern das Bedenken der *Gesamtheit* dieser Regelsysteme. Dabei geht es nicht um die Katalogisierung des Einzelnen zu einem summativen Ganzen, sondern um die Reflexion der Gesamtheit als Bedingung der Möglichkeit, die einzelnen Sprachspiele als sinnvolle Handlungen zu qualifizieren.

Zur Verdeutlichung hilft die oben durchgeführte Unterscheidung einer *dialektischen Logik* von einer *Dialektik* schlechthin. Erstere meint ein universales Regelsystem, in welches alle Einzelsysteme

integriert sind. Da jedoch nur einzelne Sprachspiele explizit als Regelsysteme konstruierbar sind, läßt sich ein universales Regelsystem nur auf diese speziellen Fälle beziehen. Das ist zwar eine legitime und z. B. für die Linguistik sehr wichtige Aufgabenstellung,[35] deckt aber nicht die Intentionen einer allgemeinen Dialektik ab. Die Totalität kann nicht als sprachanalytisches Korrelat erfaßt werden: sie erscheint nur als *Grenzbegriff* der für inhaltliche Zusammenhänge keine Kriterien liefert. Es gibt kein übergeordnetes sprachliches Regelsystem, welches die Rechtfertigung der einzelnen in der menschlichen Kommunikation realisierten Sprachspiele leistet. Ein »Sprachspiel der Dialektik« ist genau wie eine »Methode der Dialektik«, eine »dialektische Wissenschaft« oder eine »dialektische Logik« ein Widerspruch in sich selbst. Es beträfe gewissermaßen die durch Regelhaftigkeit bedingte Unbedingtheit.
Der Universalitätsanspruch der Dialektik drückt sich heute in den Darstellungen von Rationalitätstypologien aus. In diesen werden die klassischen Formen von Rationalität, sei es in der Dichotomie von »formal/material« (M.Weber) oder von »logisch/transzendentallogisch« (K.-O.Apel), bewußt transzendiert. H.Lenk und H.F. Spinner stellen der allgemeinen Regel- und Prinzipienrationalität der *Grundsatzvernunft* die situationsgebundene Optimierung der *Gelegenheitsvernunft* zur Seite und sprechen von einer *Doppelvernunft*[36]. Mit der Einführung der situationsflexiblen *okkasionellen Rationalität* samt deren Mischformen mit der Grundsatzvernunft wird ein realdialektisches Potential beansprucht, das der Hegelschen und marxistischen Dialektik in keiner Weise nachsteht. Bei Lenk/Spinner heißt es: »In konkreten Fällen wird hic et nunc, sozusagen ohne allgemeinen Maßstab im Sinne einer konkreten situationsspezifischen 'rationalen' Lösung entschieden. In der okkasionellen Rationalität verbinden sich konkreter Realismus und Situationismus mit antitheoretischer Einstellung zu einer Art von postmodernem Präsentismus, der auf alle allgemeinen Ideen, Prinzipien und Regeln verzichtet.«[37] In der »Doppelvernunft« werden alle Möglichkeiten erschöpfend erfaßt, die einst unter Berufung auf die Dialektik verstanden werden konnten. Ähnlich wie der *traditionelle* Rationalitätsbegriff schon in der Dialektik als unwesentlicher Sonderfall ab-

35 Vgl. die Theorie der Rekonstruktion solcher Systeme in Wuchterl (76b).
36 Lenk/Spinner (89) S. 8
37 a. a. O. S. 7

gewertet wurde, verliert er auch in dieser universellen Rationalitätstheorie an Bedeutung. Damit entgleiten die Behauptungen der Gelegenheitsvernunft jeglicher intersubjektiven Kontrolle und öffnen wiederum Manipulationen Tür und Tor. War früher »Dialektik« das Zauberwort, das alle philosophischen Rätsel löste, so übernimmt diese Aufgabe jetzt die »Metatheorie der Rationalität«, diese letzte Form eines Phantoms des universellen Sprachspiels der Vernunft.

7. Die hermeneutische Methode im engeren Sinn

Philosophische Hermeneutik kann zweierlei bedeuten: einmal den Oberbegriff für die verschiedenartigsten philosophischen Positionen, welche gegen die analytische Philosophie entworfen werden, zum anderen ein spezifisches Paradigma innerhalb der Wissenschaftstheorie und Philosophie. Falls man der Aufteilung aller Wissenschaften in Geistes- und Naturwissenschaften einen Sinn abgewinnen kann, läßt sich *Hermeneutik* als die *Methode der Geisteswissenschaften* und *philosophische Hermeneutik* als *methodische Reflexion eben dieser Methode* charakterisieren.

7.1 Ein thematischer Text aus Diltheys »Entstehung der Hermeneutik«

»Wir nennen den Vorgang, in welchem wir aus Zeichen, die von außen sinnlich gegeben sind, ein Inneres erkennen: *Verstehen*... Dies Verstehen reicht von dem Auffassen kindlichen Lallens bis zu dem des Hamlet oder der Vernunftkritik. Aus Steinen, Marmor, musikalisch geformten Tönen, aus Gebäuden, Worten und Schriften, aus Handlungen, wirtschaftlichen Ordnungen und Verfassungen spricht derselbe menschliche Geist zu uns und bedarf der Auslegung... Solches kunstmäßiges Verstehen von dauernd fixierten Lebensäußerungen nennen wir Auslegung oder Interpretation.«[1] »Diese Kunstlehre des Verstehens schriftlich fixierter Lebensäußerungen nennen wir Hermeneutik... Verstehen... ist das grundlegende Verfahren für alle weiteren Operationen der Geisteswissenschaften.«[2]
Wie sich in früheren Betrachtungen aus dem *Erklärungsbegriff* einige charakteristische Züge der *analytischen* Methode ergaben, so werden sich nun aus dem *Verstehensbegriff* Charakteristika der *hermeneutischen* Methode entwickeln lassen.

1 Dilthey (57), Band 5, S. 318.
2 a. a. O. S. 333 Satz 4b bzw. Satz 5.

Am Anfang der Überlegung steht das *Zeichen;* Zeichen haben Sinn und Bedeutung. Offensichtlich weist das »Innere« auf eben diesen Sinn hin, der dann als Ausdruck eines *menschlichen Geistes* gedeutet wird. Das sinnlich Gegebene am Zeichen tritt vorwiegend an *historischen Objekten* in Erscheinung. Die »dauernd fixierten Lebensäußerungen« sind Gegenstände der historischen und philologischen Wissenschaften. Diese müssen durch geeignete Interpretationen die äußeren Gegebenheiten verstehend »verinnerlichen«. Dabei lassen sich drei Grundfragen unterscheiden, die G. Bien[3] in Bezug auf die *philologische* Aufgabe folgendermaßen umschreibt:

1. Was hat der Autor in dem betrachteten Text *gesagt?*
2. Was hat der Autor mit dem Text *gemeint?*
3. *Stimmt das,* was der Autor im Text gemeint und gesagt hat?

Wir verallgemeinern diese Grundfragen in zwei Richtungen. Einmal können sie auch bei nicht-sprachlichen Manifestationen des menschlichen Geistes gestellt werden, z. B. bei Kunstwerken:

1. Welches ist der ursprüngliche Zustand des Kunstwerks?
2. Was wollte der Künstler mit diesem Kunstwerk ausdrücken?
3. Hat das Kunstwerk in seiner aktualisierten bzw. in seiner intendierten Gestalt ästhetischen Wahrheitsgehalt?

Im Zitat Diltheys wird zweitens auch jede menschliche *Handlung* als Ausdruck eines Inneren aufgefaßt. Daher lauten die entsprechenden Fragen für eine Handlungstheorie:

1. Wie sind die Handlungen in Wirklichkeit abgelaufen?
2. Welche Intentionen verfolgte der Handelnde durch seine Handlungen?
3. Sind die Handlungen in der konkretisierten Form und die zugrundeliegenden Intentionen vernünftig, d.h. der jeweiligen Situation angemessen?

3 Bien: »Die menschlichen Meinungen und das Gute«, in Riedel (72), S. 345.

In der dritten Frage wird jeweils der fachwissenschaftliche Bereich des Philologen, Künstlers, Historikers oder Soziologen transzendiert[4]; die Frage nach der Wahrheit bzw. der Angemessenheit und Vernünftigkeit ist in jedem Falle philosophisch relevant. Die Beantwortung der ersten beiden Fragen dagegen geschieht in der Hermeneutik als Kunstlehre, wo die ursprünglichen, nicht-reflektierten Vermögen der in Sprache kommunizierenden Menschen angewandt und zum Regelkanon perfektioniert werden. In der dritten Frage wird die Kunstlehre zur *philosophischen Kritik.* Die Reflexion auf die ursprünglich gegebenen und angewandten Vermögen setzt ein und bedenkt deren Wahrheitsgehalt. Hermeneutik als philosophische Disziplin ist reflexiv und kritisch. In ihr lassen sich die folgenden charakteristischen methodischen Momente unterscheiden:

7.2 Das erste methodologische Moment: Erkenntnis als zirkuläres Sinnverstehen

Philosophische Erkenntnis vollzieht sich stets im Medium der Sprache. Von dieser Einsicht leitet die Philosophie der Normalsprache ihren Anspruch auf eine Sprachanalyse her. Versteht sich die *Sprachanalyse* jedoch als Instanz, welche die Funktionsweisen der Sprache analysiert und in diesen Wirkungsmechanismen alles Bedenkbare erfaßt zu haben glaubt, so erscheint Sprache in der *Hermeneutik* stets als Ausdruck eines *Sinns*. In der Sprache kommt etwas Sinnhaftes, etwas Intendiertes »zur Sprache«.

Das Zur-Sprache-Bringen braucht nicht auf Sprachliches im engeren Sinn bezogen zu werden. Auch der schweigende Künstler, der ein Kunstwerk schafft oder eine Pantomime spielt, bringt damit etwas zur Sprache. Ebenso sind Handlungen allgemeiner Art mit in die Betrachtung einzubeziehen. Die klassische Philosophie redet von Objektivationen oder Manifestationen des Geistes. Das Verstehen wird zum Prozeß, »mit dem ein denkender Geist auf die Botschaft eines anderen Geistes antwortet, der zu ihm durch sinnhaltige Formen spricht« (Betti[5]). Nicht die Objekte als Naturdinge, sondern als

4 Zur Lehre von der Interpretation in den Fachwissenschaften siehe Seiffert (92).

5 Betti (67), S. 60.

Zeichen für Sinn und Bedeutung sind Gegenstand des Verstehens. Das heißt aber letztlich, daß das Verstehen auf ein Erkennen des fremden Geistes, der sich im Objekt ausdrückt, gerichtet ist:

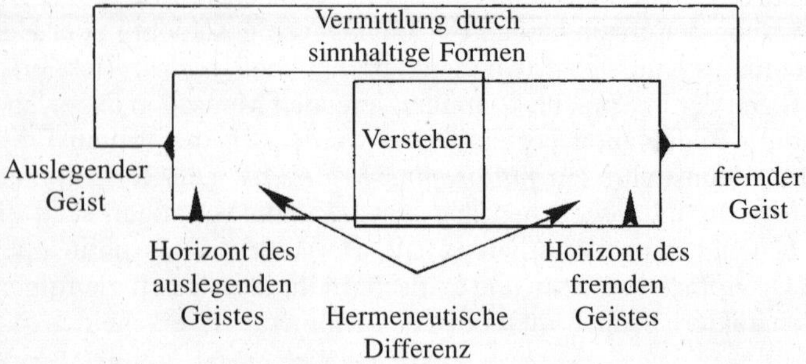

Statt »sinnhaltige Formen» findet man auch Ausdrücke wie »Verinnerlichungen« (Lipps[6]), »Sinnformen« (Snell[7]), »Repräsentamen« (Peirce[8]) u. ä. Dieser Bezug zum »fremden Geist« bleibt aber indirekt. Wissenschaftliche und philosophische Untersuchungen können sich nur auf dessen Realisierungen beziehen, das heißt, die sinnhaltigen Formen als Zeichen für den Geist sind alleiniger Gegenstand der Betrachtung. Die zu überwindende »hermeneutische Differenz« kann daher statt als Nicht-Kongruenz der *Horizonte* von Schreiber und Interpret auch als Abstand des faktisch vorliegenden Textes vom Horizont des Interpreten gedeutet werden.
Sinnverstehen und damit Verstehen der Intentionen eines anderen Subjekts wird um so besser gelingen, je reicher das Hintergrundwissen und die Kenntnis des Zusammenhangs ist, aus welchem der Sinn entworfen wurde. Andererseits soll aber durch die Manifestationen die Erkenntnis des Intendierten bereichert werden. Verstehen geschieht daher stets in einem Zirkel: echtes Verstehen kann sich nur durch Kenntnis aller Umstände einstellen; diese Kenntnis muß aber durch Einzelerfahrungen vermittelt werden, die erst das Ganze aufbauen können. Der Rahmen, der Verständnis ermöglicht, muß also im Verstehensvollzug antizipiert werden: jedes Verstehen setzt ein gewisses Vorverständnis voraus.

6 Lipps (59), S. 110.
7 Snell (52).
8 Peirce (31) I, § 564.

Nur im Idealfall wird Verstehen eine perfekte Sinnübertragung und Sinnvermittlung ermöglichen. Im Anschluß an Peirce und Bense[9] läßt sich die Zeichenstruktur als triadische Relation beschreiben:

Idealfall der Sinnvermittlung

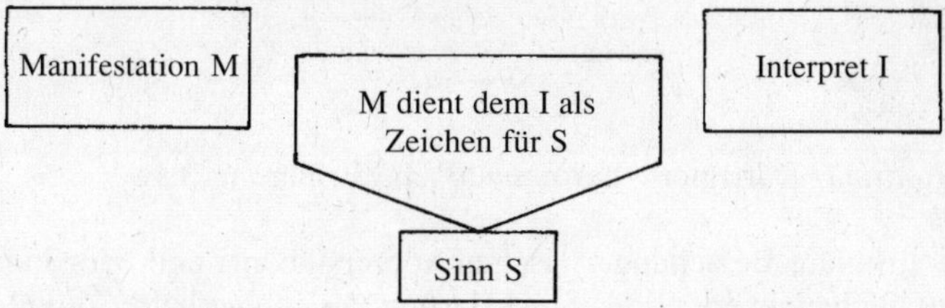

Konkretes Verstehen ist jedoch jeweils ein nicht endender Prozeß, in welchem das Vorverständnis den *fremden* Sinn stets korrigierend in einen Sinn für *den Verstehenden* transformiert:

1. Stadium: Der hermeneutische Entwurf

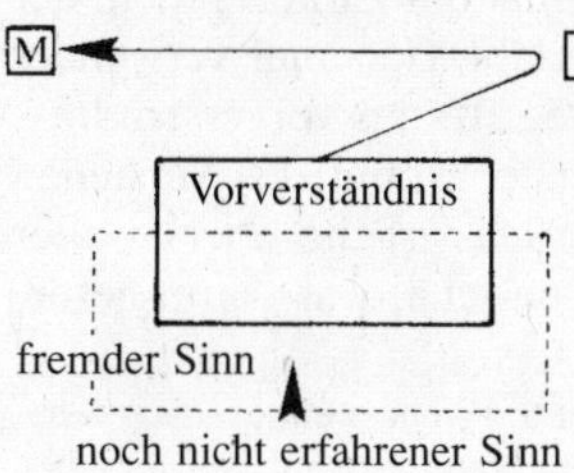

2. Stadium: Die hermeneutische Erfahrung

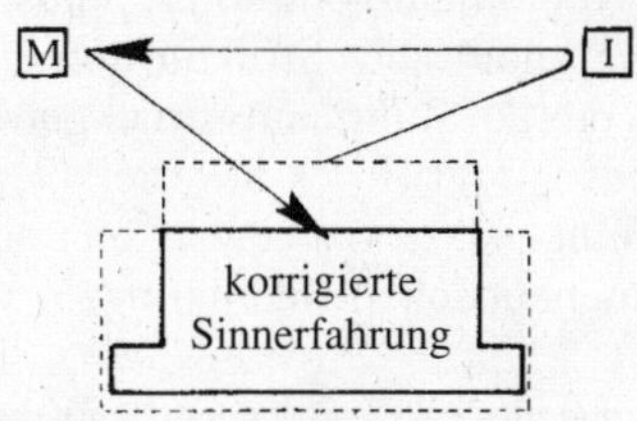

9 Bense (67), S. 9 f.

3. Stadium: Korrigierter hermeneutischer Entwurf

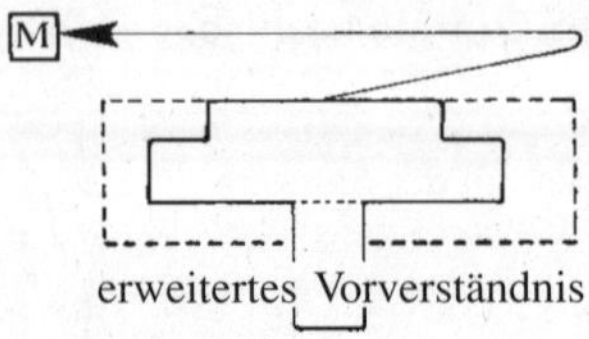

4. Stadium: Korrigierte hermeneutische Erfahrung, usw.

Die zirkuläre Beziehung zwischen Vorverständnis und Verständnis eines noch nicht erkannten Sinns darf nicht als fehlerhafter Zirkel im Sinn der formalen Logik verstanden werden. Ein logischer Zirkel kommt zustande, wenn innerhalb eines bestimmten Systems ein Satz B mit den Mitteln eben dieses Systems und unter Voraussetzung der Geltung eines Teilaspekts von B bewiesen wird[10]. Die Struktur des vorausgesetzten Systems legt den Sinn aller beweisbaren Sätze mit fest. In den von der Hermeneutik behandelten Bereichen fehlt ein explizierbares System; der Sinn wird erst durch den hermeneutischen Prozeß *gestiftet.* Insofern ist das Vorverständnis nicht Prämisse eines Schlusses, sondern Bedingung der Möglichkeit, den Sinn überhaupt denken zu können. Daher können Heidegger und Gadamer von einem »ontologisch positiven Sinn« des Zirkels reden, der ein ontologisches Strukturmoment beschreibt. Gadamer verwendet statt des auf Bultmann zurückgehenden Begriffs des Vorverständnisses den Begriff des Vorurteils[11]. »Das erste, womit das Verstehen beginnt, ist, ... daß etwas uns anspricht. Das ist die oberste aller hermeneutischen Bedingungen. Wir wissen jetzt, was damit gefor-

10 Jemand »beweist« den irrealen Konditionalsatz »Wenn a ein Mensch wäre, dann wäre a sterblich« durch Rückgriff auf das Naturgesetz »alle Menschen sind sterblich«. Nun enthält aber das Naturgesetz eine unvollständige Induktion, die auf mehrere Arten formuliert werden kann, unter anderem auch durch irreale Konditionalsätze. Der Rückgriff auf Naturgesetze und Induktionen »beweist« also gar nichts, sondern stellt nur die Neuformulierung eines ungelösten Problems dar.

11 Das Gadamersche Vorurteil und das Bultmannsche Vorverständnis sind nicht identisch. Vorverständnis bei Bultmann zielt nicht so sehr auf den Inhalt des Textes, wie Gadamers Vorurteil, sondern meint mehr das die Interpretation leitende Interesse. Vgl. dazu Pannenberg (73), S. 170, und Betti (67), § 69.

dert ist; eine grundsätzliche Suspension der eigenen Vorurteile«[12]. Diese Suspension bedeutet keine strikte Negierung, sondern eine Korrektur des Vorurteils, das den Zugang zum Sinn ermöglicht hat. Man sollte den hermeneutischen Zirkel nicht mit der Denkfigur des dialektischen Kreises identifizieren, wie es gelegentlich geschieht[13]. Die Idee der Totalität, die das Wesen der Dialektik mit bestimmt, ist radikaler; sie bezieht sich nicht auf isolierte Sinngebilde, die durch ihre Einordnung in Horizonte auch Totales mitmeinen, sondern sie zielt auf die Gesamtheit solcher Gebilde überhaupt, gewissermaßen auf den Horizont der Horizonte. Überdies liegt der Akzent anders. Die spezifischen Sinngebilde werden in der Hermeneutik weniger zu Momenten einer Erkenntnis des Ganzen, als vielmehr zu Bestimmungen der Selbsterkenntnis. Vorverständnis, Vorurteil, Antizipation des Sinns usw. sollen nicht durch objektives Wissen ersetzt werden, sondern deren Korrekturen sind vor allem und zuerst Modifikationen des hermeneutischen Subjekts. Es besteht sogar die Gefahr, daß die Interpretation der Manifestationen des fremden Geistes (Texte, Kunstwerke usw.) nur noch als Interpretationen des *Interpreten,* also als Explikationen der Weltsicht des interpretierenden Geistes aufgefaßt werden. Wenn die Philosophie solchermaßen in hermeneutische Akte aufgeht, ist ihre Zuordnung zur Geisteswissenschaft berechtigt. Sie versteht sich dann als Interpretation des *Geistes,* nicht etwa der vom Geist unabhängigen *Natur.* Aus dem gleichen Grund bleibt das Erklärungsschema von untergeordneter Bedeutung: weil wir es im hermeneutischen Prozeß letztlich mit dem sich zu sich selbst verhaltenden menschlichen Geist zu tun haben, führen Subsumtionen unter allgemeine Gesetze nicht weiter.

Die Verbindung des Verstehensprozesses mit dem persönlichen Engagement des Interpreten ist auch aus der ursprünglichen Bedeutung des Verstehensbegriffs ablesbar. Verstehen fungiert zunächst als juristischer Terminus. Wer seine Sache (vor dem Thing) so vertritt, daß er überzeugt, der versteht seine Sache. Diese geistige Beherrschung einer Sache führt dann zum richtigen Erfassen eines geistigen Zusammenhangs[14].

12 Gadamer (65), S. 251, 277 bzw. 283.

13 Zum Beispiel Coreth (69), S. 95. »Wie immer man diese Ganzheit verstehen mag... immer wieder zeigt sich ein kreisförmiges Geschehen, in dem das eine Element das andere zugleich voraussetzt und fortbestimmt, also eine gewisse Zirkelstruktur des Verstehens.«

14 Vgl. Apels Aufsatz: Das Verstehen (55), S. 157.

Aus den bisherigen Überlegungen ergeben sich für die Philosophie die folgenden hermeneutischen Thesen:

a) Philosophie als reflexive Wissenschaft setzt explizit den Geistbegriff voraus, sei es als Existenz, sei es als Quelle von Sinn, als Lebensprinzip, als Intentionalität, als Person oder als Subjektivität. Philosophische Argumentationen sind demnach weder am naturwissenschaftlichen noch am sprachanalytischen Modell verständlich.

b) Philosophische Erkenntnis ist durch die Einbettung in den Lebensprozeß stets zirkulär und unterscheidet sich so deutlich vom eindimensionalen linearen Denken der exakten und erklärenden Wissenschaften.

c) Die Zirkularität bedeutet positiv Selbsterkenntnis. Interpretationen sinnhaltiger Formen sind wegen des zugrundeliegenden Selbstverständnisses immer auch Deutungen der eigenen Existenz und erhalten so fundamentalontologische Relevanz.

7.3 Das zweite methodologische Moment: Die historische Bedingtheit

Der Ursprung der Hermeneutik liegt bekanntlich in der Beschäftigung mit kanonischen Texten, also v. a. in der Theologie des Alten Testaments und der Kirchenväter, in der Jurisprudenz und gelegentlich in der Philologie. Interpretationsprobleme beschäftigten seit eh und je die christlichen Exegeten.[15]

15 Der Begriff »Hermeneutik« tritt zwar erstmals in Platons Anhang zu den Gesetzen (Epinomis 975 c 6) auf und wird dort zur Charakterisierung religiöser Überlieferungen im Gegensatz zur Mantik verwendet; eine sich zur Interpretationskunst entwickelnde hermeneutische Lehre findet man allerdings erst im Bereich der Bibel-Exegese. Vgl. K. Wuchterl: Die hermeneutische Position. In: Dasca u.a. (92)

Ebeling faßt beispielsweise den Gegensatz der christlichen Konfessionen als Gegensatz hermeneutischer Prinzipien auf.[16] Interessanterweise bleibt Hermeneutik stets dem Denken christlicher religiöser Formen verhaftet. Die christliche Religion unterscheidet sich von anderen religiösen Lehren vor allem durch den Dualismus von Lehre und historischem Ereignis. Heilslehre ist historisches Heilsgeschehen *und* Vergegenwärtigung des Geschehens in der Rechtfertigung. Damit erscheint ein weiteres wesentliches Strukturelement aller Hermeneutik: Der Sinn eines christlichen Lehrsatzes, der im antizipierenden Glauben erfaßt wird, wirkt sich gleichsam auf ontologischem Grund rechtfertigend aus, aber dies alles nur, wenn die Historizität der Existenz Christi und der wirkungsgeschichtlichen kirchlichen Instanzen in den Sinnentwurf einbezogen werden. In säkularisierter Form erscheint die historische Bedingtheit als Problem der Geschichtlichkeit und der Endlichkeit des Menschen. Gadamer verweist in diesem Zusammenhang auf Dilthey, der Geschichte metaphorisch als Manifestation eines fremden Geistes auffaßt: Der geschichtliche Zusammenhang »ist wie ein großer, fremder Text, den zu entziffern eine Hermeneutik helfen muß«[17]. Geschichte braucht nicht als Objektivation des absoluten Weltgeistes gefaßt zu werden; man kann mit immanenten und nicht so spekulativen Prinzipien operieren, indem man beispielsweise von »Objektivationen des Lebens« (Dilthey) oder von einem objektiven Geist in einem neutralen deskriptiven Sinne spricht. Der geschichtliche Zusammenhang wird bei Heidegger aus dem Existenzial des »In-der-Welt-Seins« verstanden, der späte Husserl deutet ihn als Struktur der »Lebenswelt«.
Allen Theorien ist eines gemeinsam: Philosophische Gedanken dürfen nicht als ahistorische Entdeckungszüge im Bereich der »Theoria« mißverstanden werden. Jede philosophische Aussage muß ihren geschichtlichen Bezug erkennen lassen; sie ist als situationsspezifisch aufzufassen. Sinn kann sich nur auf der Basis eines »wirkungsgeschichtlichen Bewußtseins« (Gadamer) konstituieren.

16 Vgl. z. B. Ebeling »Wort Gottes und Hermeneutik« in Robinson/Cobb (65), S. 111: das reformatorische Schriftprinzip (ist), recht verstanden, nichts anderes als ein hermeneutisches Prinzip.«

17 Gadamer (61), S. 243.

Das hat nichts mit dem bloßen Hinweis auf historische Abhängigkeit und Relativität zu tun. Das wirkungsgeschichtliche Bewußtsein ist gedoppelt: es ist einerseits »das im Gang der Geschichte erwirkte und durch die Geschichte bestimmte Bewußtsein, andererseits ein Bewußtsein dieses Erwirkt- und Bestimmtseins.. .»[18]

7.4 Das methodologische Element der »neuen Hermeneutik«: Sprachlichkeit als Grundkategorie

Eine Art »linguistic turn«, der die Grundzüge der analytischen Philosophie weitgehend bestimmt hat, vollzog sich auch innerhalb der hermeneutischen Philosophie. Geistigkeit transformiert sich in Sprachvermögen, Sinn realisiert sich in gelingender sprachlicher Kommunikation. Über die Hermeneutik als Kunstlehre verfügt in nuce jeder Sprachpartner einer natürlichen Sprache. Ja selbst die Quelle für die *philosophische* Hermeneutik ist sprachlich: Das kritische Vermögen resultiert aus der Reflexivität der Sprache. Im Gegensatz zu den Kunstsprachen, die sich in Objekt- und Metasprache auffächern, fallen in natürlichen Sprachen beide zusammen. Alle metamathematischen Versuche, diese Reflexivitätsstruktur den formalen Strukturen anzugleichen, scheitern auf Grund der Gödeltheoreme.[19] G. Frey faßt das Resultat in einem sprachphilosophischen Lehrsatz zusammen: »Es kann keine explizit formulierte Theorie der Reflexion geben«[20]. Diese negative Aussage hat positive Folgen. Man benötigt in der Umgangssprache keine Metasprache, um kommunikatives Sprachverhalten zu realisieren. Objektsprachliche Inhalte werden als solche, nämlich sofern sie in einem Kontext stehen, zugleich metasprachlich sinnvoll. Jeder, der eine Sprache als Muttersprache erlernt hat, weiß auf Grund der Lebensform, in der er sie erlernte, welche Anwendungen und Verwendungsweisen in den Sprachobjekten eingeschlossen sind. Der Sprecher versteht nicht

18 Gadamer (65), 5. XX

19 Es handelt sich vor allem um den Unableitbarkeitssatz sowie um den Unentscheidbarkeitssatz. Eine für Nichtmathematiker leicht verständliche Darstellung findet man in Wuchterl (76a). Eine exakte Analyse befindet sich in Nagel/Newman (84).

20 Vgl. Frey (65), S. 44, Lehrsatz 1

nur, wovon die Rede ist, sondern er hat zugleich ein distanziertes und damit kritisches Verhältnis zu seinem Sprechen. In Abwandlung des oben zitierten Gadamerschen Gedankens über das wirkungsgeschichtliche Bewußtsein gilt: »Das verstehende Bewußtsein ist einerseits das durch den Sprachvollzug erwirkte und durch die Lebensform bestimmte Bewußtsein, und andererseits ein Bewußtsein dieses Erwirkt- und Bestimmtseins«.

Die Husserlschen Lebenswelten, die Diltheyschen Objektivationen des Lebens, der objektive Geist Hegels, sie alle manifestieren sich als Sprachlichkeiten einer gelingenden Kommunikation. An den Strukturen der vorwissenschaftlichen Lebenswelt kann eine universale Hermeneutik die Bedingungen von Wissenschaftlichkeit und philosophischem Erkennen aufdecken.

Die *Wissenschaften* sind von den hermeneutischen Voraussetzungen insofern betroffen, als die wissenschaftlichen Episprachen in die Umgangssprache eingeordnet sind. Festlegungen von Forschungsprogrammen, Entscheidungen über Forschungsstrategien und ähnliches erfolgen durch Gespräche in der Umgangssprache. Der notwendige Konsens wird durch mehr oder weniger freie Diskussion auf umgangssprachlicher Ebene erreicht.

Die hermeneutische *Philosophie* erkennt im Gegensatz zur immanenten wissenschaftlichen Reflexion die Folgen ihrer generellen Kontext-Abhängigkeit, nämlich ihre Dependenz von der Geschichte und damit die Unmöglichkeit eines objektivistischen Selbstverständnisses.

Trotzdem betont Gadamer in der Weiterentwicklung Heideggerscher fundamentalontologischer Gedanken, daß die durch die Sprache vermittelte Geschichtlichkeit einen ontologischen Bezug aufweist. Wenn etwas verstanden wird, z. B. ein historischer Text, so heißt das nicht, man hat diesen Text aus einem Vorurteil heraus, das durch die zufällige Situation, in der man steht, bedingt ist, in unverbindlicher Weise in den eigenen Horizont eingemauert. Verstehen heißt, sich *in den Sachen* verständigen. Dies gelingt nach Gadamers Auffassung, weil es konvergierende Überlieferungen gibt, so daß im Verstehen die Traditionszusammenhänge als verläßliche Vorverständigungen in Erscheinung treten. Diesen Zusammenhang muß man als ontologische Bedingung interpretieren; er ist nicht hinterfragbar. Habermas gibt die Gadamersche Begründung mit den folgenden Worten wider: »Der Versuch, dieses gewiß kontingente Einverständnis abstrakt als falsches Bewußtsein zu verdächtigen, ist sehr groß, weil wir das Gespräch, das wir sind, nicht transzendieren können. Daraus schließt Gadamer auf den ontologischen Vorrang der sprachlichen Überlieferung vor möglicher Kritik: wir können daher nur an jeweils einzelnen Traditionen, indem wir selbst dem umfassenden Traditionszusammenhang einer Sprache angehören, Kritik üben«[21].

Die sich in Sprachlichkeit äußernde Spontaneität des menschlichen Geistes konstituiert Sein, genauer: geschichtliches Sein, weil alles Sein geschichtlich ist. Sein ist Sprache, Sprache ist Geschehen. Geschichte und Sprache werden geradezu austauschbare Grundkategorien: Wir sind Geschichte; wir sind Gespräch.

Die Hermeneutik, die sich als Ausdruck einer universellen Sprachlichkeit versteht, kann in Anlehnung an den theologischen Wortgebrauch »Neue Hermeneutik« genannt werden[22]. Obwohl sie eine spezifisch moderne Form der Hermeneutik darstellt, lassen sich auch bei ihr die oben für jede Hermeneutik angegebenen Charakteristika wiederfinden.

Zum Abschluß der Hermeneutik-Diskussion werden nun noch einige weitere Formen der Hermeneutik dargestellt, die für das allgemeine Verständnis der hermeneutischen Methode von Bedeutung sind.

7.5 Einige Grundformen der Hermeneutik

Die verschiedenen Konzeptionen der Hermeneutik sind Funktionen der verschiedenen Verstehensbegriffe, die uns als Leitfaden der Darstellung dienen.

a) Die Einfühlungstheorie der Hermeneutik

Ehe die Hermeneutik durch Dilthey zur philosophischen Hermeneutik erweitert wurde, entwickelte bereits Schleiermacher die univer-

21 Habermas: Der Universalitätsanspruch der Hermeneutik, S. 152, in Apel u. a. (71).

22 Vgl. die Aufsatzsammlung »Die neue Hermeneutik«, Band 2 von »Neuland in der Theologie; ein Gespräch zwischen amerikanischen und europäischen Theologen«, hrsg. von Robinson und Cobb (65).

selle Hermeneutik als allgemeinen Regelkanon zur Kunst der Auslegung. Die grammatischen und psychologischen Regeln konnten auch auf nicht-theologische Interpretationsobjekte angewandt werden. Obwohl die sprachliche Manifestation (Grammatik, Stil, Gattung) in der Interpretationspraxis eine große Rolle spielte, muß Verstehen bei Schleiermacher vorwiegend als *psychologischer* Akt interpretiert werden. Die ursprüngliche Produktion des Autors oder des Akteurs in der Geschichte soll in irgendeiner Form nachvollzogen, reproduziert werden; die Handlungsmotivationen, Ideen, Vorstellungen, Wünsche und Hoffnungen dieser fremden Geister sind durch Einfühlung psychologisch zu rekonstruieren. Die ursprüngliche Konzeption wird vom Interpreten nachkonstruiert. Da der Interpret von den unmittelbaren Affekten, die häufig die eigentlichen Interessen und Ziele verdunkeln, frei ist, kann die Reproduktion die historischen Zusammenhänge besser wiedergeben, als sie dem Akteur bewußt waren. Daher kommt Schleiermacher zur Devise, den Autor besser verstehen zu können, als er sich selbst verstanden hat[23].

b) Hermeneutik als Theorie der Subjektivität

In den verschiedenen Erklärungen des Verstehens wurde wiederholt auf den Geistbegriff zurückgegriffen: Verstehen als Vermittlung von Geistern, als Entschlüsselungen des verschlüsselten fremden Geistes u. ä. Bei Hegel konnte noch der Anspruch auf eine *methodische* Vermittlung erhoben werden, weil der absolute Geist als Erklärungsprinzip zur Verfügung stand. Mit dem Ende des deutschen Idealismus verblieb zwar das Hegelsche Vermächtnis der Geschichtlichkeit, der absolute Geist verflüchtigte sich jedoch zu einer vagen Individualität, die durch eine geisteswissenschaftliche Konstruktion zur Verbindlichkeit und Intersubjektivität erhoben werden sollte. Dilthey entwickelt seine Grundkategorien einer Geisteswissenschaft aus seiner Lebensphilosophie, die im Erlebnis gewissermaßen das unbezweifelbare Cartesianische Cogito auf historischer Ebene entdeckt. Von diesem evidenten Anfang aller Geschichtsbetrachtung gelangt er zur objektiven wissenschaftlichen Aussage durch die Deutung des Erlebten als Ausdruck eines Allgemeinen,

23 Vgl. dazu Bollnow (49).

nämlich eines Strukturzusammenhangs des Lebens. Verstehen ist zwar wesentlich als Leistung der Subjektivität zu verstehen; das historische Subjekt steht aber nicht zufällig und zusammenhanglos neben anderen Subjekten, sondern ist Repräsentant eines einheitlichen Menschengeschlechts. Dilthey ersetzt die Rolle des Einzelindividuums durch die Rolle der geschichtlichen Epoche. Verstehen ist immer zugleich Einrücken in den Überlieferungszusammenhang, als welchen sich das Lebensganze präsentiert. Die Möglichkeit der Objektivation sieht Dilthey im Vicoschen Grundprinzip aller Erkenntnis: »Die erste Bedingung der Möglichkeit der Geschichtswissenschaft liegt darin, daß ich selbst ein geschichtliches Wesen bin, daß der, welcher die Geschichte erforscht, derselbe ist, der die Geschichte macht«[24].

Den Schritt von der Hermeneutik als Einfühlungstheorie zur Hermeneutik als Reflexionsgefüge objektiver Gedanken vollzieht auch Collingwood in seiner »Philosophie der Geschichte«. Er spricht zwar von der »Geschichtsforschung als Nachvollzug der Erfahrung der Vergangenheit«: »Gegenstand der geschichtlichen Erkenntnis ist alles, was im Geist des Historikers nachvollzogen werden kann.«[25] Aber gegen den Historismus heißt es dann ausdrücklich: »Der Historiker kann den einzelnen Denkakt in seiner Besonderheit und Einmaligkeit, also so wie er sich tatsächlich vollzogen hat, nicht erfassen. Was er vom individuellen Denkakt erfaßt, ist nur jenes Etwas, das andere Denkakte mit diesem Denkakt gemeinsam haben könnten, und das sein eigenes Denken tatsächlich mit ihm gemeinsam hat. Aber dieses Etwas ist nicht etwa eine Abstraktion im Sinne eines verschiedenen Individuen gemeinsamen Merkmals, das gesondert von diesen Individuen betrachtet wird, es ist vielmehr der Denkakt selbst, wie er zu verschiedenen Zeiten und in verschiedenen Personen fortlebt und wieder auflebt: einmal in des Historikers eigenem Leben, ein zweites Mal im Leben des Menschen, dessen Geschichte der Historiker erzählt.«[26]

24 Dilthey (57), Band 7, S. 278.
25 Collingwood (55), S. 294.
26 a. a. O. S. 317.

Die Nähe Collingwoods und erst recht Diltheys zu den metaphysischen Konstruktionen früherer Systeme ist offenkundig und ein wesentlicher Grund für die Fragwürdigkeit seiner Grundlegung der Geisteswissenschaften.
Husserl versucht mit seinem allgemeinen phänomenologischen Ansatz dem Metaphysik-Verdacht zu entgehen. Seine allgemeine Analyse des Sinnbegriffs legt das Fundament zu zahlreichen semiotischen Unterscheidungen. In der allgemeinen Psychologismus-Kritik wird auch der Verstehensbegriff von jedem psychologischen Residuum gereinigt. Husserl leugnet jede Ähnlichkeit des Lebensstroms mit biologischen oder naturwissenschaftlichen Konstruktionen. Hermeneutik kann bei ihm mit dem allgemeinen phänomenologischen Prozeß identifiziert werden. Verstehen ist das Bewußtwerden originärer Begebenheiten, die als bewußtseinsimmanente Aktkorrelate aufgefaßt werden. Die Intentionalität des Bewußtseins ermöglicht die Sinnerfassung in bedeutungsverleihenden und bedeutungserfüllenden Akten.[27] Verstehen als intentionaler Akt bezieht sich auf Leistungen eines transzendentalen Subjekts. In der Husserlschen Spätphilosophie wird zwar die geschichtliche Bedingtheit des transzendentalen Ego thematisiert, aber die entscheidende Einbeziehung phänomenologischer Ansätze in die Hermeneutik-Diskussion findet man erst bei Heidegger.

c) Existenziale Hermeneutik

Ist bei Husserl die Intentionalität eine Leistung des transzendentalen Subjekts, das zwar durch die Lebenswelt bestimmt und in seiner historischen Bedingtheit reflektiert ist, so radikalisiert Heidegger den Gedanken, indem er den Entwurfcharakter allen Verstehens herausarbeitet, der sich nicht auf ein Subjekt bezieht, sondern das Dasein erst konstituiert. Verstehen wird zum Existenzial; das heißt, Verstehen ist nicht eine Eigenschaft eines historischen Subjekts, sondern Dasein kann nur als Verstehen verstanden werden. Schon die ursprüngliche Bestimmung des Daseins als eines Seienden, dem es in seinem Sein um dieses Sein selbst geht[28], läßt sich ohne Verständnis von »Verstehen« nicht realisieren.

27 Einzelheiten zur Phänomenologie folgen in Kapitel 9.
28 Heidegger (57), S. 12.

Zum Entwurfcharakter des Verstehens gehört auch das »Etwas Können«. Das bedeutet genauer: ich kann nicht *etwas*, sondern mein Sein ist ein Können. So wird Verstehen zum Seinkönnen, das an ihm den Sinn von Welt erschließt. Durch diese Verallgemeinerungen wird *Verstehen* zum Synonym für Dasein und *Hermeneutik* zu einem anderen Titel für Fundamentalontologie oder existenziale Phänomenologie. An Stelle einer Grundlegung der Geisteswissenschaften, wie bei Dilthey, oder einer Phänomenologie der transzendentalen Subjektivität, wie bei Husserl, tritt eine Philosophie, die das Fundament für jeden Sinn von Sein legt.
In Heideggers Spätphilosophie verdrängt die Reflexion der Sprachlichkeit allen Seins die fundamentalontologischen Absichten. Es geht nicht mehr so sehr um den phänomenologischen Aufweis von Existenzialien als vielmehr um das Bedenken, daß Sein nur in der Sprache zum Vorschein kommt. Nicht der Mensch spricht, sondern die Sprache spricht. Sinn geschieht in der Lichtung des Seins. Mit dem Menschen als sprachlichem Wesen geschieht etwas. Geschichtliches Geschehen als »Seinsgeschick«, als mystisches Übergreifendes, – das ist die letzte Konsequenz der Heideggerschen Gedanken. Das Subjekt der Geschichte ist gleichsam das Sein; oder genauer, weil Heidegger den Subjektbegriff eliminiert hat, die Geschichte ist ihr eigenes Subjekt; es gibt nichts außerhalb der Geschichte, auch kein transzendentales Subjekt oder ein gottähnliches Sein.
Wenn sich auch Heidegger gegen den Vorwurf, eine neue Metaphysik entwickelt zu haben, wehrt, so bleibt doch die Tatsache bestehen, daß hier eine metaphysikähnliche[29] Voraussetzung die gesamte Hermeneutiktheorie bestimmt, die heute kaum noch nachvollziehbar ist. Die Ferne der existenzialen Hermeneutik von methodologischen Untersuchungen im streng wissenschaftlichen Sinne kommt noch deutlicher in der Philosophie von *K. Jaspers* zum Ausdruck. Trotzdem spricht Jaspers von »Methoden der Existenzerhellung«, weil bei ihm der Begriff der Methode – wie in unseren Untersuchungen – allgemeinen Charakter hat. Der Mensch muß erst die Absurdität der Welt und die Fragwürdigkeit seiner Stellung im Kosmos erfahren haben, um zum eigentlichen Selbstsein in vollkommener Freiheit gelangen zu können. Damit ist der »Weg«, die philosophische »Methode«, vorgezeichnet: In der *Weltorientierung* bemüht sich der

29 W. Schulz spricht in seinem Aufsatz: »Anmerkungen zur Hermeneutik Gadamers« von einer »Übermetaphysik«; siehe auch Bubner u. a. (70), S. 306.

Philosoph, die wissenschaftlichen Erkenntnisse zu erfassen, aber sie zugleich als vordergründig und widersprüchlich zu durchschauen. Damit ist der Weg frei für die *Erhellung der Existenz*. »Existenzerhellendes Denken richtet sich auf die *Wirklichkeit* des Existierens, welche in ihrer geschichtlichen Situation ein Transzendieren zu sich selbst ist«[30]. Die Wendung zum Einzelnen geschieht über die Erfahrung des Scheiterns am Allgemeinen. Sie kann selbst nicht in der Terminologie des Allgemeinen vollzogen werden; die Aussageform weicht dem appellierenden Denken. Wie Heidegger zur Charakteristik des Jemeinen der Existenzialien bedarf, so richtet Jaspers sein Augenmerk auf ein Quasi-Allgemeines, auf bloße »signa«. »Diese Allgemeinheit besteht als losgelöste Allgemeinheit gar nicht. Es ‚gibt' z.B. keine Existenz, kein Selbstsein, keine Freiheit, keine existenzielle Kommunikation, keine Geschichtlichkeit, keine unbedingten Handlungen, kein absolutes Bewußtsein. Denaturiert zum Gegenstand des Wissens vom menschlichen Dasein besagen die Worte etwas schlechthin Anderes, das nur verwirrend mit den existenziellen signa bezeichnet wird.«[31] Das Transzendieren der Weltinhalte und der in den Signa erfahrene Bezug zur Transzendenz mündet schließlich in einer neuartigen *Metaphysik;* in ihr erscheint alles Scheitern als Chiffre eines Absoluten. Philosophie wird zu einer modernen Variante der »negativen Theologie«.

d) Die postexistenziale[32] Hermeneutik der sprachlich vermittelten Wirkungsgeschichte

Obwohl Gadamer stark von Heidegger beeinflußt ist, stellt seine Hermeneutik-Konzeption einen Neubeginn dar, welcher wieder engere Bezüge zur konkreten historischen Forschung und zur modernen Philosophie zu knüpfen erlaubt. Da geschichtliches Geschehen kein undifferenziertes Seinsgeschick bedeutet, sondern die konkrete noch heute wirkende Tradition meint, ergeben sich Ansätze zu einer Rehabilitierung all der auf Traditionen basierenden Elemente, wie beispielsweise die Rehabilitierung der Autorität. Verstehen bedeutet

30 Jaspers (56), S. 9.

31 a. a. O. S. 15.

32 Den Terminus verwendet auch Apel in seinem Aufsatz »Szientismus oder transzendentale Hermeneutik?« in Bubner u. a. (70), S. 133.

aber nicht Sichhineinversetzen in die Mentalität des geschichtlichen Akteurs, auch nicht einfach das Einrücken in den Überlieferungszusammenhang, in dem Voraussetzungen und Wirkungen nachskizziert werden. Hermeneutik versteht sich als Erfahrung von Wahrheit im Eigen- und Fremdhorizont. Gadamer spricht daher von einer Horizontverschmelzung. Zeugnisse der Vergangenheit sind für das geschichtliche »Dasein« nur soweit sinnvoll, als das Dasein in der Interpretation den Sinnhorizont des eigenen Seinkönnens entwirft. »Eine Überlieferung verstehen verlangt also gewiß einen historischen Horizont. Aber es kann sich nicht darum handeln, daß man diesen Horizont gewinnt, indem man sich in eine historische Situation versetzt. Man muß vielmehr immer schon Horizont haben, um sich dergestalt in eine Situation versetzen zu können.«[33] Das existenzialhermeneutische wirkungsgeschichtliche Bewußtsein wird daher den Handelnden nie besser verstehen können, als dieser sich selbst verstand; sondern es wird ihn *anders* verstehen. »Es gibt so wenig einen Gegenwartshorizont für sich wie es historische Horizonte gibt, die man zu gewinnen hätte. Vielmehr ist Verstehen immer der Vorgang der Verschmelzung solcher vermeintlich für sich seiender Horizonte.«[34]

In diesem Zitat wird nochmals deutlich, wie auch die Horizontverschmelzung von zirkulärer Struktur ist, also historische Erkenntnis zirkuläres Sinnverstehen bedeutet. Auch die zweite Komponente des hermeneutischen Denkens entdeckt man: Alles Verstehen vollzieht sich in Horizontverschmelzungen, das heißt, im Bedenken der historischen Bedingungen, die auch den Betrachter, und diesen vorzüglich, mit einbezieht.

Gadamers Werk »Wahrheit und Methode« wurde in den letzten Jahren zum klassischen Grundbuch der modernen Hermeneutik (W. Schulz[35]). Dabei fällt eine eigenartige wirkungsgeschichtliche Diskrepanz auf. Gadamer distanziert sich wiederholt ausdrücklich von der Idee einer autonomen hermeneutischen Methode im engeren Sinne. »Was man in der modernen Wissenschaft Methode nennt, ist überall ein und dasselbe und prägt sich in den Naturwissenschaften nur besonders vorbildlich aus. Es gibt keine eigene Methode der

33 Gadamer (65), S. 288.
34 a. a. O. S. 289.
35 In Bubner (70), S. 306.

Geisteswissenschaften.«[36] Trotzdem hatte das Werk zahlreiche methodische Implikationen. Es verhalf den Geisteswissenschaften durch die Rehabilitierung von Tradition und Autorität und insbesondere durch das Prinzip der Wirkungsgeschichte zu einem neuen Selbstverständnis. Man muß sich aber darüber im klaren sein, daß das Anliegen Gadamers die *Wahrheit* und nicht die *Methode* betrifft. Gadamer geht es um »Erfahrung von Wahrheit, die den Kontrollbereich wissenschaftlicher Methodik übersteigt«. Deshalb sein Interesse an der Kunst, wo wir solche Erfahrungsweisen von Wahrheit finden.[37] In Analogie zur Kunst will Gadamer auch in der Philosophie Wahrheit aufweisen, die sich durch Geschichtlichkeit und Sprachlichkeit konstituiert. So wird das Verstehen – wie in Heideggers »Seinsgeschick« – zum Geschehen, in dem sich Menschen verschiedener Zeiten und verschiedener Horizonte in der jeweiligen Sache zusammenfinden.[38]

7.6 Das Problem einer hermeneutischen Logik

In Analogie zur Problematik der Dialektik stellt sich die Frage, ob man für die Hermeneutik im engeren Sinn allgemeine Formalstrukturen angeben kann, welche deren Argumentationstypik durchleuchten und allgemein verständlich machen. Ein Regelsystem, das uns ermöglicht, vorgelegte hermeneutische Gedankengänge als solche zu erkennen und in ihrem Folgerungszusammenhang adäquat zu bewerten, nennen wir *hermeneutische Logik.* Wir übernehmen auch die Unterteilung in heteronome und autonome Varianten: *heteronom* heißt die hermeneutische Logik, wenn sie die Prinzipien aus Regelsystemen übernimmt, die durch hermeneutische Methoden nicht begründet sind; *autonom* nennen wir dagegen die hermeneutische Logik, wenn sie intersubjektive und formale Aussagen über ihre Methode herzuleiten gestattet.
Leider gibt es nur wenige Beispiele einer expliziten hermeneutischen Logik. Zahlreich sind dagegen *hermeneutische Grundlegungen* der formalen Logik. Als Beispiel sei »Der Aufbau der Logik auf

36 Gadamer (65), S. 5. Siehe auch das Vorwort.
37 a. a. O. Teil I.
38 Eine Darstellung der Hermeneutik im Sinne Gadamers findet man in Grondin (1991).

dem Boden der Philosophie des Lebens« von Georg Misch[39] genannt. Dieser orientiert sich an Kants Idee einer transzendentalen Logik, die als Bedingung der Möglichkeit der formalen Logik aufgefaßt wird. Nur verlegt Misch die Fundierung nicht in das transzendentale Subjekt, sondern in den Lebensvollzug und spricht vom Sitz im Leben. Aus der Logik der Schlußformen wird eine Theorie des Wissens, in der Sprechakte - bei Misch die »evozierende Rede« - ebenso einbezogen sind wie das philosophische Begreifen der Erscheinungswelt.

In unseren Überlegungen zu einer *expliziten* hermeneutischen Logik werden wir uns vor allem auf Hans Lipps[40] und Stephen Toulmin[41] beziehen. Beide polemisieren ausdrücklich gegen die formale Logik und verstehen ihre Theorien als Konkurrenzunternehmen, wobei ihre Argumentationsformen das Eigentliche zu treffen vorgeben, was die formale Logik verfehlt. Insofern leisten beide einen Beitrag zu unserer hier aufgeworfenen Problematik.

Der Aufbau der Untersuchungen von Lipps orientiert sich an den klassischen logischen Darstellungen, welche die Logik als Lehre vom Schluß, vom Urteil und von den Begriffen behandeln. Bereits bei der Interpretation des Schlusses kommt das Wesentliche seiner hermeneutischen Position zum Vorschein: »Schließen heißt: sich die Situation d. i. sich in der überkommenen Situation erschließen... Jeder Schluß ist ein sich ent-schließen, sich auf seine Möglichkeiten hin entwerfen.« Die spezifische konkrete Situation, in der gesprochen wird, steht im Mittelpunkt. In dieser Situation geht es nicht so sehr um das jeweils Gesprochene, als vielmehr um den Sprecher selbst, um dessen Existenz. »Die Situation ist das, worin einer dem anderen begegnen, und worin er ihn in seinem Sein treffen kann.«[42] Schließen bedeutet so mehr, ein verbindliches Gespräch zu führen; denn nur im Dialog kann sich Begegnung vollziehen. Die Begegnung als *Selbstfindung* in der Gemeinschaft, nicht die *Sachverhaltsvermittlung* in monologischen Schlußketten ist bei Lipps das eigentliche Thema der hermeneutischen Logik. »Denn im Gespräch will man weniger sich über etwas verständigen, als daß man überhaupt

39 Göttinger Vorlesungen. Misch (94).
40 Lipps (59).
41 Toulmin (75)
42 a. a. O. S. 10 und 28.

Verständigung, d. i. die Linie festzulegen sucht, auf der man sich trifft mit dem anderen.«[43] Ein *richtiger* Gedankengang liegt »in der Fortführung der Situation«[44] vor, wenn beispielsweise ein Rat oder eine Empfehlung weiterführt; dann interessiert nicht die Übereinstimmung mit den Regeln des korrekten Schließens, in denen mit einem blutleeren Wahrheitsbegriff operiert wird, der den Sprecher als Individuum gar nicht betrifft. Diese Gedanken kehren immer wieder, sowohl in der Schlußlehre[45] als auch bei der Behandlung von Urteilen und Begriffen. Zu den *Urteilen* meint Lipps: »Es gilt eine Morphologie des Urteils aufzulösen, die im Urteil etwas ‚als Seiend gesetzt' sein ließ. Sie ist durch eine Typik der Schritte zu ersetzen, in denen Existenz sich vollzieht«[46]. Leider bleibt es bei dieser programmatischen Äußerung. Urteile sind bei Lipps nicht wahr im Sinne der Adäquatheitstheorie, sondern Wahrheit bezieht sich auf das Subjekt und hat Offenbarungscharakter im Sinne der Heideggerschen Unverborgenheit: »Wahr ist ein analogischer Begriff: sofern einer die Wahrheit sagt, d. i. sich offen darin mitteilt, wie er etwas sieht, ist er selbst wahr«[47]. Sachlichkeit der Rede meint nicht intentionale Beziehung auf Sachverhalte, sondern ein bestimmtes Verhältnis zur Transzendenz. Auch bei den *Begriffen* finden wir diese Auflösung eines fest Gegebenen durch situationsbedingte Zugangsweisen der spontanen Subjekte. »Nicht stehen individuelle Gegenstände allgemeinen Begriffen gegenüber, sondern – wie schon das Beispiel eines Gesichts im Wechsel seiner Züge zeigt – die Wirklichkeit den Griffen, in denen sie gesichtet wird.«[48]

Die hier entwickelten Gedanken könnten als eine hermeneutische Theorie verstanden werden, die es erklärt, wie Schlüsse, Urteile und Begriffe zu interpretieren sind, wenn sie speziell den Sprecher in seiner konkreten Situation betreffen. Doch die zahlreichen Angriffe auf die formale Logik enthalten zugleich den Anspruch der hermeneutischen Logik auf Ausschließlichkeit. Die formale Logik ist durch die neue Logik zu *ersetzen*.

43 a. a. O. S. 31.
44 a. a. O. S. 15.
45 Vgl. z. B. »Jeder Schluß ist eine Entscheidung ...«. »Schlüsse sind bündig, sofern darin die Situation raffend aufgenommen, zügig verknotet wird.« S. 39.
46 a. a. O. S. 12.
47 a. a. O. S. 17.
48 a. a. O. S. 131.

Die Untersuchungen Lipps betreffen nicht einmal eine *heteronome* Logik in unserem Sinn. Denn der Verweis auf die existenzielle Situation bleibt zu vage und läßt sich schwer in eine Typik verwandeln, weil Lipps jeder Allgemeinheit so skeptisch gegenübersteht. Gewisse Unterscheidungen, die er im Auge hat, findet man in der Sprechakttheorie wieder. Aber eine Berufung auf sprachanalytische Kriterien verbietet sich für Lipps. Die *existenzielle Grunderfahrung* ist Gegenstand seiner Untersuchungen, nicht die mehr oder weniger konventionellen abstrakten Allgemeinheiten von sprachlichen Unterscheidungen bei Sprechakten. Die Regelhaftigkeit im logischen Sinn und der Situationsbegriff bei Lipps stehen sich unversöhnlich gegenüber.
Während Lipps an existenzphilosophische Vorstellungen anknüpft, geht *S. Toulmin* von einem juristischen Praxisbegriff aus, der in der Wittgensteinschen Spätphilosophie vorbereitet und in der sogenannten Neuen Rhetorik ausgearbeitet wurde. Toulmin vergleicht Argumentationen, in denen sich die hermeneutische Logik in unserem Sinne verwirklicht, mit Gerichtsprozessen. In der Jurisprudenz wird stark differenziert; in ihr »hat sich eine ganze Reihe von Unterscheidungen entwickelt. Ein Rechtsphilosoph fragt etwa: ,Welche verschiedene Arten von Aussagen werden im Laufe eines Gerichtsprozesses geäußert, und auf welche verschiedene Weisen können solche Aussagen für die Stichhaltigkeit eines Rechtsanspruchs Relevanz haben'«? Toulmin fährt im Stile der Wittgensteinschen Sprachspielbeschreibungen fort: »Rechtliche Äußerungen haben viele verschiedene Funktionen: Geltendmachen von Ansprüchen, identifizierendes Beweismaterial, Zeugenaussagen über strittige Ereignisse, Interpretation eines Gesetzes oder Diskussion seiner Gültigkeit, Ansprüche darauf, von der Anwendung eines Gesetzes ausgenommen zu werden, Bitte um mildernde Umstände, Schuldsprüche und Strafansprüche.«[49] Damit ist offensichtlich, daß die Regeln für die Rechtssprechung und damit auch für die philosophische Argumentation, die sich an diesem Modell orientiert, von eben diesen Differenzierungen abhängt. Das Ziel von Logikern, ein bereichsunabhängiges formales System zur Kritik von Argumentationen angeben zu können, muß deshalb für Toulmin eine Illusion sein.

49 Toulmin (75), S. 14 bzw. 87/88.

Wenn die formale Logik zur Überprüfung von Argumentationen nicht ausreicht[50], wie muß man dann vorgehen, um Argumente zu beurteilen? In der analytischen Philosophie sucht man nach unverzerrten Sprechsituationen und identifiziert dann bestimmte Sprechakte mit den Argumenten; in der Neuen Rhetorik, wie sie vor allem von Perelman geprägt wurde[51], geht es nur noch um Wirksamkeit, das heißt mehr um Überredung als um Überzeugung. Toulmin dagegen behauptet, daß Argumentieren trotzdem ein *regelgeleitetes* Übergehen von bestimmten angenommenen Sätzen zu anderen ist. Er geht von folgendem Schema aus:

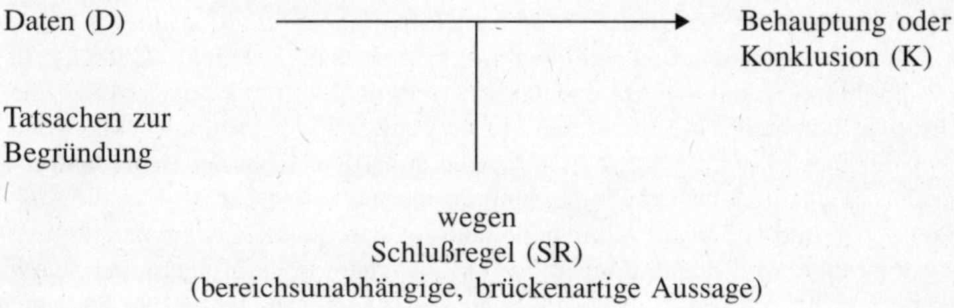

Bei der Frage: »Worauf beziehst du dich?« wird bei der Behauptung K auf D verwiesen.
Auf die Frage: »Wie kommst du dahin?« wird mit der Angabe von SR geantwortet.
Dieses Toulminsche Grundschema wird durch modale Operatoren O (z. B. »vermutlich«) und Ausnahmebedingungen AB verfeinert:

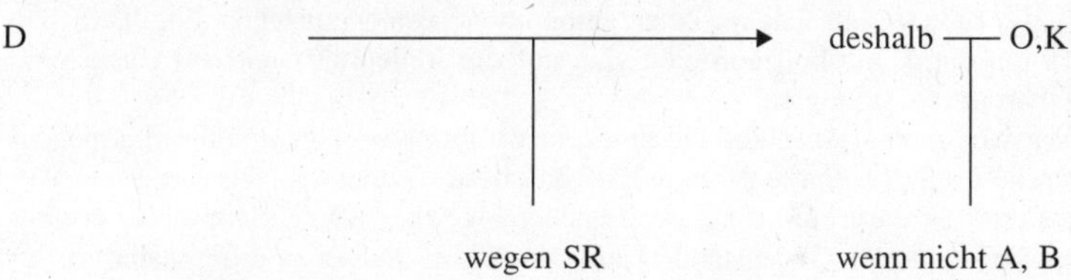

50 Die zahlreichen Attacken gegen die formale Logik verdrängen die Tatsache, daß formale Logik in jeder Argumentation eine notwendige Bedingung ist. Es ist deshalb nicht sinnvoll, die Deduktion terminologisch aus der Argumentation auszuschließen, wie es Berk (79) auf S.14 tut. Auch die »kopernikanische Wende« bei Stüben (81) S. 97/98, wonach sich die Logik neuerdings an der Argumentation zu orientieren habe, ist illusionär. Auch bei Toulmin findet man viele ungerechtfertigte Angriffe gegen die formale Logik.

51 Perelman (79) und (80).

Toulmin betont, daß ein Angriff auf ein bestimmtes K so weit gehen kann, daß die Zulässigkeit eines ganzen Argumentationsbereichs infragegestellt wird; man zweifelt z. B. eine Schlußregel an, weil sie biologisch ist. (»Ein Wal ist ein Säugetier«, weil in der Biologie so eingeteilt wird). Um mit solch einem Angriff fertig zu werden, müssen die bereichsunabhängigen Schlußregeln ihrerseits gestützt werden. Toulmin führt daher bereichsabhängige Schlußregelstützungen S ein. Zur schlußregelgebrauchenden (D, SR, deshalb K)-Argumentation, die formal gültig ist, kommen schlußregelstützende (D, S, deshalb K)-Argumentationen hinzu, die i. a. nicht mehr formal gültig sind.
Für Toulmin sind die meisten Argumente so beschaffen, daß sie nicht als reine Tautologien darstellbar sind; er nennt sie deshalb *substantiell:* »Eine von D auf K führende Argumentation heißt analytisch genau dann, wenn die Stützung für die Schlußregel, die die Argumentation ermöglicht, explizit oder implizit die Information enthält, die in der Schlußfolgerung selbst übermittelt wird. Wenn dies der Fall ist, ist die Aussage ‚D;S; und außerdem K' in der Regel tautologisch... Wenn die Stützung für die Schlußfolgerung mitgeteilt wird, ist die Aussage ‚D;S; und außerdem K' niemals tautologisch, und die Argumentation ist substantiell«. Weil man argumentiert, um unsichere Schlußfolgerungen durch weitere Informationen in den Schlußregelstützungen sicherer zu machen, sind in der Praxis Argumentationen nie explizit analytisch. Die Unsicherheit ergibt sich aus der Substanzialität.
Da durch die Heranziehung von Stützungen Daten auf einer neuen Ebene eingeführt werden, ist es naheliegend, die Struktur dieser Ebenen zu untersuchen und ihre Rolle für die Argumentationspraxis zu klären. Einen Versuch, mit Hilfe von »Referenzflächen« die Argumentationstheorie als einen »mehrdimensionalen Diskurs« darzustellen, findet man bei Stüben[52]. In den meisten Argumentationstheorien[53] treten methodologische Reflexionen, insbesondere in ihrer Beziehung zu unserem Thema einer autonomen hermeneutischen Logik, in den Hintergrund. Sie konzentrieren sich auf die Redepraxis und auf rhetorische Überredungsstrategien.
Wir wollen zum Abschluß die Frage aufwerfen, wie eine *autonome* hermeneutische Logik beschaffen sein müßte, um diese Bezeichnung zu verdienen. Wesentlich ist die Einführung zweier neuer logischer Kategorien, die es ermöglichen, unter den Gegenständen und den Eigenschaften zu differenzieren. Nur so läßt sich die für Menschen spezifische Situationsgebundenheit formulieren. Von den Gegenständen müssen z.B. »Personen«, von den Prädikaten »Existenzialien« unterschieden werden. Für eine »elementare hermeneutische Logik« gelten demnach folgende Kategorien:

52 Stüben (8), Teil 1, 5.
53 Argumentationstheorien findet man in zahlreichen sprachphilosophischen und linguistischen Abhandlungen. Einige Beispiele: Naess (75), Kopperschmidt (73), Schlüter (74).

Gegenstände: a, b, c — zugehörige Gegenstandsvariable: α, β, γ
Personen: p, r, s — zugehörige Personenvariable: π, ρ, σ

Prädikate: f(.), g(..), h(...) Existenzialien: $e_1(.)$, $e_2(..)$, $e_3(...)$	keine Variablen, da es sich um die elementare Logik handelt, in der Prädikate nicht quantifiziert werden.

Aussagen, elementare:	f(a), g(a, b), h(a, b, c) e_1 (p), e_2(p, r), e_3(p, r, s)
zusammengesetzte:	Kombinationen der elementaren Aussagen mit Hilfe von $\wedge$, v, $\rightarrow$, $\leftrightarrow$

Aussageformen: $f(\alpha)$, $g(\alpha,\beta)$, $h(\alpha,\beta,\gamma)$; sie gehen durch Einsetzung von Gegenständen in Aussagen über.

Hermeneutische Formen: $e_1(\pi)$, $e_2(\pi,\rho)$, $e_3(\pi,\rho,\sigma)$, hier darf nicht jede beliebige Person eingesetzt werden; es muß eine zusätzliche Bedingung erfüllt sein, die »Situationsäquivalenz« genannt werden kann.

Situationsäquivalenz: Innerhalb der Menge der Personen besteht eine Relation R_S, die Situationsäquivalenz; alle Personen, die in der gleichen Äquivalenzklasse K_s liegen, heißen situationsäquivalent. In hermeneutische Formen dürfen nur Personen der gleichen Äquivalenzklasse eingesetzt werden.

Allaussagen: $\wedge\ \alpha\ (f(\alpha))$; Aa bezieht sich auf jeden *Gegenstand* des Gegenstandsbereichs
$\wedge\ \pi\ (e_1\ (\pi))$; $\wedge\ \pi$ bezieht sich auf alle *Personen einer Situationsäquivalenzklasse* K_S

Existenzaussagen:	$V\alpha\ (f\ (\alpha))$; $V\pi\ (e_1\ (\pi))$;	V bezieht sich auf irgendein Element

Semantik: f(a) ist wahr, wenn a ε f.
e_1 (p) ist wahr, wenn p ε e_1

Bereich der Gegenstände

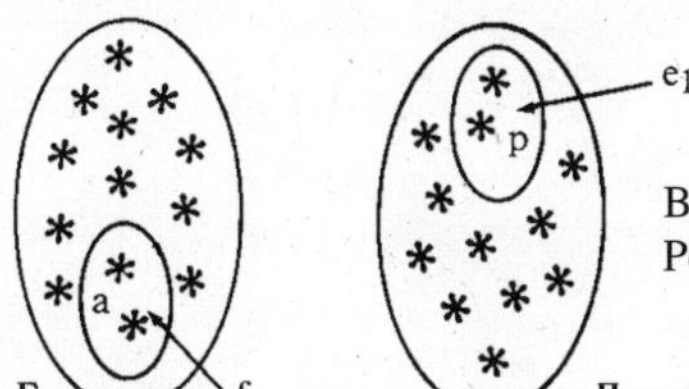

Bereich der Personen

Gegenständliche Allgemeingültigkeit: f (α) heißt allgemeingültig, wenn für alle Einsetzungen aus Γ die Aussage wahr wird.

Hermeneutische Allgemeingültigkeit: e_1 (π) heißt hermeneutisch allgemeingültig, wenn für alle Einsetzungen aus Π aus der gleichen Äquivalenzklasse K_S die hermeneutische Form in eine wahre Aussage übergeht, e_1 (p) und e_1 (r) dürfen nur gebildet werden, wenn pR_Sr gilt.

Gegenständlicher Schluß: Gegenständliche Allgemeingültigkeit einer Subjunktion von Aussageformen.

Hermeneutischer Schluß: Hermeneutische Allgemeingültigkeit einer Subjunktion von hermeneutischen Formen.

Wieweit dieses Programm tatsächlich durchführbar ist, läßt sich nicht sagen, solange keine weiteren Untersuchungen in dieser Richtung vorliegen. Die größten Schwierigkeiten dürfte der Begriff der Situationsäquivalenz enthalten; z. B. muß dabei dessen Beziehung zu den Existenzialien geklärt werden. Es ist unklar, ob der Existenzbegriff nicht als Funktion der einzelnen Klassen aufgefaßt werden muß.

Erst eine solche Logik gäbe uns die Hilfsmittel an die Hand, konkrete Schlußfolgerungen auf ihre Korrektheit hin zu kontrollieren. Besonders für die Geschichtswissenschaft wäre die Verwirklichung einer solchen hermeneutischen Logik vielversprechend.

8. Kritik an der Hermeneutik

Zur Differenzierung der Kritik unterscheiden wir verschiedene Hermeneutik-Begriffe: Hermeneutik bedeutet

1. eine *Kunstlehre,* in welcher Regeln zur Interpretation von Sinngebilden jeglicher Art zusammengestellt sind (vgl. Schleiermacher);
2. eine *spezifische* philosophische *Methode,* die neben anderen Methoden ihre Existenzberechtigung hat (vgl. Dilthey); sie stellt das Vermögen von Sinnverstehen kritisch in Frage;
3. die universelle philosophische *Lehre von der menschlichen Existenzweise* (vgl. Gadamer: Verstehen ist »nicht eine unter den Verhaltensweisen des Subjekts, sondern die Seinsweise des Daseins selbst«[1]). Hier handelt es sich um die Einbeziehung des dialektischen Totalitätsanspruchs in die Hermeneutik.

Die philosophische Kritik bezieht sich vorwiegend auf die zweite und dritte Bedeutung von Hermeneutik.

8.1 Kritik des Methodenanspruchs

Wird die Hermeneutik als Methode definiert, tritt sie notwendigerweise in Konkurrenz mit anderen Methoden. Kein Wunder, daß die schärfsten Gegner der Hermeneutik als Methodenlehre aus dem Lager der Wissenschaftstheoretiker stammen. Die Argumente stellen eine Aktualisierung des alten Streits zwischen Natur- und Geisteswissenschaften bzw. zwischen Erklären und Verstehen dar.

1 Gadamer (65), S. XVI.

a) Hermeneutik als vorwissenschaftliche Heuristik

Nach Stegmüller stellt der *hermeneutische Zirkel* den rationalen Kern der These von der Sonderstellung der Geisteswissenschaften dar. In ihm zeigt sich, nach der Auffassung der Hermeneutiker, daß es eine besondere Art von Vorurteilen gibt, die wesensmäßig unüberwindbar sind. Im hermeneutischen Zirkel drückt sich demnach eine »Vorurteilsstruktur« des menschlichen Verstehens aus, die nach Heidegger einen positiven ontologischen Sinn hat und das Verstehen zu einem Existenzial der menschlichen Sorgestruktur macht. Stegmüller versucht nun in ausführlichen Analysen[2] zu zeigen, daß es sich bei diesem »Zirkel des Verstehens« gar nicht um ein fest umrissenes Phänomen handelt und daß – bis auf einem Ausnahmefall – gar keine unüberwindbaren *Zirkel*, sondern mehrere durchaus lösbare *Dilemmata* vorliegen.
Schon die bildhaft-metaphorische Sprache der Hermeneutiker läßt vermuten, daß ihre Aussagen die *vorwissenschaftliche Heuristik* betreffen und Schwierigkeiten artikulieren, die in *allen* Wissenschaften auftreten können. Die hermeneutischen Schlüsselbegriffe, wie Vorurteil, Verstehen, Erklären und Zirkel, sind stets vieldeutig. Stegmüller ordnet die wichtigsten Streitpunkte sechs verschiedenen Dilemmata zu, die jeweils weitgefächerten Untersuchungsgebieten entsprechen, deren Probleme im allgemeinen durchaus lösbar sind. Das *»eigensprachliche Interpretationsdilemma«* stellt ein Beispiel eines *lösbaren* Zirkels dar. Stegmüller versteht darunter folgendes Problem: »Um einen bestimmten (eigensprachlichen) Text ... deuten zu können, muß man von einer Annahme über die Intention des Autors ausgehen ..., von der sich im Verlauf der Lektüre erweisen kann, daß sie falsch ist.«[3] Die Schwierigkeit besteht nun darin, daß die Korrektur dieser Annahme (der »Oberhypothese«) allein aufgrund des Studiums des Textes zu gewinnen ist, »der selbst nur unter Zugrundelegung dieser noch nicht verfügbaren (neuen) Oberhypothese verständnisvoll gelesen werden kann.«[4] Wer beispielsweise die Intention Wittgensteins, die die Bedeutung eines Wortes weitge-

2 Siehe vor allem die »Betrachtungen zum sog. Zirkel des Verstehens und zur sog. Theoriebeladenheit von Beobachtungen« in Stegmüller (79).
3 a. a. O. S. 37.
4 a. a. O. S. 38.

hend mit dessen Gebrauch identifiziert, nicht kennt, wird bei der Lektüre seiner Texte oft fälschlich dasjenige als *richtig* betrachten, was Wittgensteins *Gegner* sagen und vom Autor *ironisch* gemeint war. Die Schwierigkeit löst sich entweder dadurch, daß der Leser von anderer Seite über Wittgensteins Bedeutungslehre aufgeklärt wird oder aber das Problem bleibt beim Stand der gegebenen Information offen. Damit wird aber keine Unlösbarkeit behauptet. In vielen Fällen können neue Materialien, aber auch neue Einfälle und Glück zur Lösung führen.
Das *»Dilemma in der Unterscheidung von Hintergrundwissen und Fakten«* stellt dagegen in den Augen Stegmüllers tatsächlich eine *unbehebbare* Schwierigkeit dar. Trotzdem kann dieses Dilemma nicht als Signum der Geisteswissenschaften betrachtet werden, weil es sich nur auf *historische* Erkenntnisse bezieht und die dahinter verborgenen Probleme durchaus einer Lösung zugeführt werden können. Zum Verständnis der Analyse führt Stegmüller drei Wissenskomponenten ein:

- die zur Diskussion stehende Hypothese H,
- die zur Beurteilung von H wichtigen empirischen Daten E und
- das Hintergrundwissen oder die Oberhypothese O.

Stegmüller geht nun so vor, daß er zunächst die These des naiven Empirismus, wonach E keinerlei hypothetische Komponenten enthält, und die Windelband-These, nach der im historischen Fall die Oberhypothese O nur aus singulären Hypothesen, im naturwissenschaftlichen dagegen nur aus Gesetzeshypothesen besteht, als Fiktionen erweist und durch die Kritik an diesen Thesen schrittweise zum richtigen Verständnis vorstößt. Wir können hier nicht auf die einzelnen Gegenargumente eingehen, da sie ein weites Feld der modernen wissenschaftstheoretischen Forschung umfassen, angefangen von der Theorienbeladenheit der Beobachtung bis hin zur Lösung des Ramsey-Problems für theoretische Terme; wir beschränken uns daher nur auf die Ergebnisse der Untersuchung.
Stegmüller demonstriert die Problematik an zwei Beispielen. Das eine stammt aus der Astronomie; es betrifft die Theorie über die Natur eines bestimmten neuen astronomischen Phänomens, der Quasare. Das zweite Beispiel betrifft eine historische Fallstudie über die Deutung eines Gedichts von Walther von der Vogelweide. Im ersten Fall kommt Stegmüller zu dem Ergebnis, daß hier eine klare

Trennung von empirischen Daten E (das vorliegende Linienspektrum), von Hintergrundwissen O (das Licht stammt von einem unsichtbaren Quasar mit Radiostrahlung) und von der Hypothese H (es handelt sich um ein lokales Gravitationsphänomen) möglich ist, weil das Hintergrundwissen im wesentlichen aus allgemein anerkannten Gesetzeshypothesen besteht. Im zweiten Fall dagegen bricht »die dreifache Unterscheidung zwischen E, O, H völlig in sich zusammen«.[5] Nach Stegmüller gilt: »Bereits bei der Beschreibung der Fakten *'holt der Interpret sein in deren Deutung gestecktes Hintergrundwissen aus dieser Beschreibung heraus'*. Während im naturwissenschaftlichen Beispiel keine Rede davon sein kann, daß man über das, was man im *Spektralapparat sieht,* erst dann eine Einigung erzielen kann, wenn man sich über die zu akzeptierenden Naturgesetze ... geeinigt hat, ist im Walther-Beispiel *keine scharfe Trennung* möglich zwischen dem, 'was auf dem Papier steht' und dem 'was Walthers Intention war'.«[6]
Die Quintessenz der Stegmüllerschen Überlegungen ist die Tatsache, daß keine Form des Verstehenszirkels zur methodischen Unterscheidung von Natur- und Geisteswissenschaften bzw. von historischen und nicht-historischen Wissenschaften herangezogen werden kann. Die im Propädeutischen verbleibenden Reflexionen der Hermeneutiker enthalten Probleme, die in einer sorgfältigen Analyse durchaus gelöst werden können.

b) Hermeneutik als Logik der Forschung

In Analogie zur Dialektik-Deutung Poppers sieht Essler[7] in dessen Falsifikationstheorie einen gewissen methodischen Leitfaden zur Entdeckung adäquater wissenschaftlicher Erklärungen. Popper, einer der Ahnherren der Analytiker und Antipode der »hermeneutischen Philosophie«, wird von Essler paradoxerweise zum »größten lebenden Hermeneutik-Theoretiker«[8] gekürt.

5 A. a. O. S. 73.
6 A. a. O. S. 61.
7 Essler (72) S. 95–102.
8 a. a. O. S. 99.

Die konkrete Textinterpretation der Philologen – Essler bemerkt ausdrücklich, daß er nicht von der suspekten Hermeneutik-Auffassung in der dritten von uns angegebenen Bedeutung spricht – und die Theorienbildung der Einzelwissenschaften zeigen analoge Strukturen, wenn sich auch erstere auf sprachliche, letztere auf nichtsprachliche Gebilde beziehen. Es lassen sich die folgenden hermeneutischen Etappen unterscheiden:

1. Aufstellung einer Arbeitshypothese – in unserer Terminologie: der hermeneutische Entwurf, das hermeneutische Vorverständnis in seiner entmythologisierten Form (vgl. 7.2);
2. Überprüfung des Beobachtungsmaterials im Hinblick auf die Arbeitshypothese – bei uns: die hermeneutische Erfahrung;
3. Verwerfung bzw. Modifizierung der Arbeitshypothese aufgrund der Überprüfungen – in unserer Darstellung: der korrigierte hermeneutische Entwurf.

Man benötigt zum Verständnis also keinerlei geheimnisvolle hermeneutische Grunderfahrungen und keinen hermeneutischen Zirkel. Durch Popper wurden erstmals die modernen wissenschaftstheoretischen Prinzipien auch konsequent auf *historische* und *gesellschaftliche* Phänomene angewandt[9]. Popper versteht sich als Vollstrecker der Aufklärung und Warner vor unkritischen Dogmatisierungen, wie sie nach seiner Meinung in den hermeneutischen und dialektischen Thesen zu Hauf auftreten. Historische Aussagen sind nur innerhalb seiner allgemeinen Logik der Forschung möglich; diese betreffen Subsumtionen von historisch-individuellen Einzelereignissen unter allgemeinen Gesetzeshypothesen. Obwohl dabei auch die prognostische Relevanz eine Rolle spielt, darf die Prognose nicht mit hermeneutischen Prophetien über den sinnvollen Verlauf der Geschichte verwechselt werden. Es geht letztlich nicht um *Sinndeutungen* der geschichtlichen Abläufe, sondern um eine Reduktion auf naturwissenschaftlich faßbare Kategorien innerhalb des faktischen Geschichtsablaufs.

9 Vgl. Popper (65) bzw. (58).

Hempel versucht, die historisch adäquaten Betrachtungen auf den Erklärungsbegriff zurückzuführen. Während die sogenannte *kausal-genetische* Erklärung rein linear verläuft, müssen bei den üblicherweise in der Geschichte verwendeten *historisch-genetischen* Erklärungen immer wieder neue Informationen eingeschoben werden, welche neue Deduktionen erlauben.

Stegmüller gibt die folgenden beiden Schemata an:[10]

a) Kausal-genetische Erklärung:

$S_1 \rightarrow S_2 \rightarrow \ldots \rightarrow S_n$ S_1: Anfangszustand
S_n: Endzustand
$S_2 \ldots S_{n-1}$: Zwischenzustände

S_i wird mit Hilfe von deterministischen oder statistischen Gesetzmäßigkeiten aus S_{i-1} erklärt.

b) Historisch-genetische Erklärung:

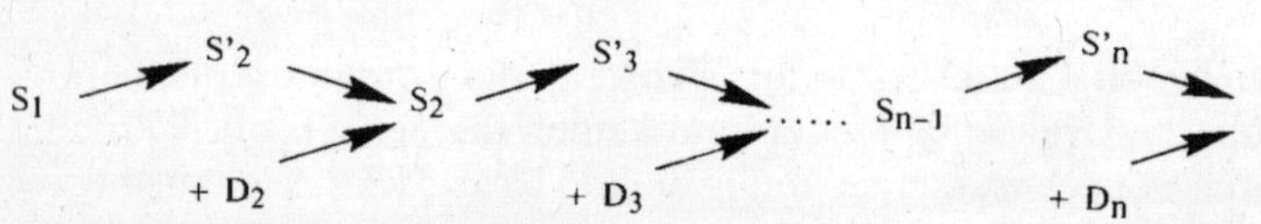

S_n wird nicht allein aus S_i durch allgemeine Gesetze erklärt, sondern unter Verwendung weiterer Informationen D_i. Zur Erklärung von S_i kann man zwar auf S_{i-1} zurückgreifen; um S_{i-1} zu erklären, benötigt man aber wieder neue Zusatzinformationen, usw.
Da der Auswahl der D_i eine gewisse Willkür anhaftet, entsteht der Eindruck eines individuellen Charakters solcher Erklärungen. Historische Ereignisse werden fälschlicherweise als genuin unwiederholbare und einmalige Geschehnisse interpretiert.

c) Hermeneutik als falsch verstandene Theorie des rationalen Erklärens

Auch die Wissenschaftstheoretiker müssen sich mit der Deutung *sinnvoller* und *situationsbedingter* Handlungen befassen. Zu diesem

10 Stegmüller (69) Studienausgabe Bd. 1, Teil 3, S. 357.

Zwecke führen sie jedoch kein neues wissenschaftliches Prinzip wie das Verstehen ein, sondern greifen auf eine spezielle Form der Erklärung zurück. Es handelt sich um eine normative Form der rationalen Erklärung von Handlungen (Stegmüller). Eine rationale Erklärung einer Handlung liegt vor, wenn die Ziele und die »Informationsbasis« des Handelnden expliziert und als praktische Gründe für die konkret vollzogene Handlung angegeben werden können. Die praktischen Gründe sind für den Betrachter der Handlung zugleich deren Ursachen.

Zum genaueren Verständnis dieser Erklärungsform gehen wir mit Stegmüller[11] von einem hermeneutischen Schema aus, das den Gedankengängen Drays zugrundeliegt:

1. Prämisse: Person x befindet sich in der Situation vom Typ C;

2. Prämisse: In einer Situation vom Typ C ist es angemessen, Y zu tun.

Konklusion: x hat Y getan.

Dieser Schluß, der wegen der zweiten Prämisse normativ genannt wird, ist nicht korrekt. Denn x braucht Y faktisch nicht zu tun, auch wenn er Y tun sollte. Als Konklusion ergibt sich nur die normative Aussage: »In der Situation, in welcher sich x befindet, ist es angemessen, Y zu tun«, die faktisch nichts erklärt. Wir schlagen daher ein hermeneutisches Schema vor, das den Begriff des Vorverständnisses verwendet und zugleich eine faktische Konklusion besitzt:

P1: Die Person x befindet sich in der Situation vom Typ C.

P2: Die Person x hat das Vorverständnis V (C) von der Angemessenheit einer Handlung Y in einer Situation vom Typ C.

P3: In einer Situation vom Typ C und beim Vorverständnis V (C) wird jeder Y tun.

K: x tut Y.

11 Stegmüller a. a. O. S. 384.

Die wissenschaftstheoretische Kritik an diesem hermeneutischen Schema wird den Rekurs auf das Vorverständnis betreffen. Wenn V(C) ein völlig unvernünftiges Vorurteil ist, wird die unvernünftige Handlung zwar »verständlich«, aber sie bleibt eben unvernünftig. Das heißt, wenn der Hermeneutiker die Handlungen nicht nur als normative, sondern auch als faktische auffassen will, indem er ein *angemessenes* oder *vernünftiges* Vorverständnis voraussetzt, dann sind die Prämissen unvollständig. Stegmüller faßt mit Hempel die Voraussetzungen, welche die Angemessenheit garantieren, im Begriff des »rational Handelnden« zusammen und kann statt des hermeneutischen Schemas ein *»normatives Rationalitätskriterium«* angeben, das anstelle aller Verstehenskriterien zu verwenden ist:

P1: Die Person x befindet sich in der Situation vom Typ C.

P2: Die Person x ist ein rational Handelnder.

P3: In der Situation vom Typ C tut jeder rational Handelnde Y.

K: x vollzieht die Handlung Y.

Verstehen ist so im Sinne eines Methodenmonismus restlos auf die Erklärung in einem weiteren Sinn zurückgeführt. Hermeneutik als eigenständige Disziplin oder Methode wird überflüssig.

d) Hermeneutik als Lehre von den wissenschaftlichen Rekonstruktionen

Die Konstruktivisten der Erlanger Schule sehen das Hauptverdienst der Hermeneutik in der Neubesinnung auf den *Primat der Praxis*. Die Relevanz der historischen Bedingungen folgt aus der Reflexion auf die praktische Lebenssituation des Menschen. »Alles Denken ist eine Hochstilisierung dessen, was man im praktischen Leben immer schon tut« (Lorenzen[12]). Doch glauben die Konstruktivisten anstelle des hermeneutischen Zirkels einen methodischen Anfang unseres Denkens aufweisen zu können. Lorenzen spricht vom Programm einer logischen Hermeneutik[13]. Dort wird zwischen den methodisch

12 Lorenzen (68), S. 26.
13 a. a. O. S. 41

rekonstruierten Sprachen und dem unterschieden, was in der unreflektierten Lebenspraxis immer schon dahingeredet wird.[14] So kann der Konstruktivismus selbst als eine Art Hermeneutik gedeutet werden, in der allerdings zwei wesentliche Bestimmungen der Hermeneutik im üblichen Sinne verloren gegangen sind: 1. die Einsicht in die wesentlich zirkuläre Struktur unseres Verstehens und 2. die Nicht-Hintergehbarkeit der Sprache. Lorenzen verwendet den Hermeneutik-Begriff also abweichend vom üblichen Sprachgebrauch. An anderer Stelle nennt er seine Hermeneutik auch »Dialektik«, weist jedoch ausdrücklich auf die Zweckmäßigkeit hin, Anführungsstriche zu setzen: »Es ist eine Art von Spiralbewegung, die zu vollziehen ist, um Handlungsnormen in einer konkreten Situation zu rechtfertigen: Wir beginnen mit kurzen normativen Genesen, z.B. mit der Genese einiger Redenormen, die aus der gemeinsamen Lebenspraxis entnommen werden können, wir wenden dann diese Normen an, um ein Stück Geschichte zu begreifen, d.h. kritisch zu verstehen. Danach sind wir, wenn die Geschichtsbetrachtung erfolgreich war, in der Lage, längere normative Genesen vorzulegen, diese wenden wir wieder auf Geschichte an usw... Diese Spiralbewegung... nenne ich – noch einmal in Anführungsstrichen – ‚dialektische' Methode«[15].

8.2 Kritik des hermeneutischen Universalismus

Die folgenden Kritiken sind zum Teil nicht weniger radikal als diejenigen, die sich auf den Methodenanspruch beziehen. Sie unterscheiden sich von den bisher behandelten Einwänden durch die Infragestellung gewisser Grundbegriffe und betreffen so die Deutung der Philosophie als Ganze.

a) Hermeneutik als antiquierte Geist-Theorie

Zahlreiche Formen der klassischen Hermeneutik stehen und fallen mit dem Geistbegriff. Man denke z.B. an Formulierungen Diltheys

14 Über den Versuch, in der sprachanalytischen Philosophie Rekonstruktionen zur Grundlegung einer Hermeneutik heranzuziehen, vgl. Wuchterl (76c).
15 Lorenzen: »Szientismus versus Dialektik«, in Bubner u. a. (70), S. 71/72.

oder Bettis, welche den Geistbegriff voraussetzen. Jede Kritik des Geistbegriffs zieht daher eine Kritik solcher Hermeneutik-Theorien nach sich. Aus der Vielzahl der behavioristischen, empiristischen und sprachanalytischen Attacken wählen wir die Angriffe des späten Wittgenstein als Beispiel aus. »Wo unsere Sprache uns einen Körper vermuten läßt, und kein Körper ist, dort, möchten wir sagen, sei ein *Geist«*, heißt es in den »Philosophischen Untersuchungen« (§ 36). Hinter der sichtbaren Welt der Körper steht eine »meta-physische« Welt, eine Welt des Geistes, von geistigen Zuständen, geistigen Tätigkeiten. Verstehen bedeutet den Vorgang, in diese mystischen Sphären vorzustoßen: man ist im »Innern« zu Hause wie im »Äußern« der gegenständlichen Welt. Das Wort »Geist« stammt aber aus den »Verhexungen unseres Verstandes durch die Sprache« (§109). Die grammatischen Formen suggerieren Analogien zu Körpern, die wir durch Leerformen wie »Geist«, »Inneres« u. ä. ersetzen. Da die Verwendungsweisen von Wörtern wie »Essen« und »Verstehen« in ihrer Oberflächengrammatik kaum Unterschiede aufweisen, konstruieren wir zum Verstehen ein Subjekt, das ähnlich agiert wie unser Körper, der ißt. Die Hermeneutik als falsch verstandene Geist-Theorie muß daher durch eine Theorie der rechten Wortverwendung ersetzt werden.

Offensichtlich bezieht sich die Kritik nur auf bestimmte Formen der Hermeneutik. Man kann die Wittgensteinsche Philosophie bis zu einem gewissen Grade selbst als hermeneutische Philosophie interpretieren[16] – natürlich wieder mit Anführungsstrichen. Denn Wittgensteins Verdienst besteht nicht zuletzt in der Einsicht, daß sich alle sprachlichen und wissenschaftlichen Leistungen nicht im luftleeren Raum einer objektiven Weltordnung vollziehen, sondern von den Lebenswelten abhängen, in welchen die Sprach- und Wissenschaftspartner stehen. Der Primat der praktischen Vernunft, der hier mit dem Primat der in einer Lebensform verwirklichten Sprache identisch ist, bleibt aber nur *ein* Aspekt, der kaum ausreicht, solche Philosophien unter die hermeneutischen einzureihen. Die Entwertung des Verstehensakts und, damit verbunden, der Intentionalität ist so radikal, daß nur noch Rekonstruktionen von Regelsystemen, die aktuales Verstehen ermöglichen, sinnvollerweise unter den Titel einer hermeneutischen Logik gestellt werden können.

16 Siehe z. B. Zimmermann (75).

b) Hermeneutik als Vorstadium einer allgemeinen Gesellschafts- und Handlungstheorie

Nach Habermas verharrt die Hermeneutik auf der Oberfläche des Sinn- und Traditionsgeschehens, ohne deren letzte Bedingtheit zu durchschauen. Die Objektivität des historischen Geschehens wird durch die Kontingenz der jeweiligen Überlieferung entwertet. Die Sprache als tradiertes Gut des Einzelnen reicht nicht aus, um den Ontologie-Bezug zu rechtfertigen. Denn auch die Sprache ist – wie alle tradierten Begebenheiten – von gesellschaftlichen Prozessen abhängig. Daher will Habermas die Hermeneutik durch eine Gesellschaftstheorie erweitern, die deren Bedingungen *sozialkritisch* reflektiert. Da neben der Sprache auch Arbeit und Herrschaft als bestimmende Elemente für geschichtliche Zusammenhänge angesehen werden, geht diese Gesellschaftstheorie weit über die hermeneutischen Ansprüche auf reines Verstehen hinaus. Die transzendentalen Bedingungen des Verstehens, die eine Ontologie der Geschichtlichkeit im Sinne Gadamers aufbauen, müssen selbst wieder als von einem objektiven Zusammenhang abhängig gedacht werden: von dem Interessenzusammenhang, in dem sich Sprache, Arbeit und Herrschaft – kurz vollwertige Kommunikation – manifestieren. In welcher Form seine »Geschichtsphilosophie in praktischer Absicht« von tiefenhermeneutischen Prinzipien, wie der kommunikativen Kompetenz, abhängt, werden wir später sehen.

Sollte dafür eine neue Hermeneutik entwickelt werden, so sicherlich nicht als methodisches Unternehmen; Habermas sagt ausdrücklich: »Hermeneutik ist eine Kunst, keine Methode«[17].

Habermas ist nicht der einzige, der die hermeneutischen Ansprüche als solche akzeptiert, aber durch die Verlegung der Fundamente weitere Dimensionen ihrer Begründung erschließen möchte. K.-O. Apels transzendentale Hermeneutik versucht die Mängel der Gadamerschen Hermeneutik durch eine Interaktionstheorie zu überwinden, die wichtige Einsichten des Semiotikers Ch. S. Peirce berücksichtigt. Während die positiven Aussagen Apels unten ausführlich dargelegt werden, wollen wir hier nur seine kritischen Bemerkungen zu Gadamers Lehre zitieren: »Genügt es, die Sinner-

17 Habermas in Habermas/Luhmann (71), S. 172.

klärung qua Traditionsvermittlung als ein situationsbezogenes Geschehen der ‚Horizont-Verschmelzung' zu analysieren, das, als ein der ‚Produktivität der Zeit' überlassenes ‚Spiel', ein immer wieder anderes Resultat der praktischen ‚Applikation' haben wird?
Gelingt es, aus der Analyse der ‚Geschichtlichkeit' des Verstehens als quasimethodologisches Postulat einzig die Forderung des ‚wirkungsgeschichtlichen Bewußtseins' abzuleiten? ... muß er (der Interpret) nicht seine Tätigkeit auf die mögliche Verständigung in einer Interaktionsgemeinschaft beziehen?
Bedarf es in dieser Situation nicht eines methodologisch relevanten regulativen Prinzips, das seine Tätigkeit der Interpretation auf einen unbegrenzten Fortschritt, und das heißt letztlich auf den idealen Grenzwert einer absoluten Wahrheit der Interpretation bezieht?«[18]
Einige interessante hierher gehörige Argumente gegen den Universalitätsanspruch der Hermeneutik findet man in dem Aufsatz »Über das Verhältnis der hermeneutischen Philosophie zu den Wissenschaften« von L. Krüger[19]. Krüger kritisiert die Ausgangsbasis aller hermeneutischen Theorien: die wissenschaftsfreie Lebenswelt. Nicht nur, daß diese Lebenswelt gar nicht als solche identifiziert werden kann, weil die Denkformen und Resultate der Wissenschaft jede Lebenswelt szientistisch prägen und die ursprünglichen Bereiche nicht mehr zu isolieren sind, sondern auch die Unmöglichkeit, aus den betont nichtwissenschaftlichen Elementen der Lebenswelt das Strukturgefüge szientistischer Theorien deduzieren und begründen zu können, degradiert den hermeneutischen Lebensweltbegriff zu einem Pseudobegriff. Auch gegen Gadamers Theorie der Wirkungsgeschichte und Horizontverschmelzung bringt Krüger massive Einwände vor. Im Zeitalter planetarischer Kommunikation treten Kulturkreise miteinander in Berührung, die über keinerlei gemeinsame traditionelle Vergangenheit verfügen und trotzdem zu einem existenznotwendigen Einverständnis gelangen. Nach Gadamers Traditionstheorie wären Horizontverschmelzungen dieser Art unerklärlich. Die Vorstellungen Gadamers beruhen nach Krüger auf einem weitverbreiteten Fehlschluß, nämlich auf der Verwechslung der Frage nach der Legitimation unseres Wissens mit der Frage nach

18 Apel in »Szientismus oder transzendentale Hermeneutik?« in Bubner u. a. (70), S. 139.

19 Abgedruckt ebenfalls in der Aufsatzsammlung Bubner u. a. (70).

seinem Ursprung[20]. Wie die Geschichte transzendiert werden muß, so müssen auch die sprachlichen Grenzen überwunden werden: »Als Gegenmodell (zur Hermeneutik) in vielen alltäglichen und wissenschaftlichen Situationen tritt ein ‚pragmatisches' Modell in Konkurrenz, in dem der gemeinsame Umgang mit außersprachlichen Gegenständen den Leitfaden abgibt«[21].

c) Hermeneutik als philosophische Theologie

Auch die Theologie, die sich im Anschluß an Bultmann vor allem bei Fuchs und Ebeling entwickelt hat, versteht sich als hermeneutische Disziplin. Die sogenannte »Neue Hermeneutik«[22] vereinigt die theoretische Interpretationskunst mit der praktischen Exegese, indem sie die praktisch gesprochene Sprache als ständig sich vollziehende Auslegung durchschaut. Glaubte man in Bultmanns Aussagen, *den frühen* Heidegger wiederzuerkennen, so können die Vorstellungen von Fuchs und Ebeling ihre Abhängigkeit vom *späten* Heidegger nicht verleugnen. Hermeneutik ist »Sagen des Seins«.
Die Frage an den Text war bei Bultmann die Frage nach dem leitenden Existenzverständnis, bei den »Neuen Hermeneutikern« dagegen die Frage nach dem, was sich im Text sprachlich offenbart. »Die Sache, von der die Sprache vornehmlich spricht, ist das Sein, und es macht das Wesen des Menschen aus, auf diesen Ruf des Seins zu hören... Auf diese Weise bildet die Sprache den Kern des menschlichen Wesens und nicht zuerst die Objektivierung eines ohne Ziel möglichen, eigentlichen Selbstverständnisses«[23]. Hermeneutik und Theologie werden Wechselbegriffe. Die Konvergenz beider bedeutet zugleich eine Konvergenz von Theologie und Philosophie. In der Tat ist es schwierig, die Aussagen des späten Heidegger von theologisch-mystischen Orakelsprüchen zu unterscheiden, wie es auch kaum gelingt, die theologischen Aussagen der »Neuen Hermeneutik« von der Seinsphilosophie Heideggers zu trennen.

20 a. a. O. S. 7.
21 a. a. O. S. 21.
22 Vgl. Robinson/Cobb (65).
23 Robinson »Die Hermeneutik seit Karl Barth«, in Robinson/Cobb (65), S. 71.

Die enge Verbindung der Hermeneutik mit der Theologie veranlaßt Kritiker wie Albert oder Topitsch, die Vorbehalte gegen die Religion pauschal auf die Hermeneutik zu übertragen. Theologie ist für beide keine Lehre vom Absoluten, vom Göttlichen oder vom Sein, sondern das Arsenal für perfekte Immunisierungsstrategien, die Dogmen- und Ideologiesysteme stützen. Schon Bultmanns Entmythologisierungsprogramm, das sich ja auch als hermeneutisches Unternehmen versteht, stellt für Albert eine Immunisierungsstrategie dar: »Sein Ziel ist keineswegs, die Ergebnisse und Methoden der Wissenschaften für die Kritik des Glaubens fruchtbar zu machen, wie es sich etwa aus einem unbefangenen Wahrheitsstreben ergeben könnte – einem Wahrheitsstreben, wie es in manchen Forschungen der liberalen Epoche zu erkennen ist -, sondern vielmehr: Wissenschaft und Glauben nach Möglichkeit sauber auseinanderzuhalten, so daß sie gegeneinander immun werden«[24]. Die »Entmythologisierung« muß konsequenterweise zur »Entkerygmatisierung« werden, wenn sie wirklich kritisch sein will und nicht für blind Geglaubtes eine ad-hoc-Erklärung ohne Überprüfungsmöglichkeiten liefern will[25].

Die Interpretation der Hermeneutik als philosophische Theologie bzw. als theologische Philosophie schiebt die Hermeneutik an die Grenzlinie zwischen philosophischer Reflexion und persönlicher Doxa, die unter Umständen als religiöser Glaube gerechtfertigt werden kann. Selbst bei großzügigster Deutung des Methodenbegriffs entgleitet dieses Denken, das mehr ein Ahnen oder Wähnen genannt werden sollte, jeder Möglichkeit der Nachvollziehbarkeit und schließt sich damit aus unseren Überlegungen aus.

24 Albert (68), S. 109.
25 a. a. O. S. 115.

9. Die phänomenologische Methode

Die bisher dargestellten philosophischen Grundformen und deren kritische Beurteilungen zeigen eine verwirrende Vielfalt von Methoden, die sich gegenseitig relativieren und so an Überzeugungskraft verlieren. Den gleichen Eindruck erhält ein Betrachter der Philosophiegeschichte. So ist es kein Wunder, daß bedeutende Philosophen wie Descartes, Kant oder Hegel diese Vielfalt zum Anlaß einer grundsätzlichen Revision nahmen und durch Letztbegründungen Entscheidungen zwischen den Standpunkten herbeizuführen suchten. Eine der bedeutendsten Methoden zur Fundierung der Philosophie in letzte Sicherheit wurde innerhalb der Phänomenologie entwickelt, die sich wie keine andere der genannten Grundformen der Philosophie als Methode versteht. Ihre Selbstsicherheit leitet sie aus ihrem obersten Grundsatz ab, von den »Sachen selbst« auszugehen.

9.1 Ein Beispiel: »Zu den Sachen selbst«

Wenn jede Philosophie von den »Sachen selbst« ausgehen soll, muß zunächst geklärt werden, was mit diesen Sachen gemeint ist. Wir verdeutlichen die Problematik an einem einfachen Gegenstand, nämlich an der »Sache« Haus. Die Ergebnisse sind dann durch analoge Überlegungen auch auf philosophische Begriffe, wie beispielsweise auf die Kausalität oder auf Wertbetrachtungen, zu übertragen. In der natürlichen Einstellung scheint die Wahrnehmung eines bestimmten Hauses keine Probleme zu enthalten: Die sinnliche Wahrnehmung vom Haus, die ich in meinem Bewußtsein habe, bezieht sich auf einen Gegenstand meiner Umwelt und gibt Zeugnis von der Existenz eines Objekts einer bestimmten Struktur. Doch als wissenschaftlich gebildeter Mensch des Atomzeitalters ist man sich unter Umständen bewußt, daß sich das Wahrgenommene »eigentlich« auf ein Konglomerat komplizierter molukularer und atomarer Strukturen bezieht. Dabei wird nicht nur das Haus als Ganzes zum Ordnungsschema entgegenständlicht, sondern auch die einzelnen Bau-

steine, wie etwa die Elektronen der Atomhülle, die als statistische Elektronenwolken gedeutet werden, verlieren ihren gegenständlichen Charakter. Mein Bewußtseinsinhalt steht nun plötzlich gar nicht mehr zu dem durch die Sinne vermittelten Ganzen in Beziehung, sondern zu einem theoretischen Konstrukt.
Die wissenschaftliche Konstruktion des Gegenstandes stellt eine theoretische Entfremdung radikaler Art dar. Nun ist aber, genau genommen, das beobachtete Haus gar nicht als solches Konglomerat atomarer Strukturen *gemeint,* sondern eben als das Haus des Nachbarn mit diesen oder jenen Eigenschaften. Da das im Bewußtseinsakt eigentlich Gemeinte als »Sache selbst« aufgefaßt wird, beschreibt demnach die Atomtheorie gar nicht das »Haus«. In den Wissenschaften wird nicht die »Sache selbst«, d.h. das, was ich mit »Haus« eigentlich inhaltlich meine, beschrieben, sondern es ist die Rede von einem Konstrukt, das wohl auf gewisse anschauliche Elemente aufbaut, aber in dieser Form in der Aussage über das Haus meines Nachbarn jedenfalls nicht gemeint war. Mit der Zurückweisung atomtheoretischer Erklärungen ist das Problem noch nicht gelöst. Die Schwierigkeit wird erst ganz deutlich, wenn man an ein Traumerlebnis denkt, in dem mir das Haus des Nachbarn in aller Unmittelbarkeit gegeben ist. Offensichtlich läßt sich in dem isolierten Bewußtseinserlebnis des konkreten Traums kein Unterschied feststellen zwischen einem wirklichen und einem geträumten Haus. Mit anderen Worten: Das Bewußtsein bezieht sich gar nicht auf die *Existenz* eines Objekts! Die transzendente Gegebenheitsweise liegt nicht in meinem Bewußtsein, sondern muß indirekt aus andern Bewußtseinsleistungen, z. B. aus Zusammenhängen von Erlebnissen, herstammen. Man denke etwa an das Aufwachen aus dem Schlaf.
Weder in der wissenschaftlichen noch in der natürlichen Einstellung ist also die »Sache selbst« gegeben. Es bedarf eines besonderen Blicks für das im Bewußtsein Gegebene, das offensichtlich unsinnlicher Natur ist. Denn man erkennt etwas »als Haus« und nicht als Ansammlung von Sinneseindrücken. Sinnlich gegeben sind nur bestimmte Ansichten und Perspektiven; gemeint ist aber ein Ganzes mit bestimmter Bedeutung. Dieses Gemeinte ist das im Bewußtsein Vorhandene oder dem Bewußtsein Erscheinende, kurz das »Phänomen«. Das im Bewußtsein Gegebene stellt kein isoliertes Objekt dar, sondern steht in einem Bedeutungszusammenhang. Das Haus ist zugleich das Haus meines Nachbarn, mit dem ich gewisse Kontakte

pflege, es ist das Haus, in dem mein Freund aufgewachsen ist, das mir den Blick ins Tal verstellt, das mich vor glühender Hitze schützt, usw. So ist die »Sache selbst« einerseits weniger, als die Wissenschaft lehrt, andererseits viel mehr, als sinnliche Eindrücke vermitteln, die nur Auslöser und Begleiterscheinung eines komplexen Gemeinten sind.

9.2 Die erste Komponente der phänomenologischen Methode: Der Rekurs auf reduzierte Intuition

In der Wissenschaftstheorie ist eine Aussage dann philosophisch relevant, wenn sie sich innerhalb eines theoretischen Entwurfs durch Sinneserfahrungen bewährt, sei es als Ergebnis wahrscheinlichkeitstheoretischer Annahmen, sei es als Aussage, die wiederholten Falsifikationsversuchen erfolgreich widerstand. Die immer neu auf den Menschen faktisch einwirkenden Sinneseindrücke bringen ein nicht-vorhersehbares Element ins Spiel, welches Überraschungen mannigfaltiger Art enthalten kann. Deshalb sind Erkenntnisse in wissenschaftstheoretischer Sicht nie endgültig, absolut abgesichert oder revisionsunfähig. Ganz anders in der Phänomenologie. Die Erkenntnis, daß komplizierte Wahrheiten aus einfacheren aufgebaut sind und die einfacheren Elemente unter Umständen durch noch einfachere erklärt werden können, führt zu der Vorstellung eines absoluten Anfangs in der Begründungskette. Ein unendlicher Regreß in nicht abgesicherte Einsichten kann kein zusammengesetztes Wissen erklären. Geht man also von der Annahme aus, daß wir tatsächlich über gewisse Einsichten verfügen, so stammen diese aus elementaren Bewußtseinsinhalten, aus »Phänomenen«, die uns in unzweifelhafter Weise absolut sicher gegeben sind und alles zusammengesetzte Wissen begründen. Die Phänomene sind »evident«.
Die erste Aufgabe methodischen Denkens ist daher der Rekurs auf solche evidenten Phänomene die uns durch Intuition mit absoluter Sicherheit gegeben sind. Die komplexen Gegebenheiten müssen zunächst von nicht-evidenten Elementen gereinigt werden. Dies geschieht mit Hilfe sogenannter *Reduktionen.* Man enthält sich gewisser Urteile. In der »Epoché«, wie man diese Urteilsenthaltung auch nennt, werden systematisch alle Elemente ausgeschieden, die nicht zur »Sache selbst«, also zum Phänomen, gehören. Das bedeutet:

1. Alles angelernte Wissen aus den theoretischen Wissenschaften, einschließlich der metaphysischen Spekulationen, alles mittelbar Erschlossene und alles Hypothetische wird ausgeschlossen (vgl. die Atomtheorie, die formale Logik, die Metaphysik).

2. Alles durch Tradition Vermittelte und nicht selbst Erfahrene gehört nicht zum evidenten Phänomen.

3. Alles, was dem betrachteten Objekt nur auf Grund der Beziehung zu meiner speziellen Person zugeschrieben wird, aber von anderen Betrachtern nicht erfahrbar ist, muß in seiner Bedeutsamkeit zurückgestellt werden.

4. Elemente, die auch anders sein können und daher nicht denknotwendig sind, wie etwa die Farbe eines Hauses, im Gegensatz zur Tatsache, daß das Haus ein Dach hat, werden in der Epoché unberücksichtigt gelassen.

5. Schließlich wird die objektive Existenz des Erlebten zunächst zurückgestellt, weil diese als transzendentes Element per definitionem keinen Bewußtseinsinhalt darstellen kann.

Was nach der Reduktion bleibt, heißt wegen seiner notwendigen Zugehörigkeit zur Sache oder zum Sachverhalt »Wesen« (Eidos). Man spricht daher seit Husserl von der *eidetischen Reduktion.* Sie ermöglicht einen Rekurs auf das Wesen einer Sache, die uns durch eine unmittelbare »Wesensschau« in der Intuition gegeben ist. Neben der diskursiven Fähigkeit wird in der Phänomenologie dem Menschen die fundamentale Eigenschaft zugesprochen, ideale Gegenstände auch anschaulich erfassen zu können.

Wenn in der Evidenz-Diskussion von Anschauung gesprochen wird, so kann damit recht Verschiedenartiges gemeint sein. Zunächst gibt es zahlreiche alltägliche Verwendungsweisen. »Anschaulich« ist etwas, was in die Denk- und Darstellungsweise des Alltäglichen paßt; z. B. ist ein Vortrag, der sich nicht in akademischen Differenzierungen ergeht, anschaulich. Aber auch ein Beweisgang, der vollständig in seine Einzelteile analysiert ist und damit überblickbar wird, ist anschaulich, aber eben in einem anderen Sinn. In der Wissenschaftstheorie bezieht sich der Anschauungsbegriff entweder auf die Möglichkeit, Modelle der Alltagswelt für wissenschaftliche Bereiche anzugeben, oder aber er zielt auf die »Anschauungsformen« von Raum und Zeit. So ist einerseits die klassische Physik anschaulich, weil wichtige Strukturen mit der Makrophysik unserer Umgebung korrelieren; andererseits sind Zündhölzer, Kreidestriche oder Steinchen anschauliche Gegenstände, weil sie in Raum und Zeit gegebene selbstidentische Objekte sind, die sich in der empirischen Wahrnehmung identifizieren lassen (visuelle Anschauung).

Wenn in der Phänomenologie von Anschauung gesprochen wird, so muß eine weitere Bedeutung des Begriffs herangezogen werden. In der Anschauung wird unabhängig von unserem sinnlichen Vermögen, das auf Einzelnes in Raum und Zeit geht, eine Wirklichkeit unmittelbar, d.h. ohne Vermittlung logischer Funktionen, erfaßt. Bedeutungen, Wertungen und Ideen werden in ihr zugänglich, ohne daß wir unsere fünf Sinne oder unseren diskursiven Verstand zu Hilfe nehmen müssen. Daß einem ausgedehnten Gegenstand Farbe zukommt, ist evident; es folgt aus dem »Wesen der Ausdehnung« und aus dem »Wesen der Farbe«. Nicht, weil wir viele farbige ausgedehnte Gegenstände empirisch beobachtet haben, können wir die Zusammengehörigkeit von Ausdehnung und Farbe behaupten, sondern der Zusammenhang wird durch die Wesensstrukturen beider gestiftet; er ist gewissermaßen Voraussetzung für das faktische Vorkommen beider im beobachteten Einzelobjekt. Der Zusammenhang wurde aber auch nicht erschlossen, er ist keine Konklusion aus Prämissen sinnlicher Beobachtungen und rationaler Hypothesen. Es handelt sich – weil nicht-empirisch – um eine *apriorische* Einsicht und – weil durch Wesensstrukturen inhaltlich bestimmt – um eine *materiale* Erkenntnis. Es gibt demnach für die Phänomenologie nicht nur ein *formales* Apriori, wie die Transzendentalphilosophen (Kant) und die Logiker behaupten, sondern auch ein *materiales* Apriori, eine Tatsache, die Max Scheler in seiner Ethik zu einem groß angelegten Gegenentwurf zur praktischen Philosophie Kants veranlaßt[1].

In der sogenannten eidetischen Anschauung oder »Wesensanschauung« (Ideation) wird gewissermaßen durch die empirisch gegebenen Gegenstände hindurch auf deren Wesen geschaut. »Wesen«

1 Vgl. sein ethisches Hauptwerk: »Der Formalismus in der Ethik und die materiale Wertethik« (54).

kann dabei zunächst »Form« bedeuten. Ein mehrmals angeschriebenes »A« wird als »A« identifiziert, auch wenn die empirischen Objekte differieren wie in A, A, A. Schreibfiguren, die in den Sprachen verwendet werden, sind stets Formen oder Gestalten dieser Art. Wir meinen in den Einzelobjekten ein Allgemeines, das durch dieses oder jenes Objekt repräsentiert wird. Das allgemein Gemeinte ist weiterhin anschaulich! Auch das berühmte platonische Beispiel vom Kreis, den wir anschaulich meinen, wenn wir empirische Kreise sehen, gehört hierher. So muß man sich auch bei beliebigen Denkobjekten ein durch das sprachlich gedachte Objekt mitgemeintes Allgemeines vorstellen, dem gewisse spezifische Eigenschaften und Strukturen zukommen. Neben der sinnlichen Anschauung, die stets auf Einzelnes in Raum und Zeit geht, wird eine »kategoriale Anschauung« angenommen, in der auch Allgemeines, eben das »Wesen«, erfaßt werden kann. Die kategoriale Anschauung bleibt allerdings an die sinnliche Anschauung gekoppelt, da wir Allgemeines nur durch deren Repräsentanten in Raum und Zeit erfassen können. Durch die verschiedenen Reduktionen der Phänomenologen werden die zufälligen und daher nicht zum Wesen gehörenden Elemente einerseits in ihrer Geltung außer Kraft gesetzt, andererseits aber in eine gewisse Fundierungsordnung gebracht, die es ermöglicht, die vorläufig ausgeschiedenen Elemente wieder neu mit Sinn zu versehen. Aus der Analyse solcher Zusammenhänge einer universalen Ontologie der Wesensstrukturen erwächst dann eine allgemeine Konstitutionslehre.

9.3 Die zweite Komponente der phänomenologischen Methode: Die Sinnkonstitution aus den intentionalen Bewußtseinselementen

Die eigentliche Absicht der Phänomenologen ist keineswegs eine reduktive Analysis. Ein Aufweis letzter Wesenselemente in gewissen Sachen und Sachverhalten, der zugleich die Mehrzahl der konkret gegebenen Elemente beseitigt oder zumindest abwertet, kann nicht der Inhalt einer philosophischen Weltbetrachtung sein. Reduktion ist Entleerung und Verarmung, wenn ihr kein synthetischer Wiederaufbau folgt. Die ursprüngliche Intention zielt ja auch auf ein Verstehen der vielfältigen uns umgebenden Erscheinungen aus den intuitiv abgesicherten Elementen des Bewußtseins. Alles, was Sinn hat, muß diesen aus den Leistungen des Bewußtseins erhalten haben; und eben diese Leistungen sind zu bedenken und nachzuvollziehen. Phänomenologische Analyse bedeutet nicht bloße Erklärung von Gegebenheiten, sondern *Verstehen des idealen Sinns* eben dieser Gegebenheiten.

In der Phänomenologie, insbesondere bei Husserl, hat die phänomenologische Analyse nicht nur die Absicht, eine allen Zweifeln standhaltende Letztbegründung der Philosophie und aller Wissenschaft zu gewährleisten. Dieses Ziel lag auch schon den meisten Überlegungen der klassischen Arché-Forschung zugrunde. Bei den Griechen wurden in einer metaphysischen Axiomatik gewisse letzte Prinzipien aufgestellt, die ihre Evidenz in sich trugen. Die Vielzahl solcher sich widersprechender Prinzipien führte recht bald den Anspruch auf Selbstbegründung durch unbezweifelbare Einsicht ad absurdum. Deshalb versucht Husserl, die Idee Descartes' aufgreifend, die Letztbegründung auf die Selbstgewißheit des Ich-bin, Ich-denke (cogito) zurückzuführen. Alle Erfahrung und alles Wissen muß als Sichbewußtmachen und als Bewußthaben interpretiert werden können. Die Frage nach dem Wesen des Seienden wird zu einer Frage nach den Bewußtseinsweisen, d.h. nach den Erlebnisweisen, in denen sich die Phänomene konstituieren. Das Wissen, daß alles Sein Korrelat des Bewußtseins ist, wird nach Husserl wieder durch eine umfassende Reduktion erworben, durch die *phänomenologische Reduktion*. In ihr wird die Rückfrage vom Sein zum Bewußtsein methodisch realisiert.

Die Möglichkeit einer Deutung des Seienden aus dem Ego erklärt sich aus der intentionalen Struktur des reinen Bewußtseins. Ein Bewußtseinsakt, in dem mir ein Haus bewußt wird, unterscheidet sich von einem körperlichen Akt wie Gehen dadurch, daß er auf ein Etwas bezogen ist: Bewußtsein ist stets *Bewußtsein von...* Nun haben wir gesehen, daß hier gar nicht das existierende Objekt gemeint ist, sondern ein »intentionales Objekt«, in dem dann die Möglichkeit der Ausrichtung auf das existierende Objekt liegt. Nennen wir mit Husserl das intentionale Objekt, in dem das Wesen der Sache zum Vorschein kommt, Noema, so erhalten wir anstelle des Schemas

Akt – existierendes Objekt

das Schema

Akt (auch Noesis) – Noema – existierendes Objekt.

Das Noema ist keine Begleiterscheinung des Akts, sondern Produkt einer Leistung des Ego.
In der phänomenologischen Reduktion wird auch das empirische Ich von all seinen faktischen Eigenschaften und Leidenschaften gereinigt. Es wird zum reinen Bezugspunkt der Intentionalität. Das in seiner Vielfalt als seiend Gemeinte erhält in dieser Rückkoppelung auf den Ichpol seine Legitimation. Denn mit der Entdeckung der letzten Evidenz, der Selbstgewissheit, ist der Weg frei für eine Stufenordnung der Evidenzen, d.h. für die Konstitution des sinnvoll Gemeinten. Daß die Reduktion nicht Verarmung und die Konstitution nicht geheimnisvolle Neuschöpfung ist, formuliert Gadamer in deutlichen Worten: »Konstitution ist nichts anderes als die Wiederaufbaubewegung, die der vollzogenen Reduktion folgt. Wie die letztere transzendental ist, d.h. keine reale Vernichtung meint, sondern nur die Suspension der Seinsgeltung, so ist auch der Aufbau aus den Leistungen der Subjektivität keine reale Erzeugung von irgendetwas, sondern der Weg des Verstehens all dessen, was als Sinn gelten soll.«[2]
Die Reduktionen werfen neues Licht auf die Seinsweisen idealer Gegenstände, die z.B. in Mathematik und Logik behandelt werden. Psychologische Theorien, welche die empirischen Vorstellungen der Einzelsubjekte als Grundlage für das Allgemeine ansahen, konnten keine Erklärungen für die universelle Geltung eben dieser Wissenschaften liefern. Auf der anderen Seite erinnerten die von den phänomenologischen Kontrahenten durch eidetische Reduktionen erarbeiteten Strukturen an platonische Anachronismen, in denen dem Eidos eine selbständige Existenz zugesprochen wurde. Erst durch die phänomenologische Reduktion konnte dieser Platonismus-Verdacht beseitigt werden: Die mathematischen und logischen Formen sind durchaus bewußtseinsabhängig, aber eben nicht im Sinne der Fundiertheit in subjektiven Vorstellungen, sondern im Sinne der allgemeinen Intentionalitätsthese. In dieser wird unter der Annahme einer kategorialen Anschauung und eines materialen Apriori *ein Allgemeines* gemeint, und insofern läßt sich die ungeschwächte Geltung des Allgemeinen aus dem reinen Bewußtsein rechtfertigen. Diese Überwindung des sogenannten *Psychologismus* in Mathematik und Logik ist ein unbestreitbares Verdienst

2 Die phänomenologische Bewegung (63), S. 32. Einen Überblick über die Husserl-Literatur gibt Janssen (76).

der Phänomenologen, wenn auch viele Einzelheiten in den Argumentationen der Kritik der letzten Dezennien nicht standhalten konnten.

9.4 Verschiedene Formen der Phänomenologie

Obwohl die Phänomenologie vor allem an den Namen E. Husserls geknüpft ist, bezeichnet Phänomenologie nicht einfach die Lehre dieses Philosophen. Es gibt verschiedenartige Formen der Phänomenologie, die zum Teil schon in Husserls Lehren selbst zu unterscheiden sind. Darüber hinaus kann man die phänomenologische Methode auch auf Gegenstände anwenden, die nicht zur Philosophie im engeren Sinne gehören. Sowohl in der Medizin als auch in der Psychoanalyse und Theologie, aber auch in der Mathematik und Physik findet man phänomenologische Analysen. Genau genommen beziehen sich die Überlegungen jeweils auf eine Vorstufe der genannten Wissenschaften. Aber gerade in diesen Zusammenhängen ist wenig oder kaum von der *phänomenologischen* Reduktion in Husserls Sinn die Rede; es handelt sich meistens um *eidetische* Reduktionen oder um Verfahren, die mit dieser Reduktion verwandt sind. Wir sprechen daher von einer *allgemeinen phänomenologischen Methode,* die sich in vier Formen ausgeprägt hat:

a) Die deskriptive Phänomenologie

Die in 9.2 genannten Reduktionen erscheinen so selbstverständlich, daß sie als Voraussetzung jeder echten Erkenntnisgewinnung angesehen werden können. Die phänomenologische Methode besteht in der Reinigung des von Vorurteilen und Vormeinungen geprägten ursprünglichen Wissens und Glaubens von eben diesen Elementen. Erst nach Freilegung des Wesentlichen in unserem Bewußtsein kann ein systematischer wissenschaftlicher Aufbau anhand weiterer Methoden durchgeführt werden. Keine echte Wissenschaft wird bei reinen Spekulationen und Gedankenchimären beginnen; ihre grundlegenden Elemente sollten intersubjektiv abgesichert sein.
Ein physikalisches System baut nicht auf individuelle Erlebnisse auf, – wie etwa Carnap in seinem »Logischen Aufbau der Welt« behauptete –, sondern auf bereits allgemein anerkannte »Sachen«,

über die wir evidentermaßen bereits verfügen. Raum-Zeit-Objekte in Messungen und Beobachtungen sind dem Physiker stets allgemeinzugängliche »Sachen«. In der Physik werden die Annahmen über die Allgemeinzugänglichkeit nicht weiter expliziert; sie werden stillschweigend als selbstverständlich vorausgesetzt. Eine deskriptive Analyse dieser Selbstverständlichkeiten ist mit der eidetischen Reduktion vergleichbar. Ähnliche Beschreibungen der Fundamente können auch in der Theologie durchgeführt werden. Man beginnt nicht mit Zitaten aus der Heiligen Schrift oder mit der Berufung auf kirchliche Autoritäten und Dogmen, sondern untersucht die Grundformen religiöser Verhaltensweisen. Sofern Theologie bei der Beschreibung des Religiösen mit Begriffen arbeitet, müssen diese Begriffe anschaulich und bewußtseinsmäßig-rational gerechtfertigt werden können. Schleiermachers »schlechthinniges Gefühl der Abhängigkeit« darf nicht einfach als ein natürliches Gefühl der Abhängigkeit aufgefaßt werden, sondern es meint noch etwas spezifisch Religiöses, das R. Otto beschreibt als »das Gefühl der Kreatur (,) die in ihrem eigenen Nichts versinkt und vergeht gegenüber dem (,) was über aller Kreatur ist«[3]. Selbst in der Mathematik, die sich als formale Wissenschaft allen anschaulichen Fundierungen zu entziehen scheint, lassen sich phänomenologische Deskriptionen ausführen, welche die Voraussetzungen beschreiben, die mitgedacht werden, wenn wir von variablen Bereichen, von Mengen, von Zusammenfassungen, von Mannigfaltigkeiten usw. sprechen[4]. Die herausgearbeiteten Zusammenhänge brauchen nicht als Wesensstrukturen bezeichnet zu werden. Da der Wesensbegriff metaphysisch stark belastet ist, wird man diese Redeweise in den meisten Wissenschaften zu vermeiden suchen. Aber auch Abschwächungen, die nur von der pragmatischen Notwendigkeit der Fundamente reden, meinen letztlich das, was man als den Kern aller phänomenologischen Untersuchungen ansehen könnte: eine letzte Absicherung in einem auf irgend eine Weise direkt Gegebenen, das weder deduziert noch weiter zurückverfolgt werden kann.

3 R. Otto (63), 5.10.

4 Vgl. dazu Husserls Erstlingswerk »Die Philosophie der Mathematik« (91). Einen Versuch, auch den Strukturbegriff der modernen Mathematik phänomenologisch zu beschreiben, findet man in dem Aufsatz des Verfassers: »Die phänomenologischen Grundlagen mathematischer Strukturen« (69b).

Historisch stellt die deskriptive Phänomenologie die für das allgemeine Bewußtsein einflußreichste Variante der phänomenologischen Forschung dar. Denn es waren insbesondere die Arbeiten von Scheler, Reinach und Ingarden, welche die fachphilosophischen Detailarbeiten des frühen Husserl transzendierten und für die allgemeine Geistesentwicklung fruchtbar machten. Insbesondere die Wertphilosophie Schelers hatte bedeutenden Einfluß. In ihr handelt es sich neben der Begründung eines materialen Apriori in der Ethik um eine Deskription ethischen Wertverhaltens und personaler Strukturen. Die zweite wichtige Form der Phänomenologie, die transzendentale Richtung des mittleren Husserl, stellt dagegen mehr ein Zwischenstadium zur existenzialen Phänomenologie dar und wirkte sich kulturgeschichtlich nur mittelbar aus.

b) Die transzendentale Phänomenologie

Wir stellen *zwei* wesentliche Merkmale für jede phänomenologische Betrachtung heraus: die intuitive Absicherung in einer Anschauung und die nachfolgende Restitution des vorher Gemeinten. Während in der deskriptiven Phänomenologie die erste Komponente überwiegt und daher häufig von eidetischer Phänomenologie gesprochen werden kann, liegt in der transzendentalen Phänomenologie der Schwerpunkt auf dem zweiten Element. Obwohl sie Husserl erst in seinen »Ideen zu einer reinen Phänomenologie und phänomenologischen Philosophie«[5] ausführlich dargestellt und mit diesem Namen versehen hat, finden wir Ansätze auch schon in den früheren Arbeiten. Beispielsweise werden in der »Philosophie der Arithmetik« Mengen und Anzahlen durch den Rückgang auf das Kolligieren und Zählen analysiert. Das bedeutet aber, daß die mathematischen Gegenständlichkeiten aus gewissen Aktivitäten heraus konstituiert werden; die »Sachen« werden Leistungen des (reinen) Subjekts. Solche Intentionalanalysen finden sich auch in großer Anzahl in den »Logischen Untersuchungen«, Band II. Dort treten jedoch die eidetischen Überlegungen so sehr in den Vordergrund, daß erst in den »Ideen« die Bedeutung der phänomenologischen Reduktion gewichtig genug dargestellt wurde. Die eidetische Reduktion, welche

5 Vgl. Husserl (13).

vom Faktum zum Eidos geht, muß unbedingt durch eine phänomenologische Reduktion ergänzt werden, welche das naiv-absolut Gegebene als transzendentale Leistung des Subjekts versteht. Das letzte Ziel ist eine reine Phänomenologie. Schematisch stellt das folgende Bild das Zusammenwirken beider Reduktionen dar:[6]

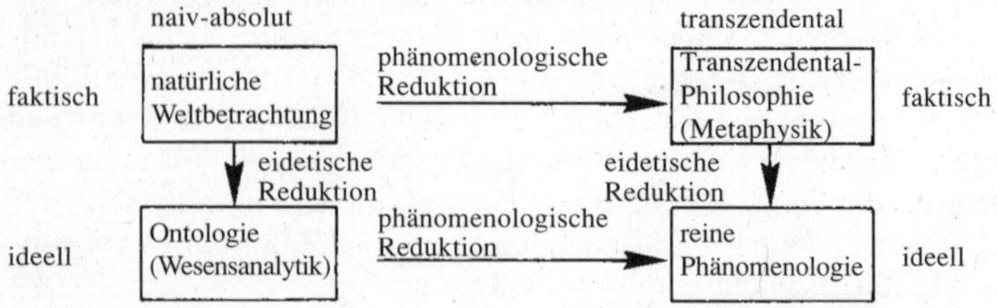

Aus den Versuchen, die Probleme der Intersubjektivität, Sozialität, Geschichtlichkeit und der kulturellen Objekte mit Hilfe phänomenologischer Reduktionen zu lösen, entwickelte sich eine sehr einflußreiche Form der Phänomenologie, die den ursprünglich methodisch-formalen Ansatz sprengt: die sogenannte Existenzphilosophie.

Auch schon der späte Husserl versucht, die geschichtlichen Gegenstände, insbesondere die Kulturleistungen, aus dem transzendentalen Bewußtsein heraus zu konstituieren. Dieser letzte Bezugspunkt für eine solche Konstitution wurde im Laufe der Husserlschen Untersuchungen immer wieder stillschweigend modifiziert und damit auch der Sinn des phänomenologischen Vorhabens variiert. War Bewußtsein früher ein intentionales *Erlebnis,* in der mittleren Epoche des Transzendentalismus intentionales *Leistungszentrum,* so wird schließlich im Spätstadium durch die Intentionalität der konkrete Mensch in seiner »Lebenswelt« beschrieben. Das Wesen des Menschen wird zu einer Art »Welt-Leben«, aus der sich Gemeinschaftlichkeit und Geschichtlichkeit verstehen lassen. Sowohl das transzendentale Ego als auch die Lebenswelt werden intersubjektiv. Die ausdrückliche Thematisierung dieser Subjektivität vollzieht sich jedoch erst in der Fundamentalontologie Heideggers.

6 Vgl. O. Becker: »Die Philosophie E. Husserls« (1930), S. 155, in: Noack (73).

c) Die existenziale Phänomenologie

Heidegger versteht sich in »Sein und Zeit« als Phänomenologe. In §7 heißt es: »Mit der leitenden Frage nach dem Sinn des Seins steht die Untersuchung bei der Fundamentalfrage der Philosophie überhaupt. Die Behandlungsart dieser Frage ist die *phänomenologische.«* Auch Sartre steht in dieser Tradition. Sein Hauptwerk »Das Sein und das Nichts« trägt den Untertitel: »Versuch einer phänomenologischen Ontologie.«[7]

Wenn sich aller Sinn aus der Subjektivität konstituiert, so muß mit Recht eben diese Subjektivität zum Angelpunkt aller philosophischen Begründungsversuche werden. Heidegger wirft daher Husserl vor, die Befragung und Klärung der je-meinigen faktischen Existenz unterlassen zu haben. Mit den Etiketten »Ego«, »Ich-Pol«, »reines Subjekt« ist es nicht getan. Das Motto »Zu den Sachen selbst« bezieht sich nicht auf objektivierbare und anschauliche Kategorien, sondern auf Grundformen der menschlichen konkret-historischen Existenz, auf die »Existenzialien«. Das Wesen des Daseins (d.h. des *menschlichen* Daseins) ist seine Existenz.

Also bezieht sich die Fundamentalontologie auf die Beschreibung und Bewußtmachung deren Strukturen. Termini wie Geworfenheit, Faktizität, In-der-Welt-Sein, Sorge, Angst werden verwendet, um die Existenz phänomenologisch zu erfassen. Aus der formalen und abstrakten Phänomenologie eines Husserl, der vom Ideal der wissenschaftlichen Philosophie ausging, wird eine spezielle Hermeneutik, die zugleich als Grundlage jeder nicht-daseinsmäßigen Wirklichkeit zu interpretieren ist. Bei Heidegger heißt es an angegebenem Ort weiter: »Phänomenologie des Daseins ist *Hermeneutik* in der ursprünglichen Bedeutung des Worts, wonach es das Geschäft der Auslegung bezeichnet. Sofern nun aber durch die Aufdeckung des Sinns des Seins und der Grundstrukturen des Daseins überhaupt der Horizont herausgestellt wird für jede weitere ontologische Erforschung des nicht daseinsmäßigen Seienden, wird diese Hermeneutik zugleich aktuell ‚Hermeneutik' im Sinne der Ausarbeitung der Bedingungen der Möglichkeit jeder ontologischen Untersuchung.«

7 Heidegger (57), Sartre (62).

In die existenziale Phänomenologie geht ein Element ein, das immer wieder als Grundbedingung echter Philosophie angesehen wird: das Interesse für das *Existenzielle.* Krankheit, Tod, Leid, – »Grenzphänomene«, wie sie Jaspers nennt, »absolute Entfremdungen«, wie sie bei den Marxisten heißen – spezifisch mich betreffende Situationen und Konflikte, dies alles bildet nicht den Anstoß allein für das *religiöse,* sondern erst recht für das *philosophische* Bewußtsein. Das öffentliche Dasein des Sokrates und die Lebensweise eines Platon, der sich für die Allgemeinheit verantwortlich weiß, sind Urbilder echter philosophischer Existenz. Die phänomenologisch orientierte Existenzphilosophie versucht, das meine Existenz Betreffende zu Wort kommen zu lassen und so in einer gewissen Allgemeinheit als Existenzial in das allgemeine Bewußtsein zu heben. Es geht nicht mehr um die Sache »Haus«, sondern z. B. um das Phänomen der Angst, des Seins zum Tode, des Sichumgriffen-Fühlens vom Ganzen und ähnlichem. Je mehr solche existenziellen Themen in das Zentrum rücken, um so weniger läßt sich allerdings eine methodische Linie verfolgen. Die Existenzphilosophie zersplittert in eine Vielzahl eigenwilliger Introspektionstheorien, die wenig miteinander gemeinsam haben. Als Folge dieser Subjektivierung verändert sich auch das Verhältnis der Philosophie zur Wissenschaft. War die ursprüngliche Distanz zur Wissenschaftlichkeit, wie sie durch die Epoché bestimmt wurde, rein methodischer Natur, insofern alle wissenschaftlichen Aussagen nur vorläufig außer Geltung gesetzt wurden und einer Restitution harrten, so erfolgt hier eine radikale Abwertung der Wissenschaftlichkeit als solcher. Heidegger spricht in milder Tonart von einem »privativen Modus« der eigentlichen Interpretation, insofern in der »Entweltlichung« von der geschichtlichen Welt abgesehen wird, in schärferer Formulierung dagegen geradezu von entarteten Randerscheinungen unseres Verstehens, von der »Verwüstung« und von dem »Verwehren von Welt«[8]. Die ursprünglich intendierte Wiederherstellung eines sinnvollen Verhältnisses zu den Wissenschaften weicht einer endgültigen Verwer-

8 Heidegger (57), S. 65. »Diese Erkenntnis hat den Charakter einer bestimmten Entweltlichung der Welt. ‚Natur' als der kategoriale Inbegriff von Seinsstrukturen eines bestimmten innerweltlichen begegnenden Seienden vermag nie *Weltlichkeit* verständlich zu machen.« Vgl. auch S. 112; ferner »Unterwegs zur Sprache« (59), S. 208 ff.

fung von Wissenschaft aus dem elitären Bewußtsein, über den Zugang zum Eigentlichen zu verfügen.[9]
Die existenzphilosophische Variante der Phänomenologie gewinnt in neuerer Zeit durch die Übersetzung der Arbeiten des Franzosen *Paul Ricoeur* in Deutschland neue Bedeutung. Ricoeur entwickelt eine »Phänomenologie der Schuld«[10], die neben der klassischen Phänomenologie auch die neueren sprachphilosophischen Einsichten der Hermeneutik und ebenso die Einwände der Verhaltensforschung und der Tiefenpsychologie berücksichtigt. Seine Analysen zielen ganz im Sinne Heideggers auf das Zentrum der menschlichen Existenz: auf seine Endlichkeit, die der Mensch in immer neuen Versuchen zu transzendieren bemüht ist. Er fragt von dem Phänomen der Schuld zurück auf die Verfassung des Menschen. Das allen Menschen gleiche Vorverständnis von der Fehlbarkeit und Zerbrechlichkeit des Menschen nennt Ricoeur die »Pathetik des Elends« (S. 21). An dieser muß die Reduktion mittels einer transzendentalen Reflexion einsetzen, »d.h. einer Reflexion, die nicht von mir, sondern vom Objekt vor mir ausgeht und von da zu den Bedingungen seiner Möglichkeit zurückgeht« (S. 23). In Anlehnung an Kants Untersuchungen in der »Kritik der reinen Vernunft« interpretiert Ricoeur den »Riß« zwischen Sinnlichkeit und Verstand, wo sich die Zerbrechlichkeit des Menschen auf *theoretischer* Ebene zeigt, als Perspektive des Erscheinens bzw. als Sinn des Allgemeinen. Es handelt sich um die schon von Husserl herausgearbeitete Grundtatsache, daß der Mensch Dinge nur in ihren Abschattungen, d.h. eben in verschiedenen Perspektiven, erfährt und erst durch das Meinen einer idealen Sinnlichkeit seine perspektivische Beschränktheit und damit die Endlichkeit überschreitet. Im Gegensatz zur klassischen Phänomenologie betont Ricoeur den sprachlichen Charakter des Sinngebens und Vermeinens: es ist ein Sagenwollen; ein sinnliches Gegenüber, das *vermeint* ist, muß auch *gesagt* werden. »Daß die Sagbarkeit dem Erscheinen jeglichen Dings anhaftet, eben

9 Den interessanten Versuch einer positiven Bewertung der Wissenschaften auf dem Boden der Existenzphilosophie entwickelt O. Becker in seiner »mantischen Phänomenologie«. Vgl. dazu die Besprechung von O. Pöggeler: »Hermeneutische und mantische Phänomenologie« (65), S. 5 ff.

10 So der Untertitel eines seiner wichtigsten Werke: »Die Fehlbarkeit des Menschen«, Band 1, und »Die Symbolik des Bösen«; Band 2 der genannten Phänomenologie der Schuld, vgl. (71a) und (71b).

dies ist die Objektivität des Objekts« (S. 60). So ist das Ding eine Synthesis von Gesichtspunkt (Perspektive) und Wort (Sinn). »Das Bewußtsein überhaupt«, diese Verbindung von Sinnlichkeit und Verstand, manifestiert sich als Entwurf des Objekts; es hat aber als reines Bewußtsein noch keinerlei Beziehungen zu meiner einmaligen Person. Der Übergang von der Theorie zur *Praxis* wird in der Analyse der praktischen Synthesis vollzogen. Was Ricoeur in der Sach-Dimension als *Perspektive* und *Sinn* analysierte, erscheint in der Person-Dimension als *Charakter* und *Glück*. Der Charakter wird als Totalität von Endlichkeitsaspekten interpretiert: »Mein Charakter ist nicht das Gegenteil dieser Menschheit, sondern ihr Anblick von einer Stelle aus; eine Stadtansicht von einem bestimmten Punkt; die partielle Totalität« (S. 87). Der Charakter ist gewissermaßen die affektive und praktische Perspektive meines endlichen Daseins. Diese meine Endlichkeit wird ständig im Streben nach Glück transzendiert. Wie man von einem *wahrnehmenden* Leib sprechen kann, so auch von einem *entwerfenden* Leib, dessen Intentionalität und Endlichkeit im Begehren, im Mangel an... und Drang nach... erkennbar wird. Auch zur transzendentalen Einbildungskraft, welche in der Sach-Dimension die Synthesis vollzieht, gibt es ein Analogon: es ist die Konstitution der Person in der Achtung. Die Person als entworfene Synthesis aus Charakter und Glück ist »Bewußtsein von sich selbst in der Vorstellung des Ideals dieses Selbst« (S. 97). So gelangt Ricoeur trotz der Zerbrechlichkeit des Menschen zur *Grundlegung einer Lehre der Humanität:* »Die Menschlichkeit, das ist die Personalität der Person, wie die Objektivität die Dingheit des Dings ist« (S. 98). In einem letzten Schritt wird schließlich noch die affektive Dimension behandelt. Die Zerbrechlichkeit des Menschen im Gefühlsbereich zeigt sich als ständiger Konflikt zwischen dem Prinzip der Lust und dem Prinzip der Glückseligkeit. »Das Objekt ist Synthesis, das Ich ist Konflikt« (S. 172). Aufgrund dieser subtilen und trotzdem systematisch und methodisch überzeugenden Analysen der ontologischen Verfassung des menschlichen Daseins zeigt Ricoeur die Möglichkeit des Bösen im Menschen auf. Da sich die weiteren Untersuchungen auf die *Symbolik* des Bösen und deren Interpretation konzentrieren, geht die *Phänomenologie* hier in eine phänomenologische *Hermeneutik* über[11].

11 Eine Darstellung Ricoeurs als Hermeneutiker findet man bei Bollnow (76). Zu Ricoeurs Spätphilosophie siehe Welsen (96).

Das Ricoeursche Denken vereinigt die phänomenologische Methode Husserls mit dem auf den Existenzkern zielenden Anliegen Heideggers und den großen Themen Schelers. Gleichzeitig berücksichtigt es die neuen Einsichten über die Gewichtigkeit der Sprache und der Symbolik und kennt die Schwierigkeiten, *nach* Freud eine Philosophie des Bewußtseins aufzubauen.

d) Die operative Phänomenologie

Die bisherigen Darlegungen könnten den Eindruck erwecken, die Phänomenologie werde von rückständigen Platonikern (deskriptive Phänomenologie), Kantianern (transzendentale Phänomenologie) oder Heidegger-Anhängern (existenziale Phänomenologie) vertreten. Doch Phänomenologie ist im Gegenteil recht aktuell, nicht nur als Methode zur Klärung der Basis gewisser vorwissenschaftlicher Annahmen, sondern auch als Begründungstheorie. Im Gegenzug zur wissenschaftstheoretischen Relativierung aller Erkenntnis, aber ebenso zur anti-ontologischen Einstellung der Sprachanalytiker und zur diffusen Unverbindlichkeit subjektiver Existenzialismen, versucht man auch heute noch, Letztbegründungen durch Rekurs auf evidente Fundamente zu vollziehen. Allerdings gelingt dieser nur durch eine wesentliche Modifikation des Evidenzbegriffs.
Wir nennen die Phänomenologie *operativ,* wenn die letzte Gewißheit ihrer Fundamente nicht durch eine passive Wesensschau oder durch kategoriale Anschauung, sondern durch eine *Handlung* erlangt wird.[12] Phänomenologie bedeutet so die Lehre von den Weisen des Bewußtwerdens originärer Gegebenheiten durch menschliche Handlungen. Diese Handlungen können sprachlichen Charakter haben und dennoch auf eine zur Sprachwelt isomorphe Welt in ontologischem Sinne bezogen sein, wie beispielsweise in Wittgensteins Abbildtheorie des Traktats. Die Unmittelbarkeit der Wesensschau überträgt sich gewissermaßen auf die Unmittelbarkeit der Sprachhandlung. Dem Bewußtsein offenbart sich die phänomenale Welt in der realisierten Sprache: »Der Satz *zeigt* die logische Form der Möglichkeit« (T4.121). Die Struktur der Sachverhalte enthält alle Phänomene und erscheint in der Struktur der Sprache.

12 Vgl. den Aufsatz des Verfassers: »Wittgenstein und die Idee einer operativen Phänomenologie« (71), S. 14/15.

Die gesprochene Sprache ist das Medium, in welchem alle Phänomene zur reinen Gegebenheit gelangen. Auch in dieser Form einer operativen Phänomenologie müssen Reduktionen vollzogen werden; denn »die Sprache verkleidet die Gedanken« (T 4.002). Es handelt sich hier um eine Art »linguistische Reduktion«, welche einen Rekurs auf die wahre Struktur dessen ermöglicht, was sich in der vollzogenen Sprache, nicht etwa in einer Metasprache, zeigt. Auch zur Lebenswelt-Phänomenologie findet man eine operative Variante. Innerhalb der Philosophie der Normalsprache deutet man die Lebenswelt als geschlossene »Lebensform«, in welcher alle strukturierenden Sprachleistungen als Grammatik eines Sprachspiels festgelegt sind. Die institutionalisierte Lebensform repräsentiert so nicht nur ein grammatisches Regelsystem, sondern in der aktiven Teilnahme am Sprachgeschehen wird dem Sprecher durch das grammatische System auch die Wirklichkeit bewußt. »Als ,Verwalterin der Grammatik' erfaßt Philosophie, wenn auch nur indirekt« – wir würden sagen: operativ – »das Wesen der Welt« (Habermas[13]). Sprachanalyse versteht sich dann nicht als Deskription eines faktischen Sprechverhaltens, sondern zugleich als Phänomenologie. Austin spricht genauer von einer »linguistischen Phänomenologie«: »Wenn wir untersuchen, was wir wann sagen würden, d.h. welche Wörter wir in welchen Situationen verwenden würden, dann sehen wir uns wiederum nicht nur Wörter (oder ,Bedeutungen' – was immer das auch sein mag) an, sondern auch die Realitäten, über die wir mit Hilfe dieser Wörter reden. Wir verwenden unser geschärftes Bewußtsein von den Wörtern dazu, auch unsere Wahrnehmung der Phänomene zu schärfen -wenngleich über diese damit das letzte Wort noch nicht gesprochen ist. Vielleicht wäre es daher besser, für diese Art von Philosophie einen weniger irreführenden Namen als die oben angeführten zu verwenden – z. B. ,linguistische Phänomenologie'«.[14] Eine noch deutlichere Wendung zur Phänomenologie vollzieht P. Winch[15]: Das Wesen menschlicher Handlungen realisiert sich operativ im menschlichen Sprechen. In diesen sprachlich vermittelten Interaktionen verkörpert sich aller intersubjektive Sinn.

13 Habermas (70), S. 232.
14 »Ein Plädoyer für Entschuldigungen«, in Grewendorf-Meggle (74), S. 40.
15 Siehe v. a. Winch (66).

10. Kritische Einwände gegen die Phänomenologie

10.1 Die Kritik der Letztbegründung durch den Kritischen Rationalismus

Phänomenologie unterscheidet sich von den zahlreichen übrigen philosophischen Methoden durch ihr Bemühen um eine endgültige Fundierung des Wissens aus den Gegebenheiten des menschlichen Bewußtseins. Doch gerade diese Tendenz macht sie in den Augen vieler Wissenschaftstheoretiker suspekt. Die Erfahrungen der menschlichen Endlichkeit, die wir im Zeitalter der Technik und Atomphysik, in der Zeit der Weltkonflikte und des weltweiten Hungers durch immer neue schmerzliche Einsichten erworben haben, widersprechen solchen Träumen nach absoluter Sicherheit; sie sind Reste einer in einem dogmatischen Gefüge verfestigten religiösen Denkweise, die den kritischen Ergebnissen der Forschung und der modernen Lebensauffassung nicht gerecht wird. Im Sinne einer solchen »modernen Aufklärung« argumentiert der Kritische Rationalismus eines Popper, Albert oder Lenk gegen die Phänomenologie. Albert verdeutlicht die Schwierigkeiten des Begründungs-Denkens im »Münchhausen-Trilemma«[1]. Danach führen alle Begründungsversuche zu drei Alternativen:

1. zu einem infiniten Regreß oder
2. zu einem logischen Zirkel oder
3. zu einem Abbruch des Verfahrens an einem bestimmten Punkt.

Da die ersten beiden Möglichkeiten keine eigentliche Erklärung liefern, bleibt nur das dogmatische Abbrechen an einer bestimmten Stelle, die angeblich durch Evidenz bestimmt werden kann. Aber

1 Albert (68), S. 13.

diese Berufung auf Evidenz bedeutet eine »willkürliche Suspendierung des Prinzips der zureichenden Begründung«. Sie ist letztlich ein »Rekurs auf ein Dogma«[2].

Ob nun die letzte Instanz zur Rechtfertigung in die Sinneserfahrung verlegt wird oder in eine (kategoriale) Anschauung (vgl. Husserl), das ist völlig gleichgültig: in jedem Fall handelt es sich um einen Versuch, die philosophischen Aussagen kritikimmun zu machen. Phänomenologische Methoden sind daher systematisierte »Immunisierungsstrategien«. Wer sich auf eine letzte Evidenz beruft, die gegenüber dem Gesprächspartner nicht als solche ausgewiesen werden kann, eben weil sie nur angeschaut, also »innerlich«, bleibt, der entzieht sich der Kritikmöglichkeit und damit der philosophischen Glaubwürdigkeit. An die Stelle der Letztbegründung rückt das Prinzip des Fallibilismus gegenüber jeder nur denkbaren Instanz. Problemlösungen sind stets vorläufig und nie unfehlbar. Da sie widerlegungsfähig sind, muß stets mit Verbesserungen und Revisionen gerechnet werden. Wissenschaftliche und philosophische Erkenntnisse können nur in einem ständigen Prozeß erworben werden, der prinzipiell offen bleibt.

Im kritischen Rationalismus konkretisiert sich der Wandel in der Einstellung zur Letztbegründung und zur Möglichkeit absoluter Gewißheit. Begründungsphilosophie muß danach als letzter Rest einer Pseudoreligion durch die uneingeschränkte Kritik (»pankritische Rationalität«, W. W. Bartley) ersetzt werden. Der Verzicht auf Absicherung und Verlust der Selbstsicherheit werfen allerdings neue Probleme auf (die Rede von der Wahrheitsannäherung u. ä.).[3]

Die *Phänomenologie* glaubt, die Selbstsicherheit methodologisch, nicht pseudoreligiös, interpretieren zu können. Die *Dialektiker* bezweifeln, ob der Rekurs auf Evidenz im Bewußtsein die richtige Alternative ist, und bieten *ihre* Theorien an, auf die wir schon ausführlich eingegangen sind.

Die Kritik der Wissenschaftstheorie an der Selbstbegründung ist Ausdruck einer allgemeinen Allergie gegen jede Art von Anschaulichkeit innerhalb der Wissenschaften. Die formale Denkweise, die in den mathematischen Wissenschaften um sich gegriffen hat, gilt als Alibi in allen Verlegenheiten. Der *Strukturbegriff tritt* gewisserma-

2 a. a. O. S. 14.

3 Dazu Bartley (83), S. 255 f. bzw. Keuth (78) und Spinner (78).

ßen an die Stelle des *Wesensbegriffs*. Was früher durch qualitativ bestimmte Begriffe und Kategorien beschrieben wurde, fällt heute unter das Schema der formalen Struktur. Nun soll hier keinesfalls gegen die Tendenz, Strukturen in den einzelnen Wissensgebieten aufzusuchen und zu beschreiben, polemisiert werden. Es geht nur um die Frage, ob ein solcher universaler Grundbegriff, wie ihn die Struktur darstellt, mit dem Prädikat »formal« richtig charakterisiert ist. Der Formalismus ist zwar tatsächlich weit verbreitet, aber dessen Grundlagen sind alles andere als gesichert[4]. Die Möglichkeit einer Absicherung der Mathematik durch die Metamathematik, die selbst inhaltlich und konkret ist, weist auf Fundamente, die wohl kaum anders als mit Hilfe eines Anschauungsbegriffs gedeutet werden können. Die Fortschritte in den formalen Wissenschaften täuschen zu leicht über diese Tatsache hinweg.

10.2 Das Wesen als falsch verstandene Wortbedeutung

Die Phänomenologie, die vor wenigen Jahrzehnten noch einen großen Einfluß ausübte, ist durch die Verbreitung sprachanalytischer Gedanken immer mehr verdrängt worden. Da die Phänomenologen nur sehr vage Hinweise auf die Quellen ihrer Evidenzen geben können, orientiert man sich an objektiveren Gebilden, vor allem an der Sprache. Die Kritik der Sprachanalytiker an der Phänomenologie läuft darauf hinaus, daß man die gesamte Wesenslehre als Wortbedeutungslehre interpretiert und dabei auf die grammatischen Regeln zurückführt. Die Berufungen auf kategoriale Anschauungen, auf Intuitionen usw. werden als überflüssig erachtet. Nicht nur das, sie sind auch die Ursache zahlreicher philosophischer Phantastereien, wie z. B. der Lehre vom »Gespenst in der Maschine« (Ryle).
Wenn man die Probleme lösen will, welche Husserl und andere aufgeworfen haben, so hat es in den Augen der Analytiker wenig Sinn, sich den eidetischen Idealzusammenhängen zu widmen, sondem man muß sich Klarheit über die Rolle der Wortbedeutungen verschaffen. Wir wollen zum Verständnis der sprachanalytischen Einwände vier wichtige Bedeutungstheorien in Erinnerung rufen. Wir unterscheiden

4 Zur neueren Diskussion siehe R. Rheinwald: Der Formalismus und seine Grenzen (84).

a) *Psychologische Theorien.* In diesen bedeutet ein Ausdruck den psychologischen Vorstellungsinhalt, der seinerseits für den Gegenstand der Welt steht. Hierher gehören die Theorien des Psychologismus in Mathematik und Logik, die wir in 9.3 erwähnten, in gleicher Weise wie die allgemeinen Sprachtheorien eines Aristoteles oder Locke. Bei Aristoteles lesen wir: »Es sind also die Laute, zu denen die Stimme gebildet wird, Zeichen der in der Seele hervorgerufenen Vorstellungen, und die Schrift ist wieder ein Zeichen der Laute.«[5]. Ähnlich äußert sich Locke: »Es war daher für den Menschen außerdem die Fähigkeit erforderlich, diese Laute als Zeichen für innere Vorstellungen zu verwenden. Er mußte sie zu Kennzeichen für die in seinem Geist vorhandenen Ideen machen können, wodurch sie auch anderen erkennbar und die Gedanken des menschlichen Geistes von einem zum anderen übermittelt werden konnten.«[6]

b) *Phänomenologische Theorien.* Der Ausdruck bedeutet hier ein objektiv Gemeintes, ein »Intentionalobjekt«; dieses steht für das existierende Objekt in der »Welt draußen«. Schon die Stoiker unterschieden vom psychologischen Akt das objektive Korrelat, das Lekton, eine Tatsache, die in der scholastischen Unterscheidung eines conceptus subiectivus von einem conceptus obiectivus wiederkehrt. Besonders bei Thomas wird jeder Psychologismus vermieden, wonach psychologische Abläufe alles erklären sollen. Er kennt eine objektiv-gegenständliche Logik und einen objektiven Wahrheitsbegriff. Bei Husserl schließlich wird der Psychologismus systematisch bekämpft durch die strikte Scheidung des im Akt objektiv Gemeinten vom individuellen Akt des Vermeinens. Der Ausdruck setzt sich aus sinnlichen Zeichen *und* den zugehörigen Bedeutungsintentionen zusammen.

c) *Die Namentheorie.* Nach dieser z. B. vom jungen Wittgenstein vertretenen Theorie können alle individuellen Gegenstände mit einem Wort gekoppelt werden, das jene Individuen meint; es ist

5 Aristoteles (74), 1, 16a 2.
6 Locke (90), Buch III, Kap. I,2.

der Name des Gegenstands. Da Prädikate als unselbständige Sprachteile aufgefaßt werden, braucht man diesen keine Wesenheiten zuzuordnen, deren Namen sie wären. Die Bedeutung eines Wortes wird völlig gegenständlich aufgefaßt. Bei Meinong heißt es: »ein Wort bedeutet etwas, sofern es ein präsentierendes Erlebnis ausdrückt, und der durch dieses präsentierte Gegenstand ist die Bedeutung.«[7] Kurz: Der Gegenstand ist die Bedeutung! (Wittgenstein[8]). Will die Namentheorie mit dem Fregeschen Problem fertig werden, wonach »Abendstern« und »Morgenstern« das gleiche Objekt bezeichnen, aber Verschiedenes bedeuten (in der Fregeschen Terminologie: verschiedenen »Sinn« haben), so müssen Sätze mit solchen Namen »vollständig analysiert« werden. In der voll analysierten Form der Elementarsätze zeigt sich nach Wittgenstein, inwiefern trotz verschiedener Namen der Oberflächengrammatik das gleiche Objekt bezeichnet ist. Leider ist es Wittgenstein nicht gelungen, die vollständige Analyse näher zu realisieren und diese vage Forderung durch konkrete Beispiele plausibel zu machen.

d) *Linguistische Theorien* gehen von der These aus, daß Ausdrükke etwas bedeuten dank der *Regeln ihrer Verwendung*. Weder die in der menschlichen Psyche realisierten Vorstellungsgebilde, noch die in einem geheimnisvollen Akt vermeinten Wesenszusammenhänge, aber auch nicht die einzelnen konkreten Gegenstände der Namentheoretiker sind die Bedeutungskorrelate der sprachlichen Ausdrücke. Der Psychologismus verlor durch die phänomenologische Kritik jede Glaubwürdigkeit; die Namentheorie wurde durch die Weiterentwicklung entkräftet, wie sie sich im Übergang Wittgensteins von der Abbildtheorie zur Sprachspieltheorie manifestiert. So konzentrierte sich die linguistische Kritik vorwiegend auf die *Phänomenologie*. Man kann ohne Übertreibung sagen, daß weite Teile der sprachanalytischen Philosophie, insbesondere die Lehre Wittgensteins, eine Auseinandersetzung mit der Phänomenologie

7 Meinong (10), S. 28.
8 Traktat 3.203.

darstellen. Stegmüller nennt Wittgenstein *den* Antipoden Husserls[9]. Wir demonstrieren diese Tatsache an einem Beispiel der Wittgensteinschen Spätphilosophie.

Wittgenstein gibt in § 8 der »Philosophischen Untersuchungen« ein Sprachspiel für Farben an. Wir wollen im Anschluß an die dortige Verwendung der Farbwörter nach der Bedeutung von »rot« fragen. A spricht z. B. den Befehl aus: »Diese rote Platte dorthin!« B kann die gewünschte Platte dorthin bringen, weil ein Muster für »rot« existiert, mit welchem die Farbe der Platte verglichen wird. Das *Paradigma* des Roten stellt somit eine Bedingung für das Funktionieren dieses Sprachspiels dar. Oder anders ausgedrückt: Die Existenz des Musters gibt dem Wort »rot« seine Bedeutung. Damit wird natürlich nicht behauptet, daß das Muster die Bedeutung von »rot« *ist,* also »rot« nur einen Namen für das Muster meint. Denn »rot« bezeichnet ja eine Farbe, die auch an der gereichten Platte erscheint. Die klassische Phänomenologie schließt daraus: Sowohl im Muster als auch in der Platte erscheint das konkrete Exemplar eines allgemein Gemeinten, eines ideellen Identischen, das die verschiedenen Erscheinungsformen von roten Gegenständen als Bedingung ermöglicht. Die übersprachliche ideelle Einheit der Bedeutung von »rot« ergibt die Möglichkeit des Vergleichs roter Objekte. Wer »rot« sagt, *meint* das Rote an den Objekten. Wittgenstein legt einem phänomenologisch orientierten Sprecher die folgenden Worte in den Mund: »Etwas Rotes kann zerstört werden, aber Rot kann nicht zerstört werden, und darum ist die Bedeutung des Wortes ‚rot' von der Existenz eines roten Dinges unabhängig« (PU 57). In dieser Unzerstörbarkeit manifestiert sich zugleich die Zeitlosigkeit des Eidos. Rot ist innerhalb phänomenologischer Theorien eine Idee, welche »an und für sich« existiert und die Voraussetzung für jeden *roten* Gegenstand darstellt. Rot wird so zu einem ideellen Muster, zu einer Urform.
Wir sahen, daß die Existenz des Musters im Sprachspiel dem Wort »rot« die Bedeutung gibt. Wenn das Muster verloren geht, verliert »rot« seine Bedeutung; denn dann kann das Sprachspiel nicht mehr gespielt werden. Auch die *Idee* des Roten hilft dann nicht mehr weiter, weil sie nicht als *konkretes* Muster im Sprachspiel auftritt. Man könnte versuchen, sich die Farbe gut zu merken und

9 Stegmüller (73), S. 94. Im zweiten Band seiner »Hauptströmungen« (75) rückt Stegmüller von dieser polaren Gegenüberstellung ab. Er zeigt anhand der Theorien von D. Føllesdal auch Berührpunkte der analytischen Philosophie und der Theorie Husserls (vgl. S. 86 ff.). Dabei wird allerdings die Philosophie Freges herangezogen. Das oben erwähnte Problem, das Frege durch die Einführung des Sinnes löst (Name – Sinn – Objekt), wird in der Phänomenologie durch die Einführung des Noema bewältigt (Akt – Noema – Objekt). Da aber der Platonismus Freges Ziel häufiger Kritik ist, überträgt sich der Zweifel an den phänomenologischen Konstruktionen notwendigerweise auf die Fregesche Ontologie.

so das Spiel aus der Erinnerung weiterzuführen. Aber selbst wenn man im Gegensatz zu Wittgenstein annimmt, daß im Gedächtnis gewisse Verwendungsregeln der Wörter aufbewahrt werden, so wäre das Erinnerungsbild des Musters noch nicht die Idee. Als psychologisches Produkt hat es alle kontingenten Merkmale der materiellen Vorlage an sich: wie das eine zerbrechlich ist, kann das andere vergessen werden; das eine dunkelt möglicherweise durch Lichteinwirkung nach, das andere ändert sich durch seelische Einflüsse, usw. Das Gedächtnisbild übernimmt zwar die Rolle des materiellen Musters; wo immer wir uns aber einbilden, ein konstantes und ewig gleiches Paradigma zu besitzen, verabsolutieren wir eine veränderliche Vorlage. Das Erinnerungsmuster kann, wie jedes andere Muster, verloren gehen: dann hat »rot« keine Bedeutung mehr; das Sprachspiel hört auf zu funktionieren. Die phänomenologische Ansicht von der Konstanz des ideell Vermeinten beruht auf einer groben sprachlichen Täuschung. Mit der Aussage »Rot existiert«, ausführlicher »Rot ist eine zeitlose, immer gleichbleibende Idee« meint man nach Wittgenstein nichts anderes als die Aussage »,Rot' hat Bedeutung«. Wenn also umgekehrt »Rot« keine Bedeutung hat, weil das Sprachspiel nicht funktioniert, dann existiert Rot auch nicht. Denn der Satz »,Rot' hat Bedeutung« besagt gar nichts über die Farbe, wie es die phänomenologische Deutung nahe legt, sondern enthält eine grammatikalische Behauptung über den Sprachgebrauch von »Rot«. Allgemein: »Wenn ,X existiert' so viel besagen soll, wie ,X habe Bedeutung' , – dann ist es kein Satz, der von X handelt, sondern ein Satz über unseren Sprachgebrauch, nämlich den Gebrauch des Wortes ,X'« (PU 58).

Im letzten Zitat wird deutlich, wie die Phänomenologen den Wortbedeutungen ontologische Korrelate unterschieben. Nach Wittgenstein bedarf es keiner solchen Wesenszüge, um den Sprachgebrauch von »rot« zu rechtfertigen. Wenn verschiedene Dinge »rot« genannt werden, so braucht man zusätzlich zum Gebrauch keine gemeinsame Eigenschaft anzunehmen. Die konkrete Wortverwendung konstituiert die Bedeutung von »rot«. Die sogenannte Intuition, welche das gleiche Wesen »rot« zu erkennen vorgibt, ist die grammatikalische Gewißheit von den akzeptierten Regeln zum Gebrauch von »rot«. Dabei braucht die Bedeutung im Wittgensteinschen Sinne nicht mit der Verwendung des Wortes identifiziert zu werden, wie es etwa PU § 43 nahe legen könnte: » ...die Bedeutung eines Wortes ist sein Gebrauch in der Sprache.« Denn Wittgenstein schränkt in einer Bemerkung im gleichen Paragraphen diese Deutung ausdrücklich ein. Bedeutung und Gebrauch sind kategorial verschieden, auch dann, wenn man wie Ryle zwischen use als normativen Begriff und usage als faktischen Begriff unterscheidet. *Use* meint den typischen allgemeinen Gebrauch, wie er in einer korrekten Sprache üblich sein sollte; usage dagegen bezieht sich auf das kontingente, singuläre

Vorkommnis. Man kommt den Wittgensteinschen Absichten näher, wenn man den Bedeutungsbegriff durch den *Sprachspielbegriff* charakterisiert: *Die Bedeutung eines Wortes ist seine Rolle im Sprachspiel;* sie *hängt* also vom Gebrauch *ab,* sie *zeigt* sich im Gebrauch. Wenn überhaupt von Phänomenologie gesprochen werden kann, dann höchstens im Sinne einer *operativen* Phänomenologie: die Bedeutung zeigt sich in den sprachlichen regelhaften Operationen. Aber nicht nur die statischen, nicht-operativen Wesensaussagen werden einer radikalen Kritik unterzogen. Mit gleicher Schärfe wenden sich die Sprachanalytiker gegen das Gerede von der Notwendigkeit, Bewußtseinsakte und Bewußtseinszustände vorauszusetzen, um unser Denken und Sprechen verstehen zu können. So ist es z. B. überflüssig, vom *reinen* Bewußtsein zu sprechen, wenn man damit nur die Introspektion beschreiben will, wie in Sätzen »ich habe Bewußtsein« oder »Ich bringe mir das originär Gegebene zu Bewußtsein«. Solchen Sätzen kann keine Rolle im Sprachspiel zugesprochen werden; sie »laufen leer«.
Die Phänomenologie ist in den Augen der Sprachanalytiker ein Mythos, der sich von einem fehlerhaften Bild der Sprache nährt. Inwieweit die Sprachanalyse ihrerseits gerechtfertigt werden kann, wurde an anderer Stelle untersucht; ihre prinzipiellen Schwierigkeiten relativieren auch ihre Einwände gegen die Phänomenologie. Deshalb ist eine Vermittlung beider Positionen in einer operativen Phänomenologie, welche die linguistischen Handlungsregeln als intuitive Basis zu klären versucht, naheliegend und weiterer Überlegung wert.

Im Gegensatz zur orthodoxen Sprachanalytik vertritt H. Delius den Standpunkt, daß die Phänomenologie und die sprachanalytische Philosophie eigentlich keine Gegenpositionen einnehmen[10]. Wenn Linguisten regelhafte Erscheinungen der Sprachverwendung aufzeigen und erläutern, so bleiben sie ganz und gar im sprachlichen Bereich. Sie geben beispielsweise andere, deutlichere Ausdrücke für bestimmte Redewendungen an oder zeigen, daß diese oder jene Verwendung nicht in Ordnung ist. Bei den Phänomenologen geht es dagegen um die Erfassung eines anschaulichen Inhalts, der *durch das Wort* gemeint ist. Das Gemeinte ist nicht mehr sprachlich, sondern sprachtranszendent, wenn auch nicht bewußtseinstranszendent. Zur phänomenologischen Erkenntnis reichen Worte und

10 Siehe Delius (63).

deren Verwendungsregeln nicht aus. Es kommt ein Neues hinzu; welches das Gemeinte, das Phänomen, erfaßt oder »sieht«. Wörter bleiben stets ein Umschreiben und Umkreisen des eigentlich Gemeinten. Die Aneignung vollzieht sich in einer nichtsprachlichen Sphäre. »Im Falle Husserls wird etwas, das Aussage ist, zu etwas, das nicht Aussage (nichtsprachliche Formulierung) ist, als zu dem mit ihr Gemeinten in Beziehung gesetzt. Im Falle der Linguisten wird eine Aussage zu einer anderen Aussage als zu einer Formulierung dessen, was sie meint, in Beziehung gesetzt«[11]. Die Auskunft, daß »Die Farbe Rot« die Farbe Rot bedeutet, »bestätigt gleichsam durch einen (bedeutungs-) theoretischen Behauptungsakt, daß dieser Ausdruck eben und tatsächlich das bedeutet (nennt), was er seiner grammatischen Struktur nach zu bedeuten (zu nennen) scheint«.[12] Solche Behauptungen nennt Delius *konfirmativ*. Demgegenüber gehen die Linguisten in ihren Argumentationen und Erklärungen *substitutiv* vor. »Die Farbe Rot ist komplementär zu der Farbe Grün« wird in nominalistischer Manier substituiert durch einen Ausdruck, der »Die Farbe Rot« und »Die Farbe Grün« nicht mehr enthält: »Für jedes x, von dem gilt, daß es den Satz ‚dies ist rot' verifiziert, gilt auch , daß es in der Beziehung K steht zu jedem y, von dem gilt, daß es den Satz ‚dies ist grün' verifiziert; ‚x' und ‚y' stehen für individuelle Wahrnehmungsinhalte; und es gibt mindestens ein x und ein y«[13]. Damit scheint das Problem des Eidos gelöst. Aber in Wirklichkeit wird hier auf zwei verschiedenen Ebenen argumentiert, die beiden Erklärungen widersprechen sich nicht. »Sie behaupten ja nur, ... daß ein gegebener Ausdruck... in einer Beziehung (der konfirmativen) zu einem Explikat und in einer anderen Beziehung (der substitutiven) zu einem anderen Explikat steht.«[14]

10.3 Phänomenologie als privativer Modus einer universalen Hermeneutik

Auch bei den Hermeneutikern findet man kritische Bemerkungen zur Berufung auf eine eidetische Evidenz. So bezeichnet Gadamer diese als »Legitimation eines Orakelglaubens«[15], welche erst durch die Idee der transzendentalen Begründung, die auf apodiktische Evidenz im Sinne der Notwendigkeit des So-Gegebenen zurückgreift, gerechtfertigt werden kann. Aber selbst in der Spätphiloso-

11 a. a. O. S. 102.
12 a. a. O. S. 106.
13 a. a. O. S. 111.
14 a. a. O. S. 162.
15 Gadamer (63), S. 20; vgl. auch Husserl (62), S. 192.

phie Husserls mißlingt die Letztbegründung. Zwar erkennt Husserl, daß das transzendentale Ego das »Wir alle« der Menschengemeinschaft in sich schließt und so das Problem der Intersubjektivität thematisiert werden muß, ferner daß in den bisherigen Analysen zu sehr das speziell Gemeinte als Isoliertes im Mittelpunkt stand und die zahlreichen anonymen Intentionalitäten, die wegen des Horizontcharakters alles Seienden zugleich mitgemeint werden, übersehen wurden; der transzendentale Grund der Lebenswelt bleibt trotz allem formal und undialektisch. Ersteres bedeutet die Konservierung des prädikativen Grundschemas, das immer wieder ein leeres Ur-Ich zum Vorschein bringt, das in der Wesensschau weder die Sprache noch das In-der-Welt-Sein als existenziale Bestimmungen kennt. Letzteres besagt das Festhalten an einem falschen Totalitätsbegriff; Husserl übersieht, daß der Mensch als endliches Wesen nie zur letzten Evidenz vorstoßen kann, sondern immer auf mögliche Erfahrung angewiesen ist. Und eben diese Erfahrung darf nicht in eine Idealsphäre verlegt werden, sondern muß geschichtlich unmittelbar bleiben. So wird die Idee der Letztbegründung selbst in Frage gestellt. Das Wort »Phänomenologie« ist in den hermeneutischen Texten kaum mehr zu finden. Konnte man die Untersuchungen von »Sein und Zeit« noch als eine gewisse Fortsetzung des phänomenologischen Ansatzes verstehen, in welcher die Konstitution des Seins aus der Zeit angestrebt war, so ist nach Heideggers »Kehre« von solchen Leistungen nicht mehr die Rede. Die Nachfolgediskussion vollzieht sich fast ausschließlich im Bereich der analytischen Philosophie und deren kritischen Analysen zur Phänomenologie.

Häufig beruft sich die Kritik an der phänomenologischen These, wonach alle Erkenntnis- und Sinnleistungen vom Bewußtsein her interpretiert werden müssen, auf die revolutionären Einsichten *S. Freuds*. Die Psychoanalyse kann in der Tat als methodologische Korrektur der Phänomenologie verstanden werden. Denn sowohl normale Erscheinungen, wie z. B. Träume, als auch abnormale Verhaltensweisen, wie etwa Neurosen, werden von der Psychoanalyse nicht mehr ausschließlich von geregelten Bewußtseinsleistungen her verstanden. In einer tiefer gelegenen Dimension, in welcher die unmittelbaren Bewußtseinskorrekturen nicht mehr funktionieren, entdeckt Freud Wirkungsmechanismen, Verstümmelungen und folgenreiche Fixierungen, die – unabhängig von jeder gegenwärtigen intentionalen Leistung – einen Sinn haben, z.B. den Sinn der Entlastung. In der Meinung des Subjekts, seine Handlungen aus seinem

Bewußtsein heraus zu bestimmen, liegt nach Freud eine gewaltige Selbsttäuschung. Deshalb befaßt sich Psychoanalyse im Gegensatz zur Hermeneutik nicht mit den konkreten Symbolzusammenhängen im Bewußtsein des Subjekts, sondern sie reflektiert Einflüsse, die zwar früher dem Bewußtsein zugänglich waren, aber inzwischen in tiefere Schichten abgelagert wurden und dort ihre Macht ausüben. Die Arbeit des Analytikers läßt sich mit der Tätigkeit des Archäologen vergleichen[11], der die Geschichte einer Epoche in das wissenschaftliche Bewußtsein hebt; in der Psychoanalyse wird in ähnlicher Weise die Frühgeschichte des *Patienten* rekonstruiert. Weil aber das Ergebnis hier nicht wie beim Archäologen in ein anonymes, objektives Bewußtsein der wissenschaftlichen Welt eingehen, sondern einen Heilungsprozeß des Subjekts bedingen soll, hängt der Erfolg davon ab, inwieweit die aufgefundenen Strukturzusammenhänge in der Tiefendimension als persönliche Struktur akzeptiert und durch Bewußtmachung entschärft werden. Solche Prozesse der Wiederentdeckung eines verlorengegangenen Selbst sind in der Phänomenologie undenkbar. In den eigentlichen Bewußtseinsprozessen, wie sie beispielsweise Husserl beschreibt, erkennt sich das neurotische Subjekt ja gerade *nicht* wieder und benötigt zur Selbsterkenntnis *fremde* Hilfe. Habermas sieht daher in der Methode der Psychoanalyse einen Hinweis, wie eine adäquate Theorie »unverzerrter Kommunikation« beschaffen sein muß. Weder unmittelbares Bewußtmachen im Selbstbewußtsein der Phänomenologen, noch die Nachzeichnung und das Verstehen der vorgegebenen Symbolstrukturen der Hermeneutiker reichen aus. Es bedarf einer »Tiefenhermeneutik, die die spezifische Unverständlichkeit systematisch verzerrter Kommunikation aufklärt«[12], was nach der Vorstellung von Habermas nur durch Entwicklung einer Theorie der kommunikativen Kompetenz möglich ist (vgl. unten 12.1b).

16 So Habermas (68), S. 282.

17 Habermas: »Der Universalitätsanspruch der Hermeneutik«, S. 147, in Apel u. a. (71).

Teil C: Pragmatische Methoden: Die Einbettung des Regelhaften in die Lebenswelt

Die bisher behandelten Methodenkomplexe haben sich unter dem Einfluß einer allgemeinen *»pragmatischen Wende«*, welche die vorausgegangene *»sprachliche Wende«* abgelöst hat, weiterentwickelt und zutiefst verändert. Das Charakeristische dieser neuen Wende ist die Einbettung des Methodischen in die praktischen Lebensverhältnisse der Menschen.[1] Theorie und Argumentation werden nicht mehr als rein ideelle Vernunftpräsentation gedeutet, sondern sie erhalten ihren Sinn nur als Ausdruck vernünftigen Handelns im Kommunikationszusammenhang. Die fundierende Rolle des *Bewußtseins* innerhalb der traditionellen Philosophie wird nun durch den Bezug auf das *menschliche Handeln* ersetzt.[2]
Der Ursprung des Pragmatismus liegt in Amerika. Die von *Charles Peirce* erstmals formulierten Prinzipien wurden vor allem durch die »Pragmatismus«-Vorlesungen von *William James* aus dem Jahre 1908 bekannt. Man versuchte, alle Begriffe durch Bezug auf Handlungen und Experimente zu klären. Doch die Wirkung war beschränkt. In Europa betrachtete man lange Zeit die plumpe Gleichsetzung von Wahrheit mit Nützlichkeit als Quintessenz des gesamten Pragmatismus und lehnte ihn daher als Ausdruck eines verabscheuungswürdigen Kapitalismus ab. In Deutschland haben sich erst bei Scheler, Heidegger, Wittgenstein und in der Gegenwartsphilosophie bei Apel und Habermas pragmatische Tendenzen durchgesetzt[3], während in England, Frankreich und Österreich[4] schon früher eine Rezeption eingesetzt hatte. In der Gegenwart reduziert sich der Pragmatismus gelegentlich auf die schlichte Überzeugung, daß die Geltung von Begriffen in nichts anderem besteht als in der gesellschaftlichen Akzeptanz.

1 Zum allgemeinen Pragmatismusbegriff siehe Stachowiak (87) Einleitung.
2 Eine ausführliche Darstellung dieses Umbruchs findet man in Gethmann (87).
3 Zur Geschichte dieses Mißverständnisses siehe H. Joas: Amerikanischer Pragmatismus und deutsches Denken. (92).
4 Zur Bedeutung des Pragmatismus im Wiener Kreis siehe Dahms (92).

Für die Methodologie von Bedeutung sind die Folgen, die sich aus dem Verzicht auf eine transzendentale apriorische Absicherung der Erkenntnis ergeben. Es verwischen sich die Grenzen zwischen Philosophie und Wissenschaft. Theoretische Setzungen rivalisierender Systeme folgen den praktischen Prinzipien von Einfachheit, Ökonomie, Zweckmäßigkeit, Eleganz und Erhaltung. Wahrheit ist demnach nur möglich durch Berücksichtigung unseres Verhaltens in konkreten Lebensverhältnissen.

Es geht schließlich nicht mehr um *letzte* Einsichten, sondern um die jeweilige *Daseinsbewältigung* im weitesten anthropologischen und soziologischen Sinn. Wenn erfahrungswissenschaftliche Theorien nicht mehr als unwiderruflich angesehen werden können, verschiebt sich die Diskussion auf die Instanzen, welche über die Annahme von Theorien entscheiden: auf die jeweilige Forschergemeinschaft. Deren Entscheidungen orientieren sich aber nicht mehr ausschließlich an immanenten wissenschaftlichen Prinzipien eben jener Theorien, sondern sind auch aus der betreffenden Situation heraus zu verstehen. Der pragmatische Bezug zur Gemeinschaft ist dabei sogar ausschlaggebend.

Für die *Wissenschaftstheorie* bedeutet dies die Einbeziehung der Geschichte der Wissenschaften (T.S. Kuhn), die Ausweitung des Blicks auf das Ganze (Quines Holismus) und die Interpretation des Systems als Einheit von globalem Denken und universalen Lebensformen (Luhmann; Stachowiak).

Für die *Hermeneutik* treten transzendentalpragmatische Konsenstheorien (Apel, Habermas), Semiotiktheorien und konstruktiv-operative Methoden (Erlanger Schule) in den Vordergrund.

Die in der *Dialektik* vorprogrammierte Sprengung des Methodischen und die Transzendierung zum historischen kontingenten Ereignis machten den Weg frei zu neuen Formen freien Philosophierens, aber auch zur Selbstauflösung der Philosophie. Hierher gehören die Erweiterung von Rationalitätsformen auch auf okkasionelle Fälle genau so wie die Propagierung einer narrativen Philosophie und die Konstruktion einer transversalen Vernunft.

11. Die Pragmatisierung der Wissenschaften

11.1 Thomas S. Kuhns Theorie der wissenschaftlichen Revolutionen

a) Die Einbeziehung der Geschichte in die Wissenschaftstheorie

Der wissenschaftliche Optimismus, der in den letzten beiden Jahrhunderten das Denken der Forscher beflügelte und sie zu neuen Heilsboten werden ließ, wich nach der Entwicklung der Atombombe und anderer furchterregender Waffen zwar einer allgemeinen Beklemmung, das *methodische Gedankenkonzept,* das dieser Entwicklung zugrunde lag, bestimmt jedoch weiterhin die Vorstellungen vieler Wissenschaftler und der meisten gebildeten Laien. Da ist vor uns eine fertige Welt ausgebreitet, die wir durch neutrale Beobachtung, einfallsreiche Experimente und deren logisch-mathematische Verknüpfung und induktive Verallgemeinerung durchforschen müssen, um der Wahrheit immer näher zu kommen. In einem weit verbreiteten Lehrbuch der Physik heißt es z. B.: »Noch sind lange nicht alle Rätsel, welche die Natur uns aufgibt, gelöst, doch können wir schon große Erfolge verzeichnen... Naturgesetze und Naturkräfte sind ihrem Wesen nach weder gut noch böse, aber der Mensch, der sie zu benützen gelernt hat, kann diese Macht zum Guten gebrauchen und zum Bösen mißbrauchen...«[1]

Der *Wissenschaft als solcher* ist der Fortschrittscharakter geblieben, wenn auch Zweifel aufkommen, ob das fortschrittliche Instrument zugleich im Sinn eines Fortschritts der *Humanität* eingesetzt wird. Wissenschaftlicher Fortschritt ist Mehr-Wissen, Besser-Wissen, er stellt einen kumulativen Prozeß dar, der unsere Erkenntnis immer adäquater und wahrheitsgetreuer macht. Die Entwicklung ist nicht völlig gleichmäßig; dank großartiger individueller Leistungen gelangt unsere Erkenntnis gelegentlich zu neuen, höheren Stufen, von wo aus die überwundenen Etappen klein und unbedeutend erscheinen. Der neue Wissensstand bedingt damit zugleich eine Revision

1 Dorn (68), S. 10.

alter Vorstellungen und die Ausrottung mythologischer Spekulationen. »Wenn Wissenschaft die Zusammenstellung von Fakten, Theorien und Methoden in Lehrbüchern ist, dann sind Wissenschaftler die Männer, die sich mit oder ohne Erfolg bemüht haben, den einen oder anderen Faktor zu dieser besonderen Zusammenstellung beizutragen. Wissenschaftliche Entwicklung ist demnach der ruckartig sich vollziehende Prozeß, durch den solche Einzelheiten, isoliert oder kombiniert, zu einem immerwährend wachsenden Bestand zusammengefügt worden sind, wie die wissenschaftliche Technik und Erfahrung ihn darstellen.«[2]

Gegen dieses weitverbreitete Klischee setzt *Kuhn* sein Bild von der Wissenschaft. Der von ihm verwendete Ausdruck von der »wissenschaftlichen Revolution« steht gegen die kumulative Evolution unseres Wissens, wie sie soeben skizziert wurde. Wie bei politischen Revolutionen gibt es auch im Bereich der Wissenschaft traditionszerstörende Umstürze radikaler Art: Maßstäbe werden verschoben, Probleme erscheinen unter völlig neuem Aspekt, die Bedeutung bisher feststehender vertrauter Begriffe wird geändert, die gesamte Welt wird neu gesehen! Kuhn verwendet den Ausdruck »Revolution« in einem absoluten Sinn: Da es keine Normen gibt, welche den Umsturz rechtfertigen könnten, darf die zeitliche Aufeinanderfolge von Revolutionen nicht als Fortschritt gedeutet werden. In völliger Analogie zu politischen Revolutionen hängt der Umsturz ganz an der Billigung oder Mißbilligung der beteiligten Gesellschaft, hier der jeweiligen Forschergemeinschaft. Es handelt sich letztlich um »die Wahl zwischen unvereinbaren Lebensweisen der Gemeinschaft«[3].

Natürlich gibt es auch bei Kuhn wissenschaftlichen Fortschritt, aber nur innerhalb der sogenannten *normalen Wissenschaft*. Kuhn kennt zwei Grundformen von Wissenschaft: normale Wissenschaft und außerordentliche Wissenschaft. Erstere beschreibt er »als einen rastlosen und hingebungsvollen Versuch, ... die Natur in die von der Fachausbildung gelieferten Begriffsschubladen hineinzuzwängen«[4]. Eine bestimmte normale Wissenschaft wird durch ein »Paradigma« definiert. Darunter versteht Kuhn einen Komplex von Erfahrungsweisen und Erwartungen, welcher für eine gewisse Zeit zur

2 Kuhn (62), S. 18.
3 Kuhn a. a. O. S. 130.
4 a. a. O. S. 22.

Lösung von Rätseln dient. Beispiele von Paradigmen sind etwa die Aristotelische, die Newtonsche und die relativistische Physik; oder die Ptolemäische und Kopernikanische Astronomie; die Wellenoptik und die Korpuskularoptik; schließlich die Phlogistonchemie und die Chemie von Lavoisier. Innerhalb der Newtonschen Physik beispielsweise steht fest, welche Fragen relevant sind und welche Lösungsmethoden angewandt werden dürfen. Alle Anhänger dieser Physik stehen auf einem gemeinsamen Boden in ihrer Beurteilung und Beobachtung von Phänomenen. Offensichtlich konstituiert das Paradigma erst die wissenschaftlichen Erscheinungen. In der Newtonschen Physik kann man von einer »Pendelbewegung«, nicht aber von einem »gehemmten Fall«, sprechen, wenn ein Stein an einer Schnur hin- und herschwingt. In der normalen Wissenschaft, die durch ein bestimmtes Paradigma definiert ist und sich in der »Bestimmung signifikanter Fakten, gegenseitige(n) Anpassung von Fakten und Theorie, Präzisierung der Theorie«[5] erschöpft, treten immer wieder Zeiten der Unsicherheit auf. Rätsel bleiben ungelöst, Anomalien, die zunächst nur als Randerscheinungen konstatiert wurden, verstärken sich und machen die Forscher ratlos; die Häufung solcher Anomalien bedingt schließlich eine wissenschaftliche Krise mit Grundlagendiskussionen, die zu keiner Lösung führen und philosophische Hilfskonstruktionen zu Rate ziehen. Inzwischen haben sich junge Forscher aus der Tradition mit deren aufgeweichten Paradigmen gelöst und versuchen, mit einem *neuen* Paradigma weiterzukommen. Sie betreiben »außerordentliche Forschung« und leiten eine Revolution ein. Diese vollzieht sich nicht aufgrund eines experimentum crucis, das irgendeinem genialen Forscher gelingt, – denn ein solches Experiment könnte mit irgendwelchen ad-hoc-Erklärungen immunisiert werden, – sondern aufgrund des wachsenden Einflusses des neuen Paradigmas in der Forschergemeinschaft. Es handelt sich um keine rationale Auseinandersetzung mit stichhaltigen Deduktionen und Beweisgängen. »Wenn Paradigmata in eine Debatte über die Wahl eines Paradigmas eintreten – und sie müssen es ja – dann ist ihre Rolle notwendigerweise zirkulär. Jede Gruppe verwendet ihr eigenes Paradigma zur Verteidigung eben dieses Paradigmas.«[6] Kuhn weist hin auf die Bedeutung von Überredung,

5 a. a. O. S. 57.
6 a. a. O. S. 130.

Propaganda und Bekehrungserlebnissen, auf die Rolle eines bloßen Glaubens an das neue Paradigma, ja auf den Tod der aussterbenden Vertreter des alten Paradigmas.

Die Tatsache, daß Rationalität nur innerhalb jedes Paradigmas erklärt ist, verschiedene Paradigmen aber *inkommensurabel* sind, erinnert an die Sprachspielkonzeption Wittgensteins. Auch dort konstituiert sich Sinn und Rationalität allein innerhalb eines Sprachspiels; verschiedene Sprachspiele sind dagegen wegen ihrer jeweiligen Autonomie unvergleichbar. Kuhn weist bei der Erläuterung des Paradigmenbegriffs ausdrücklich auf Wittgenstein hin. Er verwendet dessen Begriff der Familienähnlichkeit zur Verdeutlichung der Verfahren innerhalb einer festen normalwissenschaftlichen Tradition.[7]

Die Diskussion der Kuhnschen Thesen[8] konzentriert sich damit auf den Rationalitätsbegriff. War im Frühstadium der formalen Wissenschaftstheorie, wo keine Differenzierung in normale und außerordentliche Wissenschaft angenommen wurde, Rationalität identisch mit der Struktur der Einheitsmethode, so muß nach der Aufspaltung der Wissenschaft auch die Rationalität neu bestimmt werden. Bei Popper bezieht sich echte Rationalität allein auf die außerordentliche Wissenschaft, rational bedeutet »kritisch rational«. Das Schubladendenken der normalen Wissenschaft hat für Popper nichts mit Kritizismus zu tun[9]. Bei Kuhn bedeutet rational dagegen »paradigmatisch« und ist ausschließlich auf die normale Wissenschaft bezogen. Wir können hier nicht auf die zahlreichen Theorien eingehen,

7 Stegmüller warnt in diesem Zusammenhang, die Parallelisierung Wittgensteinscher und Kuhnscher Gedanken zu weit zu treiben. Vgl. (69), II, Teil E, S. 195 ff.
Es bestehen gravierende Unterschiede zwischen dem Paradigmenbegriff bei Wittgenstein und bei Kuhn. Stegmüller entwickelt zur Klärung dieser Schwierigkeiten eine eigene weiterführende Interpretation der Kuhnschen Thesen, in welcher er dem weit verbreiteten »Aussagenkonzept von Theorien« eine auf J. D. Sneed zurückgehende »strukturalistische Auffassung von Theorien« gegenüberstellt. Eine leicht lesbare, aber sehr kurz gehaltene Darstellung findet man in Stegmüller (75), S. 510 ff.

8 Siehe v. a. die Aufsatzsammlung von W. Diederich (74), in der sich I. Lakatos, I. Scheffler, W. Stegmüller, L. Krüger, S. Toulmin, G. Böhme und Kuhn selbst zu Worte melden.

9 Vgl. Popper: »Normal Science and its Dangers« in: Lakatos/Musgrave (70).

welche die »Rationalitätslücke« zu schließen suchen oder Kuhn weniger wörtlich nehmen und einen Rationalitätsrest auch in der Aufeinanderfolge der verschiedenen sich ablösenden Paradigmen sehen[10]. Für unsere Methodenbetrachtung wird jedoch deutlich, daß sich Kuhn gegen die Präzisierungsgedanken der formalen Wissenschaftstheorie wendet und stark von sprachanalytischen Grundvorstellungen beeinflußt ist. Aber die Berufung auf die Sprache ist nicht mehr Selbstzweck. Sie steht im Dienste einer *allgemeinen Pragmatik,* welche die Wissenschaftsformen der Vergangenheit und Gegenwart zu verstehen sucht. Die Wissenschaften selbst erscheinen nicht mehr als Aussagensysteme, in denen eine strenge Logik für Zusammenhang und Konsistenz sorgt, sondern es handelt sich um komplizierte begriffliche Instrumente, mit welchen vorliegende Probleme zu lösen sind.
Der Kuhnsche Pragmatismus stellt eine spezifische Vermittlung von Theorie und Praxis dar, in der die Sprachspielkonzeption Wittgensteins für die Interpretation der Wissenschaftshistorie fruchtbar gemacht wird.

b) Die Auseinandersetzung mit Kuhn

Die Diskussion der Thesen Kuhns wirkte sich auch auf das Selbstverständnis der formalen Wissenschaftstheoretiker aus. Der radikalen Ablehnung der Thesen folgten Versuche einer Vermittlung, die bemerkenswerte Zugeständnisse Kuhns bedingten. Der Angelpunkt der ganzen Auseinandersetzung ist die Kuhnsche Zweiteilung der Wissenschaft in normale und außerordentliche Wissenschaft und – damit eng verbunden – die Annahme von normativen Paradigmen. Poppers Vorstellung kritischer Wissenschaftlichkeit kann sich allein auf die »außerordentliche Wissenschaft« beziehen, die Normalwissenschaft im Kuhnschen Sinn dagegen ist keineswegs »normal«. Feyerabend, der bezüglich der Bedeutsamkeit des kritischen Aspekts hier ganz als Popper-Schüler auftritt, leugnet daher die Berechtigung der Kuhnschen Trennung überhaupt. Die Absurdität

10 Ausführliche Diskussionen findet man in Diederich (74) und in Lakatos/Musgrave (70). Eine Präzisierung der Kuhnschen Intentionen gibt Hoyningen-Huene in (89).

der Aussagen Kuhns zeige der Umstand, daß jede Aussage über normale Wissenschaft wahr bleibt, wenn man den Terminus »normale Wissenschaft« durch »organisiertes Verbrechertum« und »individueller Wissenschaftstheoretiker« durch »individueller Safeknacker« ersetzt. Rätsellösung und methodisches Vorgehen seien noch nicht ausreichend für Wissenschaftlichkeit[11].

Die schon früher (Kap. 1) erwähnten Weiterentwicklungen der Wissenschaftstheorie werden den Thesen Kuhns gerechter[12]. Und umgekehrt: Kuhn hat eingesehen, daß verschiedene seiner Aussagen Übertreibungen und Einseitigkeiten enthalten und durch weniger radikale Vorstellungen ersetzt werden müssen[13].

Neben Lakatos, dessen Theorie der Forschungsprogramme wir bereits im ersten Kapitel erwähnten, bemüht sich vor allem *W. Stegmüller* um eine Synthese aus den Kuhnschen wissenschaftshistorischen Behauptungen und der formalen Wissenschaftstheorie[14]. Er konzentriert seine Aufmerksamkeit auf die sogenannten *Rationalitätslücken,* d.h. einmal auf die angebliche Immunität der normalen Wissenschaften gegenüber möglicher Widerlegung durch Erfahrung, und zum anderen auf die nicht weiter begründbare revolutionäre Ablösung eines Paradigmas durch ein anderes. Das Interessante an Stegmüllers Vorschlag ist, daß er die Vermittlung durch eine *Potenzierung der Idee des Formalismus* zu erreichen sucht. Wir betrachten zunächst die erste Rationalitätslücke. In Anlehnung an J. D. Sneed, der die logische Struktur der mathematischen Physik zu erklären versucht[15], lehnt es Stegmüller ab, eine naturwissenschaftliche Theorie als System von *Sätzen* zu deuten, wie es üblicherweise geschieht. Für ihn stellt eine Theorie der Normalwissenschaft vielmehr ein Gebilde dar, das im Wesentlichen durch *mathematische Strukturen* bestimmt ist, die den *Strukturkern* der Theorie ausmachen. Die-

11 Feyerabend: »Consolations for the Specialist« in Lakatos/Musgrave (70), S. 200.

12 Zur »Tendenzwende« siehe auch Schäfer (77).

13 Vgl. Ströker (76) und insbesondere Hoyningen-Huene (89).

14 Vgl. die sehr gut lesbare Zusammenfassung in Stegmüller (75), S. 506 ff.; ausführliche Darstellungen in Stegmüller (69), Band II Teil E: Theoriendynamik. Normale Wissenschaft und wissenschaftliche Revolutionen. Methodologie der Forschungsprogramme oder epistemologische Anarchie?

15 Siehe dazu Stegmüller (69), Band II, Teil B: Logische Analyse der Struktur ausgereifter physikalischer Theorien. »Non-statement view« von Theorien.

ser Kern ist unveränderlich und gegen Erfahrungen immun. Daneben gibt es aber *Kernerweiterungen,* in denen die verschiedenen wissenschaftlichen Hypothesenbildungen vollzogen werden, die sich ständig ändern können. Danach hat Kuhn recht, wenn man den Theorie*kern* betrachtet; denn dort gibt es in der Tat keine Überprüfungen, Falsifikationen und Revisionen. Andererseits muß man aber auch Poppers Grundintention zustimmen, sofern man die *Kernerweiterungen* im Auge hat, wo sich die Änderungen vollziehen, wenn sich auch die Kritik entgegen Poppers Vorstellungen innerhalb der Normalwissenschaft abspielt. – Weniger erfolgreich sind Stegmüllers Versuche, mit der »non-statement view« der Theorien auch die zweite Rationalitätslücke zu schließen. Zwar leuchtet es ein, daß aufgrund der Zweiteilung in den Strukturkern, der gegen Erfahrung immun ist, und in die Strukturerweiterungen die Theorie nicht durch Neuentdeckungen abgelöst werden kann. Aber die Ablösung geschieht in den Augen der Wissenschaftstheoretiker nicht blind und zufällig. Nach Stegmüller gibt es eine Theorienverdrängung, indem die alte Theorie strukturell in eine neue Theorie eingebaut wird. Diese strukturelle Reduzierbarkeit stellt dann einen *Fortschritt* in der Gesamtentwicklung der Wissenschaften dar, den Kuhn nach wie vor leugnet.[16]

Die zahlreichen Einwände gegen Kuhns radikale Thesen und gegen die Unschärfe vieler Zentralbegriffe hat bei diesem zu Abschwächungen verschiedener Aussagen und zu einer allgemeinen Schwerpunktsverlagerung seines Interesses geführt. Daß dabei vor allem pragmatische Gesichtspunkte eine entscheidende Rolle gespielt haben, kann aus den Analysen Hoyningen-Huenes zur Kuhnschen Wissenschaftsphilosophie entnommen werden.[17]

Im Zentrum des Kuhnschen Interesses steht in seiner Spätphilosophie der Bereich der »Grundlagenwissenschaften«[18], das heißt der Gebiete, die von bestimmten Wissenschaftlergemeinschaften längere Zeit gleichartig behandelt werden. Die Mitglieder der Gemeinschaft, die ausbildungsmäßig von ähnlichen Voraussetzungen in einem verwandten kulturellen Umfeld ausgehen, akzeptieren eine

16 Zum neueren Diskussionsstand siehe Stegmüller (83). Den Revolutionsbegriff in der Naturwissenschaft behandelt ausführlich Cohen in (94). Zum Begriff der Inkommensurabilität siehe Lueken (92).

17 Die Wissenschaftsphilosophie T. S. Kuhns (89).

18 Hoyningen-Huene (89) S. 37.

Reihe konkreter Problemlösungen und definieren damit im gemeinsamen Umgang mit den Phänomenen ihre Wissenschaft. Das gelingt nur deshalb, weil in diesen Bereichen gewisse Ähnlichkeitsrelationen gefunden werden können, in denen »die Ähnlichkeit nicht (allein) durch definierende Kennzeichen der Relata gestiftet wird«[19], sondern sich diese aus der Einführung und gemeinsamen Verwendung im Kreise der Forschergemeinschaft konstituiert hat. Hier sind die Parallelen zu Wittgensteins Theorie der Familienähnlichkeiten offenkundig.[20] Diese exemplarische Einführung der Bedeutung wissenschaftlicher Begriffe zerstört die Illusion, daß wenigstens *wissenschaftliche* Begriffe generell durch eine Reihe notwendiger und hinreichender Bedingungen eingeführt und umschrieben werden können.
Dieser neuen Konzeption liegen eine Reihe von Akzentverschiebungen zugrunde. Dazu gehören:

- *Die Aufwertung des Sprachlichen.* Es sind letztlich die verschiedenen Sprachen, die auch der Welt der Wissenschaft die verschiedenen Strukturen aufprägen.

- *Die Ersetzung des kritischen Realismus* durch einen *konstruktivistischen Antirealismus.*[21] Während in der Frühschrift »Die Struktur wissenschaftlicher Revolutionen« noch betont wird, daß der Wissenschaftler vor und nach einer Revolution die *gleiche* Welt vor sich hat und sie nur *anders betrachtet*[22], steht später die These von der Pluralität der Welten im Vordergrund; das hinter einer Erscheinung stehende »Ding an sich« Kants wird bedeutungslos. Die neuen Ähnlichkeitsrelationen werden in sozialen Einheiten erlernt und bilden ihre eigene Welt.

- *Die Beschränkung* auf einen engeren Paradigmenbegriff, *auf das »Musterbeispiel«.* Der ursprüngliche Paradigmenbegriff als Bezeichnung für ein Ensemble von in der Fachwelt akzeptierten Problemlösungen hat zu einer inflationären Anwendung dieses Begriffs geführt. Deshalb verwendet Kuhn den neuen Begriff der *»disziplinären Matrix«* für den Paradigmenbegriff im weitesten

19 a. a. O. S. 79.
20 Siehe »Philosophische Untersuchungen« § 66 ff.
21 Vergleiche Hoyningen-Huene (89) S. 83.
22 Kuhn (62) S. 151.

Sinne.[23] Zu diesem gehören nicht nur Problemlösungen, sondern auch die vorbildhaften Klassiker, deren Theorien samt allen Implikationen, »was es in der Welt gibt, wie es sich verhält, welche Fragen man darin stellen kann, welche Methoden man zur Beantwortung dieser Fragen verwenden kann und welche Antworten man auf diese Fragen erwarten kann«.[24] Aber gerade diese Thematik erscheint Kuhn später, das heißt nach 1969, fruchtlos.[25] Er beschränkt sich nun auf einen ganz engen Paradigmenbegriff, den des »Musterbeispiels«, der praktisch handlicher und pragmatisch fruchtbarer ist, zumal er nicht einmal mehr die allgemeine Anerkennung voraussetzt. Damit hängt engstens die Neubewertung von Revolutionen und Inkommensurabilitäten zusammen.

– *Die Harmonisierungen im Revolutions- und Inkommensurabilitätsbegriff.* War ursprünglich mit der wissenschaftlichen Revolution eine radikale Veränderung des wissenschaftlichen Weltbildes verbunden, die auch außerhalb der Wissenschaft ihre Wirkung zeigte, so konzentriert sich Kuhn nun auf kontrollierbare Vorgänge innerhalb enger Disziplinen. Wissenschaftliche Revolutionen werden zu umfangreichen, aber harmlosen Veränderungen des Netzes von Ähnlichkeitsrelationen. Auch der Inkommensurabilitätsbegriff betrifft nicht mehr das gesamte Weltbild, sondern nur noch Terme, das Vokabular und höchstens Theorien. Dieser neue Begriff impliziert weder Unvergleichbarkeit noch Diskontinuität und schließt sich eng an Quines These von der Nichtübersetzbarkeit an, der auch alles Irrationale und Revolutionäre fehlt. Zugleich verschwinden die Herausforderungen durch Überredung und Propaganda; die Berufung auf gute Gründe erhält wieder ihr Recht.

Die pragmatische Wende wirkte sich nicht nur im Bereich der Wissenschafts*dynamik* aus, sondern betraf – sogar in einem noch stärkeren Maße – auch die analytische Wissenschafts*theorie*.

23 Dies geschieht v.a. in den Aufsätzen: (Zus. mit J. L. Heilbron) »The Genesis of the Bohr Atom« (69). »Beiträge zur Diskussion ‚New Trends in History'« (69) und »Bemerkungen zum Verhältnis von Wissenschaft und Kunst« (77).

24 Hoyningen-Huene (89) S. 142.

25 Zur Spätphilosophie (ab 1970) siehe v. a. die Aufsätze in »Die Entstehung des Neuen« (77).

11.2 Der Holismus als pragmatische Alternative zur Begriffsanalyse

a) Der Holismus Quines

Quine weist bereits in »Zwei Dogmen des Empirismus« darauf hin, daß sowohl die Verwerfung der analytisch/synthetisch-Dichotomie (1. Dogma[26]) als auch die der Reduktion von empirisch sinnvollen Aussagen auf unmittelbare Erfahrung (2. Dogma) aus *pragmatischen* Motiven erfolgt.[27] Die Auflösung des Synonymie- und damit des Bedeutungsbegriffs[28] läßt die Frage nach der Wahrheit von *Sätzen* an die Stelle der Frage nach der Bedeutung von *Begriffen* treten. Die Einsicht, daß auch diese Frage nicht isoliert beantwortet werden kann, sondern der Zusammenhang mit einer umfassenden Theorie zu berücksichtigen ist, führte schließlich zur Konzeption des *Holismus*. In diesem ist ein semantischer und ein epistemologischer Aspekt zu unterscheiden. Im *semantischen* Holismus, in dem Sinn und Bedeutung vom *Ganzen* der Wissenschaft abhängt, kommt einem isolierten Satz kein eindeutiger empirischer Gehalt zu, nur das Systemganze hat eine Bedeutung (»Duham-Quine-These«). Dem semantischen Holismus tritt ein *erkenntnistheoretischer* zur Seite, in dem Sprache und Wissen über die Welt identisch sind. In diesem ist eine Überprüfung isolierter Hypothesen ausgeschlossen. Jede Revision hat Rückwirkungen auf das Gesamtsystem. Sprache und Erkenntnis bilden ein gleichsam konzentrisch strukturiertes Netzwerk, das als Ganzes auf Erfahrungen reagiert und in dem jeder Teil – sei er als logischer, mathematischer oder »analytischer« weit im Innern oder als empirischer im Außenbereich gelagert – revidierbar ist.
Aus der Empirismuskritik Quines und dessen Holismuskonzeption, die übrigens schon von Neurath, einem wichtigen Vertreter des Wiener Kreises, vertreten wurde, ergaben sich zahlreiche bedeutsame Konsequenzen, die die gesamte Forschung im Umkreis des logischen Empirismus neu orientierte. Man bezeichnet daher die Folgediskussion als nach-positivistische oder nach-Quinesche analytische Philosophie.

26 Siehe oben 2.1.
27 a. a. O. S. 194.
28 Die Quinesche Kritik dieser beiden Begriffe ist nicht unwidersprochen geblieben. Zur Diskussion dieser Frage siehe O. Müller (98).

Obwohl bei Quine die Sprache weiterhin im Zentrum der Philosophie steht, bleibt seine empiristische Grundtendenz ungebrochen. Er ist überzeugt, daß alles, was wir an sprachlichen Ausdrücken, an alltagsbezogenen und wissenschaftlichen Überlegungen, an wissenschaftlichen Theorien, an großartigen philosophischen Visionen, praktischen Lebensauffassungen und allgemeinen Kulturleistungen kennen, sich allein aus sogenannten Reizbedeutungen aufbaut. Unsere Organismen werden von Umweltreizen angeregt und verarbeiten den Input aufgrund von angeborenen Dispositionen zum Output, das heißt zu den aufgezählten verschiedenartigen sprachphilosophischen Phänomenen. Weil in dieser Konzeption der Input im Sinne der modernen Physik interpretiert wird, spricht man von einer *Naturalisierung der Erkenntnistheorie*, in der Philosophie und Wissenschaft ununterscheidbar werden. Die philosophische Fragestellung wird nämlich zur Frage nach dem Erlernen der Sprache und nach den Gründen, warum wir einer bestimmten Klasse von Sätzen Wahrheit zubilligen und anderen nicht. So verschmelzen auch Sprache und Theorie bzw. Sprachphilosophie und Sprachwissenschaft.
Auch die Grenze zwischen Wissenschaft und Alltagsverstand verschwindet: »Die Wissenschaften unterscheiden sich schließlich vom gesunden Menschenverstand nur im Grade der methodologischen Verfeinerung.«[29] Die methodischen Feinheiten sind von *pragmatischen Prinzipien* geprägt. Dazu gehören Einfachheit und Erhaltung, Eleganz und das Prinzip der geringsten Verstümmelung.[30] Deshalb spielt bei Quine beispielsweise die klassische Quantifikation logischer Terme eine solch große Rolle; sie ist nützlich zur formalen Beschreibung aller Naturwissenschaften und sogar aller mathematischen Einzeldisziplinen. Ebenso pragmatisch sinnvoll ist die Verwendung einer Dingsprache und die Naturalisierung der Erkenntnistheorie.
Die Tatsache, daß das *beste* System aufgrund *pragmatischer* Prinzipien bestimmt wird, läßt die prinzipielle Möglichkeit verschiedener Systemkonstruktionen offen. Das gilt insbesondere auch für Sprachsysteme. Individuelles Spracherlernen und Übersetzungen in andere Sprachen gelingen in dem Sinne, daß sich aus den auf uns wirkenden Reizeinflüssen ein Ganzes von Sprachelementen und -beziehungen aufbaut, das aber in seinem Gefüge und in seinen inhaltlichen

29 Quine (75) S. 177.
30 Siehe Lauener (82) S. 61.

Bestimmungen nicht eindeutig strukturiert ist. Daher gibt es – trotz möglicher gemeinsamer biologischer Grundstrukturen (N. Chomsky) – weder eine allgemeingültige Spracherfassung noch eine allein zutreffende Sprachübersetzung (These von der Unbestimmtheit der Übersetzungen).[31]

b) Pragmatische Elemente in der nach-positivistischen analytischen Philosophie

Mit Quines Kritik setzen sich in der Spätform der analytischen Philosophie mehr und mehr pragmatische Gedanken durch. Stegmüller versucht in dem Aufsatz »Vom dritten zum sechsten Dogma des Empirismus«[32], weitere Schwächen des logischen Empirismus aufzudecken, und bezeichnet dort die *Ausklammerung der Pragmatik* aus der Wissenschaft ausdrücklich als 4. Dogma des Empirismus. Die Wende zur Pragmatik läßt sich am deutlichsten am Zentralproblem der analytischen Philosophie, der *sprachlichen Bedeutung*, verdeutlichen. Zu diesem Thema, speziell zur Deutung natürlicher Prädikate und physikalischer Größen, hat *Hilary Putnam,* ein zweiter einflußreicher Repräsentant der amerikanischen Philosophie, Wesentliches beigesteuert. Putnam stellt sich mit Quine gegen den logischen Empirismus und gegen die Frege-Carnapsche Semantik, versucht aber – trotz Quine – den Bedeutungsbegriff zu rehabilitieren, indem er ihn aus den Verstrickungen mit der Analytizität heraushält und durch den pragmatischen Gesichtspunkt der *Arbeitsteilung* präzisiert und erweitert.
Bedeutung ist für Putnam kein festes Objekt, schon gar kein psychologischer Zustand, und auch nicht durch notwendig-hinreichende Bedingungen festlegbar. Nach seiner Auffassung gibt es in jeder Gemeinschaft minimale Anforderungen zum Erwerb des Verständnisses eines Wortes, die zwar nicht präzise beschrieben werden können, aber

31 Diese Thesen stehen in striktem Gegensatz zu Gadamers Anspruch einer Universalhermeneutik und zu Davidsons »Übersetzbarkeitsargument« (Rescher), wonach etwas nur dann als Sprache akzeptiert wird, das in *unsere* Sprache übersetzt werden kann. Damit wird die Idee alternativer stimmiger Begriffsschemata in sich widerspruchsvoll. Siehe dazu Wüstehube (95) S. 329 f.

32 In Stegmüller (83).

doch existieren. Dieses Wissensminimum für einen bestimmten Term, z.B. für einen Tiger, nennt Putnam das *Stereotyp* des Termes; dieses ist zugleich die sprachliche Minimalkompetenz, an Diskussionen einer Gemeinschaft teilnehmen zu können. Das Stereotyp gibt die Eigenschaften an, die für die entsprechende Art »normal« sind.
Solche Stereotypen sind kulturrelativ und erfüllen ihre praktische Funktion, oft ohne sehr anspruchsvoll zu sein. Dabei ist es allerdings wichtig, die alltägliche Ebene von der wissenschaftlichen zu unterscheiden. Die von einem Laien vertretene minimale Theorie von einem Tiger umfaßt nämlich keineswegs all die Wissenselemente, die von den Experten mit dem Wort in Verbindung gebracht werden, ja sie kann sogar ganz außerhalb dessen liegen, was Experten als bedeutsam ansehen.
Putnam identifiziert nun die Bedeutungen nicht etwa mit dem erweiterten Wissen des Wissenschaftlers, sondern er betont, daß die Stereotypen ein wesentliches Element für die Klärung des Bedeutungsbegriffs darstellen. Von einer Verwerfung des Bedeutungsbegriffs, wie bei Quine, kann also keine Rede sein. Für Putnam ist der wichtigste Bestandteil der Bedeutung eines natürlichen Prädikats (oder einer physikalischen Größe) eine Theorie, in der die linguistische Minimalkompetenz zur Aneignung des Wortverstehens erworben wird. Diese enthält vier Komponenten:

- den syntaktischen Marker, der die syntaktischen Grundmerkmale festhält;
- den semantischen Marker, der die semantischen Merkmale umfaßt:
- das Stereotyp, das sehr vage ausfallen kann und
- die Extension, die die Realität und alle möglichen Welten betrifft.[33]

Weil diese Kriterien, welche die Experten zur Festlegung der Extension verwenden, nicht im Bedeutungsbegriff enthalten sind, gelingt es nicht mehr, eindeutige analytische Folgerungen aus den Bedeutungen zu ziehen; diese würden sich für verschiedene Umstände stark unterscheiden. Weil Putnam aber aus solchen Bedeutungen keine analytischen Sätze folgern will, entgeht er der Quineschen Kritik an der Analytizität.

33 Zu den Einzelheiten der Beziehungen zwischen Intension und Extension, psychologischem Zustand und Intension, sowie zum allgemeinen Referenzbegriff bei Putnam siehe v.a. Putnam (79).

Putnam hat in seinen Untersuchungen gezeigt, daß künftige Wissenschafts- und Sprachphilosophien in ihren Bedeutungstheorien die soziale Dimension und den Einfluß von kulturellen Umwelten mit berücksichtigen müssen.[34] Damit wird gleichzeitig die vage These Wittgensteins, daß die Bedeutung eines Worts sein Gebrauch ist, stark differenziert und in dieser Differenzierung gerechtfertigt. Zugleich ist an diesem Beispiel zu erkennen, wie die wichtigen Entdekkungen der großen Semantiker (Frege, Carnap u.a.) durch pragmatische Korrekturen auf eine widerspruchsfreie und sinnvolle Form gebracht werden können.

11.3 Neopragmatismus und Systemtheorie

Neben der soeben skizzierten Einbeziehung pragmatischer Elemente in die allgemeine wissenschaftstheoretische und sprachanalytische Tradition, ist auf eine Parallelentwicklung hinzuweisen, die sich im Umfeld von System- und Modelltheorien vollzogen hat. Die pragmatische Wende konnte sich nur unter der Voraussetzung von wesentlichen Veränderungen im Bereich der Lebenswelt vollziehen. In den letzten Jahrzehnten hat sich unser Planet durch wissenschaftliche und technisch-industrielle Einflüsse sowie durch Kommunikationsformen zu einer Vereinheitlichung von Denk- und Handlungsmaximen hin entwickelt, die erste Ansätze einer globalen Lebensform mit einheitlichen Zwecksetzungen erkennen läßt. Durch die gegenseitige Abhängigkeit von Interessengruppen, Völkern und Zivilisationen werden die Probleme der Daseinsbewältigung immer ähnlicher. Aufgrund dieser Globalisierung zeigen pragmatisches System- und Modelldenken, in denen die Einheit der letzten Zwecke und der zugehörigen Mittelstrategien vorausgesetzt wird, ihre Fruchtbarkeit. Zur Unterscheidung vom amerikanischen Pragmatismus stellt Stachowiak diese Konzeptionen unter den Namen des *Neopragmatismus*. Nachdem in diesem der Systemgedanke von besonderer Bedeutung ist, werfen wir zuerst einen Blick auf die in der Soziologie entwickelte Systemtheorie von Luhmann.

34 Pragmatische Elemente lassen sich auch in Putnams Realismus-Diskussion aufzeigen. Nach der Hinwendung zum internen Realismus in der mittleren Phase seines Denkens (z.B. in »Realism and Reason«) spricht Putnam später ausdrücklich von einem pragmatischen Realismus. Siehe dazu die Ausführungen in 12.2.b).

a) Die Systemtheorie Niklas Luhmanns als neue Form der Wissenschaftstheorie

Das Verständnis dieser Theorie setzt eine radikale Änderung der Betrachterperspektive voraus; denn schon so fundamentale Begriffe wie Subjekt und Sinn werden aus dem *Systembegriff* abgeleitet und nicht – wie üblich – als *Bedingung* beziehungsweise *Thema* des Systementwurfs aufgefaßt.

In 9.3 ist uns der Sinnbegriff als zentrales Thema der Phänomenologie begegnet. Die Grundlage von Sinn stellt die an das Subjekt gebundene Intentionalität dar. In Handlungstheorien tritt der Sinnbegriff als *Zweck* in Erscheinung. Der Zweck stellt sozusagen das »Wesen« der Handlung dar, er gibt ihr Richtung und Ziel. Diese Zwecke lassen sich aber nicht rational begründen, sondern resultieren – besonders in existentialistischen Konzeptionen – aus einem subjektiven Engagement. Die engagierte Subjektivität steht somit als undefinierter Grundbegriff am Anfang der Philosophie. Bei Luhmann wird nun die Betrachtungsweise umgekehrt[35]: der traditionsbelastete Subjektbegriff soll vom *Sinn* her definiert werden; dazu bedarf es allerdings einer Neuinterpretation des Sinnbegriffs, die vom Subjekt unabhängig ist. Sinn stellt bei Luhmann eine bestimmte Strategie innerhalb eines Systems dar. Mit Hilfe des Systembegriffs gelangt er dann zum Subjekt als sinnverwendendem System. Aus dem engagierten Subjekt, das in undurchsichtigen *Dezisionen* seine Zwecke setzt und nur durch einsichtige Auswahl der *Mittel* zur Erreichung dieses Zwecks *rational* verfährt, wird ein Subjekt, das durch Systemkategorien beschreibbar wird und dessen Rationalität durch Systemrationalität bestimmt ist:

Phänomenologie	*Systemtheorie*
Subjekt als Grundbegriff	System als Grundbegriff
↓	↓
Intentionalität	Sinn als spezifische Strategie im System
↓	
Sinn, Zweck (als subjektive Intention)	↓
↓	
Systematik des Gemeinten (Philosophie und Wissenschaft)	Subjekt als sinnverwendendes System

35 Vgl. Habermas/Luhmann (71), S. 28.

Die damit gegebene *Ablehnung der klassischen Reflexionstraditionen* verfällt aber nicht dem sozialwissenschaftlichen Positivismus, sondern geht von der Prämisse aus, »daß weder die Begriffe noch die Welt als feste Vorgaben behandelt werden können[36]«.
Die Grundlegung der Begriffe der Gesellschaftstheorie und damit aller philosophisch relevanten Themen muß deshalb erst geleistet werden. Dies geschieht innerhalb einer allgemeinen Umwelt-System-Relation. Der Mensch steht in einer komplexen Umwelt mit einem Chaos von Möglichkeiten; er ist gezwungen, diese Umwelt wahrnehmend aufzunehmen oder handelnd zu beeinflussen. Dabei erscheinen die möglichen Reaktionsweisen so vielgestaltig, daß die Entscheidung zwischen Alternativen und die Festlegung auf Perspektiven notwendig wird. So institutionalisieren sich gewisse Verhaltensweisen, ohne daß die Unzahl von denkbaren Alternativen aus dem Blickfeld schwindet. Eine Gesamtheit von Relationen, die sich in solchen Ausdifferenzierungen oder Selektionen auf dem Hintergrund der Vielfalt weiterer Möglichkeiten bildet, nennt Luhmann *System*. In ihm macht sich der Mensch einen Ausschnitt aus der kontingenten Umwelt überschaubar, indem er ihm Ordnung und Struktur verleiht, oder anders ausgedrückt: indem er Sinn konstituiert. Systembildung kann auch mit Hilfe von Begriffen beschrieben werden, die an quantitative Sachverhalte erinnern: die Komplexität der Umwelt wird *verringert;* das System weist *mehr* Ordnung auf, in ihm wird *Komplexität reduziert;* die Anzahl der Möglichkeiten (bzw. der Spielraum der Freiheit) wird eingeschränkt. Aber das vollbringen bekanntlich auch Organismen und informationsverarbeitende Maschinen. Das charakteristische Merkmal der systemtheoretischen Reduktion besteht gerade in der Einbeziehung des *Sinnbegriffs*. Ein *Organismus* reduziert die Komplexität, d.h. baut die Ordnung auf, indem er sich gewissermaßen »von selbst« aufbaut; eine *kybernetische Maschine* vollbringt das, was von ihr verlangt wird; nur der Mensch als Systemglied ordnet Umwelt in Sinnkategorien. Sinn bedeutet die Strategie, nach welcher die Komplexität reduziert wird. Das Bewußtsein von den zahlreichen offengebliebenen Möglichkeiten schließt allerdings eine totale Sinngebung aus, die sich beispielsweise in der Etablierung einer Geschichtstheorie äußert. Die Kontingenz bleibt bestimmend und kann nicht wegsystematisiert werden.

36 Luhmann: »Sinn als Grundbegriff der Soziologie«, S. 25, in Habermas/Luhmann (71).

Die bisherige Darstellung könnte den Eindruck erwecken, als ob die Umwelt zeitlich und bedeutungsmäßig *primär,* das System *sekundär* wäre, Systeme sich also innerhalb einer vorgegebenen Umwelt herausbildeten[37]. Doch hier liegt ein reziprokes Verhältnis vor: »Auf allen Ebenen der Systembildung, von physischen bis zu sinnkonstituierenden Systemen, wird Welt durch Selektion erst erzeugt. Das ‚Woraus' der Selektion entsteht in den Selektionsprozessen selbst, gleichsam als ihre Ablagerung, die für *einzelne* Selektionen dann vorgegebene Ordnung wird«[38]. Die Möglichkeit der Konstitution der *Umwelt* und der Konstitution des *Systems* gibt in der Sprache Luhmanns die Einzigartigkeit vernünftiger bzw. bewußtseinsmäßiger Prozesse wieder. Luhmann spricht ausdrücklich von der »Gleichursprünglichkeit von System und Welt«[39]. Umwelt und System stehen im Reduktionsverhältnis zueinander, was nichts mit *zeitlichem* Aufbau zu tun hat. Um diesen zweiten Gesichtspunkt zu berücksichtigen, führt Luhmann noch den Begriff der *Bestimmung* ein, der sowohl Umwelt- als auch Systemkomplexität betrifft. Während Umwelt und System durch »Systemgrenzen« getrennt sind, bilden die Horizonte Husserls, die sinnhaftes Erleben und Handeln in der Zeit betreffen, die Trennlinie zwischen Unbestimmtem und Bestimmtem bzw. zwischen Unbestimmbarem und Bestimmbarem. Der *systemtheoretische* Reduktionsbegriff hat also wenig zu tun mit dem phänomenologischen Reduktionsbegriff, der eher auf die methodische Korrektheit von Bestimmungsbeziehungen zutrifft. Luhmann verdeutlicht die Beziehungen durch ein Schema, das hier etwas abgewandelt wurde[40]:

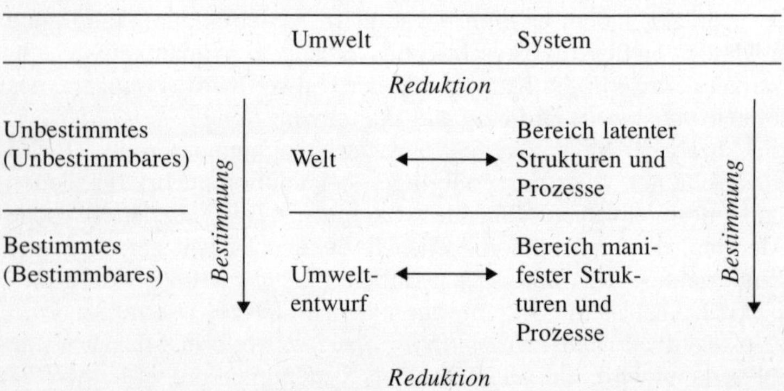

37 Vgl. die Bemerkung Luhmanns: »Die (meines Erachtens rein sprachliche) Schwierigkeit steckt darin, daß Wendungen wie ‚Weltausschnitt', ‚Selektion', ‚Reduktion von Komplexität' eine Summenkonstanz und ein Mehr- oder weniger-Verhältnis suggerieren in dem Sinne, daß zunächst viel vorhanden ist, von dem einiges ausgewählt wird« (a. a. O. S. 307).

38 a. a. O. S. 307/308.

39 a. a. O.

40 a. a. O. S. 301.

Der Unterschied zwischen Reduktion und Bestimmung spiegelt sich wider in Luhmanns Unterscheidung von Sinn und Information[41]. Während sich Information auf Bewußtseinsprozesse bezieht, also ein Ereignis auf Prozeßebene darstellt, geht es beim Sinnbegriff um eine Identität auf der Strukturebene, die allerdings – falls sie bestimmbar ist – durch Information bewußt werden kann.

Die interessanteste Anwendung dieser systemtheoretischen Begrifflichkeit liegt auf dem Gebiet der Gesellschaftstheorie, die als Fundamentaldisziplin alle philosophischen Theorien verdrängt. Es geht dabei letztlich um die Frage, »ob Gesellschaft angemessen begriffen wird, wenn man sie als System begreift«[42], ob also Soziologie als Theorie sozialer Systeme konzipierbar ist.
Gesellschaft als Ganzes, sei es als Organismus oder als metaphysische Größe, gehört zu den Selbstverständlichkeiten der Tradition. Das Ganze hat seinen Sinn in der Regulierung des gesellschaftlichen Lebens der Einzelnen, in der Bedürfnisbefriedigung und Zweckerfüllung der Mitglieder der Gesellschaft. Mit der idealistischen Subjektivierung der philosophischen Reflexion, die Sinn vom Selbstbewußtsein her begreift, geht diese Naivität verloren, dem Gesellschaftsganzen einen gewissermaßen *externen* Sinn zuzuordnen. Der Sinn muß von den Gesellschaftsgliedern konstituiert werden. Diese Aufgabe einer Vermittlung beider Absichten glaubt Luhmann nur in der Konzeption einer Systemtheorie lösen zu können. Der alte Systembegriff war stets in der Beziehung der Einzelteile zum Ganzen fundiert, ohne die Umwelt positiv in die Betrachtung einzubeziehen. In der ursprünglichen Form handelt es sich um eine »rein interne Ordnung der Beziehungen von Teilen zueinander und zum Ganzen... ohne jeden Bezug auf eine Umwelt«[43]. Aber selbst in den »Gleichgewichtstheorien«, welche die Umwelt als Quelle von Störungen in die Analyse einbauen, und ebenso in den »weltoffenen Systemen«, wo die Umwelt als Existenzbedingung ernst genommen wird, weil die Austauschprozesse mit eben dieser Umwelt das System erhalten – in all diesen Systemen überzeugen nach Luhmann die Aussagen darüber, wie diese Stabilisierungsprozesse zwischen System und ernst genommener Umwelt zu interpretieren sind, in

41 a. a. O. S. 304.
42 Luhmann »Moderne Systemtheorie als Form gesamtgesellschaftlicher Analyse«, S. 7, in Habermas/Luhmann (71).
43 a. a. O. S. 10.

keinster Weise. Wir haben gehört, daß die Systemglieder zahllose kontingente Erlebnismöglichkeiten konkretisieren, die ihrerseits in einem Horizont endloser Verweisungen stehen. Diese unübersehbare Komplexität gilt es, auf gesellschaftlicher Ebene zu bewältigen. Unser gesellschaftliches Bezugsfeld enthält ein Potential unüberschaubarer und unausschöpfbarer Zustände und Ereignisse. Die Funktion eines sozialen Systems besteht nun darin, diese Komplexität überschaubar und damit zur Grundlage unserer Entscheidungen zu machen. Soziale Systeme entwickeln mithin durch Auswahl Techniken des Umgangs mit reduzierter Komplexität. Aber Luhmann versucht nicht nur, eine Erklärung der Funktionsweise von Sozialsystemen zu geben, die auf marxistische Klassenkampfprinzipien verzichtet, sondern er will auch die gegenwärtige Komplexität innerhalb der Systeme zu verstehen suchen. Er erkennt die Komplementarität von Weltkomplexität und Eigenkomplexität, d.h., je besser die Reduktion der Weltkomplexität gelingt, desto komplizierter werden die Sozialsysteme selbst. Diese Eigenkomplexität der sozialen Systeme stellt die große Gefahr der Gegenwart dar. Überkomplexe Sozialsysteme sollten eine ausgeglichene Struktur ihrer Teilsysteme Wissenschaft, Wirtschaft, Politik, Schule, Familie usw. besitzen. Wissenschaftler müssen in der Lage sein, die Wahrheit zu lehren, ohne von wirtschaftlichen oder ideologischen Interessen mundtot gemacht zu werden; die Wirtschaft muß die Lebensbedingungen der Glieder maximieren; politische Interessen dürfen die private Sphäre nicht negieren, und umgekehrt darf egozentrisches Familienleben nicht die Handlungsfähigkeit der Demokratie beeinflussen[44].

Die Systemtheorie Luhmanns kann insgesamt als eine neue Form der Wissenschaftstheorie gedeutet werden.

Luhmann verwendet in seinen Argumentationen eine neue Terminologie, die in gesellschaftstheoretischen Kontexten nur selten auftritt und weit mehr bei den Naturwissenschaftlern zu finden ist. Die Fortschritte der analytischen Wissenschaften nahmen solche Ausmaße an, daß man im Meer der Einzelerkenntnisse zu ertrinken drohte. Der Überblick über das Ganze ging im Spezialistentum der Forschungsteams verloren. Daten wurden an Daten gereiht, die Forschungstechniken wurden immer komplizierter und die theore-

44 Einzelheiten über diese Problematik in Luhmann (70).

tischen Projekte immer undurchsichtiger. Die analytische Methode feierte zwar ihre Triumphe, aber die Wendung von der Idee der reinen Beobachtung einer objektiv gegebenen Welt zur bestätigungsfähigen Theorie brachte völlig neue Aspekte in die wissenschaftstheoretische Diskussion. Die Umwelt war nicht mehr länger das vom Menschen unabhängige Gegenüber, sondern der Rahmen, aus dem sich funktional die Wissenschaft als System ausdifferenzierte. Auch die Untersuchungsobjekte verloren ihre isolierte Stellung; sie wurden zu zusammenhängenden, aufeinander einwirkenden Elementen eines Gesamtsystems.

Die neuen Probleme der modernen Wissenschaftstheorie heißen nicht mehr Verifikation, Bewährung oder Induktion, sondern dynamische Interaktion, Organisation und Systemganzheit.

Wenn in der Quantenphysik nach der Struktur der Materie oder in der Molekularbiologie nach den Bauplänen der Proteinmoleküle gefragt wird, so treten systemtheoretische Überlegungen an die Stelle analytischer Einzelbetrachtungen. Die gleiche Tendenz findet man auch in den übrigen Naturwissenschaften, ja sogar in der Psychologie und, wie wir bei Luhmann gesehen haben, auch in der Gesellschaftstheorie. Die klassische Assoziationspsychologie, welche geistige Phänomene in kleine Einheiten zerlegte und damit alle Fragen lösen zu können glaubte, wird von der Ganzheitspsychologie verdrängt; die Verhaltensforschung wendet sich vom analytischen Reiz-Reaktions-Schema ab; die analytische Gesellschaftstheorie mit ihrer empiristischen Grundtendenz weicht Gesellschaftstheorien, die den funktionalen Zusammenhang ihrer Glieder, die Gleichgewichtszustände von Systemen und deren möglichen Gefährdungen durch defekte Organisationsformen reflektieren.[45]

Wie einst die formale Wissenschaftstheorie die analytischen Einzeluntersuchungen der Wissenschaft metamathematisch in den Griff zu bekommen suchte, so soll eine *allgemeine Systemtheorie* die Begriffe klären, die in den einzelnen aufs Ganze zielenden Wissenschaften untersucht werden, und diese als Metatheorie entwikkeln. Bertalanffy formuliert die Forderung einer solchen Disziplin

45 Besondere Aktualität hat der Systembegriff im Zusammenhang mit dem Spielbegriff bei M. Eigen (75) sowie mit der Entstehung der Synergetik erhalten. Letztere ist eine neue Wissenschaft, in der die Entstehung von Strukturen in der Natur erklärt wird. Siehe dazu die Einführung von H. Haken (84).

explizit: »In this way we postulate a new discipline called *General System Theory*. Its subject matter is the formulation and derivation of those principles which are valid for ‚systems' in general«[46]. Die *geistigen Wurzeln* dieser Systemtheorie sind vielfältig und nicht nur durch den angedeuteten naturwissenschaftlichen Methodenwechsel erklärbar. Da ist zunächst die Denkweise der *kybernetischen Wissenschaften* zu nennen, in denen Systeme erforscht werden, die mögliche Maschinen beschreiben und welche der gesamten Computertechnik und Automation zugrundeliegen. Parallel dazu finden wir in der *Fachmathematik* Entwicklungen, die den formalen Apparat der Systemtheorie bereitstellen; Stichworte wie Strukturtheorie und Mengenlehre, wie Informations- und Spieltheorie mögen ausreichen. Natürlich verlor der Systembegriff seine Bedeutung auch *innerhalb der Philosophie* nie vollständig. Die Wirkungsgeschichte des deutschen Idealismus, die durch wiederholte Renaissancen charakterisiert ist, brachte diesen Begriff immer wieder in Erinnerung, und er wird von den Wissenschaftstheoretikern auch heute noch gelegentlich zu heuristischen Zwecken verwendet.

b) Die Modelltheorie Herbert Stachowiaks

Der Versuch, den Systembegriff weiter zu präzisieren, führt bei Stachowiak auf den Modellbegriff. Welche Möglichkeiten gibt es, um den Systembegriff zu präzisieren? Im Zuge der Mathematisierung unserer Welt entwickelte sich die formale und strukturale Betrachtungsweise, in der Weltobjekte nicht mehr als *solche* thematisiert werden, sondern nur noch als *abstrakte Objekte* eines allgemeinen Zusammenhangs. *Die wissenschaftlichen Gegenstände sind allein diese Relationen* auf Mengen. Mit Hilfe des Mengen- und des Relationsbegriffs läßt sich nun der Systembegriff ganz allgemein definieren:

Ein System ist eine Menge von Elementen, die untereinander und mit der Umwelt in Beziehung stehen[47].

46 Bertalanffy (71), S. 31.
47 a. a. O. S. 90.

In dieser allgemeinen Definition ist allerdings ungeklärt, wie die Relationen selbst zusammenhängen, um ein »System« und nicht nur ein zufälliges Beieinandersein von Elementen zu bestimmen. Dieser Mangel läßt sich in vielen Fällen durch eine mathematische Beschreibung des Systems beheben. In sogenannten *dynamischen Systemen* wird beispielsweise durch ein System von n Differentialgleichungen angegeben, wie sich die einzelnen Gegenstände x_1, x_2, …, x_n in der Zeit ändern.

Eine ganz allgemeine Systemdefinition, die sich auf *beliebige,* also nicht nur mathematisch beschreibbare, Relationen bezieht, gibt H. Stachowiak in seinem Standardwerk »Allgemeine Modelltheorie«[48] Systeme sind danach bestimmte Attributklassen bzw. – auf sprachlicher Ebene betrachtet – bestimmte Prädikatklassen. Die Bedingung dafür, daß solch eine Klasse als *System* bezeichnet wird, ist eine gewisse »Zusammenhangsrelation« so daß die einzelnen Elemente bezüglich dieser Relation ein »einheitlich geordnetes Ganzes« darstellen.[49]

Bei Stachowiak erfolgt nun eine Unterordnung des Systembegriffs unter den Modellbegriff. Für ihn »ist alle Erkenntnis Erkenntnis in

48 Stachowiak (73).

49 Siehe a. a. O. S. 137. Die Formalisierung des Systembegriffs folgt auf S. 308/309: Wir betrachten eine feste *Prädikatklasse P,* in der jedem Prädikat eine Stufe (im Sinne der üblichen Typentheorien) zugeordnet ist. Für die Elemente x, y wird nun eine metasprachliche Y-Relation definiert: x steht zu y in der Y-Relation, wenn entweder die Stufenzahl von x um 1 höher ist als die von y, oder umgekehrt. Gibt es nun zu einem beliebig ausgewählten Prädikat x stets ein y aus P, so daß x in der Y-Relation zu y steht, so heißt die Klasse *Systemaggregat.* Kann man alle Elemente aus P so anordnen, daß sie paarweise in der Y-Relation stehen, so heißt das letzte vom ersten Element aus *Y-erreichbar.* Die Zwischenglieder heißen Vermittler. Eine Klasse bildet nun ein *System,* wenn jedes Element von P von jedem anderen nicht zur selben Stufe gehörigen Element von P aus Y-erreichbar ist und alle Vermittler in P liegen.

Beispiel: Die Prädikatklasse mit den Elementen

Hans, Lisa, Max, Franz	Prädikate 0-ter Stufe
ist männlich, ist weiblich	Prädikate 1-ter Stufe
ist Geschlecht	Prädikat 2-ter Stufe

bildet ein System. Es gilt nämlich z. B. Y (Hans/männlich), Y (männlich/Geschlecht). »Geschlecht« ist von »Hans« aus erreichbar, »männlich« ist der Vermittler.

Modellen oder durch Modelle, und jegliche menschliche Weltbegegnung überhaupt bedarf des Mediums ‚Modell'».[50]
Als die wichtigsten Merkmale des allgemeinen Modellbegriffs gibt Stachowiak das Abbildungs-, das Verkürzungs- und das Pragmatik-Merkmal an[51]:

1. Modelle sind stets Modelle *von etwas*.
2. Modelle erfassen nur solche Attribute, die dem Theoretiker relevant erscheinen.
3. Die Zuordnungen der Modelle zum Original erfolgen relativ zu bestimmten Subjekten, für bestimmte Zeitabschnitte und für bestimmte Zwecke.

Ein pragmatisch vollständig bestimmtes Modell liegt dann vor, wenn es nach dem »Vierfragenschema« entworfen wurde:

Modell – wovon?
Modell – für wen?
Modell – wann?
Modell – wozu?

Im systematischen Aufbau der Modelltheorie betrachtet Stachowiak zunächst das »Mensch-Außenwelt-System« als Ausgangsmodell, in dem bereits sehr weitgehende Realitätsvoraussetzungen eingeführt werden. Dieses Modell läßt sich zugleich kybernetisch als Regelkreis beschreiben; Stachowiak spricht von einem einfachsten »K-System«:

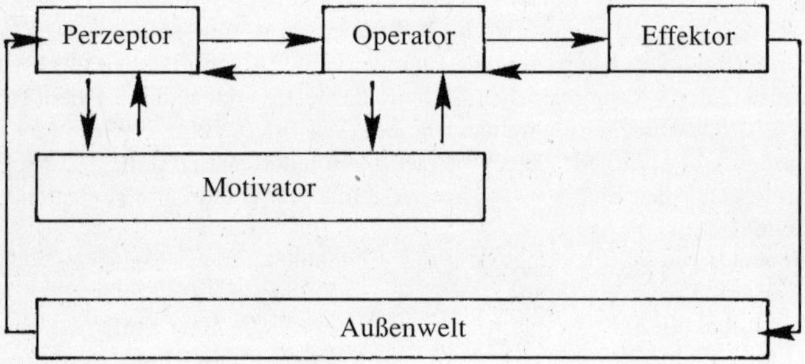

50 Stachowiak (73) S.56.
51 Stachowiak (73), S.56 bzw. 131/132.

Zu den Realitätsvoraussetzungen zählt Stachowiak die Annahmen, »daß der betrachtete Mensch über eindeutige Präferenzordnungen seiner Motive sowie der von ihm zur Motiverfüllung erstrebten Außenweltzustände verfügt und daß er bei seinen auf Herstellung der je gewünschten Außenweltzustände zielenden Handlungsantizipationen auf der Grundlage jener Präferenzordnungen optimierende Problemlösungen anstrebt, nämlich bestimmte parametrisierte Zielgrößen zu minimieren oder zu maximieren sucht«[52]. Versucht ein isoliertes Individuum, die Ertragsmaximierung durchzuführen, so stellt es das System »Robinson Crusoe – Außenwelt« dar. Sind zwei Egoisten allein auf sich gestellt, handelt es sich um das System »Zweipersonen – Außenwelt«. In der allgemeinen Spieltheorie wird vor allem das System »n-Personen – Außenwelt« von Interesse, wo eine singuläre Egoisten-Strategie sicher zur Katastrophe führt. Deshalb müßen die *gemeinsamen* Interessen mit ins Spiel kommen. Dabei ist interessant, daß alle Versuche, ein Nachgeben auf der Grundlage einer *individuellen* Rationalität zu rechtfertigen, nicht zum Ziel führen; es bedarf einer *kollektiven* Rationalität, welche die Basis für rationale Gruppen und rationale Organisationsformen liefert.

Stachowiak versucht schrittweise die entscheidenden Voraussetzungen der einzelnen Modelltypen axiomatisch zu formulieren. Dabei fällt auf, wie es beim Anwachsen der strukturellen und funktionellen Komplexität notwendig wird, mehr und mehr »kollektiv-rationale« Normen einzuführen, um das System lebensfähig zu erhalten. Die Abstimmung der individuellen und der gruppen-spezifischen Vorzugshandlungen wird beispielsweise durch das »Axiom der Pareto-Optimalität« beschrieben: Für alle Gruppenmitglieder soll aus der individuellen Präferierung die Gruppenpräferierung folgen. Eine Gruppe, die dieses Axiom erfüllt, heißt (rationales) »Kollektiv«; wird auch noch die Umkehrung der genannten Beziehung (»Solidaritätsaxiom«) realisiert, so handelt es sich um ein »Team«.

Für diese von Stachowiak ebenfalls K-Systeme genannten Einheiten läßt sich dann ein pragmatischer Erkenntnisbegriff definieren, der es ermöglicht, alle Erkenntnisleistungen unter den Modellbegriff zu stellen. Sowohl die graphischen, physiko-technischen (statisch-mechanischen, dynamisch-mechanischen, elektromechanischen,

52 a. a. O. S. 74.

elektronischen, elektrochemischen), als auch die biotechnischen, psychotechnischen und soziotechnischen Modelle lassen sich als Spezialfälle des allgemeinen Modellbegriffs auffassen. Aber nicht nur der technische Bereich im weiteren Sinne wird erfaßt. Auch semantische Modelle, ja poetische und metaphysische Modelle werden analysiert.

Philosophische Relevanz erhält die Betrachtungsweise der Modelltheorie durch die Einbeziehung der intentionalen Leistungen der Menschen. Damit bieten sich ganz neue Methoden zur Beschreibung kultureller und gesellschaftlicher Bezüge an. Wurde in der dialektischen Terminologie der Zusammenhang durch die positive Rolle des Widerspruchs erklärt, finden wir in der Systemtheorie einen Rekurs auf *Regelungen und Rückkopplungen.* In komplexen ökonomischen Systemen wirken beispielsweise Preisgestaltung und Arbeitsbedingungen, Konsuminteresse und soziale Forderungen, Materialkosten und Gewinnstreben oft als widersprüchliche Tendenzen gegeneinander, so daß deren Funktionieren fast wie ein Wunder erscheint. In solchen hyperkomplexen Systemen, die in gleicher Weise ökologischen, biologischen oder psychologischen Charakter haben können, liegt eine Vielfalt gekoppelter Untersysteme vor, die sowohl in sich als auch gegeneinander durch Regel- und Steuerungsmechanismen strukturiert sind. Der Modell- und Systembegriff, der durch seine klare Definition alle Voraussetzungen genau umschreibt, bietet so die Möglichkeit einer sinnvollen Orientierung in der komplexen Welt.

Die Ergebnisse der Systemtheorie haben das lineare deduktive Denken älterer Axiomatiken allmählich verdrängt. Es fällt auf, daß in unserem Methodenkanon die reine axiomatische Methode, wie sie etwa in Spinozas Ethik verwendet wurde, nicht auftritt. Diese Methode spielt zwar nach wie vor in der formalen Logik und in der Mathematik eine entscheidende Rolle, wird aber in der Philosophie heute eher durch Netzwerk-Modelle ersetzt.[53]

Stachowiak deutet den Neopragmatismus nicht nur als universelle Methode, sondern ausdrücklich auch als »Metatheorie philosophi-

53 Zur Axiomatik in der Philosophie siehe Austeda (62), zu neueren kohärentistischen Systementwürfen z. B. Reschers pragmatische Systemphilosophie in Rescher (79). Zur Einführung geeignet ist Rescher (85), wo K. Puntel dessen Systemtheorie darstellt.

scher Semiosen« oder als »pragmatische Semiosetheorie«.[54] Die Denkerfahrungen vergangener Jahrhunderte werden so interpretiert, daß sie als *Erkenntnisstufen* hin zum Neopragmatismus angesehen werden sollen. Empirismus, Konventionalismus und klassischer Pragmatismus sind Stationen eines Konvergenzprozesses. Dabei konzentriert sich der pragmatische Entschluß mehr und mehr auf das »Leitmotiv jenes pragmatischen Humanismus, der seine Würde auf das Prinzip der Vernunftautonomie gründet«.[55] Doch gerade dieses Prinzip kennt auch seine Grenzen: »Auch wenn alle Freiheit und Gerechtigkeit je sollte verwirklicht werden können, ist die Frage, wie der Mensch von dem Ganzen seines Welterlebens frei wird, wie er seine existentielle Not, vor allem seine Todesgewißheit, soll ertragen können, noch gar nicht berührt.«[56] Durch diese Offenheit für Kontingenzerfahrungen unterscheidet sich der Neopragmatismus von naturalistischen Systemtheorien, die das Humanum als Relikt einer religiös geprägten Vergangenheit abqualifizierten.

c) Zur kritischen Diskussion von System- und Modelltheorien

Schärfste Kritik erhebt sich aus dem Lager der Gesellschaftstheoretiker. Sie richtet sich in erster Linie auf den Anspruch der Universalität, die sich bei Luhmann zugleich jeglicher gesellschaftskritischen Prophetie enthält. Deshalb wendet sich Habermas gegen Luhmanns Versuch, den Diskurs als rein systemtheoretischen Begriff nachzukonstruieren.

Er vermißt den mündigen Menschen, der durch repressionsfreien – und damit auch systemunabhängigen – Diskurs über Herrschaftslegitimationen zum Konsens über gesellschaftliches Handeln kommen kann. Luhmann drückt sich hier unmißverständlich direkt aus: »Ich sehe nicht, wie sich in den Lebensverhältnissen der Menschen Wesentliches dadurch ändern ließe oder wie sich Menschen dadurch bilden könnten, daß man die Wahrheit der Geltungsbegründungen von Herrschenden oder von sonst jemandem diskutiert und auf ver-

54 Stachowiak (89) S. XXXII bzw. XXXIII.
55 a. a. O. S. L.
56 a. a. O.

nünftigen Konsens zu bringen sucht.«[57] Überhaupt geht der begründende Diskurs an zahlreichen fundamentalen Erscheinungen des sozialen Lebens vorbei, wie an Liebe und Haß, an bloßer Wahrnehmung des Anderen oder an praktischer Imitation[58]. Er distanziert sich wiederholt von jeder Überbewertung der sprachlichen Elemente im Konstitutionsprozeß von Sinn[59]. »Die sinnhafte Konstitution von Welt im menschlichen Zusammenleben hängt nicht von der Begründung von Geltungsansprüchen des Handelns ab, vielmehr umgekehrt die Begründbarkeit, ja die Frage nach und das Interesse an Begründungen von der intersubjektiven Weltkonstitution.«[60] Habermas deduziert aus solchen Distanzierungen zur »Kritischen Theorie« mit Hilfe einer (von Luhmann zurückgewiesenen) Gegenüberstellung von Praxis und Technik die These, die Systemtheorie stelle nichts anderes dar als eine spätkapitalistische Sozialtechnologie, deren Hauptaufgabe in der Legitimation und Stabilisierung von gegenwärtigen Herrschaftsansprüchen bestehe. Die Systemtheorie kann nach Habermas nur erklären, wie sich Systeme *faktisch* ändern. Durch die Ablehnung der alteuropäischen Reflexionstraditionen bei Luhmann benimmt sie sich jeder normativen Möglichkeit, von gesellschaftlichen Veränderungen zu sprechen, die durch systemtranszendente Instanzen gerechtfertigt werden müßten.

In der Vielfalt der ungelösten Detailfragen und in der Vagheit der angebotenen Lösungsvorschläge erinnert der Systembegriff bei Luhmann eher an eine Metapher, welche die Modernität der vorgeschlagenen Begriffsbildung signalisieren soll, als an ein exaktes theoretisches Mittel zur Klärung anstehender Probleme. Bubner bemerkt dazu: »Man kann schließlich alles und jedes irgendwie funktional unter dem Systembegriff subsumieren, wenn man ihn nur gehörig entleert und auf abstrakteste Formalstrukturen bringt«[61]. Er billigt Luhmann zu, seinen Begriffsapparat erfolgreich auf inhaltliche Fragestellungen gesellschaftlicher Organisationsformen anwenden zu können, sobald er aber die Systemtheorie für *methodologische* Aussagen fruchtbar machen will, scheitert er. Bubner

57 Habermas/Luhmann (71), S. 293.
58 a. a. O. S. 320.
59 a. a. O. S. 303.
60 a. a. O. S. 321.
61 a. a. O. S. 123.

spricht vom kriterienlosen »Rotieren beliebiger Gesichtspunkte um ein abstraktes Modell« und vom Erkaufen der »Entdogmatisierung um den Preis einer Trivialisierung«[62].

Diese Kritik trifft auch Stachowiaks ursprüngliche Modellkonzeption, nicht aber seine genetische Erweiterung des Neopragmatismus zur Metatheorie philosophischer Semiosen mit der Entscheidungsmöglichkeit für »ichbewußte Personalität und sozialgerechte Humanität«[63] und der Öffnung für Kontingenzerfahrungen. Diese Konzeption läßt sogar religionsphilosophische Entwürfe zu, die über den Funktionalismus Luhmanns und Lübbes hinaus auch inhaltliche Fragen, wie die nach der Wahrheit von Religion, aufwerfen und mit dem Prinzip der Vernunft in Einklang zu bringen versuchen.[64]

62 a. a. O. S. 124.
63 Stachowiak (86) S. XXXVII.
64 Siehe z. B. Wuchterl (89a) und (89b).

12. Die Pragmatisierung der Hermeneutik

Auch in der Hermeneutik ist eine Hinwendung zur Pragmatik erkennbar. K.-O. Apel identifiziert schon sehr früh den »pragmatic turn« in der *analytischen Philosophie* und faßt diese Tendenzen als »*szientistische* Pragmatik« zusammen. Dieser stellt er im Bereich der Hermeneutik seine *transzendentale* Pragmatik entgegen, die bei Habermas zur Diskurstheorie ausgebaut wird. Zugleich bilden sich allgemeine semiotische Methoden und pragmatische Interpretationstheorien heraus, in denen die Semiotik zur philosophischen Fundamentaldisziplin erhoben wird.

12.1 Transzendentale Pragmatik

a) K.-O. Apels transzendental-pragmatische Transformation der Philosophie

Apel betrachtet die szientistische Pragmatik als Ergebnis einer konsequenten Entwicklung:

Ausgehend von den *syntaktischen* Überlegungen eines Russell und Frege findet man beim frühen Wittgenstein ein *syntaktisch-semantisches* Modell, das in der Reflexion der Sinnkriterien bereits auf die *pragmatische* Dimension verweist, die im späteren logischen Empirismus systematisch entfaltet wird. Doch erst der späte Wittgenstein, bei dem der Sprachgebrauch immer im pragmatischen Bezug zur Lebensform gedacht wird, als auch Poppers kritischer Rationalismus, in dem sich eine Hinwendung von der *Rechtfertigung von Wissen* zur pragmatischen Frage nach dem *Wachstum der Wissenschaft* vollzieht, bereiten den Weg, der dann die Synthese Kuhns ermöglicht.[1]

1 Apel (70) S. 106. »Ein extremes Beispiel für die Akzentuierung der pragmatischen Dimension in der Wissenschaftstheorie bietet das – vom späten Wittgenstein und vom amerikanischen Pragmatismus inspirierte – Buch ‚The Structure of Scientific Revolution' von Th. S. Kuhn.«

Apel bringt nun als Alternative zur *szientistischen* Pragmatik die *transzendentale Problematik* wieder zur vollen Geltung, ohne dabei die entscheidenden Errungenschaften der sprachanalytischen Entwicklung zu vergessen.

Die transzendentale Methode geht auf I. Kant zurück. Denken, das sich nicht direkt auf Objekte bezieht, sondern die Bedingungen der Möglichkeit ihrer Erkenntnis reflektiert, heißt transzendental. Kant war überzeugt, daß die Geltung objektiver Strukturen und Zusammenhänge nur dann verstanden werden kann, wenn man weiß, wie diese aus einem Subjekt aufgebaut werden. Die raum-zeitlichen Strukturen und die kategorialen Zusammenhänge der Gegenständlichkeit sind immanente Bestimmungen eines konstituierenden Subjekts, des transzendentalen Bewußtseins. Diese Methode, die besonders im deutschen Idealismus Triumphe feierte, verlor nach der Überwindung der spekulativen Philosophie im 19. Jahrhundert an Einfluß. Ihre Prämisse, die Formen der reinen Subjektivität mit Hilfe transzendentaler Deduktionen als allen Menschen gemeinsame, denknotwendige Rahmenbedingungen beweisen zu können, fiel wie viele andere spekulative Inhalte der Metaphysikkritik zum Opfer.

Um die Diskreditierung der transzendentalen Methode rückgängig zu machen, bedurfte es ihrer Loslösung aus dem idealistischen Kontext. Eben diese »Transformation« der transzendentalen Methode in das Problemfeld der Gegenwartsphilosophie vollzieht K.-O. Apel. Er spricht nicht mehr von einem reinen Subjekt, das seine Welt mittels Affektion durch Dinge-an-sich als Objekte konstituiert, sondern er ersetzt die Subjekt-Objekt-Relation durch die Intersubjektivitätsrelation, die innerhalb einer Kommunikationsgemeinschaft immer schon als gegeben angesehen wird. Ging Kant vom Faktum der objektiven Erkenntnismöglichkeit und der Sittlichkeit aus, um diese durch die Deduktion aus dem transzendentalen Subjekt zu legitimieren, betrachtet Apel das Faktum realisierter Kommunikation als Indiz für allgemein anerkannte intersubjektive Bedingungen. Weil Menschen mit Hilfe sinnvoller Zeichen kommunizieren, müssen bestimmte Bedingungen für die Kommunikationsinstrumente erfüllt sein. Dieser pragmatische Gesichtspunkt führt über den Ansatz Kants hinaus und begründet die *transzendentale Pragmatik.*

Aus der allgemeinen Frage, wie Wissenschaft und Philosophie überhaupt möglich sind, wird die gezielte Frage, »wie die Subjekte der pragmatischen Dimension der Zeichenfunktion in einem sehr auffälligen, anthropologisch und historisch-soziologisch faßbarem

Sinn als Bedingung der Möglichkeit für die perspektivistische Interpretation ‚als etwas' berücksichtigt werden« können. »Verständigung unter diesem Subjekt läuft nicht, wie im ‚Traktat' vorgesehen auf einen bloßen Informationsaustausch darüber, was der Fall ist, hinaus, sondern primär auf eine Vorverständigung darüber, wie man die Welt interpretieren, d.h. in bezug auf menschliche Bedürfnisse, Interessen, Zielsetzungen und dergleichen als etwas einschätzen und bewerten kann«[2]. An die Stelle des *reinen Bewußtseins* bei Kant tritt bei Apel im Rückgriff auf die »semiotische Transformation des Kantianismus« durch Peirce[3] *das reale Subjekt des Zeichen- und Sprachgebrauchs.* Erkenntnis ist mithin kein reiner *Bewußtseinsprozeß.* Interpretationen vollziehen sich in Interpretationsgemeinschaften, die im Sinne Wittgensteins als Sprachspiele und damit als »allgemeine Interaktionsgemeinschaften« gedeutet werden können. Weil nun aber *identische* Subjekte in *verschiedenen* Sprachspielen aktiv werden können, besteht keine absolute Beziehungslosigkeit zwischen diesen Aktionseinheiten. Das setzt nach Apel voraus, daß sich jedes kommunizierende Subjekt in einer *unbegrenzten* Kommunikationsgemeinschaft weiß, in der Regeln *prinzipiell* befolgt werden können. Jedem Sprachspiel, in welchem nach speziellen Regeln gesprochen und gehandelt wird, ist ein universelles Sprachspiel als Bedingung seiner Möglichkeit vorgeordnet, nämlich »das transzendentale Sprachspiel der unbegrenzten Kommunikationsgemeinschaft«[4]. Neben der *realen* Kommunikationsgemeinschaft, die nur einen gewissen historisch-sozialen Ausschnitt abdeckt, muß die *ideale* Kommunikationsgemeinschaft als deren universelle Bedingung angesehen werden.

2 a. a. O. S. 113.

3 Peirce bezieht sich vorwiegend auf die Forschergemeinschaft als *Experimentier*gemeinschaft, die dann bei Apel allgemeiner zur »Interpretationsgemeinschaft einer unbegrenzten Interaktionsgemeinschaft« wird.

4 Siehe besonders: »Das Apriori der Kommunikationsgemeinschaft und die Grundlagen der Ethik«. In: Riedel (74). Über die Auseinandersetzung Apels mit zeitgenössischen Kritikern siehe Apel (9).

b) Die pragmatische Diskurstheorie von Jürgen Habermas

Auch *Habermas* betont dieses transzendentale Faktum. Er spricht von der *»idealen Sprechsituation«,* einem Zentralbegriff seiner Theorie der kommunikativen Kompetenz oder Universalpragmatik[5]. Wir sind »in jedem Diskurs genötigt..., eine ideale Sprechsituation zu unterstellen, d. h. kontrafaktisch in derselben Weise zu antizipieren wie die Zurechnungsfähigkeit der handelnden Subjekte in Zusammenhängen der Interaktion. Und zwar müssen wir eine ideale Sprechsituation unterstellen, um ein zureichendes Kriterium für die Unterscheidung des wahren vom falschen Konsensus zu gewinnen. Ohne diese Unterscheidung wäre nämlich Verständigung nicht möglich«[6]. Die ideale Sprechsituation umfaßt, genauer gesagt, drei Elemente: erstens die Öffnung für den Anderen, d.h. die Annahme einer Wechselseitigkeit der Beeinflussung und damit die Öffnung für den Dialog; die rein monologische Beschränkung des Selbstbewußtseins muß durchbrochen werden. Das setzt zweitens voraus, daß neben dem Ego ein Alter Ego angenommen wird, das als Subjekt anerkannt ist. Da Kommunikation angestrebt wird, ist drittens die Anerkennung schließlich nicht nur *instrumentell,* sondern alle Erwartungen haben *reflexiven* Charakter: ich erwarte vom Anderen die Einhaltung der Spielregeln und die Anerkennung meiner Interessen in gleichem Maße, wie ich dessen Interessen respektiere. Aus dem Zusammenspiel dieser Elemente baut sich der Habermassche Begriff der Mündigkeit des Sprachpartners im repressionsfreien Dialog auf.[7]

5 Vgl. »Vorbereitende Bemerkungen zu einer Theorie der kommunikativen Kompetenz«, S. 102, in Habermas/Luhmann (71).

6 a. a. O. S. 122.

7 Durch die Annahme eines universellen Sprachspiels als Bedingung der Möglichkeit jeglicher Kommunikation wird auch die Kuhnsche Betrachtungsweise der Wissenschaftsgeschichte verständlich. Der Paradigmenwechsel steht nur unter der Bedingung, neue Rationalität zu ermöglichen. Indem jedes neue Paradigma sich seine eigenen Normen schafft, erfüllt es diese Forderung. Transzendentalphilosophie im Sinne Apels spricht nur von den Bedingungen der Möglichkeit, nicht dagegen von den transzendentalen Deduktionen. Solche Ableitungen widersprächen der faktischen Autonomie von Sprachspielen bei Wittgenstein ebenso wie der Inkommensurabilität von Paradigmen bei Kuhn.

Besonderes Augenmerk richtet Habermas auf die Pseudokommunikation, die auf einen falschen Konsens aufbaut und deshalb mit den traditionellen Methoden einer Hermeneutik nicht analysiert werden kann. Was hier benötigt wird, ist eine *Tiefenhermeneutik,* die in Analogie zur Tiefenpsychologie hinter die oberflächlichen Gegebenheiten zurückfragt. Habermas zählt drei methodische Gesichtspunkte auf, die eine tiefenhermeneutische Sprachanalyse leiten: Zunächst muß die Struktur der unverzerrten Kommunikation als Vorbegriff bereits existieren. Ferner wird die systematische Deformation als »Konfusion von zwei entwicklungsgeschichtlich getrennten Stufen vorsprachlicher und sprachlicher Symbolorganisation«[8] aufgefaßt und schließlich wird eine Theorie vorausgesetzt, die den Zusammenhang der frühkindlichen Phase mit der Ausbildung der Persönlichkeit erklärt. Mit dieser so durchgeführten Tiefenhermeneutik, die weit über die Möglichkeiten der klassischen Hermeneutik hinausgeht, glaubt Habermas die systematischen Verzerrungen in der Pseudokommunikation erklären und durch Bewußtmachung auflösen zu können.

Um die Habermasschen Beweggründe solcher Annahmen verstehen zu können, müssen wir etwas weiter ausholen. Während der Apelsche Transzendentalismus starke *semiotische* Bezüge aufweist, betont Habermas vor allem in seinen frühen Arbeiten die konstitutive Bedeutung des *Interessenbegriffs*[9]. Das transzendentale Subjekt ist kein reines »Ich denke« im Kantischen Sinne, sondern eher ein anthropologisches und soziales Subjekt, das seine »Basis in der Natur-

8 Habermas: »Der Universalitätsanspruch der Hermeneutik«, in Apel u. a. (71), S. 139.

9 Dieser Ansatz wirkt in den Bestrebungen fort, eine »Finalisierung der Wissenschaft« herbeizuführen. Darunter versteht man die *konstitutive* Einbeziehung externer (z. B. politischer und ökonomischer) Zwecke in die wissenschaftliche Theorie, welche früher der *Anwendung* von Wissenschaft vorbehalten war. Vgl. etwa Böhme in Diederich (74), S. 276 ff.
Die Interessenbezogenheit von Theorien wird nicht nur in den hier erläuterten neo-marxistischen Lehren behauptet. Auch in der normativen Erkenntnistheorie beispielsweise von M. G. White (56) werden Entscheidungen auf Interessen zurückgeführt. Wenn in der formalen Wissenschaftstheorie auf Basisentscheidungen nicht verzichtet werden kann, dann sollten diese »vernünftig« und »gut« sein; d.h. es müssen auch die ethischen Probleme analysiert werden, ehe Wissenschaft »vernünftig« betrieben werden kann.

geschichte der Menschengattung«[10] hat und durch erkenntnisleitende Interessen bestimmt ist, die sich »im Medium von Arbeit, Sprache und Herrschaft«[11] bilden. Die pragmatische Wende vollzieht sich vom theoretischen Standpunkt Kants, wo sich die Erkenntnis mit Hilfe von Verstandeskategorien und Anschauungsformen objektiv – d. h. eben unter anderem: frei von Interessen des Erkenntnissubjekts – herausbildet, hin zum »transzendentalen Handlungs- und Arbeitssubjekt«, das durch Interessen die Gesellschaftsbezüge ermöglicht:

Reiner Transzendentalismus: Kant	Interessengeleiteter Transzendentalismus: Habermas
Transzendentale Apperzeption	Transzendentales Handlungs- und Arbeitssubjekt
↓	↓
Reine Verstandeskategorien	Erkenntnisinteressen
↓	↓
Reine Anschauungsformen	Sprache-Herrschaft-Arbeit
↓	↓
Wissenschaftliche Objekte	Wissenschaftliche Objekte

Es dürfte nicht überraschen, daß mit der Einbeziehung so weit reichender Interessen in den Konstitutionsablauf die theoretische Wissenschaft weit überschritten wird und bei Habermas Objekte zu wissenschaftlichen Gegenständen werden, die von Kant aus der Sphäre der reinen Vernunft ausgeschlossen waren. Habermas ordnet den drei Medien »Arbeit – Sprache – Herrschaft« drei Erkenntnisinteressen zu, die jeweils eine spezifische Wissenschaftsform begründen:

10 Vgl. die 1. These in seiner Frankfurter Antrittsvorlesung »Erkenntnis und Interesse«, S. 161 (Habermas (69)).

11 3. These, a. a. O. S. 163.

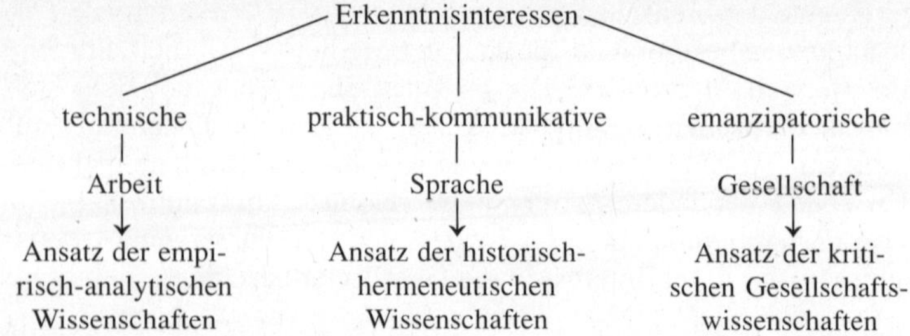

Im Habermasschen Interessenbegriff vereinigen sich nicht nur alle wissenschaftlichen Ansätze im klassischen Sinn, sondern auch die auf die Zukunft orientierten Bestrebungen gesellschaftlicher Emanzipation zu einer neuen Humanität.

Mit der Antizipation einer unbegrenzten idealen Kommunikationsgemeinschaft bzw. einer idealen Sprechsituation wird die Verständigung innerhalb sprachlicher Funktionseinheiten zu einem *normativen* Begriff. Sprachanalyse kann nie als reine Beschreibung aufgefaßt werden, wenn sie gelingende Kommunikation betrifft. Die zugrundeliegenden Idealisierungen sind nach Apel einerseits regulative Prinzipien unseres Handelns im Sinne Kants, andererseits konstitutive Bedingung möglicher Redehandlung. So wie die *faktische* Sprechsituation durch eine *ideale* Sprechsituation transzendiert wird, steht hinter der jeweiligen *konkreten* Lebensform eine *ideale* Lebensform, hinter dem Bild vom *faktisch* kommunizierenden Menschen das *Idealbild einer sprachanalytisch begründeten Humanität.* Insbesondere Habermas wird nicht müde, immer wieder auf den unverzerrten, repressionsfreien Kommunikationshintergrund aufmerksam zu machen, um die innere Widersprüchlichkeit repressiver Formen der hierarchischen Kommunikation anzuprangern. Die *Möglichkeit von Humanität,* wie sie in solchen Überlegungen dargestellt wird, bildet die Grundlage zahlreicher pragmatischer Theorien der Gegenwartsphilosophie.

12.2 Semiotische Methoden

a) Semiotik als philosophische Fundamentaldisziplin

Apels Universalpragmatik baut auf drei nicht-hermeneutische Pfeiler: auf Kant, den späten Wittgenstein und auf Peirce. Auf direkte Bezüge Apels zu Peirce haben wir schon in 12. 1 hingewiesen. Sein Pragmatismus enthält als semiotische Transformation des Kantianismus zahlreiche quasi-transzendentale Elemente. In bezug auf den späten Wittgenstein würdigt Apel bei Peirce die Ablehnung jedes Reduktionismus und Nominalismus, wodurch sich eine tolerante Haltung zur Metaphysik einstellt, die den ansonsten so verwandten Gedankengängen eines Wittgenstein völlig fremd sind. Apel verteidigt dabei Peirce gegen die falsche Auffassung von »Pragmatismus«, wonach dieser Wahrheit am Nutzen für das Leben mißt und alle philosophischen Begriffe und Prinzipien nur als Regeln für unser Handeln innerhalb dieses Nützlichkeitsstandpunkts deutet[12]. Apel ist sich bewußt, in welchem Maße Peirce selbst dazu beigetragen hat, solche Mißverständnisse zu nähren. Die verschiedenen Entwicklungsstadien in dessen Philosophie enthalten widersprüchliche Aussagen zum Pragmatik-Verständnis. »The Fixation of Belief« (1877), ein Werk der zweiten der (nach Apel) insgesamt vier Perioden, enthält zahlreiche Bemerkungen über den Common sense-Pragmatismus, wie er dann durch psychologische Beiträge von W. James und durch sozialpädagogische Ergänzungen von J. Dewey weiterentwickelt und als »amerikanischer Pragmatismus« populär wurde. Dieser Pragmatismus stellt für Apel neben dem Existentialismus die zweite Komponente dar für die in der westlichen Welt charakteristische Vermittlung von Theorie und Praxis. Die so verschiedenen Lehren des Pragmatismus und Existentialismus ergänzen sich komplementär und bilden die Grundlage der demokratischen Lebensordnung: »Diese... objektive Ordnung einer Funktionskomplementarität pragmatistischer existentialistischer Vermittlung von philosophischer Theorie und Lebenspraxis scheint mir das gesellschaftliche Sein der Philosophie in der westlichen Welt zu bestimmen«[13].

12 Apel: Einleitung zu Peirce (67), S. 28 f.
13 a. a. O. S. 17.

Peirce interessiert uns hier nicht nur als Quelle der Apelschen transzendentalen Pragmatik und der gegenwärtigen Popularphilosophie. Eine gerechte Würdigung ist nur dann möglich, wenn man seine Entdeckungen nicht nur als spezielle logische und sprachphilosophische oder transzendental-hermeneutische Daten interpretiert, sondern zur *Grundlegung einer allgemeinen Semiotik* heranzieht. Die Verlagerung der Wahrheitsproblematik auf die *Sinn*problematik gab der gesamten analytischen Philosophie ihre Richtung. Die Philosophie des Neopositivismus ist in gleichem Maße ein Ringen um den Sinn von Sinn wie die sprachanalytische Philosophie, ja man kann Heideggers Frage nach dem Sinn von Sein in engster Beziehung zu dieser Problematik sehen.[14] Bei Peirce findet man nun eine Zeicheninterpretation, welche eine Vermittlung von Theorie und Praxis ermöglicht, die sich ganz zwangsläufig aus der Natur des Zeichens ergibt. Danach ist das Zeichen weder reiner Gegenstand, noch reine Intention, sondern eine *triadische Relation.* Nach *Bense,* der die Peirceschen Begriffe für eine allgemeine Semiotik und besonders für die Ästhetik fruchtbar gemacht hat[15], weist ein Zeichen drei Bezüge auf, die in ihrer Gesamtheit das Wesen des Zeichens bestimmen. Es handelt sich um den *Mittelbezug,* in dem das Zeichen als solches gedacht werden kann, um den *Objektbezug,* in welchem das Zeichen etwas repräsentiert, und um den *Interpretantenbezug,* in welchem das Zeichen in einem interpretierenden Bewußtsein verstanden wird. »Objekt« darf nicht als einfacher Gegenstand verstanden werden. Ein Stoppschild beispielsweise bezieht sich nicht auf einen *Gegenstand,* sondern auf einen *Sachverhalt,* nämlich auf das Anhalten des Verkehrsteilnehmers. Ebenso darf der Interpretant nicht mit den jeweils *faktisch* interpretierenden Menschen verwechselt werden; es handelt sich hier um ein *allgemeines Interpretationsbewußtsein,* das durch beliebige physische Subjekte repräsentiert werden kann. Beachtet man diese Unterschiede nicht, verfällt man einer rein behavioristischen Zeichenvorstellung, wie sie beispielsweise bei Ogden und Richards[16] entwickelt wurde, wo das Zeichen

14 Vgl. Apels Aufsatz: »Heideggers philosophische Radikalisierung der ‚Hermeneutik' und die Frage nach den ‚Sinnkriterien' der Sprache« (72).

15 Vgl. z. B. Bense (67) oder (72); eine einführende Darstellung in die Bensesche Interpretation der Peirceschen Semiotik findet man bei Walther (74).

16 Siehe Richards/Ogden (23). Vergleiche dazu H. Weins Darstellung der behavioristischen Zeichentheorie in (61), S. 11 f.

eine denkende Hinwendung (reference) auf ein Gemeintes (referent) *kausal* bewirkt und die Subjekte ganz als psychologische Zentren gedeutet werden.[17]
Mit Hilfe des soeben skizzierten Zeichenbegriffs, bei dem hier bewußt auf die heute übliche Peircesche »fundamentalkategoriale« Unterscheidung von »Erstheit«, »Zweitheit« und »Drittheit« verzichtet wurde, können in der allgemeinen Semiotik weite Gebiete der Philosophie, der Wissenschaftstheorie, der Logik und Mathematik, ja der Architektur- und Kunsttheorie neu interpretiert werden.[18]
Wir sind nun in der Lage, eine Art *semiotische Methode* zu skizzieren. Sowohl *theoretische* Fragen, wie z. B. der zitierte Erklärungsprozeß oder die grammatikalische Kategorienlehre, als auch *praktische* Probleme, wie etwa Fragen der Werbung oder der ideologischen Propaganda, können Lösungen näher gebracht werden, wenn man die Natur und Differenziertheit des Zeichenbegriffs kennt und den Überlegungen zugrunde legt. Schon Bochenski hat als Alternative zur phänomenologischen, axiomatischen und sogenannten reduktiven Methode[19] eine semiotische Methode angegeben. Dabei fällt für Bochenski alles, was den *Sinn von Ausdrücken* betrifft, unter diese Methode. Die histo-

17 Solche Verwechslungen dürften die Ursache für die scharfe Kritik Ecos an Dreieckdarstellungen für die Zeichenrelationen sein. Vgl. Eco (72), S. 69 f.

18 Die Vielfalt der Problembereiche, welche durch semiotische Analysen in den Forschungsbereich einbezogen werden konnten, zeigt ein Zitat aus dem Forschungsgebiet von E. Walther: »Semiotikforschung in Stuttgart« (75), S. 6: »Es handelt sich zunächst um semiotische Analysen, zum Beispiel von Dürer-Holzschnitten (Brög), der Sprache Kafkas (Gerhardt), von Umweltzeichen (Kiefer), Architektur (Kiemle), Fertigungssystemen (Ropohl), Signalen der Deutschen Bundesbahn (Friedrich), Kinderzeichnungen (von Rückler), Filmanalysen (Beckmann) und Architekturtheorie (Blomeyer/Helmholtz).«

19 Es handelt sich bei der reduktiven Methode um einen Oberbegriff zur induktiven Methode und um einen Gegenbegriff zur deduktiven Methode:
»Bei der Deduktion schließt man aus einer konditionalen Aussage und ihrem Vordersatz auf deren Nachsatz: Wenn A, dann B
nun aber A
also B
Bei der Reduktion hingegen schließt man umgekehrt aus einer konditionalen Aussage und ihrem Nachsatz auf den Vordersatz:
Wenn A, dann B
nun aber B
also A«
Bochenski (54), S. 101.

rische Entwicklung hat aber gezeigt, daß eine Sinnanalyse so verschiedenartig ausfallen kann, daß es unzweckmäßig erscheint, alles, was den Sinn von Aussagen *irgendwie* betrifft, zur gleichen Methode zu zählen. Es sei daran erinnert, daß der Sinn in allen von uns dargestellten Methoden im Mittelpunkt der Betrachtung steht:

Sinn als Korrelat eines Formalismus führt auf die formale Wissenschaftstheorie;

Sinn als Konstrukt des Sprachgebrauchs und als Explikat eines Sprechakts auf die sprachanalytischen Konzeptionen;

Sinn als Moment des Ganzen und Ausdruck der Negativität auf die dialektische Methode;

Sinn als Repräsentation des geschichtlichen und individuellen Geistes auf die Hermeneutik und schließlich

Sinn als intentionales Korrelat eines transzendentalen Bewußtseins auf phänomenologische Theorien.

Wir verstehen daher unter semiotischen Methoden spezieller solche Verfahren, die den *Zeichenbegriff* mit all seinen Differenzierungen und Strukturen zum Schlüsselbegriff erklären. So steht beispielsweise nicht das Verifikationsproblem als Sinnproblem der formalen Wissenschaftstheorie zur Debatte, sondern die Frage, inwiefern die Zeicheninterpretation selbst dazu führt, analoge Probleme zu lösen. Eine semiotische Reflexion wird von vornherein davon ausgehen, daß die empirische Sprache als Zeichensystem keinen fertigen Abbildungsmechanismus darstellt, so daß sich die Verifikationsproblematik gar nicht so stellt wie im Empirismus. Entsprechend ändert sich die Problemlage in der Sprachanalyse. Im Bewußtsein, daß auch die Sprache ein Zeichensystem ist und damit als triadische Relation von vornherein Bezüge zum Objekt-und Interpretantenbereich aufweist, werden alle Spekulationen, wie eine autonome Sprache die Wirklichkeit in den Griff bekommen kann, überflüssig; der Zeichenbegriff setzt diesen Bezug schon voraus, und man braucht ihn daher nicht nachträglich zu konstruieren. Es werden zwar die zahlreichen sprachanalytischen Einsichten in die Betrachtung einbezogen, aber eben auf einem ganz anderen ontologischen Hintergrund.
Semiotische Methoden in diesem engeren Sinne erheben durchaus einen *universalen Anspruch,* der sogar bis in den früher häufig den

Zeichensystemen gegenübergestellten Bereich der Natur hinüberreicht.
Die Semiotik als allgemeine philosophische Fundamentaltheorie geht sowohl bei Peirce als auch bei vielen anderen Theoretikern von einem so allgemeinen Zeichenbegriff aus, daß dabei die zwischenmenschliche Sphäre transzendiert wird. Nicht nur Zeichen als Sinnträger in einer hermeneutischen Theorie, sondern auch Zeichen als Naturphänomene, die zu entziffern sind, als ob sie Zeichen im hermeneutischen Sinne wären, werden mit umfaßt. Zu Ecos These: »Die Semiotik ist eine Disziplin, die sich mit der ganzen Kultur beschäftigen kann und muß«[20] kommt noch die Peircesche Universalisierung, in welcher *alles* Seiende vom Zeichen her verstanden werden muß; *»Sein«* ist letztlich *»Zeichensein«*. Der semiotische Pragmatismus von Peirce zeigt viel mehr Ähnlichkeit mit der spekulativen Lehre eines Hegel als mit banalen Nützlichkeitsdevisen mißverstandener pragmatischer Prinzipien. So wird das folgende Urteil von Peirce über seine eigene Philosophie in einem Werbetext verständlich[21]: »Die Prinzipien, die Mr. Peirce vertritt, zeigen Verwandtschaft zu denjenigen Hegels. Vielleicht stellen sie das dar, was die Hegelschen hätten sein können, wenn er in einem physikalischen Laboratorium statt in einem theologischen Seminar erzogen worden wäre. So anerkennt Mr. Peirce eine objektive Logik (wenngleich ihre Bewegung sich von der Hegelschen Dialektik unterscheidet) und gleich Hegel ist er bemüht, die Wahrheit, die aus vielen Systemen zu gewinnen ist, zu assimilieren.«
Insbesondere in Frankreich erscheinen zahlreiche semiotische Betrachtungen der soeben skizzierten Art unter dem Titel des *Strukturalismus,* so daß der Eindruck erweckt wird, als handle es sich um eine neue spezifische philosophische Methode. In Wirklichkeit haben wir es mit zahlreichen Anwendungen einer Semiotik der allgemeinen Kommunikation zu tun,[22] allerdings mit Anwendungen, die von der philosophischen Domäne im traditionellen Sinn weitab liegen: neben Sprachproblemen und psychologischen Kommunikationselementen, wie Geruchsignalen, Berührung und Geschmack,

20 Eco(72), S. 38.
21 Zitiert bei Apel in Peirce (67), S. 32.
22 Vgl. F. Wahl: »Wir sagen..., daß sich unter dem Namen Strukturalismus alle Wissenschaften vom Zeichen, der Zeichensysteme, gruppieren.« In Wahl (73), S. 11.

gehören Gesten, Pantomimen, psychoanalytische und medizinische Phänomene in gleichem Maße dazu wie Kulturphänomene (Ästhetik, Märchen, Trivialliteratur), Verwandtschaft- und Organisationssysteme. Vom Standpunkt der allgemeinen Semiotik aus erscheint der Strukturalismus nur als *eine* Teilkonzeption unter vielen anderen denkbaren semiotischen Konzeptionen.

b) Pragmatische Interpretationstheorien

Im Laufe der Zeit ist der Interpretantenbezug in den Vordergrund gerückt, und zwar auf eine Weise, so daß sogar das Verstehen von Zeichen selbst als Interpretationskonstrukt betrachtet wurde.
Nach *Wolfgang Röd* sind alle Gegenstände, Relationen, Ereignisse und Vorkommnisse letztlich Deutungen von Etwas; es gibt nichts, ohne interpretativ vermittelt zu sein: »Der Mythos der Unmittelbarkeit erweist sich ... als unhaltbar.«[23] Aber das ist nicht alles. In der pragmatischen Interpretationstheorie, wie sie z.B. *Hans Lenk*[24] vertritt, wird nicht nur ein gegebenes Etwas vom Subjekt in einem bestimmten theoretischen Rahmen als etwas Bestimmtes gedeutet, sondern schon der Erkenntnisvorgang, der zum »Etwas« führt, muß als spezifisches interpretierendes Handeln in der Welt verstanden werden. Diese Vorstellung führt notwendigerweise zum traditionellen ontologischen Realismus-Problem, d.h. zur Frage, wie sich Interpretation und Wirklichkeit zueinander verhalten. Kein Wunder, daß die Realismus-Debatte heute so viele Geister beschäftigt.[25]
Lenk analysiert in seinem »pragmatisch-realistischen Interpretationismus« den Interpretationsbegriff und zeigt dabei, daß bereits in den elementarsten vorbewußten Erkenntnisprozessen Interpretationsmechanismen aktiviert werden. Er unterscheidet zur Klärung des Begriffs sechs Interpretationsstufen[26], die man wie folgt umschreiben kann:

23 Röd (91) S. 172.
24 Siehe Lenk (95a).
25 Siehe z. B. Forum (92).
26 Lenk (95a) S. 10. Die angegebenen Interpretationsbezeichnungen treten bei Lenk nur z. T. auf; die einzelnen Stufen sind etwas abstrakter umschrieben. – Ähnliche Unterscheidungen findet man auch in Abel (93), wo allerdings eine Einteilung in nur drei Interpretationsstufen vorliegt (S. 14/15).

(1) eine mit unseren Erkenntnisorganen gegebene *biologische Urinterpretation,* die eine fundamentale Schematisierung bewirkt;
(2) eine *Musterinterpretation* und Formenkategorisierung, die aufgrund von Gleichförmigkeiten und Gewohnheiten die vorsprachliche Begriffsbildung ermöglicht;
(3) eine *Sprachinterpretation,* die kulturell Geformtes und Tradiertes zu konventionellen sprachlichen Begriffsbildungen internalisiert und damit unbewußt abläuft;
(4) eine flexible *Einordnungsinterpretation,* die bewußt abläuft;
(5) eine *Legitimationsinterpretation*, die Erklärungen, Rechtfertigungen und Begründungen von Theorieelementen ermöglicht und
(6) eine *Metainterpretation* der Erkenntnis oder die Interpretation der Interpretation, die sich also auf Interpretationskonstrukte bezieht.

Über Schemainterpretationen und Interpretationskonstrukte hat Lenk in seinem Buch »Schemaspiel«[27] weitere Überlegungen angestellt. Er versteht unter Schemata die abstrakten Strukturen, welche Musterbildungen und -verwendungen im neuronalen Vorgang des Erfahrungs- und Handlungsprozesses ermöglichen. Die Schemainterpretationen, die in allen Wahrnehmungs-, Denk- und Erkenntnisprozessen ablaufen, sind zum Teil genetisch festgelegt und konstituieren das von uns auf Distanz gesehene »Etwas« schließlich durch Einordnung als Interpretationskonstrukt. Der Mensch ist daher nach Lenk nicht nur »animal symbolicum« (E. Cassirer[28]) – denn einfache Schemata können auch Tiere interpretieren – sondern das *metasymbolische* Wesen, das Symbole für Symbole verwenden kann.
Die Frage, ob Interpretationen nicht immer ein realistisches Residuum voraussetzen – bei Kant war es das Ding an sich – wird vom sogenannten »radikalen Konstruktivismus« (z. B. bei S. J. Schmidt[29]) verneint und im *internen Realismus Putnams* als bedeutungslos hingestellt. Bei Putnam hat es nur dann einen Sinn, nach der Existenz von Objekten zu fragen, wenn eine bestimmte theoretische Sichtweise mit der Fragestellung verbunden wird. Die Antwort ist näm-

27 Ebenfalls Frankfurt 1995. (95b).
28 Cassirer (62) S.40. Siehe auch Wuchterl (95) 22.23.
29 Siehe »Der Diskurs des radikalen Konstruktivismus« (87).

lich von der Theoriewahl abhängig und deshalb nur »intern« sinnvoll. Damit wird Wahrheit zur radikalen Akzeptierbarkeit degradiert; wahr ist, was in den gewählten internen Kontext paßt. In seiner Spätphilosophie[30] nimmt Putnam speziell diese These zurück und deutet seinen Standpunkt eher im Sinne eines *pragmatischen* Realismus, in dem die Interessen und die jeweiligen Absichten wieder zu ihrem Recht kommen. Für den Nachweis der Existenz ist der praktische Zugriff entscheidend. Für einen pragmatischen Realismus sprechen Revidierbarkeit, Kommunizierbarkeit und Handlungsorientierung im menschlichen Alltag.[31]

Interner und pragmatischer Realismus haben vieles *gemeinsam*: Ablehnung des Dings an sich, Unmöglichkeit einer scharfen Grenze zwischen Gegebenem und begrifflich Hinzugefügtem, Wahrheit nicht als Korrespondenz, Ablehnung eines Relativismus à la Feyerabend, Kuhn, Foucault oder Rorty. Der wesentliche *Unterschied* läßt sich vor allem durch die Einführung der Interpretationsstufen bei Lenk und Abel verstehen. Der interne Realist sagt nach Putnam[32], daß es *dieselbe* Welt ist, von der in verschiedenen Interpretationen – z. B. einmal von einem Tisch, einmal von einer Atomansammlung – gesprochen wird. »Der Interpretationist dagegen betont«, schreibt Abel, »daß mit jeder unterschiedlichen Verwendungsweise ... strenggenommen nicht nur eine andere Version ‚derselben' Welt, sondern ... eine *andere* Welt verbunden ist.«[33] Wenn man sich nun statt auf die undifferenzierten Verwendungsweisen auf die erwähnten Interpretationsebenen bezieht, verschwindet das Unbefriedigende dieser Feststellung: auf der gleichen Interpretationsebene liegen durchaus verschiedene Versionen der Welt vor. Wenn wir beispielsweise die Welt auf der Ebene der Ur- und Musterinterpretation betrachten, die bei Abel als »Interpretation_1-Welt« erscheint, dann liegen hier verschiedene Schemata und Muster vor. Diese Verschiedenheit hat aber nichts mit dem postmodernen Pluralismus und Relativismus zu tun. Denn nach Abel können wir nicht »gleichzeitig in unterschiedlichen Interpretations_1-Welten, gleichzeitig in unter-

30 Vor allem in »Repräsentation und Realität« (91).

31 Siehe Lenk (95a) S.75/76. Was den praktischen Zugriff betrifft, sei auch auf die operative Phänomenologie verwiesen; vgl. oben 9.4 d).

32 Putnam (87) S.20.

33 Abel (93) S.476.

schiedlichen Interpretations$_1$-Logiken und gleichzeitig in unterschiedlichen moralischen Weltbildern und Ethiken im engeren Sinne leben«.[34]

c) Zur Kritik von Konsens- und Interpretationstheorien

Die Kritik sowohl an den Konsenstheorien als auch die an den Interpretationstheorien zielen im allgemeinen auf die mangelhafte Legitimationsbasis. Besonders in der Wissenschaftstheorie und im wissenschaftlichen Realismus wird daher die Pragmatik nur im Sinne von durch Menschen angewandten Theorien, nicht dagegen als Bedingung aller Sinn- und Handlungsstrukturen akzeptiert.
Alle pragmatischen Methoden berufen sich letztlich auf einen Konsens. Dieser kann sich auf den Vorteil mehr oder weniger großer Gruppen beziehen (W. James) oder aber auf kommunikative Vorgaben, die ein Zusammenleben in einer Sprachgemeinschaft erst ermöglichen (Apel, Habermas). Dient der Konsens als Fundament jeglicher philosophischer Überlegung, so wird die Möglichkeit objektiver Erkenntnis zum Problem. Schließlich können Gruppen auch über falsche Sachverhalte einen Konsens finden. Wenn Begründung mehr sein soll als nur die faktische Zustimmung einer Gruppe, dann bedarf es anderer Kriterien, die den Sachverhalt selbst betreffen. Die Rationalitätskriterien der Wissenschaftstheorie, das heißt logische Konsistenz und empirischer Bezug, sind also Voraussetzungen, an denen sich ein Konsens orientieren kann. Deshalb wird von den Wissenschaftstheoretikern der Konsens als Folge einer faktischen Gegebenheit aufgefaßt und nicht umgekehrt das Faktum als Folge der Zustimmung festgelegt.[35] Selbst Quine, der Beobachtungssätze relativ zu einer Gemeinschaft definiert, verankert die Übereinstimmung in einer jenseits des Konsenses liegenden Reizung der Mitglieder jener Gemeinschaft: »Ein Beobachtungssatz ist ein Satz, über den alle Sprecher einer Sprache in derselben Weise urteilen, wenn sie derselben begleitenden Reizung ausgesetzt sind.« Die Basis seines holistischen Systems bilden »die Sätze, über die alle

34 a. a. O. S. 477.
35 Zur Diskussion der Konsenstheorie der Wahrheit siehe Skirbekk (77). Eine Kritik aus der Sicht der Sprachanalytiker findet man bei Tugendhat (83). Vgl. auch W. Künne: Wahrheit, in Martens (85), Abschnitt 3.

Glieder der Gemeinschaft bei gleichartiger Reizung übereinstimmen«.[36] Der Konsens ist zwar ein wichtiges Indiz wissenschaftlicher und philosophischer Erkenntnis; aber er stellt nur ein notwendiges und kein hinreichendes Kriterium dar, wie in den verschiedenen pragmatischen Überlegungen immer wieder suggeriert wird.[37]
Der Konsens als Basis der Habermasschen Emanzipationstheorie ist besonders starken Zweifeln ausgesetzt. Auf ihm ruhen immerhin die Hoffnungen auf eine neue Humanität. Nachdem bei Habermas sowohl der Wahrheits- als auch der Sinnbegriff zu Funktionen des Emanzipationsinteresses werden, bedarf es großer Anstrengungen, der Gefahr des Abgleitens des Interesses in individuelle Willkür zu entgehen. Ob dies durch die Annahme der idealen Sprechsituation und der kommunikativen Kompetenz erreicht wird, ist zweifelhaft; das Gespenst der kritiklosen Parteilichkeit als legitimiertes Instrument bloßer Machtausübung bleibt als Alternative zum emanzipatorischen Interesse im Sinne Habermas' wirksam. Optimistischer Glaube an die emanzipatorische Kraft des Erkenntnisinteresses schlägt oft genug um in borniertes Selbstbewußtsein strikter Orthodoxie, die das »falsche Bewußtsein« mit Feuer und Schwert zurechtrückt.[38]
Die Auseinandersetzung mit Habermas hat sich nach der Diskreditierung der marxistischen Ideologie vor allem auf die *Diskursethik* verlagert.[39] Diese arbeitet mit einem Moralitätsbegriff, der eine Entscheidung gegen die Vernünftigkeit ausschließt und als pathologisch betrachtet. Der Kommunikationsgedanke erhält durch das Universalisierungsprinzip geradezu heilsgeschichtliche Funktionen, die von der Utopie des Zwangs des besseren Arguments be-

36 Naturalisierte Erkenntnistheorie, in: Quine (75), 3, S. 120/121.

37 Eine scharfe Kritik der Apelschen Transzendentalpragmatik durch den kritischen Rationalismus findet man bei Albert (75).

38 Auf die Gefahren eines Umschlags der »Kritischen Theorie« in eine »radikale Demokratie«, wo das Wort »Demokratie« nur noch zur Verbrämung einer Begründung diktatorischer Eliteherrschaft mißbraucht wird, machen die Beiträge in Oberndörfer/Jäger (75) aufmerksam.

39 Siehe z. B. G. Schönrichs Untersuchungen über Grenzen und Preis der Diskursethik in (94). Eine kritische Analyse der Diskursethik von Habermas findet man in Lumer (97). Dieser verweist auf fünf inhaltlich verschiedene Formulierungen des Diskursprinzips (S. 58). Als zentraler Aufsatz zum Diskursprinzip gilt Habermas (83).

stimmt sind, aber nach Auffassung der Skeptiker damit an der Realität des radikal Bösen vorbeigehen.

Auch die *Kritik am Interpretationismus* geschieht vor allem aus wissenschaftsphilosophischen Gründen. Ihren komprimierten Ausdruck findet man in den Thesen des *wissenschaftlichen Realismus*. In unserer von den Wissenschaften geprägten Welt bürden die Wissenschaftler den Philosophen, die gegen den Common sense- und Wissenschaftsrealismus argumentieren, die Beweislast auf. *W. Franzen* formuliert drei Grundannahmen dieses Realismus[40]:

»R1: Es gibt eine Wirklichkeit, die der Existenz nach von uns und unserem Bewußtsein unabhängig ist.
R2: Die Wirklichkeit weist Beschaffenheiten und Strukturen auf, die von unserem Bewußtsein unabhängig sind.
R3: Nennenswerte Teile der Wirklichkeitsstrukturen sind unserem Erkennen zugänglich und werden in unserem Wissen erfaßt.«

Mit den zugänglichen Strukturen sind natürlich auch die Inhalte der Naturwissenschaften gemeint, deren Geltungsansprüche durch die großen Erfolge ihrer Arbeitshypothesen abgesichert zu sein scheinen. Daß damit die Schwierigkeiten der physikalischen Grundlagenforschung ignoriert werden, ist offenkundig.[41]

40 Franzen (92) S. 23.
41 Siehe z. B. Kanitscheider (93).

13. Konstruktivistische Methoden

13.1 Ein Beispiel: Die »Logische Propädeutik« von W. Kamlah und P. Lorenzen

Hinter dem unauffälligen Titel »Logische Propädeutik – Vorschule des vernünftigen Redens«[1] verbirgt sich eine methodische Neukonzeption, die den Konstruktivismus der sogenannten Erlanger Schule repräsentiert. Es geht nicht nur um eine »Vorhalle der formalen Logik«, also um Klärungen, was Begriffe, Aussagen und Schlüsse sind, sondern um die Welterschließung durch Sprache. Nichts weniger als »die Lehre von den Bausteinen und Regeln jedes vernünftigen Redens«[2] wird vorgestellt, die schließlich in der Rekonstruktion des Systems *wissenschaftlichen* Redens gipfelt. Die »Vorschule« will zugleich demonstrieren, wie auch in der Gegenwartsphilosophie »a primis fundamentis« gedacht werden kann und Letztbegründungen möglich sind.

Am Anfang aller Rekonstruktionen steht die Einführung spezieller sprachlicher Handlungen, nämlich der *Prädikationen,* in denen die fundamentalen Unterscheidungen ausgeführt werden. Ohne solche läßt sich nichts über die Welt aussagen. Auch wenn die Prädikationen selbst befragt und auf ein tiefer liegendes Phänomen zurückgeführt werden sollten, müßten sie schon vorausgesetzt werden. Prädikationen sind nicht einfach Beschreibungen von bereits *gegebenen* Unterscheidungen, sondern sie führen die Unterscheidungen eigentlich erst ein. Darin liegt das *konstruktive* Element.

Die einfachste sprachliche Handlung ist das Hinweisen. Im Satz »Dies ist ein Fagott« wird innerhalb einer Redesituation einem bestimmten Gegenstand ein Prädikator exemplarisch zugesprochen. Die dabei vollzogene Prädikation kann anhand weiterer Beispiele und anhand von Gegenbeispielen, die den Prädikator absprechen, eindeutigen Charakter erhalten. Die Behauptung oder Bestreitung

1 Kamlah/Lorenzen (67).
2 a. a. O. S. 13.

solcher Zuordnungen definiert erste Beispiele von Aussagen. Während in der klassischen Logik eine Aussage einfach durch die Zuordnung der nicht weiter erklärten Wahrheitswerte »wahr« und »falsch« festgelegt wird, bleibt bei dieser Einführung der Bezug zur konkreten Redehandlung erhalten.
Die Einführung von Prädikatoren in Lehr- und Lernsituationen ist so zu verstehen, daß gewisse Handlungsschemata, nicht einzelne konkrete Handlungen, betrachtet werden. Prädikatoren artikulieren demnach Sprachschemata, die durch Einzelhandlungen exemplifiziert werden. Sobald Prädikatoren erlernt sind, kann man ohne Aktualisierung des Schemas verstehen, was sie bedeuten, indem zugehörige Gegenstände »vorgestellt« werden. Vorstellung ist also die »Modellierung« eines Gegenstandes, über den eine Prädikation gemacht wird, ohne daß das Handlungsschema in eine Einzelhandlung übergeführt wird. Damit gelingt eine Rekonstruktion des Begriffs »Vorstellung« ohne Anleihen an psychologische Theorien. Diese Einführung hat bedeutende Konsequenzen für die Einschätzung von logischen Sachverhalten, die damit jenseits jedes Psychologismus als gegeben angesehen werden können.
Ein Prädikator kann mehreren Gegenständen zugesprochen werden; denn es gibt viele Fagotte. Existiert nur ein Gegenstand, so verwendet man Eigennamen: »Dies ist London.« Die Eigennamen können die Hinweishandlungen ersetzen. Sie ermöglichen damit die Unabhängigkeit von Redesituationen, eine erste und wichtige Voraussetzung für die wissenschaftliche Rede, um die es in dieser Rekonstruktion letztlich geht. Da aus ökonomischen Gründen nicht jedem Gegenstand ein Eigenname zugeordnet werden kann, verwendet man Kennzeichnungen, in denen Zeigewörter (Demonstratoren) oder bestimmte Artikel mit Prädikatoren kombiniert werden, z. B. »dieses Fenster«, »der Kölner Dom«. Die allgemeine Möglichkeit des Zu- und Absprechens von Prädikatoren führt schließlich auf zwei »Aussageformen« von elementarem Charakter: $x \in P$ bzw. $x \in' P$, die durch Einsetzung von Eigennamen bzw. von Prädikatoren zu Aussagen werden.
Will man von den alltäglichen Redehandlungen zu wissenschaftlichen und philosophischen Prädikatoren (oder »Termini«) gelangen, dann müssen die Sprachelemente kontextunabhängig werden. Dazu sind Normierungen notwendig. Sie erfolgen durch Prädikatorenregeln. So wird etwa der konträre Gegensatz durch die Regeln der Unverträglichkeit $x \in P \Rightarrow x \in' Q$ konstituiert. Ferner folgen

dann Definitionen und der systematische Aufbau einer wissenschaftlichen Terminologie.
Der nächste Schritt im allgemeinen Aufbau einer Wissenschaftssprache betrifft *Abstraktionen* und *Individuationen.* Bei der Abstraktion betrachtet man die verschiedenen Realisierungen des Schemas als identisch; bei der Individuation dagegen hält man gerade an einem Beispiel des Prädikatorenschemas fest. Abstraktion und Individuation wiederholen auf einer intensionalen Ebene, auf der bereits über einen geregelten Sprachgebrauch verfügt wird, die Prädikation und die Demonstration. Ohne hier weiter auf die Rekonstruktion von »Begriff«, »Sachverhalt«, »Tatsache«, »Extension – Intension«, »Nomina-Dinge«, »Verba-Handlungen« einzugehen, dürfte klar werden, welches Ziel die Konstruktivisten mit solchen Festlegungen erreichen wollen: es soll eine gemeinsame Basis geschaffen werden für das Sprechen in der Wissenschaft, im Alltag und in der Philosophie. Die einzelnen Stufen der Rekonstruktion können nachvollzogen werden. Sollten Lücken oder Ungenauigkeiten aufgetreten sein, können diese durch neue und bessere Vorschläge behoben werden. Jeder Einzelne ist aufgerufen, dazu im Nachvollzug Stellung zu nehmen. Dieser gemeinsame Konsens bedeutet keine Bevormundung. Entstehen neue Situationen oder werden andere Situationen nicht hinreichend beachtet, so können Revisionen und Ergänzungen vorgenommen werden. Alles verbindliche Denken kann so auf eine gemeinsame Basis bezogen werden. Die Verbindung zu dieser Basis bedeutet Vernünftigkeit, Rationalität, Verbindlichkeit, Glaubwürdigkeit, oder wie immer man dies nennen will. Damit ist auch die Aufgabe der Philosophie umrissen. Philosophen verfügen nicht über das Privileg, munter und genial darauf los zu spekulieren und Aussagen über verschwommene und unentscheidbare Bereiche zu formulieren. Wenn Philosophie etwas mit Vernunft und Wahrheit zu tun hat, dann muß ihr Charakter in einem fundamentalen Sinn rückfragend und begründend sein: »Der Philosoph ist derjenige, der sich entschlossen hat, nur den Weg einzuschlagen, der sich durch Denken rechtfertigen läßt« (P. Lorenzen[3]). Natürlich kann kein Mensch gezwungen werden, sich an der Rekonstruktion zu beteiligen und ihr zuzustimmen. Dann schließt er sich aber aus der Gemeinschaft der Argumentierenden aus. Nur wer sich auf die Vor-

3 Lorenzen (68), S. 58.

schläge einläßt und zeigen kann, daß sie so nicht zu realisieren sind und nur einen schönen Traum darstellen, kann als Kritiker ernst genommen werden.

13.2 Pragmatik als handlungsgeleitete Rekonstruktion

a) Die konstruktivistische Methode als Begründungsprogramm

Die letzten Versuche, philosophisches Argumentieren zu begründen, griffen auf Logik und Sprachgebrauch zurück. Nachdem auch diese in den Strudel des allgemeinen Skeptizismus hineingezogen wurden, muß das konstruktivistische Begründungsprogramm noch radikaler sein.

Die Begründungen dürfen also weder auf das Verständnis natürlicher Sprachen zurückgreifen, noch dürfen sie sich auf Prinzipien formaler Sprachen berufen. Schwemmer zählt in seiner Einleitung in die konstruktivistische Theorie[4] eine Reihe von Gegenpositionen auf, die solche Begründungen prinzipiell ablehnen oder aber auf soziologische Fakten zurückführen und ihnen damit ebenfalls den allgemein erklärenden Vernunftcharakter nehmen. Wir erinnern hier an Alberts Münchhausen-Trilemma (vgl. 10.1), das jegliche Begründung auszuschließen scheint. Auf der anderen Seite stehen Argumentationen der Dialektiker, die alle Begründungen als Stabilisierungsversuche von Herrschaftsstrukturen bzw. als Ausdruck von Klasseninteressen der Wissenschaftler deuten. Der kritische Rationalismus ruft nach Kambartel/Mittelstraß[5] »zu methodischer Strenge ohne normative Basis«, die Kritische Theorie »zu normativer Strenge ohne methodische Basis« auf. Der Konstruktivismus hat offensichtlich *methodische* und zugleich *normative* Ambitionen. Um aus dem genannten Zirkel auszubrechen, bezieht sich der Konstruktivist auf einen allgemeinen Handlungsbegriff: »Wer philosophiert, redet, und wer redet, handelt« (K. Lorenz[6]). Nun gibt es private, neurotische und völlig sinnlose Handlungen, die wenig mit

4 Siehe Lorenzen/ Schwemmer (73), S. 10.
5 Vgl. die Aufsatzsammlung (73), Einleitung.
6 Lorenz (70), S. 13.

Philosophie zu tun haben. Wenn »Handeln« zugleich für gesellschaftlich- und wissenschaftlich-relevante Interaktion stehen soll, bedarf es einer weiteren bestimmenden Eigenschaft: die Sprachhandlungen müssen den Sprachpartner erreichen und diesem zugänglich sein, das heißt genauer: sie müssen den *Charakter der Lern- und Lehrbarkeit* haben. Aber auch hier ist noch zu differenzieren. Man kann jemanden so beeinflussen, daß er bestimmte Tätigkeiten nach gewissen Regeln nachahmt, die Regeln durchschaut und damit auch lehren kann; trotzdem braucht die Handlung noch nicht vom Charakter eines *begründeten* Arguments zu sein. Deshalb fordert Schwemmer, es »soll von *Lehren* nur dann die Rede sein, wenn mit den vorgeschlagenen Handlungen zugleich *Methoden* angeboten werden, nach denen die Regeln, denen die Handlungen folgen, auf ihren Zweck hin überprüft werden können«[7]. Handlungen sind also stets als intentionale Akte zu deuten, denen ein Ziel zugeordnet ist. Die geforderten Methoden dürfen weder natürlichen Sprachen noch idealsprachtheoretischen Konstruktionen entnommen sein. Ihr einziger Bezug ist die »elementare Praxis des Miteinander-Lebens«.[8] Auf dieser Basis müssen die Lehr- und Lernverfahren entwickelt werden. Im Gegensatz zur klassischen Begründungstheorie z. B. eines Aristoteles, wo die Anfänge aller Begründung in evidente Phänomene verlegt werden, steht hier am Anfang die *Lebenspraxis*. Dabei ist sich der Konstruktivismus durchaus bewußt, daß diese Praxis nicht sprachlos ist. Aber mit der Einsicht in die Unhintergehbarkeit des Sprachver*mögens* braucht noch lange nicht die Überzeugung verbunden zu sein, daß auch die jeweiligen *faktischen* Formen des Sprachgebrauchs endgültig, also nicht hintergehbar sind[9]. Der Konstruktivismus teilt mit der Hermeneutik die Vorstellung von der

7 a. a. O. S. 10; vgl. auch »Grundlagen einer normativen Ethik« in: Kambartel/Mittelstraß (73), S. 161.

8 Lorenz (70), S. 11.

9 Siehe die Ausführungen von K. Lorenz in (70), S. 161. »Das Vermögen zu reden ist unhintergehbar, jedes faktisch vorkommende Reden hingegen sehr wohl hintergehbar und daher begründbar, weil sich die in ihnen vollzogenen Unterscheidungen ändern lassen und übrigens auch faktisch im Laufe der Geschichte geändert worden sind, wie jede diachronische Sprachbetrachtung lehrt.« Vgl. auch den Aufsatz »Die Hintergehbarkeit der Sprache« von K. Lorenz und J. Mittelstraß (67), wonach die Rede vom »formalen Apriori für das Weltverstehen« nur für das Sprachvermögen zutrifft (S. 204).

Bedeutsamkeit der menschlichen Praxis für alles Denken und Reden. Aber dieser Primat der Praxis wird methodisch nicht in eine irrationale Zirkelstruktur eingebettet, aus der sich Rechtfertigungen nur in einem metaphorischen Sinn herleiten lassen. Durch die Herausarbeitung von stilisierten Situationen des Lehrens und Lernens findet auf dem Boden des faktischen Sprachgebrauchs eine *Rekonstruktion* dieser Sprache statt, die damit den Zufälligkeiten entzogen wird und den Charakter des Argumentativen bekommt. So erhält auch der Verstehensbegriff seine Präzision: Verstanden nennt man alles das, von dem man Weisen des Lehrens und Lernens kennt.
Wie sind nun aber Lehr- und Lernsituationen rekonstruierbar, wenn nicht schon innerhalb einer normierten natürlichen Sprache? P. Lorenzen gibt zur Illustration der Problematik ein schon von Neurath erwähntes Gleichnis an: »Betrachten wir die natürliche Sprache als ein auf See befindliches Schiff, so können wir unsere Situation auch folgendermaßen darstellen: Wenn es kein erreichbares Festland gibt, muß das Schiff schon auf hoher See gebaut sein; nicht von uns, aber von unseren Vorfahren. Diese konnten also schwimmen und haben sich – irgendwie aus etwa herumtreibendem Holz – wohl zunächst ein Floß gezimmert, dieses dann immer weiter verbessert, bis es heute ein so komfortables Schiff geworden ist, daß wir gar nicht mehr den Mut haben, ins Wasser zu springen und noch einmal von vorn anzufangen. Für das Problem der Methode unseres Denkens müssen wir uns aber in einen Zustand ohne Schiff, d.h. ohne Sprache versetzen und müssen versuchen, die Handlungen nachzuvollziehen, mit denen wir – mitten im Meer des Lebens schwimmend – uns ein Floß oder gar ein Schiff erbauen könnten.«[10]
In diesem Gleichnis wird deutlich, daß alle *Worte,* die Lorenzen über Lehr- bzw. Lernsituationen verliert, in einem strengen Sinn nicht notwendig wären und nur zur Beschreibung dessen dienen, was zu *tun* wäre, wenn die Sprache methodisch gelehrt werden würde. Nur in diesem Sinne ist Sprache unhintergehbar.
Das Programm des Konstruktivismus gliedert sich in mehrere Schritte: Am Anfang steht der handelnde Mensch, der schon über eine Gebrauchssprache verfügt.[11] Die hermeneutische Grunder-

10 Lorenzen (68), S. 28/29.
11 Vgl. Goethes Faust 1, Studierzimmer: »Im Anfang war die Tat!« statt »Im Anfang war das Wort!«.

fahrung, daß sich in der Verwendung der Sprache und im Handeln immer wieder Mißverständnisse einstellen, veranlaßt den Philosophen zur Reflexion über Möglichkeiten, die Mißverständnisse zu reduzieren, vielleicht ganz zu beseitigen. Der erste Schritt ist eine Rekonstruktion elementarer Lehr- und Lernsituationen, die durch gewisse Handlungen repräsentiert und durch die Gebrauchssprache beschrieben werden. Sind Repräsentation und Beschreibung nach allgemeinem Konsens der Beteiligten überzeugend, so liegen die ersten Elemente einer rekonstruierten *Wissenschaftssprache* vor. Auf die anerkannten und damit normierten Elemente können Lehr- und Lernsituationen aufgebaut werden[12]. So entsteht nach und nach eine allgemein anerkannte Wissenschaftssprache, in der alle Wörter in gleichem Sinn gebraucht werden und keine Mißverständnisse mehr möglich sind. Die rekonstruierte Wissenschaftssprache liefert zugleich Möglichkeiten, wissenschaftstheoretische und linguistische Sprachkonstruktionen zu korrigieren. Damit verbunden ist eine Neubegründung der Wissenschaften. Der nächste Schritt bezieht sich auf die *Gebrauchssprache.* Diese wird zwar nicht von der rekonstruierten Wissenschaftssprache verdrängt, aber in all den Fällen, wo Mißverständnisse auftreten, mit Hilfe der rekonstruierten bzw. verbesserten Sprachtheorie einer Korrektur unterzogen. Die wissenschaftssprachliche Analyse enthält die Kriterien, um unklares Aneinandervorbeireden, Diskrepanzen und Streitfragen einer Lösung näher zu bringen. Damit vollzieht sich zugleich die Rekonstruktion philosophischer Rede. Denn die Prinzipien der Sprachanalyse lassen sich jetzt auf philosophische Probleme anwenden. So glaubt der Konstruktivismus, durch den Rekurs auf eine allgemeine Handlungsbasis und durch die anschließende Rekonstruktion der Sprachhandlungen einen allgemeinen Konsens erreichen zu können, der sowohl alltagssprachliche, als auch wissenschaftliche und sogar philosophische Probleme umfaßt.

12 Ein elementarer Kurs, der alle Einzelheiten – von einer Lehr- und Lernsituation bei der Einführung des Wortes »Hüpfen« bis zur Verwendung logischer Partikel – durchexerziert, liegt vor in Gerhardus u. a. (75).

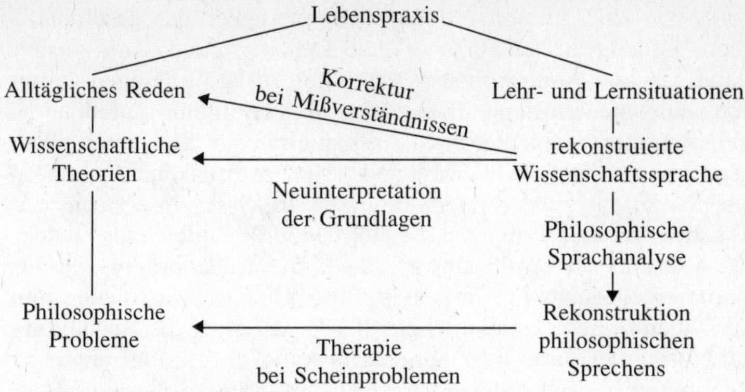

In das System des Konstruktivismus wurden phänomenologische, dialektische, sprachanalytische und wissenschaftstheoretische Elemente eingebaut und pragmatisch transformiert.
Rekonstruktionen verfolgen Ähnliches wie Letztbegründungen in der *Phänomenologie:* sie sollen den babylonischen Systemverwirrungen innerhalb der Philosophie ein Ende bereiten. Originelle Spekulation und geniale Gedankenassoziation, Ideenreichtum und Gedankendynamik bleiben zwar notwendige Voraussetzungen einer richtungweisenden Philosophie, müssen aber auf jeder Stufe ihrer Darstellung durch rationale Argumentation methodisch überprüfbar und begründbar sein. An die Stelle einer monologischen und introspektiven Berufung auf Evidenz tritt die Berufung auf die Rekonstruktion, die durch Konsens innerhalb *der* Gemeinschaft vollzogen wird, die sich philosophisch oder wissenschaftlich verständigen will. Aber nicht nur diese Absicherungstendenz hat der Konstruktivismus mit der Phänomenologie gemein, auch der Rekurs auf ein Letztes, nicht mehr Hinterfragbares erinnert an die Phänomenologie. Das letzte Fundament bilden hier allerdings die *Handlungen* der Menschen, nicht mehr die handlungsfreie Schau von Wesensstrukturen. Die Anknüpfung an Handlungen ermöglicht den Brückenschlag zur *Hermeneutik.* Der Konstruktivismus geht in gleichem Maße von der praktischen und historisch bezogenen Lebenssituation des Menschen aus wie Dilthey, Heidegger und andere Repräsentanten der Hermeneutik. Aber der Primat der Praxis bedeutet noch kein Sacrifizium des Denkens im hermeneutischen Zirkel. Das Bewußtsein der Abhängigkeit dispensiert nicht

von der Verpflichtung, sich innerhalb der jeweiligen geschichtlichen Situation in der Forscher- und Lebensgemeinschaft zu verständigen und durch Rekonstruktion des vorläufig Hingenommenen eine gemeinsame Basis der Verständigung aufzubauen. Rekonstruktion bedeutet nicht Aufbau einer für alle Zeiten gültigen Sprache, die nicht überholt und ergänzt werden dürfte, sondern nur der Anfang eines immerwährenden Prozesses. Wie wir in 8.1. d) sahen, versteht Lorenzen die Hermeneutik zugleich als Dialektik, allerdings in Anführungsstrichen. Die Redenormen, die aus einer gemeinsamen Lebenspraxis entnommen werden, dienen zum Verstehen dieses Ausschnitts aus der Geschichte; die Bewährung der Normen in dieser Explikation gibt Anlaß zur Einführung neuer Rekonstruktionsvorschläge, die sich auf größere Geschichtsabschnitte anwenden lassen, usw. Diese Bewegung umkreist spiralförmig das Ganze, aber stets unter der Kontrolle der Forschergemeinschaft, welche die Rekonstruktionen vorschlägt und von Fall zu Fall verbessert.

Diese phänomenologischen, hermeneutischen und dialektischen Überlegungen zum Aufbau der Wissenschaften und der Philosophie vollziehen sich nicht im sprachfreien Raum, sondern sind zugleich *sprachkritisch* in dem Sinne, daß sie die Erkenntnisse der *Sprachanalyse und Sprachlogik* berücksichtigen. Das heißt aber nicht, daß die Rolle der Sprache als allgemeines philosophisches Fundament fraglos hingenommen wird. Durch die Unterscheidung des *Vermögens* zu reden vom *faktischen* Reden liefert sich die philosophische Erkenntnis nicht der Zufälligkeit unseres jeweiligen Sprechens aus, sondern verwendet diese nur zum Ausgangspunkt für ihre Rekonstruktionen. Der Aufbau von Wissenschaftssprachen wiederum knüpft an die Errungenschaften der formalen Wissenschaftstheorie an, ohne deren Einseitigkeiten zu übernehmen. Die formalen Elemente der entwickelten Theorien stellen keine Idealsprache dar, welche wir im alltäglichen Sprechen verfehlen; es handelt sich vielmehr um ein Werkzeug *neben* der Alltagssprache, die keinesfalls verdrängt werden soll, da sie ja als Vermögen Anfang aller unserer philosophischen Unterscheidungen bleibt. Auch die formalen Elemente sind zu rekonstruieren und dürfen nicht als unerfüllbare Forderung von spekulativem Charakter sein. Wie das im einzelnen gemeint ist, werden wir bei der Behandlung der dialogischen Logik am Ende dieses Paragraphen sehen.

b) Operationalismus als methodischer und kulturalistischer Konstruktivismus

Die pragmatische Auffassung, wissenschaftliche und philosophische Theorien als Systeme menschlicher Handlungen zu interpretieren, wird gelegentlich auch *Operationalismus* genannt. Der Begriff wurde von Percy W. Bridgman eingeführt und auch von Lorenzen zur Charakterisierung seiner Lehre verwendet. Nachdem sich seit der Mitte der siebziger Jahre zwei Varianten der Philosophie des Konstruktivismus unterscheiden lassen, bezeichnet Peter Janich die ursprüngliche Lehre der Erlanger Schule als »methodischen Konstruktivismus« und stellt diesem seinen weiterreichenden »methodischen Kulturalismus«[13] entgegen, der besser »kulturalistischer Konstruktivismus« genannt werden sollte.

Wir wenden uns nochmals der Tatsache zu, daß im Konstruktivismus die menschliche Praxis das letzte Fundament aller Überlegungen darstellt. Der Rückbezug auf Praxis kann sehr unterschiedlich gemeint sein. *Bridgman*[14] beispielsweise faßt ihn als Rechtsgrund für ein logisches Sicherheitsbedürfnis auf, das sich im Bemühen um ein operatives Sinnkriterium äußert. Danach sind wissenschaftliche Sätze nur dann sinnvoll, wenn sie eine Subjunktion darstellen, in welcher der Wenn-Satz eine faktisch gemeinte Handlungsanweisung, der Dann-Satz dagegen ein Verhalten des betrachteten Gegenstandes beschreibt. Der Bezug auf die Sinnesdaten ist also nicht mehr ausschließlich rezeptiv, wie im frühen Empirismus, sondern durch die Aktivität des forschenden Subjekts ergänzt. Bei *Peirce*[15] sind ebenfalls einige Hinweise auf ein operatives Sinnkriterium zu finden; bei ihm fehlt aber das reduktionistische Element, wonach es alle Begriffe und Sätze durch Mengen von faktischen Operationen zu ersetzen gilt. Der operative Sinn kann sich nach Peirce nicht im Faktischen zeigen; seine Zeichentheorie spricht vom »logischen Interpretanten«, also eher von der *Möglichkeit* der Handlungsregeln. Dazu ist bereits ein Vorverständnis der betrachteten Begriffe notwendig, das dann durch die Handlungsanweisungen in den operativen Deutungen präzisiert und rekonstruiert wird. Der Interpretant

13 Siehe Janich (96).

14 Zu *Bridgman* siehe Klüver (71) S. 142 ff., zu *Janich* Hartmann/Janich (96) und Janich (96).

15 Vgl. Peirce (31), S. 411.

fällt nicht mit den Einzelinterpreten zusammen, sondern durch den Bezug auf Operationen, die in einer Experimentiergemeinschaft wiederholt realisiert werden können, wird der Interpretant zu einem *logischen* Subjekt.

Die wichtigsten Ideen zur Begründung eines *modernen Operationalismus* stammen von P. Lorenzen, der gewisse Gedanken H. Dinglers der gegenwärtigen Forschungssituation anpaßte und zu einer von jeglichem Voluntarismus freien allgemeinen Wissenschaftstheorie erweiterte. Vico war einst davon überzeugt, nur die menschliche Geschichte, *in welcher der Mensch selbst tätig ist,* erkennen zu können; für die Natur dagegen sah er keine Möglichkeit zur intellektuellen Aneignung. Dingler geht von der gleichen Annahme aus, nämlich daß der Mensch nur das erfassen kann, was in irgend einer Form mit dem zusammenhängt, was er selbst getan hat. Aber während Vico die Natur als fremdes, fertiges Objekt interpretierte, glaubt Dingler deren Abhängigkeit von unseren eigenen operativen Maßnahmen zu erkennen. In den Wissenschaften wird nur *das* in idealisierter Form nachgezeichnet, was in der *Praxis* angestrebt war, dort allerdings in unsystematischer und unreflektierter Form. Der Vorwurf der Konstruktivisten gegen Dingler betrifft den letzten Ausgangspunkt der Begründung eben dieser Praxis. Dingler reduziert die Praxis auf das Ergebnis eines letztgegebenen *individuellen Willens*. Die ganze Sicherheit von Wissenschaft und Philosophie baut auf die Gewißheit auf, daß ich etwas so und nicht anders gewollt habe. »Der aktive, gegenwärtige Wille ist das, was wir eine Realität, eine Wirklichkeit nennen«[16]. K. Lorenz spricht in diesem Zusammenhang von einem *operationalen* Cartesianismus, der an die Stelle des *meditativen* Cartesianismus getreten sei: »Wie sich Descartes auf das Faktum des monologischen Denkens verläßt, so verläßt sich Dingler auf das Faktum des monologischen Wollens, auf den ‚empirischen' Willen«[17]. Die Überwindung dieses Dezisionismus und Voluntarismus ist nur durch den Rückgang auf die Praxis als *Gemeinschaftsleistung* möglich, in welcher die einzelnen Partner, sich gegenseitig korrigierend, ihre Willensentscheidungen im Hinblick auf das Gelingen von Verständigung kontrollieren. Auf die Wissenschaften angewandt, führt das zur Diskussion von Prototheorien.[18]

16 Dingler (69), S.102.
17 Einleitung zu Dingler (69), S. 17.
18 Siehe dazu Böhme (76).

Im Gegensatz zu Metatheorien, die von den *Theorien* selbst handeln, enthalten *Prototheorien* Ausführungen über die *Bedingungen der Möglichkeit* jener Theorien. Im Unterschied zu transzendentalen Überlegungen, die Wissenschaften als Leistungen eines transzendentalen Subjekts auffassen, also als Leistungen eines »Bewußtseins überhaupt«, das jenseits unserer alltäglichen Praxis existiert, berufen sich Prototheorien auf die Leibhaftigkeit des Subjekts, genauer auf das Subjekt als eine handelnde Instanz innerhalb einer Kommunikationsgemeinschaft. Die *Geometrie* beispielsweise wird nicht mehr im Sinne Platons als Wissenschaft erklärt, in der die Idealbeziehungen zwischen räumlichen Wesenheiten evidentermaßen, d.h. durch reine Betrachtung, erkennbar sind. Aber auch die Kantische Deutung, die zwar auf *Konstruktionen* zurückgreift, wird als unzureichend angesehen, weil die Konstruktionsprinzipien dem transzendentalen Subjekt zugeschrieben werden, ohne in der menschlichen Praxis abgesichert zu sein. Lorenzen versucht in einer der Geometrie vorgeordneten Prototheorie, die geometrischen Grundbegriffe als Idealisierungen der Handlungspraxis darzustellen. Ebenen beispielsweise werden näherungsweise durch Schleifhandlungen mit drei verschiedenen Körpern realisiert. Die Vorstellung, daß dadurch alle Punkte der Ebene prinzipiell ununterscheidbar werden, ermöglicht es, ein Homogenitätsprinzip in die Prototheorie einzuführen. Durch dieses Prinzip ist einerseits die Idealisierung ausgedrückt und präzisiert, andererseits ist damit eine Grenze gegeben, die durch menschliche Handlungen annähernd erreichbar erscheint. Die zugehörige Praxis ist kein Ausfluß unkontrollierbarer Willensentscheidungen im Sinne des Dinglerschen Dezisionismus, sondern Rekonstruktion von Handlungen, die im menschlichen Leben schon immer vollzogen wurden, sei es beim Tischler, Optiker oder bei irgend einem anderen Praktiker, der mit ebenen Körpern umgeht.

Probleme wirft der Operationalismus dadurch auf, daß er im allgemeinen und besonders bei Dingler nur auf *klassische* wissenschaftliche Theorien führt, obwohl Einstein seine Relativitätstheorie ebenfalls operational verstanden hat. Auch Lorenzen betrachtet nicht-klassische Theorien als sinnvoll, sofern alle Grundbegriffe operationalisierbar sind. Während Lorenzen den Gedanken der Prototheorie allein für Logik, Geometrie und mathematische Physik zu realisieren versuchte, wird bei Janich der Begriff auch auf Chemie, Biologie und Psychologie angewandt. Janich versteht seine Position aber eher als Gegenreaktion auf radikal konstruktivistische Tendenzen, auf postmoderne Relativismen und auf einen kritiklosen Naturalismus. Im sogenannten radikalen Konstruktivismus (Siegfried J. Schmidt, Gerhard Roth) bedeutet Wirklichkeit immer eine vom Beschreibungssystem abhängige *konstruierte* Wirklichkeit, wobei wir eine von uns unabhängige Welt nicht nur nicht erkennen können, sondern es auch sinnlos ist, von einer solchen überhaupt zu sprechen. In der Postmoderne, insbesondere bei Richard Rorty, wird dagegen die eine Wirklichkeit des Realismus in einem Pluralismus von Perspektiven aufgelöst, in dem ebenfalls keine rationale Rechtfertigung aus einer einheitlichen Praxis möglich ist. Hauptgegner Janichs ist jedoch der Naturalismus, für den letztlich alles Natur ist und die Naturwissenschaften kritiklos als letzte Instanz beansprucht werden. Janichs Bezeichnung seiner Weiterentwicklung des methodischen *Konstruktivismus* als methodischen *Kulturalismus* verweist auf diese Distanzierung von jeder Naturalisierung von Wissenschaft und Philosophie. Für ihn muß die linguistische und pragmatische Wende durch eine »kulturalistische Wende« ergänzt werden. Deren Ziele umschreibt Janich mit folgenden Worten: »Rekonstruktionsziele sind wissenschaftlich gestützte Praxen (und nicht historische Theorien); Rekonstruktionsanfänge sind einschlägige lebensweltliche Praxen vorwissenschaftlich erreichter Kulturhöhen (und nicht eine unbestimmte Lebenswelt mit unexplizierten Handlungsvermögen eines kulturinvarianten Typs); Rekonstruktionsmittel sind primär die Handlungstheorie und das Prinzip der methodischen Ordnung, d.h. die Rücksicht auf die Gelingensbedingungen zweckabhängiger Handlungsketten in theoretischer Darstellung; und die Rekonstruktionsaufgabe schließlich ist als kulturkritische Orientierungsbemühung des Individuums in Auseinandersetzung mit seiner historisch vorgefundenen Situation interpretiert (und nicht primär als eine philosophische Korrektur historisch faktisch entstandener wissenschaftlicher Theorien).«[19]

Nach diesen Überlegungen läßt sich das Programm des Konstruktivismus noch deutlicher umschreiben: es geht in der Rekonstruktion nicht nur um die Präzisierung und Bewußtmachung des im menschlichen Handeln immer schon direkt Angestrebten und Gemeinten, sondern auch um die Darlegung der Grundlagen aller auf menschliche Praxis aufbauenden wissenschaftlichen und philosophischen Theorien.

c) Dialogische Logik

Ein Blick auf die Logik, die einerseits den operationalen Überlegungen zugrundeliegt und andererseits auch als operationale Konsequenz gedeutet werden kann, soll die allgemeinen systematischen Untersuchungen abschließen. Die Grundtendenz des Operationalismus, fertig vorfindbare Wissenschaften durch Rückgang auf die menschliche Praxis zu rechtfertigen, hat für die Logik einige weitreichende Folgen. In der klassischen Logik ist es üblich, nach dem »Zweiwertigkeitsprinzip« jeder Aussage eindeutig einen Wahrheitswert »wahr« oder »falsch« zuzuordnen. Man beschränkt sich auf Aussagen, die *»wahrheitsdefinit«* sind, das heißt, von denen entschieden werden kann, ob sie wahr oder falsch sind. Innerhalb einer

19 Janich (98) S. 36.

konstruktiven Theorie, welche wissenschaftliche Sprachen rekonstruiert, führen alle effektiv eingeführten Prädikationen auf solche wahrheitsdefiniten Aussagen[20]. Nun sind aber leider sehr viele Aussagen, die im Alltag, in der Wissenschaft oder in der Philosophie eine gewichtige Funktion erfüllen, gar nicht wahrheitsdefinit. Man wähle als Beispiel irgendein ungelöstes mathematisches Problem, das sich als Aussage A sinnvoll formulieren läßt. Kein Mensch weiß, ob A wahr oder falsch ist. Nun ist nicht viel damit gewonnen, daß man sagt, A habe »an sich« einen Wahrheitswert, nur kenne man ihn eben bis heute noch nicht. A ist dann nicht wahrheitsdefinit und dürfte so in keiner Wissenschaft als sinnvolles Gebilde auftreten. Auch der Trick, sich auf ein nicht weiter begründetes Axiomensystem zu berufen, stellt keine Lösung dar, weil die Annahme der Grundaxiome nicht plausibel ist. Der Satz A kann aber durchaus in unsere Betrachtungen einbezogen werden, wenn ein Verfahren erklärt ist, das es ermöglicht, die Frage nach der Wahrheit sinnvoll und systematisch zu verfolgen: man sollte entscheiden können, ob eine vorgelegte Folge von Aussagen einen Beweis von A darstellt oder nicht; die Aussage A heißt in diesem Falle *»beweisdefinit«*[21]. Aber selbst die Beweisdefinitheit ist eine noch zu strenge Forderung, die zahlreiche wichtige Fälle ausschließen würde; man denke sich für A eine Allaussage über unendlich viele Gegenstände: $\wedge x\ f(x)$. Wenn jemand behauptet, daß A gilt, dann kann er nicht den direkten Nachweis für A erbringen; er wird aber zugestehen, seine Aussage zurückzunehmen, wenn es jemandem gelingt, f(x) für einen *einzigen* Gegenstand zu negieren. A ist zwar keine beweisdefinite Aussage, sie sollte aber trotzdem nicht aus dem wissenschaftlichen Dialog entfernt werden, weil sie dort eine wichtige Rolle spielen kann. Solche Aussagen nennt Lorenzen *»dialogisch-definit«*: »Allgemein heiße eine Aussage dialogisch-definit, wenn für ihre Behauptung in einem Dialog die Regeln für beide Dialogpartner so festgelegt sind, daß jederzeit entschieden werden kann (1) ob der Dialog beendet ist, und (2) wer in

20 Vgl. Lorenzen/Schwemmer (73), S. 43.

21 Eine genaue Definition der Beweisdefinitheit gibt Lorenzen in seiner operativen Logik (55), S. 5/6: »(1) Jede durch schematische Operationen entscheidbare Aussage heiße definit. (2) Ist für eine Aussage ein definiter Beweis- oder Widerlegungsbegriff festgelegt, so heiße auch die Aussage selbst definit, genauer beweisdefinit bzw. widerlegungsdefinit.«

diesem Falle gewonnen hat«[22]. Da die Logik zwar nicht von der Sprache direkt abhängt, aber sich *in* der Sprache besonders auffällig zeigt[23], eignet sich besonders der *Dialog* zur Darstellung der logischen Zusammenhänge. Lorenzen entwickelt deshalb eine »dialogische Logik«, in der die zugrundeliegende Regelhaftigkeit sprachlicher Kommunikation expliziert werden soll.
Der Dialog stellt eine idealisierte Redehandlung zwischen zwei Dialogpartnern, dem Proponenten (P) und dem Opponenten (O), dar. Die logische Problematik beginnt, sobald P oder O zusammengesetzte Aussagen aussprechen. Die Bereitstellung eines Repertoires von Elementaraussagen, aus denen die zusamengesetzten Aussagen aufgebaut sind, ist Aufgabe der Wissenschaftstheorie. Wenn die Junktorenlogik (Aussagenlogik) die Theorie der Junktoren und die Quantorenlogik (Prädikatenlogik) die der Quantoren ist, so bedeutet das für eine dialogische Logik die Angabe von Dialogregeln für diese Junktoren bzw. Quantoren, wodurch geregelt wird, wann und wie ein Dialog beendet und gewonnen ist; dagegen kann man sich nicht einfach auf die Angaben von Wahrheitstafeln beschränken, die ja das Zweiwertigkeitsprinzip voraussetzen würden. Die Vorgabe der Dialogregeln ist nicht willkürlich. Es zeigt sich, daß nur dann Dialoge, die auf Begründungen aufbauen, geführt werden können, wenn bestimmte Regeln eingehalten werden. Der Dialog verläuft nun so, daß P eine zusammengesetzte Aussage behauptet und je nach der Art der Zusammensetzung festgelegt ist, wie die Behauptung vom Opponenten angegriffen und vom Proponenten verteidigt werden kann. Wir geben zwei Beispiele.

Regel für die Negation (R ~):

Ist A eine dialogisch definite Aussage und behauptet P die Aussage Non-A, so hat O das Recht, entweder Non-A zu akzeptieren – dann hat P gewonnen – oder aber A zu behaupten. Kann O den Dialog von A gewinnen, so hat P verloren, und umgekehrt.

22 Lorenzen (62), S. 21.
23 Lorenzen sagt dazu in (68), S. 68: »Wir lernen dieses logische Denken zwar ebenso an der Sprache, wie wir das Rechnen an den Zahlwörtern lernen – aber das logische Denken selbst ist trotzdem, ebensowenig wie das Rechnen, an die natürlichen Sprachen gebunden.«

Regel für die Konjunktion (R ∧):

Sind A und B beweisdefinite Aussagen, und behauptet P die Aussage A ∧ B, so hat O das Recht, den Beweis von A und den Beweis von B von P vorgeführt zu bekommen. Gelingt dies, hat P den Dialog gewonnen, sonst verloren.

Man betrachte die Aussage ~ (A ∧ ~ A). Wird diese von P behauptet, so wird O, falls er sich nicht gleich geschlagen gibt, (A ∧ ~ A) behaupten. Für diese Aussage übernimmt nun O die Rolle des Proponenten, d.h. P darf (1) den Beweis von A erbitten (den O tatsächlich angeben muß, falls er sich nicht geschlagen gibt) und (2) den Beweis von ~ A verlangen. Wenn aber O ~ A behauptet, wird P den vorher angegebenen Beweis von A anführen – und den Dialog gewinnen. Lorenzen führt zur besseren Übersichtlichkeit ein Dialog-Tableau ein:

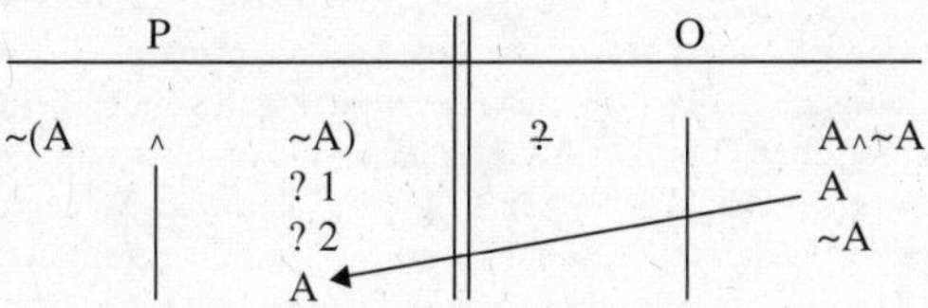

? 1 bedeutet die Frage nach dem ersten Konjunktionsglied; ? heißt, daß O die Behauptung von P nicht in Frage stellt und damit den Dialog verloren hat. Da dies nur die erste Möglichkeit des Dialogverlaufs darstellt, treten bei P und bei O zwei Spalten auf.
P wird nun *in jedem Fall* siegreich sein. Zu (A ∧ ~ A) gibt es eine Gewinnstrategie, die unabhängig von der Proposition, die zu A gehört, stets zum Sieg führt. Es handelt sich demnach um ein *logisches Gesetz*. Die dialogische Logik interpretiert logische Gesetze also nicht durch Wahrheitstafeln, die in der Ergebnisspalte stets den Wahrheitswert »wahr« aufweisen, sondern durch die Möglichkeit der Angabe einer Gewinnstrategie, die stets zum Ziele führt. In einem Logikkalkül können diese Gewinnstrategien noch präzisiert und übersichtlich dargestellt werden[24].

24 Vgl. z. B. Lorenzen (62), S. 24–28.

Wir geben noch ein Beispiel einer klassischen Tautologie, die in der dialogischen Logik zunächst nicht zu den logischen Gesetzen gerechnet werden kann, weil es keine solch allgemeine Gewinnstrategie gibt. Es handelt sich um das »Tertium non datur«: A v A. Wegen der darin enthaltenen Oder-Verknüpfung benötigen wir noch eine weitere Dialog-Regel.

Regel für die Adjunktion (R v):

Sind A und B beweisdefinit und behauptet P A v B, so muß P nach Verlangen den Beweis von A oder einen Beweis von B erbringen, sonst hat er verloren.

P		O	
A v ~A)		?	
A	~A)	?	A
(1)			(2)

Angenommen, P kennt den Beweis von A nicht (1) und nur O kennt diesen (2), dann kann P weder A noch ~ A erfolgreich verteidigen.

Das »Tertium non datur« ist also keine Aussage, die prinzipiell gewonnen werden kann; sie läßt sich dialogisch nicht begründen und gehört nicht zur »effektiven (intuitionistischen) Logik«. Andererseits weiß man aber, daß die Hinzufügung dieses Gesetzes der klassischen Logik auf keinerlei Widersprüche führt und sich dabei der Gesamtaufbau der Logik wesentlich vereinfacht. Lorenzen läßt nun dieses Gesetz als Hypothese in einer sogenannten »fiktiven Logik« zu, weil es gelingt, die Widerspruchsfreiheit des dadurch gegebenen Bereichs operativ zu begründen.[25]

Wir erkennen auch in der dialogischen Logik die gleiche Tendenz wie in der allgemeinen operativen Philosophie: Durch den Rückgang auf die menschliche Praxis, hier auf die Redepraxis in Dialogen, gelingt einmal eine Rechtfertigung von Zusammenhängen, die in anderen Logiken durch unreflektierte semantische Annahmen vollzogen werden (vgl. das Zweiwertigkeitsprinzip), andererseits werden weiterführende logische Konzeptionen (vgl. die fiktive Logik) trotzdem ernst genommen, sofern hierzu Überlegungen zu einer indirekten operativen Rechtfertigung erfolgreich sind.
Diese abschließende Skizze der operativen Logik soll nicht den Eindruck erwecken, als sei damit das Problem der Logik-Begründung endgültig gelöst. Es gibt gewichtige Einwände gegen die dialogische

25 a. a. O. S. 74ff., insbesondere S. 81.

Logik[26], insbesondere dann, wenn diese als *Begründung* und nicht nur als auf die Praxis zurückgehende *Interpretation* der Logik verstanden wird. Der Streit darüber, ob diese »heterodoxe Variante« der klassischen Logik nur eine »Laune der Konstruktivisten« ist [27], dauert weiter an. Lorenzen glaubt, diesem Vorwurf durch den Hinweis auf zwei wichtige Anwendungsgebiete begegnen zu können: »Es seien hier... noch einmal die Gründe aufgeführt, die den Verzicht auf die Wahrheitsdefinitheit als geboten erscheinen lassen. Diese Gründe liegen (1) in der Anwendung der Logik auf Unendliches (Arithmetik), (2) in der Anwendung der Logik auf Zukünftiges (Versprechen und Voraussagen)«[28].

13. 3 Kritik an Konstruktivismus und Operationalismus

a) Sprachanalytische Einwände

Ein entscheidener Einwand betrifft die Reichweite solcher Rekonstruktionen. Gewiß kann man Termini wie Tatsache und Sachverhalt, Ding und Begriff usw. in der angegebenen Weise einführen und ihren Gebrauch akzeptieren. Das Problem bleibt jedoch, ob damit eine befriedigende Darstellung und Beschreibung der wissenschaftlichen und philosophischen Problematik erreicht ist. Ist die Wirklichkeit denn nicht zu komplex, um durch solch allgemeine Unterscheidungen eingefangen werden zu können? Hat es – um ein Argument von Austin aufzugreifen[29] – einen Sinn, von »Handlungen« im normativen Sinn zu reden, wenn damit solch komplexe Phänomene erfaßt werden, daß ihnen kein anderes Merkmal zuge-

26 Siehe zur Kritik insbesondere Stegmüller (64) und (58), ferner Lenk (68), insbesondere S. 549 ff., Müller (57), Klüver (71), insbesondere S. 107 f.
27 So Lorenzen in Lorenzen/Schwemmer (73), S. 45.
28 a. a. O. – Übrigens ist die dialogische Logik nicht die einzige Form, eine Logik ohne Wahrheitsdefinitheit aufzubauen. Lorenzen hat vor der dialogischen Interpretation der Logik eine »operative Logik« entwickelt, wo in der sogenannten Protologik die Prinzipien zur Gewinnung von Regeln angegeben werden, die in allen Kalkülen auf zulässige Regeln führen. Diese in allen Kalkülen zulässigen Regeln sind gerade die logischen Sätze der operativen Logik.
29 Austin (74), S. 35/36.

ordnet werden kann, als eben das, von den Konstruktivisten alle unter ein normiertes Schema *gestellt* worden zu sein? Aber die Konstruktivisten können mit Recht darauf antworten, solche Behauptungen seien so lange voreilig, wie keine Anstrengungen gemacht werden, diese Unterscheidungen zu artikulieren und in einer Gemeinschaft zu thematisieren. Wer nur vage von individuellen Erfahrungen, existentiellen Sondersituationen, historischen Einmaligkeiten, nicht erfaßbaren Komplexitäten und ähnlichem spricht, stellt sich durch solches Reden außerhalb der Kommunikationsgemeinschaft und hat »Nichts« zu sagen – im wörtlichen Sinne.

Anders ist die Situation in den Fällen, in denen Sprachanalytiker Sprachspiele und deren Funktionsweisen beschreiben. In ihnen wird die Vielfalt sprachlicher Handlungen eingefangen. Dabei stellt sich heraus, daß bestimmten Sprachspielen autonome Bedeutung zukommt. Daher scheint es müßig, eine Art »universelles Sprachspiel« durch konsensgestützte Rekonstruktion entwickeln zu wollen. Gerade die Untersuchungen Wittgensteins haben gezeigt, daß wegen der Vielfalt der Phänomene die notwendigen Unterscheidungen nicht in einen einzigen Funktionsrahmen eingebunden werden können, wie es den Konstruktivisten vorschwebt.

b) Einwände der Phänomenologen

Der Vorwurf der Phänomenologen konzentriert sich auf den Bewußtseinsaspekt. Rekonstruktionen können nicht allein durch den Konsens legitimiert werden. Eine Funktion, die nicht willkürlicher Zustimmung, sondern sachgemäßer und vernünftiger Einsicht entspringt, muß in irgendeiner Form die sinnhafte Wirklichkeit betreffen. Insofern die Phänomenologie den Sinn aus dem Bewußtsein konstituiert, betrifft die Rekonstruktion Wesensstrukturen des Bewußtseins. Eine Phänomenologie, die so den operationalen Aspekt des Konstruktivismus aufgreift und in ihre Bewußtseinslehre einbaut, wird sich natürlich von der deskriptiven und transzendentalen Phänomenologie unterscheiden. Wir sprechen von einer »operativen Phänomenologie«.

In Kapitel 9 charakterisierten wir die operative Phänomenologie als Lehre, die ihre letzte Gewißheit nicht durch passive Wesensschau im Sinne einer deskriptiven Phänomenologie, aber auch nicht durch transzendentalen Bezug auf ein abstraktes Bewußtsein überhaupt im

Sinne einer transzendentalen Phänomenologie zu erreichen sucht, sondern als Lehre, die ihre Sicherheit durch Regelhandlungen erlangt. Phänomenologie war so die Lehre von den Weisen des Bewußtwerdens originärer Gegebenheiten durch kontrollierbare menschliche Handlungen. Rekonstruktion der praktischen Lebenswelt bedeutet nichts anderes als Bewußtmachen durch regelhaftes Handeln. Aber in der rekonstruierten Theorie soll sich nicht die unreflektierte Welt einfach noch einmal darstellen. Wenn Philosophie nur eine Verdoppelung der Wirklichkeit bedeutete, könnte sie derselbe Vorwurf treffen, den man gegen die Logik erhebt: was soll es, Logik zu betreiben, wenn logisches Denken schon reibungs- und mühelos verläuft? Wozu also Philosophie, wenn sie nicht *mehr* erreicht, als *das* zum Bewußtsein zu bringen, was jeder immer tut? Das Entscheidende ist, daß ein rekonstruierter Regelkanon mit Hilfe der Kategorien der Lebenswelt Konstruktionen vollbringen kann, die zunächst die unmittelbare menschliche Praxis transzendieren, dann aber doch wieder auf diese Einfluß nehmen. In der Rationaliät stekken mehr Möglichkeiten als nur die in konkreten Handlungen erreichbaren. Phänomenologie darf daher nicht mißverstanden werden als Appendix zu alltäglichen Handlungen; es geht vor allem um das, was der Mensch durch die Fantasie innerhalb seiner rationalen Möglichkeiten vollbringt – allerdings auf dem Boden von Grundbegriffen, die auf einer operativen Basis stehen. In der Logik darf durchaus über die enge intuitionistische Logik hinausgegangen werden, aber nur unter der Bedingung, daß die Prinzipien der Erweiterungen in einem operationalisierbaren Kontext stehen. Die Basis ist die dialogische Logik als »effektive Logik«; aber auf diesem Fundament darf weitergedacht werden, es dürfen »fiktive Logiken« in einem fest umrissenen Sinn entwickelt werden. Auch in der Metaphysik oder Sprachphilosophie, in Ethik und Anthropologie sollte entsprechend verfahren werden: Das Ziel ist eine Rekonstruktion des schon immer Gemeinten und Gewollten und, darauf aufbauend, die Entwicklung weiterreichender Theorien, die ausschließlich aus operationalisierbaren Grundbegriffen ableitbar sind.

Daß zur Charakteristik solcher Begründungen der *Phänomenbegriff* herangezogen wird, hat den Sinn, den Zusammenhang der Lebenspraxis mit den anwendbaren Theorie-Ergebnissen zu erklären. Das schlagende Argument gegen phänomenologische Argumentationen war seit eh und je der Hinweis auf die Nichtanschaulichkeit nichtklassischer Theorien, die einen entscheidenden Einfluß auf unser

Wirklichkeitsverständnis ausüben. Durch die Neuinterpretation des Phänomenbegriffs als operativen Terminus wird dieser Einwand hinfällig. Die Kontinuität zwischen der ursprünglichen Praxis und der durch nicht-klassische Theorien vermittelten Praxis ist nur verstehbar, wenn es etwas gibt, das die Identität der menschlichen Praxis erhält; und eben dies wird Phänomen genannt. Zum »Vorschein« kommt das Phänomen allerdings nur in der Sphäre der praktischen Handlungen; in den theoretischen Konstruktionen wirkt es als Chiffre verschlüsselt und unzugänglich. Durch das operationale Fundament und durch die praktische Bewährung unterscheidet es sich so von der Magie und von willkürlichen Spekulationen, die vielleicht zufällig einmal die Wirklichkeit treffen.

Ausblicke:
14. Methoden als spezielle Rationalitäts- und Denkformen

Wir haben in den vergangenen Kapiteln einige wichtige Weisen beschrieben, wie in den letzten Jahrzehnten Philosophie betrieben wurde. Dabei konnten jeweils gewisse Gemeinsamkeiten festgestellt werden, welche die »Methoden« in unserem weiteren Sinne konstituierten. Die gegenseitigen Kritiken zeigten zugleich, daß die Vertreter jener Methoden diese als autonome Weisen des Philosophierens betrachten, die sich mit den gegnerischen Standpunkten nur schwer versöhnen lassen.
Man beharrt auf bestimmte Annahmen und Verfahrensweisen, die man nicht als explizite Setzungen, sondern als notwendige Voraussetzungen jeder vernünftigen und die Tatsachen »richtig« sehenden Argumentation betrachtet. Gewisse methodische Grundelemente fungieren als unbezweifelte Rahmenbedingungen. Sie konstituieren eine Lebensform im Sinne Wittgensteins, einen wirkungsgeschichtlichen Zusammenhang im Sinne Gadamers oder die transzendentalen Bedingungen der Kommunikationsgemeinschaft im Sinne Apels. Damit scheinen sie jeder Kritik entzogen zu sein. Sie dienen als Leitbegriffe in der Argumentation gegen andere Standpunkte; an ihnen orientieren sich alle »vernünftigen« Aussagen und durch sie organisiert sich die jeweilige Rationalität.
Unsere Methoden werden daher neuerdings häufig als *Rationalitätsformen* interpretiert. Durch die Unterordnung unter den Rationalitätsbegriff (14.1) werden alle Methoden »vernünftig«, und es stellt sich wegen ihrer gegenseitigen Unversöhnlichkeit das Relativismusproblem. Deutet man schließlich die Methoden als reine Interpretationsmöglichkeiten, dann erhalten auch die nichtwissenschaftlichen Konzepte gleiches Gewicht. Im Versuch, alle Formen mittels der »transversalen Vernunft« (Welsch) zu erfassen, glaubt man den Relativismusvorwurf entkräften zu können (14.2). Doch die Entwicklung von der strengen wissenschaftlichen Methodik zur beliebigen Deutungsmöglichkeit begünstigt die zahlreichen Verdächtigungen gegen Methode, Rationalität und Vernunft (14.3). In diesen Fällen tendiert das »Philosophieren«, wie man dieses neue Denken

im Gegensatz zur Explikation von »Philosophie« häufig bezeichnet, zur Selbstauflösung. Die Ablehnung des methodischen Aspektes in unserem weiteren Sinne führt notwendig zum Ende der Philosophie und dieses Philosophierens selbst.

14.1 Die Umdeutung des Methodenbegriffs zum Rationalitätstypus

Die einzelnen von uns beschriebenen Methoden werden heute häufig verschiedenen *Rationalitätstypen* zugeordnet. Rationalität umfaßt das Methodische, geht über dieses aber weit hinaus. H. Schnädelbach stellt neben das wichtige Rationalitätsmerkmal der Begründung »das Vermögen der Realitätsprüfung (Freud), des Lernens aus Fehlern und Irrtümern (Popper), das Problemlösen in rückgekoppelten Handlungszusammenhängen (Gehlen), der zweckorientierten Mittelwahl (Weber)«[1], – alles Beispiele, die weder durch den Begründungsbegriff noch durch die Habermassche Einlösung von Geltungsansprüchen erfaßt werden. Häufig verdrängt dieser weite Rationalitätsbegriff auch den klassischen Vernunftbegriff, wodurch die Orientierung noch schwieriger wird. Für Schnädelbach klingt »‚Vernunft' altertümlich, ‚Rationalität' keineswegs. Von Vernunft zu reden, steht unter Metaphysikverdacht, während das Rationalitätsthema einen soliden wissenschaftlichen Eindruck macht«[2]; man könnte noch ergänzen, daß von »Methoden« zu reden unter Szientismusverdacht steht. Nach Lenk/Spinner scheint Rationalität »nicht nur die moderne Form, sondern geradezu die Präzisierung des traditionellen Vernunftbegriffs zu sein ...«[3] Gleichzeitig weisen beide Autoren darauf hin, daß keine einheitliche Bedeutung des Rationalitätsbegriffs ausgemacht werden kann. Als Kernintuition des Begriffs wird die systematische Problemlösungsstrategie genannt. Weil in unserem Methodenbegriff nicht nur das Regelhafte, sondern zugleich auch das durch Leitbegriffe (Zwekke) und allgemeine Rahmenbedingungen (»frame-works«) gegebene Ganze erfaßt wird, können die Methoden als Präzisierungen des Kon-

1 Schnädelbach (92) S. 63.
2 Schnädelbach Einleitung zu (84) S. 8.
3 Lenk/Spinner (89) S. 1.

glomerats von Rationalitätstypen aufgefaßt werden.[4] Wichtig erscheint die Betonung, daß die »Einkomponenten-Rationalitäten«, die sich im zweigliedrigen Mensch/Welt-Modell kurzschließen, durch ein dreigliedriges Akteur/Orientierungsrahmen/Welt-Modell ersetzt werden müssen. Damit sind die pragmatischen Tendenzen angesprochen, die wir im letzten Teil der Arbeit herausgearbeitet haben.
Auf die Gefahren einer Auflösung des Rationalitäts- und Vernunftbegriffs durch Überbetonung okkasioneller Faktoren wurde schon oben hingewiesen.[5] Die Erweiterung des Rationalitätsbegriffs auf subjektive Formen, denen im Gegensatz zu unseren Methoden die Bewährung bei vielen Denkern und in längeren Zeiträumen fehlt, läuft in ähnlicher Weise auf eine Abwertung tradierter Denkformen hinaus. Originelle singuläre Einfälle und Spekulationen erhalten durch das Attribut des Rationalen eine Scheinlegitimation; Originalität allein scheint aber eher ein hinreichendes Kriterium für *Kunst*produkte, nicht aber für *Denk*produkte zu sein. In der Postmoderne wird genau diese Nähe von Philosophie und Ästhetik zu einer Pluralismustheorie ausgeweitet, die auch die Vielfalt gleichberechtigter, aber inkommensurabler Methoden, Rationalitätstypen oder Vernunftformen verständlich machen soll.

14.2 Die »transversale Vernunft« als postmoderne Lösung des Pluralismusproblems

Die Postmoderne zeichnet sich u.a. dadurch aus, daß die »diktatorische« Methodik durch humane *Freiheit*, Rationalität durch Rationalitäts*kritik* und Vernunft durch Vernunft*kritik* ersetzt werden. Lyotard bezieht sich auf einige Tendenzen, die es ernst zu nehmen gilt, nämlich auf

– den Zerfall des Fortschritts- und Emanzipationsgedankens;

– den Zerfall des idealistischen Diskurses, in welchem einst die Legitimation von Philosophie, Wissenschaft und Kunst erfolgte, – für Lyotard stehen wir maßstabs- und horizontlos am »Grabmal des Intellektuellen«[6];

4 Lenk/Spinner zählen (auf S. 3–9) 22 Rationalitätstypen auf. Ihre systemlose Unübersichtlichkeit, ihre Verkettungen und Überschneidungen spiegeln die Komplexität und Pluralität gegenwärtiger Denkgewohnheiten wider.
5 Siehe 6.3c).
6 So der Titel eines Werkes Lyotards.

- die Veräußerlichung des Wissens und vor allem dessen Ökonomisierung, durch die alles – insbesondere auch die Sprache – zur »Informationsquantität« und zur produktiven Ware herabsinkt;
- die Etablierung neuer Leitbegriffe wie Macht und Effektivität, die sich nicht mehr an methodischen Kriterien, Diskursen oder expliziten Legitimationen orientieren, sondern autonom wirken und überzeugen.

Indem daraufhin alle bewährten Methoden als überholte »große Erzählungen« mit letztlich repressiver Absicht dargestellt werden, glaubt man den logozentrischen Zwängen der Welt aus der wissenden Distanz des neutralen Betrachters entgehen zu können. Aber selbst das heroische Aushalten von Differenzen (Lyotard) und die bewußte Beschränkung auf Kontigenzen (Rorty[7]) lassen immer wieder Elemente verborgener Paradigmen, insbesondere aufklärerischen Charakters, erkennen, so daß es nicht überrascht, wenn sich das postmoderne Umgehen mit der irreduziblen Pluralisierung von Rationalitäten mehr und mehr zu einer neuen Vernunftform transformiert. *Wolfgang Welsch* entdeckt in dem neuen Denken eine *»transversale Vernunft«*.[8]
Wie sich Welsch früher gegen die *Beliebigkeitstendenzen* der Postmoderne gewehrt hatte[9], so wendet er sich in den letzten Untersuchungen gegen die verschiedenen Formen der postmodernen Verabschiedung von Vernunft. Trotzdem möchte er jede Überhöhung der Vernunft vermeiden. Die »Vernunft muß sich der Pluralität und Unordentlichkeit stellen«.[10] Wie Kant bestimmt Welsch Vernunft als Koordinierungsinstanz der diversen Rationalitäts- oder Verstandesformen. Aber wegen der Vervielfältigung der Erscheinungen müssen sowohl Rationalität als auch Vernunft neu bestimmt werden.
In seinem voluminösen Werk »Vernunft« beschreibt Welsch zunächst die Pluralisierung der Vernunft von Hegel über Adorno, Habermas, Heidegger bis hin zu den Hauptrepräsentanten der Postmoderne (Lyotard und Derrida) und zu Wittgenstein. Dann zeigt er die zahlreichen Parallelisierungen, Komplexifizierungen und Verflech-

7 Siehe z. B. Rorty (89).
8 Welsch (95).
9 Welsch (87) S. 41.
10 Welsch (95) S. 436.

tungen der Denkformen auf. Nachdem der Unordentlichkeit der Rationalitätsform schon das Attribut »rational« zugebilligt wird, weil »sie dem Entwicklungsprozeß der Rationalität entstammt und in ihren Schritten wie in ihren Ergebnissen rational nachvollziehbar ist«,[11] formuliert Welsch die Zentralthese: Wenn Heterogenität und Verflechtung der Rationalitätsformen denkbar sind, dann muß es eine Vernunft geben, die diese plurale Verfassung aushält. »Vernunftkritik muß ihrerseits Anspruch auf Vernünftigkeit erheben.«[12] Diese Vernunft heißt transversal.

In Anlehnung an Kants drei »Kritiken« spricht Welsch vom Auseinandertreten der ursprünglich einheitlichen Vernunft in drei »Rationalitätstypen«: in kognitive, moralisch-praktische und ästhetische Rationalität. Diese Typen bilden in der klassischen Vorstellung eine stabile Wohlordnung; sie sind autonom definiert und problemlos klar voneinander abgrenzbar. Aber innerhalb eines jeden Rationalitätstyps müssen weitere Differenzierungen beachtet werden, die auf *»Paradigmen«* als »Radikale der Rationalität« führen. Weil diese, wie z.B. in wissenschaftstheoretischen und ethischen Theorien oder in Kunstströmungen, Tendenzen zur Inkommensurabilität aufweisen, »ist der Weg zur rationalen Unordentlichkeit definitiv eröffnet.«[13] Die irreduzible Paradigmenvielfalt stellt den Pluralismus im eigentlichen Sinne dar.

In der »kontroversharten Gesamtverfassung der Rationalität«[14] zeigt sich eine ähnliche Struktur wie in unserer Methodenvielfalt. Welsch zählt u.a. die Paradigmen Pragmatismus, Phänomenologie, Logischer Positivismus, Existenzphilosophie, Hermeneutik, Kritische Theorie, Konstruktivismus und analytische Philosophie auf. Auch für ihn wird die Möglichkeit eines Super- oder Hyperparadigmas ausgeschlossen: »Von jedem Paradigma, das ein Hyperparadigma zu sein beansprucht, läßt sich vielmehr zeigen, daß es in Wahrheit *in* der Reihe der Paradigmen steht, nicht über ihm schwebt. Man kommt somit über den Status einer paradigmengebundenen Option nicht hinaus«.[15] Jeder wird gezwungen, sich in ein bestimmtes Paradigma einzuordnen.

11 a. a. O. S. 47.
12 a. a. O. S. 427.
13 a. a. O. S. 444.
14 a. a. O. S. 543.
15 a. a. O. S. 556.

Doch Welsch bleibt bei diesen Analysen nicht stehen. Er entwirft in seinem letzten Teil die Utopie einer transversalen Vernunft. In einem »Methodenkatalog« zeigt er die Vorgehensweise einer solchen Vernunft auf. Ein großer Teil des Katalogs umfaßt metatheoretische Aussagen, wie genaue Analyse der einzelnen Paradigmen, Vergleich von Paradigmen, Aufdeckung der interparadigmatischen Vernetzungen, Beobachtung von Unklarheiten und Unsicherheiten. Darüber hinaus ist nun die Rede von *transparadigmatischen* Optionen, die trotz des Wissens, daß solche Versuche in der »unbeendbaren Unordentlichkeit« landen, gewagt werden müssen. Es sollen Paradigmenverbände und -netze aufgespürt und die verschiedenen Bilder des Ganzen beachtet werden. Zugleich sind die unterschiedlichen Versionen des Ganzen zu untersuchen und die Ursachen aufzuzeigen, weshalb sich diese zu keiner Gesamtstruktur fügen. Es wird ein »Bild einer beweglichen, allenthalben fragmentarischen und vielfältigen Gemengelage erstehen... das ist das Bild der Rationalität vor den Augen der Vernunft – einer Vernunft, welche die Mannigfaltigkeit der Versionen in den Blick nimmt und sich innerhalb der Vielfalt zu bewegen und zwischen ihren Elementen überzugehen versteht«.[16]

Daß dies wirklich gelingt und vor allem, daß es belangvoll ist, glaubt Welsch auf den neuen Leitbegriff der »rationalen Gerechtigkeit« zurückführen zu können, der an die Stelle des Leitbegriffs »Einheit« tritt. Spätestens an dieser Stelle erkennt man den Sprung in ein neues Paradigma, das den utopischen Charakter moderner humanistischer Provenienz nicht verleugnen kann. Anerkennung der Existenz und Berücksichtigung der Ansprüche anderer Paradigmen – die Elemente, welche den Leitbegriff der Gerechtigkeit ins Spiel bringen – treten in Konkurrenz zum fundamentalistischen Beharren auf ein bestimmtes Paradigma, sei es aus Macht-, Selbsterhaltungs- oder anderen Gründen. Auch religiöse Motive können alternative Leitbegriffe setzen. Alle genannten Konzeptionen werden mit der neuen Situation der Pluralität dadurch fertig, daß sie die alternativen Paradigmen zu Fehlformen deklassieren und damit die Idee eines Paradigmen-Pluralismus ablehnen. So erscheint transversale Vernunft nur als sinnvolle Möglichkeit innerhalb eines humanistischen Paradigmas; aber gerade deshalb kann sie nicht die universelle Vermittlung leisten, die Welsch vorschwebt.

16 a. a. O. S. 696.

Die Degradierung des präzis Methodischen zum Exempel innerhalb der verschiedenartigen Paradigmennetze bereitet den Weg zu einer extremen Position, die das Methodische, Rationale und Vernünftige überhaupt radikal in Frage stellt.

14.3 Angriffe gegen das methodische Denken

Das öffentliche Bewußtsein ist neuerdings von zahlreichen aggressiven Formen der Verdächtigung methodischen Denkens geprägt. Diesbezügliche Publikationen avancieren schnell zu Bestsellern, nicht zuletzt, weil sie in ihrer Aggressivität und Unverbindlichkeit den journalistischen Gepflogenheiten und dem Bedürfnis nach Sensationen mehr entsprechen als trockene philosophische Abhandlungen. »Ein Gemisch aus Zynismus, Sexismus, ‚Sachlichkeit' und Psychologismus bildet die Stimmung im Überbau des Westens« (Sloterdijk[17]). Und wenn man diese in Satire und Erheiterung zu verwandeln vermag, dann ist der Erfolg gesichert.
Die damit vollzogene Selbstauflösung der Philosophie betrifft auch einige unserer Methoden. Es gibt Tendenzen

- von der Wissenschaftstheorie zum Methodenanarchismus (Paul Feyerabend),
- von der Sprachanalyse zur Philosophie des nicht-normalen Diskurses (Richard Rorty),
- von der Dialektik zum »Kynismus« (Peter Sloterdijk).

Der Methodenanarchismus Feyerabends[18] konnte sich in den betreffenden Bereichen nicht durchsetzen und wurde durch die Diskussion um Kuhns Pragmatisierung der Wissenschaften durch eine glaubwürdigere gemäßigte Korrektur ersetzt. Auch die journalistischen Übertreibungen in Sloterdijks »Kritik der zynischen Vernunft« sind ernsteren und fundierteren Analysen innerhalb der Postmoderne gewichen.

17 Sloterdijk (83); ein typisches Beispiel einer derartigen Philosophie, in der allerdings auch die Sachlichkeit fehlt, enthalten die Arbeiten von Cioran, siehe z. B. sein letztes Hauptwerk (83).
18 Siehe Feyerabend (76).

Sloterdijk glaubt in seiner »Kritik der zynischen Vernunft«, alle geistigen und gesellschaftlichen Phänomene unter diesem Leitbegriff analysieren zu können. Zugleich soll die Kritik vom »Zynismus« weg zum »Kynismus« hin führen, zu einer Überwindung der zynischen Vernunft durch eine Philosophie der Frechheit, der animalischen Heiterkeit, der Obszönität, des Komödiantischen und einer den Streit suchenden Dialektik. Das Unbehagen in der Kultur gilt es durch eine »Erheiterungsarbeit« zu erhellen, in der sich Elemente des »richtig« interpretierten Marx, der Visionen Nietzsches, des Spötters Heine, der Kritischen Theorie und der in Verzweiflung erfahrenen Literaturkritiker unserer Zeit finden.
Aber letztlich hat sich die Kritik – sei es als Rationalitäts- oder Vernunftkritik – gegenüber den komödiantischen Allüren des Kynismusprojekts durchgesetzt.
Dagegen verdienen die Gedanken *Rortys* größere Aufmerksamkeit. Auch Rorty wendet sich gegen das strenge Methodendenken, sieht aber in einem eigenwilligen Pragmatismus[19] weiterhin Aufgaben für die Philosophie, vor allem im Bereich des Politischen. Für Rorty beherrscht die methodisch nicht faßbare Kontingenz alle philosophisch bedeutsamen Phänomene, sei es die Sprache, das Selbst oder das Gemeinwesen[20]. Seine Überlegungen werden häufig als Indiz für das Scheitern des ursprünglichen analytischen Programms gedeutet, das stets die methodische Strenge fordert. Rorty stammt aus der analytischen Tradition, radikalisiert aber die therapeutischen Elemente der Wittgensteinschen Spätphilosophie und gibt sich mit der originellen, aber keineswegs wissenschaftlich-methodischen Fortsetzung des »abendländischen Gesprächs« zufrieden.
In seinem Buch »Der Spiegel der Natur: Eine Kritik der Philosophie« »verabschiedet« er zunächst die traditionellen Formen der Erkenntnistheorie und der Metaphysik. Seit Jahrhunderten wurde das Bewußtsein als ein Spiegel aufgefaßt, der die Außenwelt abbildet. Die großen Entwürfe Descartes', Kants und anderer Denker waren nichts anderes als ein wiederholtes »Polieren dieses Spiegels«, mit der Absicht, die Abbildung immer besser zu realisieren. In der analytischen Materialismusdebatte, die den ersten Teil des Buches umfaßt, kritisiert Rorty auch die analytische Sprachphiloso-

19 Siehe den Sammelband Rorty (82).
20 Rorty (89).

phie, moderne Intentionalitäts-Theorien und die gesamte wissenschaftstheoretisch orientierte Philosophie, die den Spiegelungsgedanken in den verschiedenartigsten Varianten vertritt. Das Ziel der Kritik ist der Aufweis, daß die Philosophie, dieses »Substitut für Religion«[21], als Disziplin ihre Bedeutung verloren hat. Unter Berufung auf Wittgenstein, Heidegger und Dewey relativiert er die philosophischen Aktivitäten: »Sie alle erinnern uns daran, daß eine Untersuchung der Fundamente von Erkenntnis, Moralität, Sprache oder Gesellschaft möglicherweise nichts als Apologetik ist, der Versuch, bestimmte zeitgenössische Sprachspiele, Sozialpraktiken oder Selbstauffassungen zu verewigen.« Die drei genannten Philosophen dienen als Kronzeugen für die Vergeblichkeit, »eine neue Möglichkeit zu finden, ‚Fundamentalphilosophie' zu treiben – irgendeinen ‚unhintergehbaren' Kontext unseres Denkens auf neue Weise auszuformulieren«.[22] Sie selbst mußten alle ihre früheren Versuche als Selbsttäuschungen entlarven und wurden in ihren »Spätphilosophien« nicht müde, andere vor solchen »Holzwegen« zu warnen.
Die entscheidende Wende von der üblichen Philosophie zur Rortyschen »Post-Philosophie« wird mit Hilfe von Begriffen aus T. S. Kuhns Wissenschaftstheorie verdeutlicht. Rorty unterscheidet zunächst die normale von der revolutionären Wissenschaft. »*Normale Wissenschaft* ist die Praktik, Probleme auf dem Hintergrund eines Konsenses darüber zu lösen, was als gute Erklärung des Phänomens gelten würde und was zur Lösung eines Problems zu unternehmen wäre.« »*Revolutionäre Wissenschaft* besteht darin, ein neues Erklärungsparadigma und damit einen neuen Problemkomplex einzuführen.« So waren Descartes, Kant, Husserl, Russell revolutionäre Philosophen, »für die die Inkommensurabilität ihres neuen Vokabulars mit dem alten eine vorübergehende Schwierigkeit ausmacht, sich der Unzulänglichkeit ihres Vorgängers verdankt und durch die Institutionalisierung ihres eigenen Vokabulars ausgeräumt werden muß. Diese Philosophen gründen neue Schulen, in welchen normale professionalisierte Philosophie praktiziert werden kann«.[23] Rorty nennt sie die systematischen Philosophen. Daneben führt er aber auch einen Unterschied zwischen dem normalen und dem prinzipiell nicht-

21 Rorty (81), S. 14.
22 a. a. O. S. 20 bzw. 15.
23 a. a. O. S. 348 bzw. 400.

normalen Diskurs ein. Den letzteren findet man bei Kierkegaard, Nietzsche, dem späteren Wittgenstein und dem späten Heidegger. Deren Art zu philosophieren nennt Rorty »Hermeneutik«.[24] Hermeneutik bedeutet das Studium und die Kultivierung nicht-normaler Diskurse, das eigentliche Anliegen der Post-Philosophie. Hermeneutik ist das, was wir erhalten, wenn wir alle objektiven inhaltlichen Aussagen im Sinne letzter Wahrheiten aus der Philosophie ausmerzen. Die Entdeckung von Wahrheit ist den empirischen Wissenschaften und der Mathematik vorbehalten. So war es ein grundlegender Irrtum Kants, die Philosophie auf den sicheren Pfad der Wissenschaften bringen zu wollen. Hermeneutik leistet keinen Forschungsbeitrag, bereichert nicht unsere Kulturszene und kann kein Religionsersatz sein. Sie partizipiert einfach an einem Gespräch und ist in diesem Sinne »bildendes Denken«. Eine solche Philosophie als Kulturkritik hat keine ehrgeizige Aufgabe: »Man kann daher nicht mehr tun als aufzeigen, wie die andere Seite aus dem je eigenen Blickwinkel aussieht, d.h. gegenüber seinem Opponenten den hermeneutischen Standpunkt einnehmen und zu zeigen versuchen, wie die seltsamen oder paradoxen oder anstößigen Dinge, die er sagt, mit seinen übrigen Aussagen zusammenhängen und wie sie zu stehen kommen, wenn man sie in ein anderes Idiom übersetzt.«[25] Das Buch, mit dem Rorty »so etwas wie ein Prolegomenon zu einer Geschichte der erkenntnistheoretisch orientierten Philosophie als eine Episode der europäischen Kulturgeschichte« anbietet, endet mit der Forderung: »das moralische Interesse der Philosophen sollte sich auf die Fortsetzung des abendländischen Gesprächs richten, nicht darauf, daß den traditionellen Problemen der modernen Philosophie ein Platz in diesem Gespräch reserviert bleibt«[26].

24 Rorty beruft sich in diesem Zusammenhang ausdrücklich auf Gadamers »Wahrheit und Methode« (S. 387). Es bestehen erhebliche Zweifel, ob Gadamer diese Destruktion des Wahrheitsbegriffs auf Kosten des Bildungsbegriffs auf sich beziehen kann, nachdem es ihm doch letztlich weiterhin um »Erfahrung von Wahrheit geht, die den Kontrollbereich wissenschaftlicher Methode übersteigt«, (W. und M. 5. XXVII).

25 Rorty (81), S. 395.

26 a. a. O. S. 422 bzw. 426.

Das ungebrochene metaphysische Bedürfnis des Menschen, das allen Diskussionen über Methode, Rationalitäts- und Vernunftformen Sinn und Bedeutsamkeit verleiht, fordert auch in der Gegenwart eine reflexive Antwort. Daß dabei die rein methodisch-wissenschaftlichen Versuche nicht mehr die große Anziehungskraft zeigen wie in früherer Zeit, läßt sich aus dem »Zeitgeist« verstehen, der angesichts der großen Bedrohungen der Menschheit dem Fortschrittsoptimismus der Wissenschaft mit seiner einseitigen instrumentellen Rationalität nicht mehr vertrauen kann. Diese Skepsis darf aber zu keinem generellen Verzicht auf verantwortliches Denken führen. Deshalb ist die in der »pragmatischen Wende« vollzogene Synthese aus methodischer Präzision und lebensweltlicher Notwendigkeit allen Beliebigkeits- und Auflösungstendenzen vorzuziehen. Methodisches Denken – gleichviel unter welchem Terminus – gehört zum Wesen philosophischer Reflexion.

Literaturverzeichnis

Abel G. (93): Interpretationswelten. Gegenwartsphilosophie jenseits von Essentialismus und Relativismus. Frankfurt 1993

Adorno Th. (51): Minima Moralia, Berlin 1951

Adorno Th., Albert H., Dahrendorf R., Habermas J., Pilot H., Popper K. (69) (Hrsg.): Positivismusstreit in der deutschen Soziologie, Berlin 1969

Albert H. (68): Traktat über kritische Vernunft, Tübingen 1968[2]

Apel K.-O. (55): Das Verstehen, in: Archiv für Begriffsgeschichte 1, 1955

Apel K.-O. (64): Die Entfaltung der »sprachanalytischen« Philosophie und des Problems der »Geisteswissenschaften«, in: Philosophisches Jahrbuch 72; 1964/65

Apel K.-O. (70): Szientismus oder transzendentale Hermeneutik? In: Bubner (70)

Apel K.-O. (72): Heideggers philosophische Radikalisierung der »Hermeneutik« und die Frage nach dem »Sinnkriterium« der Sprache, in: Pöggeler (72)

Apel K.-O.(74): Das Apriori der Kommunikationsgemeinschaft und die Grundlagen der Ethik. In: Riedel (74)

Apel K.-O. (98): Auseinandersetzungen in Erprobung des transzendentalpragmatischen Ansatzes. Frankfurt 1998

Apel K.-O., Bormann C. von, Bubner R., Gadamer H.-G. Giegel H. J., Habermas J. (Hrsg.) (71): Hermeneutik und Ideologiekritik, Frankfurt 1971

Aristoteles (51): Metaphysik, Hrsg. von P. Gohlke, Paderborn 1951

Aristoteles (74): Hermeneia (Vom Satz), dt. von E. Rolfes, Hamburg 1974

Austin J. L. (62): Sense and Sensibilia, Oxford 1962

Austin J. L. (72): Zur Theorie der Sprechakte, Stuttgart 1972

Austin J. L. (74): Ein Plädoyer für Entschuldigungen, dt. in: Grewendorf/ Meggle (74)

Ayer A. J. (56): The Problem of Knowledge. London 1956

Bartley W. W. (83): Non-Justificationism: Popper versus Wittgenstein, in: Erkenntnis- und Wissenschaftstheorie, Akten des 7. Internationalen Wittgenstein-Symposiums, Band 9, hrsg. von E. Leinfellner u. a., Wien 1983

Becker O. (73): Die Philosophie Edmund Husserls. In: Noack (73)

Bense M. (67): Semiotik, Baden-Baden 1967

Bense M. (72): Einführung in die informationstheoretische Ästhetik, Hamburg 1972[3]

Berk U. (79): Konstruktivistische Argumentationstheorie, Stuttgart 1979

Bertalanffy L. von (70): Gesetz und Zufall: Systemtheorie und Selektion, in: Koestler A. (Hrsg.): Das neue Menschenbild, Wien 1970

Bertalanffy L. von (71): General System Theory, London 1971

Betti E. (67): Allgemeine Auslegungslehre als Methodik der Geisteswissenschaften, Tübingen 1967

Bien G. (72): Die menschlichen Meinungen und das Gute, in: Riedel (72)
Bieri P. (Hrsg.) (94): Analytische Philosophie der Erkenntnis. Frankfurt 1994[3]. 1. Aufl. 1987
Bochenski I. M. (54): Die zeitgenössischen Denkmethoden, Bern 1954[2]
Böhme G. (Hrsg.) (76): Protophysik. Für und wider eine konstruktive Wissenschaftstheorie und Physik. Frankfurt 1976
Bollnow O. (49): Das Verstehen. Drei Aufsätze zur Theorie der Geisteswissenschaften, Mainz 1949
Bollnow O. (76): Paul Ricoeur und die Probleme der Hermeneutik, in: Zeitschrift für philosophische Forschung, 30/1976
Borelius B. B. (81): Über den Satz des Widerspruchs und die Bedeutung der Negation, Leipzig 1881
Breitkopf A. und Kutschera F. von (71): Einführung in die moderne Logik, Freiburg 1971
Bubner R. (87): Wohin tendiert die analytische Philosophie? In: Philosophische Rundschau 34/1987
Bubner R. (73): Dialektische Elemente einer Forschungslogik. In: Bubner (73a)
Bubner R. (73a): Dialektik und Wissenschaft. Frankfurt 1973
Bubner R., Cramer K., Wiehl R. (Hrsg.) (70): Hermeneutik und Dialektik 1, Tübingen 1970
Bühler A. (92): Einführung in die Logik, Argumentation und Folgerung. Freiburg 1992
Capelle W. (35): Die Vorsokratiker. Leipzig 1935
Carnap R. (28): Der logische Aufbau der Welt, Berlin 1928
Carnap R. (31): Die Überwindung der Metaphysik durch logische Analyse der Sprache, in: Erkenntnis 2/1931
Carnap R. (54): Einführung in die symbolische Logik, Wien 1954
Cassirer E. (62): Was ist der Mensch? Versuch einer Philosophie der menschlichen Kultur. Stuttgart 1962[2]. (Original 1944)
Cassirer E. (64): Philosophie der symbolischen Formen, drei Bände, Berlin 1923–1929, Neudruck Darmstadt 1964
Cavell S. (74): Müssen wir meinen, was wir sagen? In: Grewendorf/Meggle (74)
Chisholm R. M. (79): Erkenntnistheorie. München 1979. (Original 1966)
Chisholm R. M. (94): Epistemische Ausdrücke. In: Bieri (94). (Original in Analysis 23/1963)
Chomsky N. (73): Sprache und Geist, Frankfurt 1973
Cioran E. M. (83): Dasein als Versuchung, Stuttgart 1983
Cobb J. B. Jr. und Robinson J. M. (65): Die neue Hermeneutik, Zürich/Stuttgart 1965
Cohen B. I. (94): Revolution in der Naturwissenschaft. Frankfurt 1994. (Original 1985)
Collingwood R. G. (55): Philosophie der Geschichte, Stuttgart 1955
Coreth E. (69): Grundfragen der Hermeneutik, Freiburg 1969

Craig E. (93): Was wir wissen können. Pragmatische Untersuchungen zum Wissensbegriff. Frankfurt 1993

D'hert I. (75): Wittgenstein's Relevance for Theology, Bern/Frankfurt 1975

Dahms H.-J. (92): Positivismus und Pragmatismus. In: Bell, D./ Vossenkuhl, W. (Hrsg.): Wissenschaft und Subjektivität. Der Wiener Kreis und die Philosophie des 20. Jahrhunderts. Berlin 1992

Dasca M./Gerhardus D./Lorenz K./Meggle G. (Hrsg.) (92): Sprachphilosophie. Handbuch zur Sprach- und Kommunikationswissenschaft. Band 1. Berlin 1992

Delius H. (63): Untersuchungen zur Problematik der sogenannten synthetischen Sätze a priori, Göttingen 1963

Descartes R. (37): Discours de la methode, Leyden 1637

Diederich W. (Hrsg.) (74): Theorien der Wissenschaftsgeschichte. Beiträge zur diachronischen Wissenschaftstheorie, Frankfurt 1974

Diemer A. (76): Elementarkurs Philosophie-Dialektik, Düsseldorf/Wien 1976

Dilthey W. (57): Gesammelte Schriften, Stuttgart 1957 ff., 1990[8]

Dingler H. (69): Die Ergreifung des Wirklichen. Mit einer Einleitung von K. Lorenz / J. Mittelstraß, Frankfurt 1969

Dorn F. (Hrsg.) (68): Physik, Oberstufe Ausgabe A, Hannover 1968[12]

Eccles J. C. und Popper K. R. (82): Das Ich und das Gehirn, München/Zürich 1982

Eco U. (72): Einführung in die Semiotik, München 1972

Eigen M. und Winkler R. (75): Das Spiel. Naturgesetze steuern den Zufall, München 1975

Engels F. (27): Dialektik und Natur (in russ. Übersetzung: Dialektik der Natur, Moskau 1950), Frankfurt 1927

Erdei L. (83): Die Begründung allgemein wahrer Sätze durch die dialektische Logik. Über das Problem der Induktion. In: Kimmerle (83)

Essler K. W. (72): Analytische Philosophie 1, Stuttgart 1972

Feyerabend P.K. (60b): Ludwig Wittgenstein. In : Wittgenstein (60b)

Feyerabend P.K. (70): Consolations for the Specialist. In: Lakatos/Musgrave (70)

Feyerabend P.K. (76): Wider den Methodenzwang. Skizze einer anarchistischen Erkenntnistheorie. Frankfurt 1976. (Original 1970)

Fichte I. H. (36): Grundzüge zum System der Philosophie, Band II, Heidelberg 1836

Fodor J. A./Katz J. J. (74): Sprachphilosophie und Sprachwissenschaft. In: Grewendorf/Meggle (74)

Forum für Philosophie, Bad Homburg (Hrsg.) (92): Realismus und Antirealismus. Frankfurt 1992

Franzen W. (92): Totgesagte leben länger. In: Forum (92)

Frege G. (62): Funktion, Begriff, Bedeutung. Fünf logische Studien, hrsg. von G. Patzig, Göttingen 1962

Frey G. (65): Sprache als Ausdruck des Bewußtseins, Stuttgart 1965

Freytag-Löringhoff B. von (55): Logik, Stuttgart 1955 (2. Band 1967)

Fulda H.-F. (98): Die Hegelforschung am Ende unseres Jahrhunderts. Rückblick und Fazit. In: Information Philosophie 2/1998

Fuller G. (83): Drei Studien zur Dialektik. Theorie der Dialektik erster Band; Aalen 1983

Gadamer H.-G. (61): Hermeneutik und Historismus, in: Philosophische Rundschau 9/1961

Gadamer H.-G. (63): Die phänomenologische Bewegung, in: Philosophische Rundschau 11/1963

Gadamer H.-G. (65): Wahrheit und Methode, Tübingen 1965[2]

Gadamer H.-G. (67): Kleine Schriften 1, Tübingen 1967

Gadamer H.-G. (76): Hegels Philosophie und ihre Nachwirkungen bis heute. In: Ders.: Vernunft im Zeitalter der Wissenschaft. Frankfurt 1976. (Erstveröffentlichung 1972)

Gerhardus D., Kledzik S. M., Reitzig G. H. (75): Schlüssiges Argumentieren, Göttingen 1975

Gethmann C.F. (87): Vom Bewußtsein zum Handeln. In: Stachowiak (87)

Gettier E. L. (94): Ist gerechtfertigte, wahre Meinung Wissen? In: Mind 23/1963. Dt. in Bieri (94)

Glockner H. (65): Beiträge zum Verständnis und zur Kritik Hegels sowie zur Umgestaltung seiner Geisteswelt. Hegelstudien Beiheft 2, Bonn 1965

Grewendorf G. und Meggle G. (Hrsg.) (74): Linguistik und Philosophie, Frankfurt 1974

Grondin J. (91): Einführung in die philosophische Hermeneutik. Darmstadt 1991

Günther G. (57a): Das Bewußtsein der Maschinen. Die Metaphysik der Kybernetik, Krefeld 1957

Günther G. (57b): Metaphysik, Logik und die Theorie der Reflexion, in: Archiv für Philosophie 7/1957

Günther G. (58): Die aristotelische Logik des Seins und die nicht-aristotelische Logik der Reflexion, in: Zeitschrift für philosophische Forschung XII/1958

Günther G. (64): Das Problem einer Formalisierung der transzendental-dialektischen Logik. Unter besonderer Berücksichtigung Hegels, in: Hegel Studien, Beiheft 1, Heidelberger Hegel-Tage 1962, Bonn 1964

Habermas J. (68): Erkenntnis und Interesse, Frankfurt 1968

Habermas J. (69): Technik und Wissenschaft als »Ideologie«, Frankfurt 1969

Habermas J. (70): Zur Logik der Sozialwissenschaften, Frankfurt 1970

Habermas J.(Hrsg.) (71): Der Universalitätsanspruch der Hermeneutik. In: Apel u.a. (71)

Habermas J. (71a): Vorbereitende Bemerkungen zu einer Theorie der kommunikativen Kompetenz. In: Habermas/Luhmann (71)

Habermas J. und Luhmann N. (71): Theorie der Gesellschaft oder Sozialtechnologie, Frankfurt 1971

Habermas J. (83): Diskursethik – Notizen zu einem Begründungsprogramm. In: Ders.: Moralbewußtsein und kommunikatives Handeln. Frankfurt 1983, 1993[5]

Haken H. (84): Erfolgsgeheimnisse der Natur. Synergetik: Die Lehre vom Zusammenwirken, Frankfurt/Berlin/Wien 1984

Hare R. M. (74): Philosophische Entdeckungen. In: Grewendorf/Meggle (74)

Haring G. H. und Michelet C. L. (88): Historisch-kritische Darstellung der dialektischen Methode Hegels, Leipzig 1888

Hartmann E. v. (68): Über die dialektische Methode, Berlin 1868

Hasenjaeger G. (62): Einführung in die Grundbegriffe und Probleme der modernen Logik, Freiburg 1962

Hartmann D. /Janich P. (Hrsg.) (96): Methodischer Kulturalismus. Zwischen Naturalismus und Postmoderne. Frankfurt 1996

Hawking S. W. (88): Eine kurze Geschichte der Zeit. Die Suche nach der Urkraft des Universums. Reinbeck 1988

Hegel G. W. F. (40): Enzyklopädie der philosophischen Wissenschaften im Grundriß, 1. Teil: Die Logik, hrsg. von L. von Henning, Berlin 1940

Hegel G. W. F. (52): Phänomenologie des Geistes. Sämtliche Werke Band 5; hrsg. von J. Hoffmeister, Hamburg 1952[6]

Hegel G. W. F. (69): Wissenschaft der Logik II, Werke Band 6; hrsg. von E. Moldenhauer und K. M. Michel, Frankfurt 1969

Heidegger M. (54): Was heißt Denken? Tübingen 1954

Heidegger M. (57): Sein und Zeit, Tübingen 1957[8]

Heidegger M. (59): Unterwegs zur Sprache, Pfullingen 1959

Hempel C. G. (72): Probleme und Modifikationen des empiristischen Sinnkriteriums. In: Sinnreich (72)

Henrich D. (71): Hegel im Kontext, Frankfurt 1971

Hoyningen-Huene P. (89): Die Wissenschaftsphilosophie Thomas S. Kuhns. Braunschweig/Wiesbaden 1989

Humboldt W. von (63): Schriften zur Sprachphilosophie, Werke III, Darmstadt 1963

Husserl E. (91): Philosophie der Arithmetik 1, Halle 1891

Husserl E. (13): Ideen zu einer reinen Phänomenologie und phänomenologischen Philosophie, in: Jahrbuch für Philosophie und phänomenologische Forschung 1913

Husserl E. (62): Die Krisis der europäischen Wissenschaften und die transzendentale Phänomenologie, Den Haag 1962[2]

Jacoby G. (62): Die Ansprüche der Logistiker auf die Logik und ihre Geschichtsschreibung, Stuttgart 1962

Jäger W. und Oberndörfer D. (Hrsg.) (75): Die neue Elite. Eine Kritik der Kritischen Theorie, Freiburg 1975

Janich P. (96): Konstruktivismus und Naturerkenntnis. Auf dem Weg zum Kulturalismus. Frankfurt 1996

Janich P. (98): Kulturalismus. In: Information Philosophie 3/1998

Janssen P. (76): Edmund Husserl, Freiburg 1976
Jaspers K. (56): Philosophie II. Existenzerhellung, Berlin 1956[3]
Joas H. (92): Amerikanischer Pragmatismus und deutsches Denken. Zur Geschichte eines Mißverständnisses. In: Ders.: Pragmatismus und Gesellschaftstheorie. Frankfurt 1992
Kaku M. /Trainer J. (96): Jenseits von Einstein. Die Suche nach einer Theorie des Universums. Frankfurt 1996
Kaltenbrunner G. K. (Hrsg.) (70): Hegel und die Folgen, Freiburg 1970
Kaltenbrunner G. K. (Hrsg.) (74): Plädoyer für die Vernunft. Signale einer Tendenzwende, Freiburg 1974
Kambartel F. und Mittelstraß J. (73): Zum normativen Fundament der Wissenschaft, Frankfurt 1973
Kamlah W. und Lorenzen P. (67): Logische Propädeutik. Vorschule des vernünftigen Redens. Mannheim 1967
Kanitscheider B. (93): Von der mechanistischen Welt zum kreativen Universum. Darmstadt 1993
Kant I. (87): Kritik der reinen Vernunft, Riga 1787[2] (B)
Keuth H. (78): Realität und Wahrheit. Zur Kritik des kritischen Realismus, Tübingen 1978
Kimmerle H. (Hrsg.) (83): Dialektik heute. Rotterdamer Arbeitspapiere, Bochum 1983
Klaus G. (73): Moderne Logik, Berlin 1973[7]
Klüver J. (71): Operationalismus. Kritik und Geschichte einer Philosophie der exakten Wissenschaften, Stuttgart 1971
Kopperschmidt J. (73): Allgemeine Rhetorik, Stuttgart 1973
Krings H., Baumgartner H. M., Wild C. (Hrsg.) (74): Handbuch philosophischer Grundbegriffe, München 1974
Krüger L. (70): Über das Verhältnis der hermeneutischen Philosophie zu den Wissenschaften. In: Bubner u.a. (70)
Kuczymske J., Steinitz W. (52): Über formale Logik und Dialektik, Berlin 1952
Kuhn T. S. (62): Die Struktur wissenschaftlicher Revolutionen, Frankfurt 1967 (Original 1962)
Kuhn T. S./Heilbron J. L. (69): The Genesis of the Bohr Atom. In: Historical Studies in the Physical Sciences 1/1969
Kuhn T. S. (69): Beiträge zur Diskussion ‚New Trends in History'. In: Daedalus 98/1969
Kuhn T. S. (77): Bemerkungen zum Verhältnis von Wissenschaft und Kunst. In: Die Entstehung des Neuen (77a)
Kuhn T. S. (77a): Die Entstehung des Neuen. Frankfurt 1977. (Original 1961)
Kurthen M. (95): Zur Naturalisierung des phänomenalen Bewußtseins. In: Metzinger (95)
Kutschera F. von (71): Sprachphilosophie, München 1971
Kutschera F. von (72): Wissenschaftstheorie, 2 Bände, München 1972

Kutschera F. von (76): Einführung in die intensionale Semantik, Berlin/New York 1976
Lakatos I. und Musgrave A. (Hrsg.) (70): Criticism and the Growth of Knowledge, Cambridge 1970, dt. Braunschweig 1974
Lauener H. (82): Willard V.O. Quine. München 1982
Leisegang H. (50): Denkformen, Berlin 1950[2]
Lenk H. (68): Kritik der logischen Konstanten, Berlin 1968
Lenk H. (Hrsg.) (70): Neue Aspekte der Wissenschaftstheorie, Karlsruhe 1970
Lenk H. (95a): Interpretation und Realität. Vorlesungen über Realismus in der Philosophie der Interpretationskonstrukte. Frankfurt 1995
Lenk H. (95b): Schemaspiele. Über Schemainterpretation und Interpretationskonstrukte. Frankfurt 1995
Lenk H./Spinner H. F. (89): Rationalitätstypen, Rationalitätskonzepte und Rationalitätstheorien im Überblick. In: Stachowiak (89)
Lipps H. (59): Untersuchungen zu einer hermeneutischen Logik, Frankfurt 1959[2]
Litt T. (53): Hegel. Versuch einer kritischen Erneuerung, Heidelberg 1953
Locke J. (90): Essay concerning Human Understanding, London 1690
Locker A. (Hrsg.) (83): Evolution – kritisch gesehen. Salzburg/München 1983
Lorenz K. (70): Elemente der Sprachkritik, Frankfurt 1970
Lorenz K. und Mittelstraß J. (67): Die Hintergehbarkeit der Sprache, in: Kantstudien 58/1967
Lorenzen P. (55): Einführung in die operative Logik und Mathematik, Berlin 1955
Lorenzen P. (62): Metamathematik, Mannheim 1962
Lorenzen P. (68): Methodisches Denken, Frankfurt 1968
Lorenzen P. (70): Szientismus versus Dialektik. In: Bubner u.a. (70)
Lorenzen P. und Schwemmer O. (73): Konstruktive Logik, Ethik und Wissenschaftstheorie, Mannheim 1973
Löwith K. (64): Von Hegel zu Nietzsche. Stuttgart 1964[5]
Lueken G.-L. (92): Inkommensurabilität als Problem rationalen Argumentierens. Stuttgart-Bad Cannstatt 1992
Luhmann N. (70): Soziologische Aufklärung, Köln-Opladen 1970
Luhmann N. (71): Sinn als Grundbegriff der Soziologie. In: Habermas/Luhmann (71)
Luhmann N. und Habermas J. (71): Theorie der Gesellschaft oder Sozialtechnologie, Frankfurt 1971
Lumer C. (97): Habermas' Diskursethik. In: Zeitschrift für philosophische Forschung 51/1997
Lyons J. (72): Noam Chomsky, München 1972[2]
Lyotard J.-F. (86): Das postmoderne Wissen, Wien 1986
Mace C. A. (66): British Philosophy in the Mid-Century, London 1966[2]
Marcuse H. (70): Der eindimensionale Mensch, Neuwied/Berlin 1970
Martens E. (79): Dialogisch-pragmatische Philosophiedidaktik, Hannover 1979
Martens E. (83): Einführung in die Didaktik der Philosophie, Darmstadt 1983

Martens E. (85): Didaktik der Philosophie, in: Martens E. und Schnädelbach H. (Hrsg.): Philosophie. Ein Grundkurs, Reinbek 1985, 2. Auflage 1991
Marx K. (71): Die Frühschriften; hg. von S. Landshut, Stuttgart 1971
Meinong A. (10): Über Annahmen, Leipzig 1910[2]
Metzinger T. (Hrsg.) (95): Bewußtsein. Beiträge aus der Gegenwartsphilosophie. Paderborn u.a. 1995 und 1996
Misch G. (94): Der Aufbau der Logik auf dem Boden der Philosophie des Lebens. Göttinger Vorlesungen. Hg. von G. Kühne-Bertram und F. Rodi. Freiburg/München 1994
Mittelstraß J. (68): Die Prädikation und die Wiederkehr des Gleichen, in: Ratio 10/1968
Mittelstraß J. und Lorenz K. (67): Die Hintergehbarkeit der Sprache, in: Kantstudien 58/1967
Montague R. und Schnelle H. (72): Universale Grammatik, Braunschweig 1972
Müller G. H. (57): Zur operativen Begründung der Logik und Mathematik, in: Ratio 1/1957
Müller O. (98): Synonymie und Analytizität. Zwei sinnvolle Begriffe. Paderborn 1998
Naess A. (75): Kommunikation und Argumentation, Kronberg 1975
Nagel E./Newman J.R. (84): Der Gödelsche Beweis. München 1984. (Original 1958)
Noack H. (73): Husserl, Darmstadt 1973
Oberschelp A. (92): Logik für Philosophen. Stuttgart 1992
Ogden C. K. O. und Richards 1. A. (23): The Meaning of Meaning, London 1923
Otto R. (63): Das Heilige, München 1963[31]
Pannenberg W. (73): Wissenschaftstheorie und Theologie, Frankfurt 1973
Patzig G. (74): Widerspruch. In: Krings u.a. (74), Band 6
Peirce Ch. 5. (31): Collected Papers, Cambridge Vol. I–VI, 1931–35, VII–VIII 1958
Peirce Ch. 5. (67): Schriften 1. Zur Entstehung des Pragmatismus; hrsg. von K.-O. Apel, Frankfurt 1967
Perelman C. (79): Logik und Argumentation, Königstein 1979
Perelman C. (80): Das Reich der Rhetorik, München 1980
Petzinger J. M. von (73): Logik im Abriß, Meisenheim 1973
Platon (23): Briefe, hrsg. von E. Howald, Zürich 1923
Pöggeler O. (Hrsg.) (72): Hermeneutische Philosophie, München 1972
Pöggeler O. (65): Hermeneutische und mantische Phänomenologie, in: Philosophische Rundschau 13/1965
Popper K. R. (58): Die offene Gesellschaft und ihre Feinde 1, II, Bern 1958
Popper K. R. (65): Das Elend des Historizismus, Tübingen 1965
Popper K.R. (65a): Was ist Dialektik? In: Topitsch (65)
Popper K. R. (71): Logik der Forschung, Tübingen 1971[5]
Popper K. R. (70): Die Normalwissenschaft und ihre Gefahren. In: Lakatos/ Musgrave (70)

Posch G. (69): Hegelsche Logik und dialektischer Unsinn, in: Conceptus 3/ 1969
Putnam H. (78): Realism and Reason. In: Meaning and the Moral Sciences. London 1978
Putnam H. (79): Die Bedeutung von 'Bedeutung'. Frankfurt 1979. (Original aus Vorlesungen der sechziger Jahre entstanden)
Putnam H. (87): The Many Faces of Realism. La Salle 1987
Putnam H. (91): Repräsentation und Realität. Frankfurt 1991. (Original 1980)
Quine W. V. O. (52): Methods of Logic, London 1952, dt. Frankfurt 1969
Quine W. V. O. (75): Ontologische Relativität und andere Schriften, Stuttgart 1975
Quine W. V. O. (72): Zwei Dogmen des Empirismus. In: Sinnreich (72)
Quine W. V. O. (75): Natürliche Arten. In: Ontologische Relativität u. a. Aufsätze. Stuttgart 1975. (Original 1969)
Regan T. (86): Einleitung in G.E.Moore: The Early Essays. Philadelphia 1986
Reitzig G. H. u. a. (75): siehe Gerhardus u. a. (75)
Religion in Geschichte und Gegenwart (63): Tübingen 1957[3]
Rescher N. (79): Cognitive Systematization, Oxford 1979
Rescher N. (85): Die Grenzen der Wissenschaft, Stuttgart 1985
Rheinwald R. (84): Der Formalismus und seine Grenzen. Untersuchungen zur neueren Philosophie der Mathematik. Königstein 1984
Ricoeur P. (71a): Die Fehlbarkeit des Menschen; Phänomenologie der Schuld 1, Freiburg 1971, französisch 1960
Ricoeur P. (71b): Die Symbolik des Bösen; Phänomenologie der Schuld II, Freiburg 1971, französisch 1960
Ricoeur P. (73): Hermeneutik und Strukturalismus, der Konflikt der Interpretation 1; München 1973, französisch 1969
Riedel M. (72), (74): Die Rehabilitierung der praktischen Vernunft, 2 Bände, Freiburg 1972/1974
Robinson J.M. (65): Die Hermeneutik seit Karl Barth. In: Robinson/Cobb (65)
Röd W. (73): Descartes' Mythus oder Ryles Mythus? In: Archiv für Geschichte der Philosophie 55/1973
Röd W. (91): Erfahrung und Reflexion, München 1991
Rorty R. (81): Der Spiegel der Natur: Eine Kritik der Philosophie, Frankfurt 1981
Rorty R. (89): Kontingenz, Ironie und Solidarität. Frankfurt 1989
Runggaldier E. (85): Zeichen und Bezeichnetes. Sprachphilosophische Untersuchungen zum Problem der Referenz, Berlin/New York 1985
Russell B. (00): A Critical Exposition of the Philosophy of Leibniz, Cambridge 1900
Russell B. (58): Philosophische Analysis. In: Zeitschrift für philosophische Forschung 1958
Ryle G. (69): Der Begriff des Geistes, dt. Stuttgart 1969
Ryle G. (Hrsg.) (57): The Revolution in Philosophy, London 1957

Sarlemijn A. (71): Hegelsche Dialektik, Berlin 1971
Sartre J. P. (62): Das Sein und das Nichts, dt. Hamburg 1962
Savigny E. von (69): Philosophie der normalen Sprache, Freiburg 1969, als Taschenbuch stw 29, 1974
Savigny E. von (75): Röds Fehlinterpretation von Ryles Fehlinterpretation von Descartes. In: Archiv für Geschichte der Philosophie 57/1975
Savigny E. von (Hrsg.) (69a): Philosophie und normale Sprache, Freiburg 1969
Schäfer L. (77): Theorien-dynamische Nachlieferungen, in: Zeitschrift für philosophische Forschung 31/1977
Schantz R. (96): Wahrheit, Referenz, Realismus. Eine Studie zur Sprachphilosophie und Metaphysik. Berlin/New York 1996
Scheler M. (54): Der Formalismus in der Ethik und die materiale Wertethik, Bern 1954[4]
Schlüter H. (74): Grundkurs der Rhetorik, München 1974
Schmidt A. (Hrsg.) (68): Kritische Theorie, Frankfurt 1968
Schmidt S. J. (Hrsg.) (87): Der Diskurs des Radikalen Konstruktivismus. Frankfurt 1987
Schnädelbach H. (92): Zur Rehabilitierung des animal rationale. Vorträge und Abhandlungen 2. Aufl. Frankfurt 1992
Schnädelbach H. (Hrsg.) (84): Rationalität. Philosophische Beiträge. Frankfurt 1984
Schnelle H. (73): Sprachphilosophie und Linguistik, Hamburg 1973
Schönrich G. (94): Bei Gelegenheit Diskurs. Von den Grenzen und dem Preis der Diskursethik. Frankfurt 1994
Schulz W. (67): Wittgenstein – Die Negation der Philosophie, Pfullingen 1967
Schulz W. (72): Philosophie in der veränderten Welt, Pfullingen 1972
Schweidler W. (83): Wittgensteins Philosophiebegriff, Freiburg/München 1983
Schwemmer O. (73a): Grundlagen der normativen Ethik. In: Kambartel/Mittelstraß (73)
Searle J. R. (71): Sprechakte, Frankfurt 1971
Searle J. R. (74): Behauptungen und Abweichungen. In: Grewendorf/Meggle (74)
Seiffert H. (92): Einführung in die Hermeneutik. Die Lehre von der Interpretation in den Fachwissenschaften. Tübingen 1992
Sinnreich J. (Hrsg.) (72): Zur Philosophie der idealen Sprache. Texte von Quine, Tarski, Martin, Hempel und Carnap, München 1972
Skirbekk G. (77): Wahrheitstheorien, Frankfurt 1977
Sloterdijk P. (83): Kritik der zynischen Vernunft, 2 Bände, Frankfurt 1983
Snell B. (52): Der Aufbau der Sprache, Hamburg 1952[2]
Speck J. (Hrsg.) (75): Grundprobleme der großen Philosophen. Philosophie der Gegenwart III, Göttingen 1975
Spinner H. F. (78): Popper und die Politik. 1. Geschlossenheitsprobleme, Berlin/Bonn 1978

Stachowiak H. (65): Denken und Erkennen im kybernetischen Modell, Wien/New York 1965
Stachowiak H. (73): Allgemeine Modelltheorie, Wien/New York 1973
Stachowiak H. (Hrsg.) (86): Pragmatik. Handbuch pragmatischen Denkens, Band 1, Hamburg 1986
Stachowiak, H. (Hrsg.) (87): Pragmatik. Band 2: Der Aufstieg pragmatischen Denkens im 19. und 20. Jahrhundert. Hamburg 1987
Stachowiak, H. (Hrsg.) (89): Pragmatik. Band 3: Allgemeine philosophische Pragmatik. Hamburg 1989
Stachowiak, H. (87a): Der Aufstieg pragmatischen Denkens im 19. und 20. Jahrhundert«. Einleitung in Stachowiak (87)
Steck M. (41): Unbekannte Briefe Freges über die Grundlagen der Geometrie und Antwortbrief Hilberts an Frege. In: Sitzungsberichte der Heidelberger Akademie der Wissenschaften, mathematisch-naturwissenschaftliche Klasse, 2. Abhandlung, 1941
Stegmüller W. (57): Das Wahrheitsproblem und die Idee der Semantik, Wien 1957
Stegmüller W. (58): Rezension zur »Einführung in die operative Logik und Mathematik« von P. Lorenzen, in: Philosophische Rundschau 1958
Stegmüller W. (64): Remarks on the Completeness of Logical Sciences, relative to the Validity Concepts of P. Lorenzen and K. Lorenz. In: Notre Dame Journal of Formal Logic 1964
Stegmüller W. (69): Probleme und Resultate der Wissenschaftstheorie und Analytischen Philosophie, Studienausgabe in vier Bänden, Berlin ab 1969
Stegmüller W. (73), (75): Hauptströmungen der Gegenwartsphilosophie, Stuttgart Bd. 1, 1973[5], Bd. 2 1975
Stegmüller W. (79): Rationale Rekonstruktion von Wissenschaft und ihrem Wandel. Stuttgart 1979
Stegmüller W. (79a): Walther von der Vogelweides Lied von der Traumliebe und Quasar 3 C273. Betrachtungen zum sogenannten Zirkel des Verstehens und zur sogenannten Theorienbeladenheit von Beobachtungen. In: Ders. (79)
Stegmüller W. (83): Vom dritten bis sechsten Dogma des Empirismus. In: Erkenntnis- und Wissenschaftstheorie. Akten des 7. Internationalen Wittgenstein-Symposiums 1982. Hg. von E.Leinfellner u.a. Wien 1983
Steinvorth U. (Hrsg.) (71): Bertrand Russell: Philosophische und politische Aufsätze, Stuttgart 1971
Ströker E. (76): Wissenschaftsgeschichte als Herausforderung. Marginalien zur jüngsten wissenschaftstheoretischen Kontroverse. Frankfurt 1976
Stüben P. E. (81): Die Struktur und Funktion transzendentaler Argumentationsfiguren, Frankfurt 1981
Tarski A. (36): Der Wahrheitsbegriff in den formalisierten Sprachen. In: Studia philosophica 1/1936
Tarski A. (44): Die semantische Konzeption der Wahrheit und die Grundlagen der Semantik, 1944, in: Sinnreich (72)

Topitsch E. (65): Logik der Sozialwissenschaften, Berlin 1965[2]
Topitsch E. (67): Die Sozialphilosophie Hegels als Heilslehre und Herrschaftsideologie, Neuwied 1967
Topitsch E. (74): Zur Kritik der dialektischen Vernunft. In: Kaltenbrunner (Hrsg.): Plädoyer für die Vernunft, Freiburg 1974
Toulmin S. (75): Der Gebrauch von Argumenten, Kronberg 1975
Tugendhat E. (60): Tarskis semantische Definition der Wahrheit und ihre Stellung innerhalb der Geschichte des Wahrheitsproblems im logischen Positivismus. In: Phil. Rundschau 8/1960
Tugendhat E. und Wolf U. (83): Logisch-semantische Propädeutik, Stuttgart 1983
Ulrich P. (96): Gewißheit und Referenz. Paderborn 1996
Vendler Z. (74): Die Linguistik und das a priori. In: Grewendorf/Meggle (74)
Wahl F. (Hrsg.) (73): Einführung in den Strukturalismus, Frankfurt 1973
Walther E. (74): Allgemeine Zeichenlehre, Stuttgart 1974
Walther E. (75): Semiotikforschung in Stuttgart. Paper 3 des Instituts für Phil. und Wissenschaftstheorie, Stuttgart 1975
Warnock G. J. (57): Analysis and Imagination. In: Ryle (57)
Wein H. (61): Die Grenzen der Sprachphilosophie. In: Zeitschrift für philosophische Forschung XV/1961
Weingartner P. (67): Ontologische Fragen zur klassischen Wahrheitsdefinition. In: Weingartner (Hrsg.): Grundfragen der Wissenschaften und ihre Wurzeln in der Metaphysik, Salzburg 1967
Weisgerber L. (62): Grundzüge der inhaltsbezogenen Grammatik, Teil 1 des Gesamtwerkes »Von den Kräften der deutschen Sprache«, Düsseldorf 1962[3]
Welsch W. (87): Unsere moderne Postmoderne. Weinheim 1987
Welsch W. (95): Vernunft. Die zeitgenössische Vernunftkritik und das Konzept der transversalen Vernunft. Frankfurt 1995
Welsen P. (96): Anmerkungen zu Paul Ricoeurs Lectures. In: Phänomenologische Forschung, hg. von E.W.Orth und K.-H. Lembeck. NF 1, Freiburg 1996
White M. G. (56): Toward reunion in philosophy, Cambridge Mass. 1956
Whorf B. L. (63): Sprache, Denken, Wirklichkeit, dt. Hamburg 1963
Wigner E. (67): Symmetrics and Reflections. Bloomington 1967
Wilhelm T. (97): Name und Gegenstand. Deutungen der paradigmatischen Beziehung zwischen Sprache und Welt. Frankfurt u.a. 1997
Winch P. (66): Die Idee der Sozialwissenschaft und ihr Verhältnis zur Philosophie, Frankfurt 1966
Wittgenstein L. (56): Bemerkungen über die Grundlagen der Mathematik, Oxford 1956, Werkausgabe Bd. 6, Fankfurt 1984
Wittgenstein L. (60a): Philosophische Untersuchungen (zitiert auch als PU), Frankfurt 1960, Werkausgabe Bd. 1
Wittgenstein L. (60b): Schriften – Beiheft, mit Beiträgen von I. Bachmann, M. Cranston, J. F. Mora, P. Feyerabend, E. Heller, B. Russell, G. H. von Wright, Frankfurt 1960

Wittgenstein L. (64a): Tractatus logico – philosophicus, Frankfurt 1964, Werkausgabe Bd. 1
Wittgenstein L. (64b): Philosophische Bemerkungen. Frankfurt 1964, Werkausgabe Bd. 2
Wittgenstein L. (67): Zettel Oxford 1967, Werkausgabe Bd. 8
Wittgenstein L. (71): Über Gewißheit, Frankfurt 1971, Werkausgabe Bd. 8
Wuchterl K. (69a): Struktur und Sprachspiel bei Wittgenstein, Frankfurt 1969
Wuchterl K. (69b): Die phänomenologischen Grundlagen mathematischer Strukturen. In: Philosophia Naturalis 11/1969
Wuchterl K. (71): Wittgenstein und die Idee einer operativen Phänomenologie. In: Zeitschrift für philosophische Forschung 25/1971
Wuchterl K. (76a): Die Grundlagen der Mathematik und nichteuklidische Geometrie, Reihe Andelfinger Mathematik SII, Kursheft, Freiburg 1976
Wuchterl K. (76b): Hermeneutik und der operative Aufbau der Philosophie. In: Zeitschrift für philosophische Forschung 30/1976
Wuchterl K. (76c): Sinn und Grenzen sprachanalytischer Präzisierungen in der Philosophie. In: Philosophisches Jahrbuch 83, 1976
Wuchterl K. (89): Kontingenz und das Paradigma des pragmatischen Humanismus, in: Stachowiak (89)
Wuchterl K. (89a): Analyse und Kritik der religiösen Vernunft. Bern/Stuttgart 1989
Wuchterl K. (92): Die hermeneutische Position. In: Dasca u.a. (92)
Wuchterl K. (95): Bausteine zu einer Geschichte der Philosophie des 20. Jahrhunderts – Von Husserl zu Heidegger: Eine Auswahl. Bern/Stuttgart/Wien 1995
Wüstehube A. (95): Ist systematisches Philosophieren heute noch möglich? Zu Nicholas Reschers 'A System of Pragmatic Idealism' (New Jersey, 3 Bände 1952–1994). In: Philosophische Rundschau 42/1995
Zimmermann J. (75): Wittgensteins sprachphilosophische Hermeneutik. Frankfurt 1975

Personenregister

Abel 266, 268
Adorno 108, 120, 139f., 143, 296
Aebi 144, 152
Albert 139, 194, 213, 270, 275
Althusser 130
Apel 65, 153, 161, 166, 171, 191f., 223ff., 254-262, 265, 269f., 293
Aristoteles 40, 49f, 77, 105, 107, 119, 216, 276
Augustinus 76
Austeda 250
Austin 59, 79f., 83, 86, 145, 147f., 212, 289
Ayer 89

Barth 193
Bartley 214
Becker 206, 209
Bense 159, 262
Berk 177
Berkeley 77
Bertalanffy, von 245f.
Betti 157, 160, 190
Bien 156
Bieri 90
Bochenski 263
Böhme 229, 258, 282
Bollnow 167, 210
Borelius 119f.
Bradley 144
Bridgman 281
Bubner 62, 110, 150, 170ff., 189, 192, 252
Bühler 45
Bultmann 160, 193f.

Capelle 105
Carnap 25, 28f., 35f., 48, 57, 88, 92, 122, 203, 237, 239
Cassirer 74, 267
Cavell 84
Chisholm 79, 81ff., 89
Chomsky 84f., 88, 237
Cioran 299
Cobb 163, 166, 193
Cohen 232
Collingwood 168f.
Coreth 161
Craig 89

Dahms 224
Dasca 162
Delius 220f.
Derrida 296
Descartes 17, 19, 53, 69, 77, 85, 167, 195, 201, 282, 300f.
Dewey 261, 301
D'hert 95
Diederich 43, 229f., 258
Diemer 106
Dilthey 19, 66, 155f., 163, 165–170, 181, 189, 279
Dingler 282f.
Dorn 226
Drays 187

Ebeling 163, 193
Eco 263, 265
Eigen 245
Einstein 283
Empedokles 105
Engels 121
Erdei 137
Essler 44, 123, 184f.

Feyerabend 77, 230, 268, 299
Fichte, I.H. 120
Fichte, J.G. 103, 135
Fodor 84f., 92

Føllesdal 218
Foucault 268
Franzen 270
Frege 26f., 38, 58, 77, 217f., 237, 239, 254
Freud 211, 222f., 294
Frey 164
Freytag-Löringhoff, von 49, 111
Fuchs 193
Fulda 131, 142
Fuller 120, 130, 137

Gadamer 94, 142, 160f., 163–166, 170–173, 181, 191f., 202, 221, 237, 293, 302
Gehlen 294
Gerhardus 278
Gethmann 224
Gettier 89f.
Glockner 120
Gödel 39, 164
Goethe 142, 277
Grenn 52
Grewendorf 80f., 84–87, 148, 212
Grondin 173
Günther 132, 134–137

Habermas 60f., 70, 93f., 139f., 143, 165f., 191, 212, 223ff., 240f., 251f., 254, 257–260, 269f., 294, 296
Haken 245
Hare 86
Haring 125
Hartmann, D. 281
Hartmann, E. von 129
Hasenjaeger 46
Hawking 52
Hegel 45, 61f., 64, 74f., 101–104, 108f., 111, 115–120, 122, 124–137, 142–145, 148, 153, 165, 167, 195, 265, 296
Heidegger 55, 74, 77, 95, 111, 160, 163, 165, 169ff., 173, 175, 182, 193, 206–209, 211, 222, 224, 262, 279, 296, 301f.
Heine 300
Hempel 29f., 186, 188
Henrich 117
Hilbert 38
Hochkeppel 139
Hoyningen-Huene 230–234
Homer 31
Horkheimer 62
Humboldt 71
Hume 31, 35f., 67
Husserl 53, 163, 165, 169f., 198, 201–209, 214ff., 218, 221ff., 301

Ingarden 205

Jäger 270
James 224, 261, 269
Janich 281, 283f.
Janssen 202
Jaspers 170f., 208
Jesus Christus 95, 163

Kaku 52
Kaltenbrunner 139f.
Kambartel 65, 275f.
Kamlah 272
Kanitscheider 270
Kant 24, 36, 43, 45, 51, 57, 60, 69, 77f., 86, 101ff., 195, 199, 209, 233, 255f., 258–261, 267, 283, 296f., 300ff.
Katz 84f., 92
Kelsen 142
Keuth 214
Kierkegaard 302
Kimmerle 137
Klaus 122, 144
Klüver 281, 289
Kopperschmidt 178
Krüger 192, 229
Kuhn 37, 43, 65, 225–235, 254, 257, 268, 299, 301

Künne 269
Kurthen 53.
Kutschera, von 22, 28, 34, 122f.

Lakatos 36, 43, 229ff.
Lauener 236
Lavoisier 228
Leibniz 46, 85, 121
Leisegang 125
Lenk 35, 153, 213, 266ff., 289, 294f.
Lenin 148
Lichtenberg 77
Lipps 158, 174ff.
Litt 74
Locke 77, 216
Lorenz 96f., 275f., 282
Lorenzen 188f., 272, 274f., 277, 280–289
Löwith 130f.
Lübbe 253
Lueken 232
Luhmann 191, 225, 239–245, 251ff., 257
Lumer 270
Lyons 85
Lyotard 295f.

Marcuse 99
Martens 107
Marx 77, 120, 122, 129, 142, 300
McTaggert 144
Meggle 80f., 84–87, 148, 212
Meinong 217
Meister Eckhart 140
Metzinger 53f.
Michelet 125
Mill 67
Misch 174
Mittelstraß 65, 275f.
Möbius 127ff.
Montague 122
Moore 144f.
Müller, G. H. 289
Müller, O. 235
Musgrave 36, 43, 229f.
Naess 178
Nagel 164
Neurath 235, 277
Newman 164
Nietzsche 77, 300, 302
Noack 206

Oberndörfer 270
Oberschelp 45
Ogden 262
Otto 204

Pannenberg 160
Patzig 26, 109, 115
Peirce 158f., 191, 224, 256, 261ff., 265, 281
Perelman 177
Platon 77, 89, 107, 162, 200, 208, 283
Pöggeler 209
Popper 35–38, 40, 42f., 88, 92, 110, 123, 130, 149f., 184f., 213, 229f., 232, 254, 294
Posch 123
Puntel 250
Putnam 237ff., 267f.

Quine 31, 51, 56f., 64f., 225, 234–238, 269f.

Ramsey 183
Regan 145
Reinach 205
Rescher 237, 250
Rheinwald 215
Richards 262
Ricoeur 209ff.
Riedel 156, 256
Robinson 163, 166, 193
Röd 266
Rorty 268, 283, 296, 299–302
Roth 283
Runggaldier 92

Russell 17, 19, 26f., 40, 58, 90, 254, 301
Ryle 44, 80, 86, 152, 215, 219

Sarlemijn 104, 120, 124f.
Sartre 207
Savigny, von 67, 74, 145
Schäfer 231
Scheffler 229
Scheler 199, 205, 211, 224
Schelling 103
Schleiermacher 94, 167, 181, 204
Schlüter 178
Schmidt, A. 62
Schmidt, S. J. 267, 283
Schnädelbach 294
Schnelle 122
Schönrich 270
Schrödinger 105
Schulz 61, 63, 76, 93, 170, 172
Schwarz 52
Schweidler 77
Schwemmer 275f., 285, 289
Searle 79, 81, 86, 148
Seiffert 157
Simplicius 105
Sinnreich 31
Skinner 85.
Skirbekk 269
Sloterdijk 299f.
Sneed 229, 231
Snell 158
Sokrates 76, 107
Speck 145
Spinner 153, 214, 294f.
Spinoza 103, 250
Stachowiak 88, 224f., 239, 246–253
Steck 39
Stegmüller 15, 20f., 23, 30ff., 35, 41, 45, 85, 121, 151, 182–188, 218, 229, 231f., 237, 289
Steinvorth 27
Ströker 231
Stüben 177f.

Tarski 38–41, 133, 141
Thales 91
Thomas von Aquin 216
Topitsch 139–142, 150, 194
Toulmin 174, 176ff., 229
Trainer 52
Tugendhat 40f., 141, 269

Ulrich 92

Vendler 84, 86
Vico 168, 282

Wahl 265
Walther 262f.
Walther von der Vogelweide 183f.
Warnock 80
Weber 153, 294
Wein 262
Weingartner 41
Weisgerber 71
Welsch 293, 296ff.
Welsen 210
White 258
Whorf 71ff.
Wigner 51
Winch 44, 93, 212
Windelband 183
Wittgenstein 13, 19, 25, 32, 44, 49, 55f., 58f., 63, 67f., 71, 73–79, 86f., 91ff., 95, 145ff., 152, 176, 182f., 190, 211, 216–220, 224, 229f., 233, 239, 254, 256f., 261, 290, 293, 296, 300ff.
Wolf 40
Wright 151
Wüstehube 237

Zenon 121
Zimmermann 190

Sachregister

Abgrenzungskriterium 28f.
Abstraktion 274
Adäquatheitsbedingung 21, 27
Adäquatheitstheorie 40f., 175
Allsatz 21f., 46
– wesentlicher 22
Analyseparadoxon 64
Anomalie 37, 43
Anschauung 199f., 202, 214f.
Antinomie
– semantische 40
– von Russell 40
Apriori
– formales 199
– linguistisches 86f.
– materiales 199, 202
– synthetisches 36, 86
Argument 176ff.
– substantielles 178
Aussage (Satz) 58, 80, 109
– akzidentelle 21f.
– analytische 28, 87f.
– beweisdefinite 285
– dialogisch-definite 285
– gesetzesartige 21f.
– konfirmative 221
– performative 59
– prognostische 42
– substitutive 221
– theoretische 36f.
– wahrheitsdefinite 47, 284
– wesentlich universelle 22
– wissenschaftliche 24

Bedeutung 72, 80, 95, 215f., 218f., 235, 237f.
Bedeutungsanalyse 28
Bedeutungstheorie 41, 215f.
Begriff 48, 111
Begriffsanalyse 235
Behaviorismus 73, 85
Benennen 75
Bestätigung 28, 32f., 34f.
Bestätigungskriterium 34
Bewährung 34f.
Beweisbarkeit 36
Bewußtsein 51f., 53f., 71f., 74, 196f., 200f., 220, 300

Cogitatio 69, 77

Deduktivismus 33ff., 150
Dekonstruktion 54
Demonstrator 273
Denken, eindimensionales, lineares 99, 250
Dialektik 61, 64, 99, 101ff., 129f., 149ff., 189, 225, 299f.
– des Scheins 102
– Hegelsche 102f., 124f.
– marxistische 129ff.
– -modell 120f.
– Real- 114ff., 121ff., 130
– Satz- 111f., 114f.
– Theorien- 149f.
– transzendentale 102
Dialog 174, 284ff.
– rationaler 65
– -regeln 286ff.
– repressionsfreier 257
– sokratischer 106
Didaktik 106
Diskurs 130, 251f., 254, 257f., 295f., 302
– -ethik 270
– mehrdimensionaler 178
– nicht-normaler 299ff.
Disposition, Dispositionsbegriff 30f., 85
Duham-Quine-These 235

Eidos 198, 206, 218f.
Einfühlungstheorie 166f.
Empirismus 235, 237
– Dogmen des 57
– logischer 17
– naiver, klassischer 31, 33, 67, 183
Energeia 71
Entmythologisierung 194
Entscheidungstheorie 35
Epoché 197
Erfahrung, empirische 27f., 31f.
Erkenntnis 89, 102, 104, 184f., 247f.
Erkenntnistheorie, analytische 81ff.
Erklärung 19f., 42f., 68, 186f.
– historische 42f.
– historisch-genetische 42, 186
– kausal-genetische 186
– naturwissenschaftliche 42f.
– rationale 187f.
Erlanger Schule 188, 281f.
Evidenz 197f., 211, 213, 221f.
Existenz 170f., 174, 196, 207f.
Existenzial 163, 169f., 179f., 207f.
Explanandum, Explanans 20
Extension 48f., 123, 238, 278f.

Fallibilismus 214
Falsifikation 29, 36, 38, 184
Falsifikationismus
– dogmatischer 36
– methodischer 36
Familienähnlichkeit 233
Finalisierung der Wissenschaft 258
Folgerung, logische 46, 136
Formalismus 37f., 146, 231
Forschergemeinschaft 65, 232f.
Forschungsprogramm 43
Freiheit 81f., 147f., 295

Gebrauchstheorie 80, 93
Gegensatz 109ff.
– heterothetischer 115
– kontradiktorischer 112f., 116, 119, 144
– konträrer 112f., 117, 144, 273
– polarer 114
– subkonträrer 112
Gegenstand 118f.
Gehalt
– empririscher 20, 27
– logischer 46f.
Geist 71f., 74, 104, 108, 124f., 163ff., 156f., 189
Geometrie 283
Geschichte 37, 42f., 62f., 163f., 166, 171f., 185, 189, 280
– externe, interne 43
Geschichtlichkeit 54, 99. 163, 192
Geschichtswissenschaft 42f.
Gesellschaft 62f., 191, 243
Gesetz 20f., 42, 136
– statistisches 20
Gettier-Problem 89f.
Grammatik 71, 85
– generative 85

Handlungsschema 273
Handlungstheorie 80, 156, 186f., 191, 240, 276f., 289f.
Hempel-Oppenheim-Schema 20
Hermeneutik 12, 60ff., 67f., 93f., 99, 162f., 181ff., 221ff., 225, 254ff., 302
– existenziale 169f., 207
– Grundformen der 166ff.
– logische 188
– neue 164, 193
– phänomenologische 210
– postexistenziale 171f.
– Tiefen- 258f.
– transzendentale 191
Heuristik 43
Holismus 65, 234, 270
Horizontverschmelzung 172f., 192f.
Humanität 210, 253, 260, 270, 298
Hypothese 33, 37, 183

Idealismus, deutscher 101f., 104, 124

Idealsprachphilosophie 17, 67, 91
Identität 49f., 116f.
Immunisierung 139, 194, 213
Imperativ, kategorischer, der Spiele 86
Individuation 274
Induktion 21f., 56
Induktivismus 31, 33f., 35
Inkommensurabilität 12, 301
Intension 48f., 111, 123
Intentionalität 201
Interpretation 24, 94
Interpretationismus 266f., 271
Interpretationsgemeinschaft 66, 256
Interpretationstheorie 254, 266f., 269ff.
Intuition 197f

Kalkül 39, 146
Kategorienfehler 152
Kennzeichnung 27, 273
Klarheit, Präzision 26f., 56, 58f., 76, 147
Kommunikation 72, 223, 256, 265f.
Kompetenz 85
– kommunikative 85, 223, 270
Komplexität 241–244
Konditionalsatz, irrealer 21f., 160
Konsens 37, 65, 269f., 290
Konsenstheorie 269 ff.
Konstitution 73, 202
Konstruktivismus 12, 47, 65ff., 188f., 279ff., 284
– kulturalistischer 281
– methodischer 281
– radikaler 283
Kontingenz 251, 300
Kontradiktion 28f., 46
Konventionalismus 37
Korrespondenzregel 30f.
Korrespondenztheorie 40f.
Kosmologie 51
Kriterium
– empirisches 28
– empiristisches 28f.
– Sinn- 28
Kritik 300
– Rationalismus- 295f.
– Vernunft- 295f.
Kybernetik 150f.
Kynismus 299f.

Lebensform, Lebenswelt 71, 87, 94, 99, 165, 190, 192, 206, 212, 293
Lehr- und Lernprozeß 106, 273f., 276f.
Leib-Seele-Problem 53
Leitbegriff 12, 293, 296
Letztbegründung 195, 201, 204, 211, 213f., 222f., 275f., 279ff.
Linguistik 84ff.
Logik 17, 45f., 177, 250
– Aussagen- (Junktoren-) 45f., 110, 134f.
– autonome 131, 137, 173, 178
– chronologische 25
– deontische 45f.
– dialektische 45, 122f., 131ff.
– dialogische 284ff., 291
– effektive 291
– elementare 25, 45f.
– fiktive 291
– formale 23, 45f., 50, 65, 150, 173f.
– hermeneutische 45, 173f.
– heteronome 131, 173, 176
– Intensions- 122ff.
– intuitionistische 288, 291
– Kanon, als 24
– klassische 26f.
– mehrwertige 47, 132f.
– modale 45
– moderne 26
– nicht-klassische, transklassische 25, 134f.
– Organon, als 24
– philosophische 45
– Prädikaten-(Quantoren-) 46
– Proto- 289

– Sach- 47
– Scheins, des 102
– transzendentale 45

Matrix, disziplinäre 233
Marxismus 122, 129ff.
Materialismus 131f.
Mathematik 202, 204
Mengenlehre 48
Metamathematik 39
Metaphysik 28f., 32, 60, 73, 77, 170f., 206
Methode 13f., 43f., 104, 224, 293ff., 299ff.
– analytische 14, 17ff.
– axiomatische 250
– dialektische 101ff.
– hermeneutische i.e.S 15, 62, 155ff., 173.
– hermeneutische i.w.S. 14, 99ff.
– integrierende 12
– konstruktivistische 15, 272, 275ff.
– kybernetische 240ff.
– phänomenologische 15, 195ff.
– pragmatische 14
– reduktive 263
– semiotische 254, 263f.
– sprachanalytische 17
– systemtheoretische 15, 240ff.
Methoden-
– anarchismus 299
– monismus 37, 59, 188
– pluralismus 13
Modelltheorie 239f., 246ff., 251ff.
Morphogrammatik 133f.
Münchhausen-Trilemma 213, 275
Mythos 32
– des Verbs 80f.

Name 46, 48, 73f., 273
Namentheorie 216f.
Naturalisierung 50ff., 236
Naturalismus 54, 283
Naturgesetz 21f., 29, 242f.
Negation 46, 56, 103f., 109, 118, 148
– heterothetische 115
– kontradiktorische 115
– konträre 115
– Philosophie der 76, 78
– polare 115
Negativität 103
Neomarxismus 130
Neopositivismus 17, 31, 91
Neopragmatismus 239, 251
Neurobiologie 52
Noema 201f.
Noesis 201f.
Nominalismus 73f.
Normalsprachphilosophie 17, 67, 83ff., 94
– demonstrierende 74, 78ff.
– therapeutische 74ff.

Ontologie 63, 165, 191, 200, 206
– diskrete 46, 48ff.
– Fundamental- 170, 207
Operationalismus 281ff.
Ordinary language philosophy 67

Paradigma 11, 227ff., 233f., 297, 301
Phänomen 63, 196ff.
Phänomenologie 12, 63, 68f., 99, 169, 195ff., 217, 279
– deskriptive 203f.
– existenziale 170, 207f.
– operative 211f., 282f., 290f.
– transzendentale 205f.
Philosophie 16, 44f., 65, 76f., 84f., 106, 236, 255, 294f., 300f.
– linguistische 86f.
– sprachanalytische 12, 15, 17, 67ff., 144ff., 215ff., 284ff., 300ff.
Philosophy of mind 53
Positivismus 30
– naiver 33
– -streit 13, 139
Postmoderne 283, 295ff.
Prädikation 79, 272f.

Prädikator 272f.
Pragmatik, Pragmatismus 15, 48, 88, 193, 224, 300
– szientistische 254
– transzendentale 12, 255ff.
Praxis 32, 35, 64f. 96, 188f., 252, 276, 280ff.
– Theorie und 71ff., 230
Proposition 48
Prototheorie 283
Psychoanalyse 222f.
Psychologismus 202, 216, 273

Quantor 27, 46
Qualia 54

Rationalismus, kritischer 17, 37, 88, 213f., 275
Rationalität 13, 26, 64, 139f., 188, 269, 274, 293–298
– Folgerungs- 17
– Mittel- 17
– okkasionelle 153f
– pankritische 214
Rationalitäts-
– kritik 295
– lücke 231
– typ 153f.
Realismus
– -Debatte 266
– interner 267
– pragmatischer 268
– wissenschaftlicher 271
Reduktion 197
– eidetische 198, 203, 205f.
– linguistische 212
– phänomenologische 201ff., 205f.
– systemtheoretische 242
Referenz 92
Reflexion 62, 103, 127f., 132f., 143, 164
Reflexivität 50, 73, 132f.
Regel 176ff.
– -kreis 248
– -system 63, 123, 131, 153, 173
Rekonstruktion 96f., 188, 283
Relation 27, 48, 116f., 246f.
Relativitätsprinzip, linguistisches 72
Relevanz
– induktive 34
– prognostische 30f.
Religion 301
Revolution 227, 234
– wissenschaftliche 227ff.
Rhetorik 176ff.
Rückkoppelung 150f., 250

Schema 68
Schluß
– deduktiver 20
– hermeneutischer 180
– korrekter 46
Sein 117f., 127f. 166, 170, 193f., 201, 265
Selbsterkenntnis 161f.
Semantik 24, 40, 48f., 84f.
Semiotik 261ff.
Signifikanz
– empirische 27f.
– -kriterium 29
Sinn 61f., 67, 99, 156f., 199f., 210, 240f., 252, 261f., 290
Situationsäquivalenz 179
Soziolinguistik 93
Sprachanalyse 44, 58ff., 67ff., 144ff., 215ff., 299ff.
Sprache 87f., 170, 193, 210, 233, 235f., 259f.
– Beobachtungs- 30, 35f.
– Einheits- 25
– empiristische 29f.
– Epi- 25, 58, 67
– formale (Kunst-) 23f., 41, 292
– Ideal- 59
– interpretierte 25
– Meta- 25, 40f., 164
– Normal- (natürliche, Umgangs-) 58f., 67f., 69ff., 292
– Objekt- 40f.

– theoretische 30
– Unhintergehbarkeit, der 276f.
Sprachform 71
Sprachgebrauch 68, 79, 91f
– illokutionärer 79
– lokutionärer 79
– perlokutionärer 79
Sprachkritik 74, 77, 96
Sprachregel 69f., 86f., 92, 94
Sprachspiel 59f., 94f., 153, 176, 218ff., 230, 256, 290ff.
– universelles 152f., 290
Sprachstruktur 72
Sprechakttheorie 59, 79, 92, 176
Struktur 214f., 231f.
Strukturalismus 265
Subjekt, Subjektivität 54, 61f., 69f., 99, 102f., 167, 170, 206, 240, 255
Subjunktion 45, 136, 240
Substanz 102
Syntax 48, 84f.
System 99, 140, 160, 247ff.
– axiomatisches 39
– deduktives 39, 110
– kybernetisches 150f.
– logisches 44, 111
– mathematisches 44
Systemtheorie 12, 15, 23, 44, 239, 250ff.
– allgemeine 246ff.

Tautologie, logisches Gesetz 28f., 46, 50, 178, 288
Tertium non datur 50, 288
Theologie 95, 162, 171, 193f., 204
Theorie 43f., 236
– empirische 30f.
– formale 37
– kritische 62, 252, 275
– und Praxis 23ff., 230
Totalität, Ganzes 104ff., 125, 139f., 144f., 152f., 161, 235
Tradition 165f.

Unableitbarkeitssatz 39
Unentscheidbarkeitssatz 39
Universalien, formale 85

Verifikation 29, 39, 55
Vernunft 293ff., 298
– transversale 293, 295ff.
Verschiedenheit 116f.
Verstehen 19, 67f., 94, 155ff., 168f., 172
Vollständigkeit 39
Vorstellen 68, 273
Vorverständnis 159, 185, 188

Wahrheit 13, 38–44, 103, 106, 156, 173, 175, 268ff., 302
– analytische 57
– synthetische 57
Wahrheitsannäherung 92, 150, 214
Wahrheitsfunktion 45, 109
Wahrheitswert 45, 48, 109, 132f., 273, 288
Wahrscheinlichkeit 36
– relative 35
Wende
– kulturalistische 284
– linguistische, sprachliche 224
– pragmatische 15, 224, 303
Wesen 198ff.
Widerspruch 103f., 109ff., 125, 138ff., 146f.
– ausgeschlossener 49f.
– kontradiktorischer 118
– logischer 37, 137
Widerspruchsfreiheit 39
Wirkungsgeschichte 163ff., 171f., 192f.
Wissenschaft 14, 24, 93, 165, 192, 208f., 226f., 236, 255, 258
– außerordentliche, revolutionäre 227f., 301
– Einzel- 44
– Geistes- 19, 155, 167f., 172, 181f.
– Natur- 19, 42f., 60, 172, 181f., 283

– normale 227f., 230f., 301
Wissenschaftsgeschichte 43, 226
Wissenschaftssprache 279
Wissenschaftstheorie 12, 29, 225, 245
– formale 15, 19ff., 38, 42f., 50ff., 91f., 138f., 230
– holistische 51
– nach-Kuhnsche 11
Wortverwendung 68f., 73f., 190

Zeichen 155, 159, 216, 255, 262ff.
– deskriptives 24
– logisches 24
Zirkel
– hermeneutischer 74, 157f., 161f., 172, 182ff., 188
– logischer 160
Zustand, innerer, seelischer 68f., 74, 190
Zweistufentheorie 30f.
Zweiwertigkeitsprinzip 46f., 50, 284
Zynismus 299f.

Prof. Dr. Kurt Wuchterl

Lehrbuch der Philosophie

Probleme – Grundbegriffe – Einsichten

Uni-Taschenbücher (UTB) Band 1320
5., aktualisierte Auflage
277 Seiten, 12 Abbildungen
kartoniert Fr. 26.50 / DM 28.80 / öS 210.–
ISBN 3-258-05718-4 (Haupt)
ISBN 3-8252-1320-X (UTB)

Das Lehrbuch führt in die Philosophie ein, indem es zentrale philosophische Fragestellungen, Grundbegriffe, Methoden, Repräsentanten und Einsichten aus Anthropologie, Wissenschaftstheorie, Ethik und Metaphysik darstellt. In einer didaktisch völlig neuen Konzeption die Texte nur sparsam verwendet und statt dessen auf eine zumutbare Lesbarkeit für den Anfänger achtet, wird eine Synthese geboten aus systematischer Explikation wissenschaftsorientierter Philosophie, aus der Vermittlung wirkungsgeschichtlich bedeutsamer Traditionen und aus kritischen Elementen eines allgemein dialogischen Verständigungsprozesses.

Verlag Paul Haupt Bern · Stuttgart · Wien

Prof. Dr. Kurt Wuchterl

Grundkurs: Geschichte der Philosophie

Uni-Taschenbücher (UTB) Band 1390
3., überarbeitete Auflage
295 Seiten, kartoniert Fr. 27.50 / DM 29.80 / öS 218.–
ISBN 3-258-05213-1 (Haupt)
ISBN 3-8252-1390-0 (UTB)

Das Werk versucht, wirkungsgeschichtlich bedeutsame Höhepunkte und Persönlichkeiten der europäischen Philosophie zu beschreiben und in deren Wechselwirkung mit der allgemeinen Kulturgeschichte zu charakterisieren. Da sowohl die Ursprünge des Philosophierens als auch hervorragende Ausformungen der Philosophie durch die sogenannten Klassiker und die wichtigsten Neuansätze in den einzelnen Epochen im Vordergrund stehen, ist das Buch zugleich als Einführung in die Philosophie geeignet.

Verlag Paul Haupt Bern · Stuttgart · Wien

Prof. Dr. Kurt Wuchterl

Streitgespräche und Kontroversen in der Philosophie des 20. Jahrhunderts

Uni-Taschenbücher (UTB) Band 1982
371 Seiten, kartoniert Fr. 32.50 / DM 34.80 / öS 254.–
ISBN 3-258-05427-4 (Haupt)
ISBN 3-8252-1982-8 (UTB)

In diesem Werk werden einige philosophische Auseinandersetzungen vorgestellt, die zu den Höhepunkten lebendigen Philosophierens im 20. Jahrhundert zählen. Die behandelten Kontroversen vom Werturteilsstreit über die Davoser Disputation bis hin zum Streit um die Moderne lösten jeweils intensive Nachfolge-Diskussionen aus und betreffen die verschiedenartigsten philosophischen Disziplinen. Den historischen Darstellungen schließen sich Analysen zur Argumentationsstruktur an, so daß das Buch nicht nur als exemplarische Einführung in die Gegenwartsphilosophie dienen kann, sondern zugleich einen Beitrag zum Selbstverständnis der Philosophie innerhalb unseres Kulturlebens liefert.

Verlag Paul Haupt Bern · Stuttgart · Wien

Prof. Dr. Kurt Wuchterl

Bausteine zu einer Geschichte der Philosophie des 20. Jahrhunderts

Von Husserl bis Heidegger: Eine Auswahl

UTB – Große Reihe Band 8095
504 Seiten, kartoniert Fr. 52.50 / DM 58.– / öS 423.–
ISBN 3-258-05142-9 (Haupt)
ISBN 3-8252-8095-0 (UTB)

Das Werk stellt »Bausteine« bereit zu einer Geschichte der von Phänomenologie, Neukantianismus und Lebensphilosophie geprägten deutschsprachigen Philosophie der ersten Jahrhunderthälfte. Die kompakte, personenbezogene Synopsis von rund fünfzig Philosophen jenes Ausschnitts »von Husserl zu Heidegger« enthält nicht nur biographische und bibliographische Ausführungen, eine allgemeine Charakteristik des jeweiligen Denkers und den Abriß eines oder mehrerer seiner Hauptwerke, sondern versucht darüber hinaus, die einzelnen Repräsentanten in die allgemeine Problemdiskussion einzuordnen.

Verlag Paul Haupt Bern · Stuttgart · Wien

studia philosophica

Vol. 57/1998

Interpretation und Wahrheit
Interprétation et vérité

Redaktion: Prof. Dr. Emil Angehrn / Dr. Bernard Baertschi
292 Seiten, gebunden Fr. 68.– / DM 76.– / öS 555.–
ISBN 3-258-05941-1

»Tatsachen gibt es nicht, nur Interpretationen« – Nietzsches Diktum scheint nach hundert Jahren gegenwärtiger denn je. In vielen Facetten ist in neueren Denkströmungen der konstruktive und perspektivische Charakter des Erkennens herausgearbeitet worden: Die Beschreibungen, die wir von uns selber und von der Welt geben, sind nicht Abbilder einer objektiven Wirklichkeit, sondern Interpretationen. Die Frage ist, wieweit damit die Ideen von Wahrheit und Erkenntnis verdrängt, transformiert oder unterlaufen werden. Aus unterschiedlichen Perspektiven nehmen die Beiträge des vorliegenden Bandes zu dieser Frage Stellung.

Verlag Paul Haupt Bern · Stuttgart · Wien

Vol. 56/1997

Die Philosophie und die Frage nach dem Glück
La philosophie et la question du bonheur

Redaktion: Prof. Dr. Emil Angehrn / Dr. Bernard Baertschi
247 Seiten, gebunden Fr. 68.– / DM 76.– / öS 555.–
ISBN 3-258-05726-5

Für die Antike stand fest: Glück, Inbegriff eines gelingenden Lebens, ist keine reine Glückssache, sondern in unsere Hand gelegt, allen Widerfahrnissen des Lebens zum Trotz. Damit wir uns nicht vergreifen, bedürfen wir allerdings der Führung – durch die Philosophie, die selber schon ist, was sie lehrt: die gesuchte glückverheißende Lebensform.
Für die Moderne jedoch ist fraglich geworden, worin Glück besteht, welches sein ethischer Rang sei, ob Philosophie für die Frage nach dem Glück zuständig sei. Diesen Fragen gehen die Beiträge dieses Bandes nach.

Verlag Paul Haupt Bern · Stuttgart · Wien